Couverture inférieure manquante

Début d'une série de documents en couleur

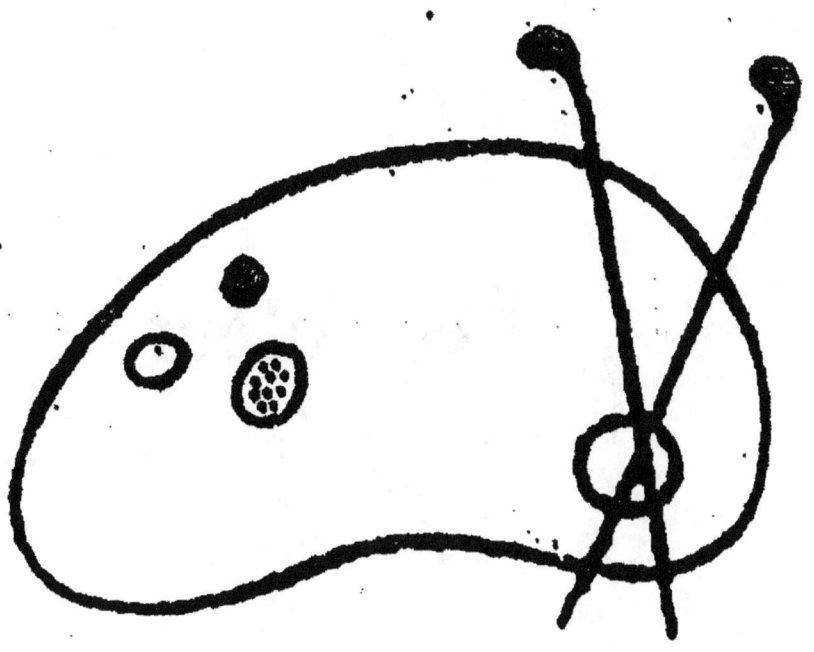

Fin d'une série de documents en couleur

Le Voleur

L'auteur et l'éditeur déclarent réserver leurs droits de traduction et de reproduction pour tous pays, y compris la Suède et la Norvège.
Ce volume a été déposé au Ministère de l'Intérieur (section de la librairie) en novembre 1897.

A LA MÊME LIBRAIRIE

DU MÊME AUTEUR

Bas les Cœurs, 1870-1871, roman, 1 volume.

Biribi, armée d'Afrique, roman, 1 volume.

Les Chapons, pièce en un acte, représentée au Théâtre-Libre (en collaboration avec M. Lucien Descaves), 1 brochure.

Pour paraître prochainement :

La Malhonnête Femme, roman.

Il a été tiré à part, de cet ouvrage, sur papier de Hollande, dix exemplaires numérotés à la presse.

SAINT-AMAND, CHER. — IMPRIMERIE BUSSIÈRE FRÈRES.

GEORGES DARIEN

Le Voleur

ROMAN

.......Les voleurs ne sont pas
Gens honteux ni fo.t délicats.
LA FONTAINE.

PARIS
P.-V. STOCK, ÉDITEUR
(Ancienne Librairie Tresse et Stock)
8, 9, 10, 11, GALERIE DU THÉATRE-FRANCAIS
PALAIS-ROYAL

.1898

AVANT-PROPOS

Le livre qu'on va lire, et que je signe, n'est pas de moi.

Cette déclaration faite, on pourra supposer à première vue, à la lecture du titre, que le manuscrit m'en a été remis en dépôt par un ministre déchu, confié à son lit de mort par un notaire infidèle, ou légué par un caissier prévaricateur. Mais ces hypothèses bien que vraisemblables, je me hâte de le dire, seraient absolument fausses. Ce livre ne m'a point été remis par un ministre, ni confié par un notaire, ni légué par un caissier.

Je l'ai volé.

J'avoue mon crime. Je ne cherche pas à éluder les responsabilités de ma mauvaise action; et je suis prêt à comparaître, s'il le faut, devant le Procureur du Roi. (Ça se passe en Belgique.)

Ça se passe en Belgique. J'avais été faire un petit voyage, il y a quelque temps, dans cette contrée si peu connue (je parle sérieusement). Ma raison pour passer ainsi la frontière? Mon Dieu! j'avais voulu voir le roi Léopold, avant de mourir. Un dada. Je n'avais jamais vu de roi. Quel est le Républicain qui ne me comprendra pas?

J'étais entré, en arrivant à Bruxelles, dans le premier hôtel venu, l'hôtel du Roi Salomon. Je ne me fie guère aux maisons recommandées par les guides, et je n'avais pas le temps de chercher; il pleuvait. D'ailleurs, qu'aurais-je trouvé ? Je ne connais rien de rien, à l'étranger, n'ayant étudié la géographie que sur les atlas universitaires et n'étant jamais sorti de mon trou.

— Monsieur est sans doute un ami de M. Randal, me dit l'hôtelière comme je signe mon nom sur le registre.

— Non, Madame ; je n'ai pas cet honneur.

— Tiens, c'est drôle. Je vous aurais cru son parent. Vous vous ressemblez étonnamment ; on vous prendrait l'un pour l'autre. Mais vous le connaissez sans aucun doute ; dans votre métier.....

Quel métier ? Mais à quoi bon détromper cette brave femme ?

— Du reste, ajoute-t-elle en posant le doigt sur le livre, vous avez le même prénom ; il s'appelle Georges, comme vous savez — Georges Randal. — Eh ! bien, puisque vous le connaissez, je vais vous donner sa chambre ; il est parti hier et je ne pense pas qu'il revienne avant plusieurs jours. C'est la plus belle chambre de la maison ; au premier ; voulez-vous me suivre ?... Là ! Une jolie chambre, n'est-ce pas ? J'ai vu des dames me la retenir quelquefois deux mois à l'avance. Mais à présent, savez-vous, il n'y a plus grand monde ici. Ces messieurs sont à Spa, à Dinan, à Ostende, ou bien dans les villes d'eaux de France ou d'Allemagne ; partout où il y a du travail, quoi ! C'est la saison. Et puis, ils ne peuvent pas laisser leurs dames toutes seules ; les dames, savez-vous, ça fait des bêtises si facilement...

Quels messieurs ? Quelle saison ? Quelles dames ? L'hôtesse continue :

— On va vous apporter votre malle de la gare. Vous pouvez être tranquille, savez-vous ; on ne l'ouvrira pas. C'est mon mari qui a été la chercher lui-même ; et avec lui, savez-vous, jamais de visite ; il s'est arrangé avec les douaniers pour ça. Ça nous coûte ce que ça nous coûte ; mais au moins, les bagages de nos clients, c'est sacré. Sans ça, avec les droits d'entrée sur les toilettes, ces dames auraient quelque chose à payer, savez-vous. Et puis, vos instruments à vous, ils auraient du mal à échapper à l'œil, hein ? Je sais bien qu'il vous en faut des solides et que vous ne pouvez pas toujours les mettre dans vos poches ; mais, enfin, on voit bien que ce n'est pas fait pour arracher les dents. Vaut mieux que tout ça passe franco.

— C'est bien certain. Mais...

— Ah! j'oubliais. La valise qui est dans le coin, là, c'est la valise de M. Randal ; il n'a pas voulu l'emporter, hier. Si elle ne vous gêne pas, je la laisserai dans la chambre ; elle est plus en sûreté qu'ailleurs ; car je sais bien qu'entre vous... A moins qu'elle ne vous embarrasse?

— Pas le moins du monde.

— J'espère que Monsieur sera satisfait, dit l'hôtesse en se retirant. Et pour le tarif, c'est toujours comme ces messieurs ont dû le dire à Monsieur.

J'esquisse un sourire.

J'ai été très satisfait. Et le soir, retiré dans ma chambre, fort ennuyé — car j'avais appris que le roi Léopold était enrhumé et qu'il ne sortirait pas de quelque temps — il m'est venu à l'idée, pour tromper mon chagrin, de regarder ce que contenait la valise de M. Randal. Curiosité malsaine, je l'accorde. Mais, pourquoi avait-on laissé ce porte-manteau dans ma chambre? Pourquoi étais-je morose et désœuvré? Pourquoi le roi Léopold était-il enrhumé? Autant de questions auxquelles il faudrait répondre avant de me juger trop sévèrement.

Bref, j'ouvris la valise ; elle n'était point fermée à clé ; les courroies seules la bouclaient. Je n'aurai pas, Dieu merci, une effraction sur la conscience. Dedans, pas grand'chose d'intéressant : des ferrailles, des instruments d'acier de différentes formes et de différentes grandeurs, dont j'ignore l'usage. A quoi ça peut-il servir? Mystère. Une petite bouteille étiquetée : Chloroforme. Ne l'ouvrons pas! Une boîte en fer, avec des boulettes dedans. Qu'est-ce que c'est que ça? N'y touchons pas, c'est plus prudent. Un gros rouleau de papiers. Je dénoue la ficelle qui l'attache. Qu'est-ce que cela peut être? Je me mets à lire...

J'ai lu toute la nuit. Avec intérêt? Vous en jugerez ; ce que j'ai lu cette nuit-là, vous allez le lire tout à l'heure. Et le matin, quand il m'a fallu sortir, je n'ai pas voulu laisser traîner sur une table le manuscrit dont je n'avais pas achevé la lecture, ni même la remettre dans la valise. On aurait pu l'enlever, pendant mon absence. Je l'ai enfermé dans ma malle.

Dans la journée, j'ai appris une chose très ennuyante. L'hôtel où j'habite est un hôtel interlope — des plus interlopes. — Il n'est fréquenté que par des voleurs; pas toujours célibataires. Quel malheur d'être tombé, du premier coup, dans une maison pareille — une maison où l'on était si bien, pourtant... — Enfin! Je n'ai fait ni une ni deux. J'ai envoyé un commissionnaire chercher mes bagages et régler ma note, et je me suis installé ailleurs.

Et maintenant, maintenant que j'ai terminé la lecture des mémoires de M. Randal — l'appellerai-je Monsieur? — maintenant que j'ai en ma possession ce manuscrit que je n'aurais jamais dû lire, jamais dû toucher, qu'en dois-je faire, de ce manuscrit?

— Le restituer! me crie une voix intérieure, mais impérieuse.

Naturellement. Mais comment faire? Le renvoyer par la poste? Impossible, mon départ précipité a dû déjà sembler louche. On saura d'où il vient, ce rouleau de papiers que rapportera le facteur; je passerai pour un mouchard narquois qui n'a pas le courage de sa fonction, et un de ces soirs « ces messieurs » me casseront le nez, dans un coin. Bien grand merci.

Le rapporter moi-même, avec quelques plaisanteries en guise d'excuses? Ce serait le mieux, à tous les points de vue. Malheureusement, c'est impraticable. Je suis entré une fois dans cet hôtel interlope et, j'aime au moins à l'espérer, personne ne m'a vu. Mais si j'y retourne et qu'on m'observe, si l'on vient à remarquer ma présence dans ce repaire de bandits cosmopolites, si l'on s'aperçoit que je fréquente des endroits suspects — que n'ira-t-on pas supposer? Quels jugements téméraires ne portera-t-on pas sur ma vie privée? Que diront mes ennemis?

La situation est embarrassante. Comment en sortir?

Eh! bien, le manuscrit lui-même m'en donne le moyen. Lequel? Vous le verrez. Mais je viens de relire les dernières pages — et je me suis décidé. — Je le garde, le manuscrit. Je le garde ou, plutôt, je le vole

— comme je l'ai écrit plus haut et comme l'avait écrit, d'avance, le sieur Randal. — Tant pis pour lui ; tant pis pour moi. Je sais ce que ma conscience me reproche ; mais il n'est pas mauvais qu'on rende la pareille aux filous, de temps en temps. En fait de respect de la propriété, que Messieurs les voleurs commencent — pour qu'on sache où ça finira.

Finir ! C'est ce livre, que je voudrais bien avoir fini ; ce livre que je n'ai pas écrit, et que je tente vainement de récrire. J'aurais été si heureux d'étendre cette prose, comme le corps d'un malandrin, sur le chevalet de torture ! de la tailler, de la rogner, de la fouetter de commentaires implacables — de placer des phrases sévères en enluminures et des conclusions vengeresses en culs-de-lampe ! — J'aurais voulu moraliser — moraliser à tour de bras. — Ç'aurait été si beau, n'est-ce-pas ? un bon jugement, rendu par un bon magistrat, qui eût envoyé le voleur dans une bonne prison, pour une bonne paire d'années ! J'aurais voulu mettre le repentir à côté du forfait, le remords en face du crime — et aussi parler des prisons, pour en dire du bien ou du mal (je l'ignore.) — J'ai essayé ; pas pu. Je ne sais point comment il écrit, ce Voleur-là ; mes phrases n'entrent pas dans les siennes.

Il m'aurait fallu démolir le manuscrit d'un bout à l'autre, et le reconstruire entièrement ; mais je manque d'expérience pour ces choses-là. Qu'on ne m'en garde pas rancune.

Une chose qu'on me reprochera, pourtant — et avec raison, je le sais, — c'est de n'avoir point introduit un personnage, un ancien élève de l'École Polytechnique, par exemple, qui, tout le long du volume, aurait dit son fait au Voleur. Il aurait suffi de le faire apparaître deux ou trois fois par chapitre et, en vérité, — à condition de ne changer son costume que de temps à autre — rien ne m'eût été plus facile.

Mais, réflexion faite, je n'ai pas voulu créer ce personnage sympathique. Après avoir échoué dans ma première tentative, j'ai refusé d'en risquer une seconde. Et puis, si vous voulez que je vous le dise, je me suis aperçu qu'il y avait là-dedans une question de conscience.

Moi qui ai volé le Voleur, je ne puis guère le flétrir.

Que d'autres, qui n'ont rien à se reprocher — au moins à son égard — le stigmatisent à leur gré ; je n'y vois point d'inconvénient. Mais, moi, je n'en ai pas le droit. Je suis peut-être le seul à n'en avoir pas le droit. Peut-être.

GEORGES DARIEN.

Londres, 1896.

TABLE DES CHAPITRES

Avant-Propos	1
I. — Aurore	1
II. — Le cœur d'un homme vierge est un vase profond	15
III. — Les bons comptes font les bons amis	25
IV. — Où l'ont voit bien que tout n'est pas gai dans l'existence	45
V. — Où court-il ?	67
VI. — Plein ciel	87
VII. — Dans lequel on apprend, entre autres choses, ce que deviennent les anciens notaires	104
VIII. — L'art de se faire cinquante mille francs de rente sans élever de lapins	124
IX. — De quelques quadrupèdes et de certains bipèdes	141
X. — Les voyages forment la jeunesse	154
XI. — Cheveux, barbes et postiches	173
XII. — L'idée marche	179
XIII. — Rencontres heureuses et malheureuses	187
XIV. — Aventures de deux voleurs, d'un cadavre et d'une jolie femme	215
XV. — Dans lequel le vice est bien près d'être récompensé	237
XVI. — Orpheline de par la loi	250
XVII. — Enfin seuls !	261
XVIII. — Combinaisons machiavéliques et leurs résultats	280

XIX.	— Évènements complètement inattendus	292
XX.	— Où l'on voit qu'il est souvent difficile de tenir sa parole	308
XXI.	— On n'échappe pas à son destin	324
XXII.	— « Bonjour, mon neveu. »	338
XXIII.	— Barbe-Bleu et le domino noir	363
XXIV.	— On dira pourquoi.	375
XXV.	— Le Christ a dit : « Pitié pour qui succombe !... ».	384
XXVI.	— Geneviève de Brabant	398
XXVII.	— Le repentir fait oublier l'erreur	404
XXVIII.	— Dans lequel on apprend que l'argent ne fait pas le bonheur	417
XXIX.	— Si les femmes savaient s'y prendre	424
XXX.	— Conclusion provisoire — comme toutes les conclusions	428

Le Voleur

I

AURORE

Mes parents ne peuvent plus faire autrement. Tout le monde le leur dit. On les y pousse de tous les côtés. Mᵐᵉ Dubourg a laissé entendre à ma mère qu'il était grand temps ; et ma tante Augustine, en termes voilés, a mis mon père au pied du mur.

— Comment ! des gens à leur aise, dans une situation commerciale superbe, avec une santé florissante, vivre seuls ? Ne pas avoir d'enfant ? De gueux, de gens qui vivent comme l'oiseau sur la branche, sans lendemains assurés, on comprend ça. Mais, sapristi !... Et la fortune amassée, où ira-t-elle ? Et les bons exemples à léguer, le fruit de l'expérience à déposer en mains sûres ?... Voyons, voyons, il vous faut un enfant — au moins un. — Réfléchissez-y.

Le médecin s'en mêle :

— Mais, oui ; vous êtes encore assez jeune ; pourtant, il serait peut-être imprudent d'attendre davantage.

Le curé aussi :

— Un des premiers préceptes donnés à l'homme... Que voulez-vous répondre à ça ?

— Oui, oui, il vous faut un enfant.

Eh! bien, puisque tout le monde le veut, c'est bon : ils en auront un.

Ils l'ont.

Je me présente — très bien (j'en ai conservé l'habitude) — un matin d'avril, sur le coup de dix heures un quart.

— Je m'en souviendrai toute ma vie, disait plus tard Aglaé, la cuisinière ; il faisait un temps magnifique et le baromètre marquait : variable.

Quel présage !

Et là-dessus, si vous voulez bien, nous allons passer plusieurs années.

Qu'est-ce que vous diriez, à présent, si j'apparaissais à vous en costume de collégien ? Vous diriez que ma tunique est trop longue, que mon pantalon est trop court, que mon képi me va mal, que mes doigts sont tachés d'encre et que j'ai l'air d'un serin.

Peut-être bien. Mais ce que vous ne diriez pas, parce que c'est difficile à deviner, même pour les grandes personnes, c'est que je suis un élève modèle ; je fais l'honneur de ma classe et la joie de ma famille. On vient de loin, tous les ans, pour me voir couronner de papier vert, et même de papier doré ; le ban et l'arrière-ban des parents sont convoqués pour la circonstance. Solennité majestueuse ! Cérémonie imposante ! La robe d'un professeur enfante un discours latin et les broderies d'un fonctionnaire étincellent sur un discours français. Les pères applaudissent majestueusement.

— C'est à moi, cet enfant-là. Vous le voyez, hein ? Eh ! bien, c'est à moi !

Les mères ont la larme à l'œil.

— Cher petit ! Comme il a dû travailler ! Ah ! c'est bien beau, l'instruction...

Les parents de province s'agitent. Des chapeaux barbares, échappés pour un jour de leur prison d'acajou, font des grâces avec leurs plumes. Des redingotes 1830 s'empèsent de gloire. Des parapluies centenaires allongent fièrement leurs grands becs. On voit tressaillir des châles-tapis.

Et je sors de là acclamé, triomphant, avec le fil de fer des couronnes qui me déchire le front et m'égratigne les oreilles, avec des livres plein les bras — des livres verts, jaunes, rouges, bleus et dorés sur tranche, à faire hurler un Peau-Rouge et à me donner des excitations terribles à la sauvagerie, si j'étais moins raisonnable.

Mais je suis raisonnable. Et c'est justement pourquoi ça m'est bien égal, d'avoir une tunique trop longue et l'air bête. Si je suis un serin, c'est un de ces serins auxquels on crève les yeux pour leur apprendre à mieux chanter. Si mes vêtements sont ridicules, est-ce ma faute si l'on me harnache aujourd'hui en garde-national, comme on m'habillera en lézard à cornes quand je serai académicien ?

Car j'irai loin. On me le prédit tous les jours. *Sic itur ad astra.*

J'ai le temps, d'ailleurs. Je n'ai encore que quinze ans.

— Un bel âge ! dit mon oncle. On est déjà presque un jeune homme et l'on a encore toute la candeur de l'enfance.

Candeur !... Mon enfance ? Je ne me rappelle déjà plus. Mes souvenirs voguent confusément, fouettés de la brise des claques et mouillés de la moiteur des embrassades, sur des lacs d'huile de foie de morue.

Comment me rappellerais-je quelque chose ? J'ai été un petit prodige. Je crois que je savais lire avant de pouvoir marcher. J'ai appris par cœur beaucoup de livres ; j'ai noirci des fourgons de papier blanc ; j'ai écouté parler les grandes personnes. J'ai été bien élevé...

Des souvenirs ? En vérité, même aujourd'hui, c'est avec peine que j'arrive à faire évoluer des personnages devant le tableau noir qui a servi de fond à la tristesse de mes premières années. Oui, même en faisant voyager ma mémoire dans tous les coins de notre maison de Paris; dans les allées ratissées de notre jardin de la campagne — un jardin où je ne peux me promener qu'avec précaution, où des allées me sont défendues parce que j'effleurerais des branches et que j'arracherais des fleurs, où les rosiers ont des étiquettes, les géraniums des scapulaires et les giroflées un état-civil à la planchette ; — dans l'herbe et sous les arbres de la propriété de mon grand'père qui pourtant ne demanderait pas mieux, lui, que de me laisser vacciner les hêtres et décapiter les boutons d'or...

Des souvenirs ? Si vous voulez.

Mon père ? J'ai deux souvenirs de lui.

Un dimanche, il m'a emmené à une fête de banlieue. Comme j'avais fait manœuvrer sans succès les différents tourniquets chargés de pavés de Reims, de porcelaines utiles et de lapins mélancoliques, il s'est mis en colère.

— Tu vas voir, a-t-il dit, que Phanor est plus adroit que toi.

Il a fait dresser le chien contre la machine et la lui a fait mettre en mouvement d'un coup de patte autoritaire. Phanor a gagné le gros lot, un grand morceau de pain d'épice.

— Puisqu'il l'a gagné, a prononcé mon père, qu'il le mange !

Il a déposé le pain d'épice sur l'herbe et le chien s'est mis à l'entamer, avec plaisir certainement, mais sans enthousiasme. Des hommes vêtus en ouvriers, derrière nous, ont murmuré.

— C'est honteux, ont-ils dit, de jeter ce pain d'épice à un chien lorsque tant d'enfants seraient si heureux de l'avoir.

Mon père n'a pas bronché. Mais, quand nous avons été partis, je l'ai entendu qui disait à ma mère :

— Ce sont des souteneurs, tu sais.

J'ai demandé ce que c'était que les souteneurs. On ne m'a pas répondu. Alors, j'ai pensé que les souteneurs étaient des gens qui aimaient beaucoup les enfants.

Plus tard, mon père m'a procuré une joie plus grave. Il m'a fait voir Gambetta. C'était au Palais de Versailles, où se tenait alors l'Assemblée Nationale. La séance était ouverte quand nous sommes entrés. Un monsieur chauve, fortifié d'un gilet blanc, était à la tribune. Il disait que le maïs est très mauvais pour les chevaux. J'ai cru que c'était Gambetta.

Mon père s'est mis en colère. Comment ! je ne reconnais pas Gambetta ! Il est assez facile à distinguer des autres, pourtant. Ne m'a-t-on pas dit mille fois qu'il s'était crevé un œil parce que ses parents ne voulaient pas le retirer d'un collège de Jésuites ?

Si, on me l'a dit mille fois. Je sais ainsi qu'un fils a le droit de désobéir à ses parents quand ils le mettent chez les Jésuites, mais qu'il doit leur obéir aveuglement lorsqu'ils l'enferment ailleurs.

— Ah ! tu es vraiment bien nigaud, mon pauvre enfant ! A quoi ça sert-il, alors, d'avoir mis dans ta chambre le portrait du grand patriote ? Je parie que tu ne le regardes seulement pas, avant de te coucher... En tous cas, tu n'es guère physionomiste ; combien a-t-il d'yeux, le député qui parle à la tribune ? Un, ou deux ?

Je ne sais pas, je ne sais pas. Je crois bien qu'il en a trois. Il a des yeux partout. Il en est plein. Je le vois bien, à présent ; mais, tout à l'heure, je ne pouvais rien voir ; j'étais ébloui. Ah ! j'ai été tellement ému, en pénétrant dans l'auguste enceinte, dans le sanctuaire des lois ! J'en suis encore tout agité. Et puis, je croyais que Gambetta ne quittait pas la tribune, que c'était lui qui parlait tout le temps — que les autres n'étaient là que pour l'écouter.

Mon père donne des explications aux voisins qui ébauchent des gestes indulgents, après avoir souri de pitié.

— Je ne comprends vraiment pas comment il a pu confondre ainsi... Il a toujours le premier prix d'Histoire et il reconnaîtrait M. Thiers à une demi-lieue...

Puis, il se tourne vers moi.

— Le voilà, Gambetta ! Tiens, là, là !

Oui, c'est lui, c'est bien lui. Je reconnais son œil — la place de son œil. — Il est là, au premier banc — le banc de la commission, dit un voisin qui s'y connaît — étendu de tout son long, ou presque, les mains dans les poches et la cravate de travers. Et, de toute l'après-midi, il ne desserre point les dents, pas une seule fois. Il se contente de renifler. Une séance fort intéressante, cependant, où l'on discute la qualité des fourrages — paille, foin, luzerne, avoine, son et recoupette.

— C'est bien dommage que Gambetta n'ait pas parlé, dis-je à mon père, comme nous sortons.

— La parole est d'argent et le silence est d'or, me répond-il d'une voix qui me fait comprendre qu'il m'en veut de ma bévue de tout à l'heure. Mais je ne t'avais pas promis de te faire entendre Gambetta ; ça ne dépend point de moi. Je t'avais promis de te le faire voir. Tu l'as vu. Tu n'espérais pas quelque chose d'extraordinaire, je pense ?

Moi ? Pas du tout. Je ne m'attendais pas, bien sûr, à voir le tribun rincer son œil de plomb dans le verre d'eau sucrée, ou le lancer au plafond pour le rattraper dans la cuiller. Je sais qu'il est trop bien élevé pour ça.

— Que son exemple te serve de leçon, reprend mon père. Avec de l'économie et en faisant son droit, on peut aujourd'hui arriver à tout. Il dépend de toi de monter aussi haut que lui.

Je crois que j'aurais peur, en ballon. Du reste, bien que je ne l'avoue qu'à moi-même, j'ai été très désillusionné. Le Gambetta que j'ai vu n'est point celui que j'espérais voir. Non, pas du tout. Je ne me rappelle déjà plus sa figure : et si sa face — de profil — ne protégeait pas mon sommeil, pendant les vacances, j'ignorerais demain comment il a le nez fait. Est-ce que je ne suis pas physionomiste, comme l'assure mon père ?

Si, je le suis ; au moins quelquefois. Et le monsieur

chauve, en gilet blanc, qui parlait quand nous sommes entrés, je vous jure que je ne l'ai point oublié. Ses traits se sont gravés en moi sans que le temps ait jamais pu les effacer. Quand je veux, dans les circonstances graves, me représenter un homme d'Etat, c'est son visage que j'évoque, c'est son linge et son attitude que vient m'offrir ma mémoire. Oui, malgré mon père, dont les admirations étaient certainement justifiées, ce n'est pas Gambetta, ni même M. Thiers, qui symbolisent pour moi le gouvernement nécessaire d'un peuple libre, mais policé. C'est ce monsieur, dont j'ignore le nom, dont les cheveux avaient quitté la France dans le fiacre à Louis-Philippe, dont la blanchisseuse avait un si joli coup de fer, et qui condamnait le maïs, formellement et sans appel, au nom de la cavalerie tout entière.

J'ai trois souvenirs de ma mère.

Un jour, comme j'étais tout petit, elle me tenait sur ses genoux quand on est venu lui annoncer qu'une traite souscrite par un client était demeurée impayée. Elle m'a posé à terre si rudement que je suis tombé et que j'ai eu le poignet foulé.

Une fois, elle m'a récompensé parce que j'avais répondu à un vieux mendiant qui venait demander l'aumône à la grille : « Allez donc travailler, fainéant; vous ferez mieux. »

— C'est très bien, mon enfant, m'a-t-elle dit. Le travail est le seul remède à la misère et empêche bien des mauvaises actions; quand on travaille, on ne pense pas à faire du mal à autrui.

Et elle m'a donné une petite carabine avec laquelle on peut aisément tuer des oiseaux.

Une autre fois, elle m'a puni parce que « je demande toujours où mènent les chemins qu'on traverse, quand on va se promener. » Ma mère avait raison, je l'ai vu depuis. C'est tout à fait ridicule, de demander où mènent les chemins. Ils vous conduisent toujours où vous devez aller.

— Mon grand-père... C'est un ancien avoué, à la bouche sans lèvres, aux yeux narquois, qui dit toujours que le Code est formel.

— Le Code est formel.

Le geste est facétieux ; l'intonation est cruelle. La main s'ouvre, les doigts écartés, la paume dilatée comme celle d'un charlatan qui vient d'escamoter la muscade. La voix siffle, tranche, dissèque la phrase, désarticule les mots, incise les voyelles, fait des ligatures aux consonnes.

— Le Code est formel !

J'écoute ça, plein d'une sombre admiration pour l'autorité souveraine et mystérieuse du Code, un peu terrifié aussi — et en mangeant mes ongles. — C'est une habitude que rien n'a pu me faire perdre, ni les choses amères dont on me barbouille les doigts, quand je dors, et qui me font faire des grimaces au réveil, ni les exhortations, ni les réprimandes ; mais mon grand-père, en un clin d'œil, m'en a radicalement corrigé.

— Il ne faut pas manger tes ongles, m'a-t-il dit. Il ne faut pas manger tes ongles *parce qu'ils sont à toi*. Si tu aimes les ongles, mange ceux des autres, si tu veux et si tu peux ; mais les tiens sont ta propriété, et ton devoir est de conserver ta propriété.

J'ai écouté mon grand-père et j'ai perdu ma mauvaise habitude. Peut-être que le Code est formel, pour les ongles.

J'ai voulu m'en assurer, un jour, quand j'ai été plus grand ; voir aussi ce que c'est que ce livre qui résume la sagesse des âges et condense l'expérience de l'humanité, qui décide du *fas* et du *nefas*, qui promulgue des interdictions et suggère des conseils, qui fait la tranquillité des bons et la terreur des méchants.

On m'avait envoyé, pendant les vacances, passer quelques jours chez mon grand-père. Une après-midi, j'ai pu m'introduire sans bruit dans la bibliothèque, saisir un Code, le cacher sous ma blouse et me réfugier, sans être vu, derrière le feuillage d'une tonnelle, tout au fond du jardin.

Avec quel battement de cœur j'ai posé le volume sur la table rustique du berceau ! Avec quelles transes d'être surpris avant d'avoir pu boire à ma soif à la source de justice et de vérité, avec quels espoirs inexprimables et quels pressentiments indicibles ! Le voile qui me cache la vie va se déchirer tout d'un coup, je le sens ; je vais savoir le pourquoi et le comment de l'existence de tous les êtres, connaître les liens qui les attachent les uns aux autres, les causes profondes de l'harmonie qui préside aux rapports des hommes, pénétrer les bienfaisants effets de ce progrès que rien n'arrête, de cette civilisation dont j'apprends à m'enorgueillir. Non, Ali-Baba n'a point éprouvé, en pénétrant dans la caverne des quarante voleurs, des tressaillements plus profonds que ceux qui m'agitent en ouvrant le livre sacré ! Non, Eve n'a pas cueilli le fruit défendu, au jardin d'Eden, avec une émotion plus grande ; le Tentateur ne lui avait parlé qu'une seule fois de la saveur de la pomme — et il y a si longtemps, moi, que j'entends chanter la gloire du Code, du Code qui est formel !

Je lis. Je lis avec acharnement, avec fièvre. Je lis le Contrat de louage, le Régime dotal, beaucoup d'autres choses comme ça. Et je ne sens pas monter en moi le feu de l'enthousiasme, et je ne suis point envahi par cette exaltation frénétique que j'attendais aux premières lignes. Mais ça va venir, je le sais, pourvu que je ne me décourage pas, que je persévère, que j'aille jusqu'au bout. Du courage ! « Le mur mitoyen… »

— Qu'est-ce que tu fais là ?

Mon grand-père est devant moi. Il est entré sans que j'aie pu m'en apercevoir, tellement j'étais absorbé.

— Il y a deux heures que je te cherche. Qu'est-ce que tu fais ? Tu lis ? Qu'est-ce que tu lis ?

— Je lis le Code !

A quoi bon nier ? Le livre est là, grand ouvert sur

la table, témoin muet, mais irrécusable, de ma curiosité perverse. Mon grand-père sourit.

— Tu lis le Code ! Ça t'amuse, de lire le Code ? Ça t'intéresse ?

Je fais un geste vague. Ça ne m'amuse pas, certainement : mais ça m'intéresserait sans aucun doute, si l'on me laissait continuer. Telle est, du moins, mon opinion. Opinion sans valeur, mon grand-père me le démontre immédiatement.

— Pour lire le Code, mon ami, il ne suffit pas de savoir lire ; il faut savoir lire le Code. Ce qu'il faut lire, dans ce livre-là, ce n'est pas le noir, l'imprimé ; c'est le blanc, c'est ça...

Et il pose son doigt sur la marge.

Très vexé, je ferme brusquement le volume. Mon grand-père sourit encore.

— Il faut avoir des égards pour ce livre, mon enfant. Il est respectable. Dans cinquante ans, c'est tout ce qui restera de la Société.

Bon, bon. Nous verrons ça.

J'ai un autre souvenir, encore.

M. Dubourg est un ami de la famille. C'est un homme de cinquante ans, au moins, employé supérieur d'un ministère où sa réputation de droiture lui assure une situation unique. Réputation méritée ; mon grand-père, souvent un peu sarcastique, en convient sans difficulté : Dubourg, c'est l'honnêteté en personne. Il est notre voisin, l'été ; sa femme est une grande amie de ma mère et c'est avec son fils, Albert, que je joue le plus volontiers. J'ai l'habitude d'aller le chercher l'après-midi ; et je suis fort étonné que, depuis plusieurs jours, on me défende de sortir. Que se passe-t-il ?

J'ai surpris des bouts de conversation, j'ai fait parler les domestiques. Il paraît que M. Dubourg s'est mal conduit... des détournements considérables... une cocotte... la ruine et le déshonneur — sinon plus...

Mon père se doute que je suis au courant des

choses, car il prend le parti de ne plus se gêner devant moi.

— Dubourg peut se flatter d'avoir de la chance, dit-il à ma mère, à déjeuner ; il ne sera pas poursuivi ; il a remboursé, et on se contente de ça. Moi, je ne comprends pas ces indulgences-là ; c'est tout à fait démoralisant ; le crime ne doit jamais, sous aucun prétexte, échapper au châtiment.

— Jamais, dit ma mère. Mais on aura eu égard à son âge.

— Belle excuse ! Raison de plus pour n'avoir pas de pitié. Une cocotte ! Une danseuse !... Une liaison qui durait depuis des mois — depuis des années, peut-être... Connais-tu rien de plus immoral ? Et monsieur fouille à pleines mains dans les caisses publiques pour entretenir ça !... Comme sous l'Empire ! Comme sous Louis XV !... Et, quand on le prend sur le fait, on lui pardonne, sous prétexte qu'il a cinquante-cinq ans de vie irréprochable et que ses cheveux sont blancs !

— Ce n'est guère encourageant pour les honnêtes gens, dit ma mère. On éprouve un tel soulagement à lire, dans les journaux, les condamnations des fripons... Enfin, jugement ou non, on est toujours libre de fermer sa porte à des gens pareils, heureusement...

— C'est ce qu'on fait partout pour Dubourg, sois tranquille. J'ai donné des ordres, ici. Et quant à toi, Georges, si par hasard tu rencontres Albert, je te défends de lui parler. Je te le défends ; tu m'entends ?

Je n'ai pas rencontré Albert. Mais le surlendemain matin, comme je suis assis, au fond du jardin, à côté de mon père qui lit son journal, je vois arriver M. Dubourg. La domestique, par bêtise ou par pitié, lui aura permis d'entrer.

— La sotte fille ! dit mon père. Elle aura ses huit jours avant midi.

Mais M. Dubourg est à dix pas. Je sens que je vais être bien gênant pour lui, qu'il ne pourra pas dire, devant moi, tout ce qu'il a à dire, et je me lève pour m'en aller. Mon père me retient par le bras.

— Reste là !

M. Dubourg parle depuis cinq minutes ; des phrases embarrassées, coupées, heurtées, honteuses d'elles-mêmes. Et, chaque fois qu'il s'arrête, mon père esquisse la moitié d'un geste, mais il ne répond rien. Rien ; pas un mot.

M. Dubourg continue. Il dit que des sympathies lui seraient si précieuses... des sympathies même cachées... qu'on désavouerait devant le monde...

Silence.

Il dit qu'il a eu un moment d'égarement... mais que le chiffre qu'on a cité était exagéré, qu'il n'avait jamais été aussi loin... qu'il ne s'explique pas... qu'il a refait tous ses comptes depuis vingt ans...

Silence.

Il dit qu'il a été un grand misérable de céder à des tentations... qu'il comprend très bien qu'on ne l'excuse pas à présent... mais qu'il avait espéré qu'on consentirait avant de le condamner définitivement... que, s'il ne se sentait pas complètement abandonné, le repentir lui donnerait des forces...

Silence.

Il dit qu'il va partir très loin avec sa famille... que, s'il était seul, il saurait bien quoi faire, et que ce serait peut-être le mieux...

Silence.

— Eh ! bien, a-t-il murmuré, je ne veux point vous importuner plus longtemps, M. Randal ; je vais vous quitter... Au revoir...

Et il a tendu une main qui tremblait. Mon père a hésité ; puis, il a mis l'aumône de deux doigts dans cette main-là.

— Adieu, Monsieur.

Alors, M. Dubourg est parti. Il s'en est allé à grandes enjambées, le dos voûté comme pour cacher sa figure, sa figure ridée, tirée, aux yeux rouges, qui a vieilli de dix ans. Le chien l'a suivi, le museau au ras du sol, lui flairant les talons d'un air bien dégoûté, serrant funèbrement sa queue entre ses pattes — comme les soldats portent leur fusil le canon en bas, aux enterrements officiels.

Je n'ai jamais oublié ça.

Mais à quoi bon se souvenir, quand on est heureux ? Car je suis heureux. Je ne dis pas que je suis très heureux, car j'ignore quel est le superlatif du bonheur. Je ne le saurai que plus tard, quand il sera temps. Tout vient à point à qui sait attendre.

J'aime mes parents. Je ne dis pas que je les aime beaucoup — je manque de point de comparaison. — Je les considère, surtout, comme mes juges naturels (l'œil dans le triangle, vous savez) ; c'est pourquoi je ne les juge point. Je pense qu'ils ont, père, mère et grand-père, exactement les mêmes idées — qu'ils expriment ou défendent, les uns avec un acharnement légèrement maladif, l'autre avec une ironie un peu nerveuse. Je suis porté à croire que ce qu'ils préfèrent en moi, c'est eux-mêmes ; mais tous les enfants en savent autant que moi là-dessus.

Je respecte mes professeurs. Même, je les aime aussi. Je les trouve beaux.

On m'a tellement dit que je serai riche, que j'ai fini par le savoir. Je travaille pour me rendre digne de la fortune que j'aurai plus tard ; c'est toujours plus prudent, dit mon grand-père. Mais, en somme, si je me conduis bien, c'est que ça me fait plaisir. Car, si je me conduisais mal, mes parents ne pourraient pas me déshériter complètement. Le Code est formel.

II

LE CŒUR D'UN HOMME VIERGE EST UN VASE PROFOND

C'est entendu. Je ne suis plus un prodige et j'ai laissé à d'autres la gloire de représenter le lycée au concours général. Je ne suis pas un cancre — non, c'est trop difficile d'être un cancre. Je suis un élève médiocre. J'erre mélancoliquement, au début des mois d'août, dans le purgatoire des *accessit*.

— *Sic transit gloria mundi*, soupire mon oncle, qui ne sait pas le latin, mais qui a lu la phrase au bas d'une vieille estampe qui représente Bélisaire tendant son casque aux passants.

C'est mon oncle, à présent, qui veille sur mes jeunes années. Mes parents sont morts, et il m'a été donné comme tuteur.

— Une tutelle pareille, ai-je entendu dire à l'enterrement de ma mère, ça vaut de l'or en barre; le petit s'en apercevra plus tard.

Depuis, j'ai appris bien d'autres choses. Les employés et les domestiques ont parlé; les amis et connaissances m'ont plaint beaucoup. On s'intéresse tant aux orphelins!... Et, ce qu'on ne m'a pas dit, je l'ai deviné. « Les yeux du bœuf, disent les paysans, lui montrent l'homme dix fois plus grand qu'il n'est; sans quoi le bœuf n'obéirait point. » Eh! bien, l'enfant, l'enfant qui souffre, a ces yeux-là. Des yeux qui grossissent les gens qu'il déteste; qui, en outrant ce qu'il connaît d'exécrable en eux, lui font apercevoir confusément, mais sûrement, les ignominies qu'il en ignore; des yeux qui ne distinguent pas les détails, sans doute, mais qui lui représentent l'être abhorré dans toute la truculence de son infamie et l'amplitude de sa méchanceté — qui le lui rendent physiquement répulsif. — Les premières aversions d'enfant seraient moins fortes, sans cela, ces aversions douloureuses qui font courir dans l'être des frémissements barbares; et des souvenirs qu'elles laissent lorsqu'elles se sont éloignées et transformées en rancunes, ne germeraient point des haines d'homme.

Je sais que je suis volé. Je *vois* que je suis volé. L'argent que mes parents ont amassé, et qu'ils m'ont légué, je ne l'aurai pas. Je ne serai pas riche; je serai peut-être un pauvre.

J'ai peur d'être un pauvre — et j'aime l'argent. Oui, j'aime l'argent; je n'aime que ça. C'est l'argent seul, je l'ai assez entendu dire, qui peut épargner toutes les souffrances et donner tous les bonheurs; c'est l'argent seul qui ouvre la porte de la vie, cette porte au seuil de laquelle les déshérités végètent; c'est l'argent seul qui donne la liberté. J'aime l'argent. J'ai vu la joie orgueilleuse de ceux qui en ont et l'envie torturante de ceux qui n'en ont pas; j'ai entendu ce qu'on dit aux riches et le langage qu'on tient aux malheureux. On m'avait appris à être fier de la fortune que je devais avoir, et je sens qu'on ne me regarde plus de la même façon depuis que mes parents sont morts. Il me semble qu'une condamnation pèse sur moi. Je suis volé, et je ne puis pas me défendre, rien dire, rien faire... Cette idée me supplicie. Je hais mon oncle; je le hais d'une haine terrible. Sa bienveillance m'exaspère; son indulgence m'irrite;

je meurs d'envie de lui crier qu'il est un voleur, quand il me parle ; de lui crier que sa bonté n'est que mensonge et sa complaisance qu'hypocrisie ; de lui dire qu'il s'intéresse autant à moi que le bandit à la victime qu'il détrousse... Les robes de sa fille, ma cousine Charlotte, qui commence à porter des jupes longues, c'est moi qui les paye ; et l'argent qu'il me donne, toutes les semaines, c'est la monnaie de mes billets de banque, qu'il a changés. J'en suis arrivé à ne plus pouvoir manger, chez lui, le dimanche ; les morceaux m'étranglent, j'étouffe de colère et de rage.

Plus tard, j'ai pensé souvent à ce que j'ai éprouvé, à ce moment-là. Je me suis rendu un compte exact de mes sentiments et de mes souffrances ; et j'ai compris que c'était quelque chose d'affreux et d'indicible, ces sentiments d'homme indigné par l'injustice s'emparant d'une âme d'enfant et provoquant ces angoisses infinies auxquelles l'expérience n'a point donné, par ses comparaisons cruelles, le contrepoids des douleurs passées et des revanches possibles. Je me suis expliqué que tout mon être moral, délivré subitement des influences extérieures, et replié sur lui-même pour l'attaque, ait pu se détendre par fatigue, une fois la lutte jugée sans espoir, et s'allonger dans le mépris.

Mais ce n'est pas mon oncle que je méprise ; je continue à le haïr. Je le hais même davantage — parce que je commence à pénétrer les choses — parce que je sens qu'un homme qui cherche à conquérir sa vie, si exécrables que soient ses moyens, ne peut pas être méprisable. Ce que je méprise, c'est l'existence que je mène, moi ; que je suis condamné à mener pendant des années encore. Instruction ; éducation. On *m'élève*. Oh ! l'ironie de ce mot-là !...

Education. La chasse aux instincts. On me reproche mes défauts ; on me fait honte de mes imperfections. Je ne dois pas être comme je suis, mais *comme il faut*. Pourquoi faut-il ?... On m'incite à suivre les bons exemples ; parce qu'il n'y a que les mauvais qui vous décident à agir. On m'apprend à ne pas tromper les autres ; mais point à ne pas me laisser tromper. On m'inocule la raison — ils appellent ça comme ça — juste à la place du cœur. Mes sentiments violents sont criminels, ou au moins déplacés ; on m'enseigne à les dissimuler. De ma confiance, on fait quelque chose qui mérite d'avoir un nom : la servilité ; de mon orgueil, quelque chose qui ne devrait pas en avoir : le respect humain. Le crâne déprimé par le casque d'airain de la saine philosophie, les pieds alourdis par les brodequins à semelles de plomb dont me chaussent les moralistes, je pourrai décemment, vers mon quatrième lustre, me présenter à mes semblables. J'aurai du savoir-vivre. Je regarderai passer ma vie derrière le carreau brouillé des conventions hypocrites, avec permission de la romantiser un peu, mais défense de la vivre. J'aurai peur. Car il n'y a qu'une chose qu'on m'apprenne ici, je le sais ! On m'apprend à avoir peur.

Pour que j'aie bien peur des autres et bien peur de moi, pour que je sois un lieu-commun articulé par la résignation et un automate de la souffrance imbécile, il faut que mon être moral primitif, le *moi* que je suis né, disparaisse. Il faut que mon caractère soit brisé, meurtri, enseveli. Si j'en ai besoin plus tard, de mon caractère — pour me défendre, si je suis riche et pour attaquer, si je suis pauvre — il faudra que je l'exhume. Il revivra tout à coup, le vieil homme qui sera mort en moi — et tant pis pour moi si c'est un épouvantail qui gisait sous la dalle ; et tant pis pour les autres si c'est un revenant dont le suaire ligottait les poings crispés, et qui a pleuré dans la tombe !

Et souvent, il n'y a plus rien derrière la pierre du sépulcre. La bière est vide, la bière qu'on ouvre avec angoisse. Et quelquefois, c'est plus lugubre encore.

Les rivières claires qui traversent les villes naissantes... On jette un pont dessus, d'abord ; puis deux, puis trois; puis, on les couvre entièrement. On n'en voit plus les flots limpides; on n'en entend plus le murmure; on en oublie même l'existence. Dans la nuit que lui font les voûtes, entre les murs de pierre qui l'étreignent, le ruisseau coule toujours, pourtant. Son eau pure, c'est de la fange; ses flots qui chantaient au soleil grondent dans l'ombre; il n'emporte plus les fleurs des plantes, il charrie les ordures des hommes. Ce n'est plus une rivière; c'est un égout.

Je ne suis pas le seul, sans doute, à avoir deviné la tendance malfaisante d'un système qui poursuit, avec le knout du respect, l'unité dans la platitude. L'enfant a l'orgueil de sa personnalité et le fier entêtement de ce qu'on appelle ses mauvais instincts. L'ironie n'est pas rare chez lui; et il se venge par sa moquerie, toujours juste, du personnage ou de la doctrine qui cherche à peser sur lui. Mais la raillerie n'est pas assez forte pour la lutte. De là ce mélange de douceur et d'amertume, de patience et de méchanceté, de confiance large et de doute pénible que je remarque chez plusieurs de mes camarades — toujours enfants très heureux ou très malheureux dans leurs familles — et qui se résout dans une tristesse noire et une inquiétude nostalgique. Non, le sarcasme ne suffit point. Ce n'est pas en secouant ses branches que le jeune arbre peut se débarrasser de la liane qui l'étouffe; il faut une hache pour couper la plante meurtrière, et cette hache, c'est la Nécessité qui la tient. C'est elle qui m'a délivré. Il y a une chose que je sais et qu'aucun de mes camarades ne sait encore: je sais qu'il faut vivre.

Je sais qu'il faut avoir une volonté, pour vivre, une volonté qui soit à soi — qui ne demande ni conseil avant, ni pardon après. — Je sais que les années que je dois encore passer au collège seront des années perdues pour moi. Je sais que les avis qu'on me donnera seront mauvais, parce qu'on ne me connaît point et que je ne suis pas un être abstrait. Je sais que ce qu'on m'enseignera ne me servira pas à grand'chose ; qu'en tous cas j'aurais pu l'apprendre tout seul, en quelques mois, si j'en avais eu besoin ; et qu'il n'y a, en résumé, qu'une seule chose qu'il faille savoir, « Nul n'est censé ignorer la loi. » Est-ce que c'est classique, ça, ou simplement péremptoire ?

Non pas que je pense du mal de l'enseignement classique. Loin de là. J'ai pris le parti de ne penser du mal de rien ou, du moins, de ne point médire. Je m'abstiens donc de vilipender ces auteurs défunts qui m'engagent à vivre

Integer vitæ, scelerisque purus.

Je leur ai même dû, depuis, une certaine reconnaissance. Il y a beaucoup de bonnes ruses, en effet, et fort utiles pour qui sait comprendre, indiquées par les classiques. Combien de fois, par exemple, enfermé dans un meuble que transportaient dans un appartement abandonné la veille des camarades camouflés en ébénistes, ne me suis-je pas surpris à mâchonner du grec ! O cheval de Troie... Mais n'anticipons pas.

J'exécute le programme, très consciencieusement. D'abord, parce que je ne veux pas être puni. Les pensums sont ridicules, désagréables ; et je cherche avant tout à ne pas me laisser exaspérer par les injustices maladives d'un cuistre auquel j'aurai fourni un jour l'occasion de m'infliger un châtiment, mérité peut-être, et qui s'acharnera contre moi. Je tiens à n'avoir point de haine pour mes professeurs ; car je ne suis pas comme beaucoup d'autres enfants qui, abrutis par la discipline scolaire, n'ont de respect que pour les gens qui leur font du mal. Ces gens-là, je ne pourrais jamais les vénérer, jamais — et je préfère garder à leur égard, sans aller plus loin, des sentiments inexprimés.

Ensuite, ce n'est pas désagréable d'exécuter un programme, lorsqu'on le sait grotesque. Quand on a cette certitude, on éprouve quelque jouissance à travailler; sans aucun enthousiasme, bien entendu, mais avec pas mal d'ironie. J'apprends donc cette Histoire des Morts — tout ça, c'est les procès verbaux des vieilles Morgues — cette Histoire des Morts qu'on nous enseigne en dédain des Actes des Vivants — comme on nous condamne à la gymnastique affaiblissante en haine du travail manuel qui fortifie. — J'interprète en un français pédantesque les œuvres d'auteurs grecs et latins dont les traductions excellentes se vendent pour rien, sur les quais. Je prends des notes sans nombre à des cours où l'on me récite avec conviction le contenu des livres que j'ai dans mon pupitre. Et je salis beaucoup de papier, et je gâche beaucoup d'encre pour faire, du contenu de volumes généralement consciencieux et qu'on trouve partout, des manuscrits ridicules.

Je me le demande souvent : à quoi sert, dans une pareille méthode d'enseignement, la découverte de l'imprimerie ?

Ce serait trop simple, sans doute, de nous apprendre uniquement ce qu'il est indispensable de savoir aujourd'hui : les langues vivantes, et de nous laisser nous instruire nous-mêmes en lisant les livres qui nous plairaient, et comme il nous plairait... Qu'est-ce que je saurai, quand je sortirai du collège, moi qui ne serai pas riche, moi qu'on vole pendant que je traduis le *De officiis*, moi qui dépense ici, inutilement, de l'argent dont j'aurai tant besoin, bientôt ? Qu'est-ce que je connaîtrai de l'existence, de cette existence qu'il me faudra conquérir, seul, jour par jour et pied à pied ? Ah ! si j'étais encore riche, seulement ! Je suis épouvanté de mon isolement et de mon impuissance...

On élève mon esprit, cependant. Je me laisse faire. Je porte le lourd spondée à bras tendu et je fais cascader le dactyle dansant. Je m'imprègne des grandes leçons morales que nous légua la sagesse antique. Le livre de la science, qu'on m'entr'ouvre très peu, afin de ne point m'éblouir, m'émerveille. Et la haute signification des faits historiques ne m'échappe pas le moins du monde. J'assiste avec une satisfaction visible à la ruine de Carthage ; je comprends que la fin de l'autonomie grecque, bien que déplorable, fut méritée. J'applaudis, comme il convient, à la victoire de Cicéron sur Catilina ; et aussi au triomphe de César. L'empire Romain s'établit, à ma grande joie ; c'était nécessaire ; « et Jésus-Christ vient au monde. » Pourtant, il faut être juste : les invasions des Barbares ont eu du bon ; pourquoi pas ? Quant aux Anglais, je sais que trois voix crieront éternellement contre eux, et que c'est fort heureux que Jeanne d'Arc les ait chassés de France. Je vois clairement que la destinée des Empires tient à un grain de sable ; que la Révolution française fut un grand mouvement libérateur, mais qu'il faut néanmoins en blâmer les excès... Poésie de faussaires ; science d'apprentis teinturiers ; géographie de collecteurs de taxes ; histoire de sergents recruteurs ; chronologie de fabricants d'almanachs...

On forme mon goût, aussi. Je vénère Horace, « qu'on aime à lire dans un bois » ; et Homère, « jeune encor de gloire. » J'estime fort Raphaël pour les Loges du Vatican, que j'ignore ; Michel-Ange, pour le Jugement Dernier, que je n'ai jamais vu. Boileau a mon admiration ; et Malherbe, qui vint enfin. Je sais que Molière est supérieur à Shakespeare et que si les Français n'ont pas de poème épique, c'est la faute à Voltaire. Je distingue soigneusement entre Bossuet, qui était un aigle, et Fénelon, qui fut un cygne. Plumages !... J'honore Franklin.

Je vis en vieillard...

C'est bon. Mais, puisqu'il faut que jeunesse se passe — elle se passera, ma jeunesse ! — Dans l'avenir ; n'importe quand. Même si mes pieds se sont écorchés aux cailloux de la route, même si mes mains saignent du sang des autres, même si mes cheveux sont blancs. Je l'aurai, ma jeunesse qu'on m'a mise en cage ; et si je n'ai pas assez d'argent pour payer sa rançon, il faudra qu'on la paye à ma place et qu'on paye double. Ce n'est pas pour moi, l'Espérance qui est restée au fond de la boîte. Je n'espère pas. Je veux.

« Qu'un homme se fixe fermement sur ses instincts, a dit Emerson, et le monde entier viendra à lui. » Je n'en ai pas retrouvé assez, des instincts qu'on m'a arrachés, pour en former un caractère ; mais j'en ai pu faire une volonté. Une volonté que mes chagrins furieux ont rendue âpre, et mes rages mornes, implacable. Et puis, elle m'a donné violemment ce qu'elle donne à tous plus ou moins, cette instruction que je reçois ; un sentiment qui, je crois, ne me quittera pas facilement : le mépris des vaincus.

Des vaincus..., J'en vois partout. Ces universitaires méchants et serviles, vaniteux et moroses. Des gens qui n'ont jamais quitté le collège ; mangent, dorment, font leurs cours ; connaissent toutes les pierres des chemins par lesquels ils passent ; végètent, sans se douter qu'on peut vivre ; *requiescunt in pace*. Des citrouilles rutilantes d'orgueil ; ou bien de grandes araignées tristes — des araignées de banlieue.

Et tout ça peine, pourtant, pour gagner sa vie ; roule la pilule amère dans la pâte sucrée des marottes, dans la poudre rose des dadas.

— Serrez le texte ! s'écrie l'un. La langue française, qui est la plus belle du monde, nous permet de rendre exactement l'intensité du texte.

Je serre le texte ; je l'étripe ; je l'étrangle.

— Traduisez largement, dit l'autre ; n'ayez pas peur de moderniser. La vie antique se rapprochait de la nôtre beaucoup plus qu'on ne le pense généralement. Croyez-vous, par exemple, que les Anciens n'avaient d'autre coiffure que le casque ? Et le pétase, Messieurs ! Inutile d'aller plus loin...

Oui, inutile ;

Claudite jam rivos, pueri, sat prata biberunt.
N'en jetez plus, la cour est pleine.

— Mon ami, me dit mon oncle quand j'ai quitté

le lycée, *pede libero*, avec un diplôme flatteur et fort utile sous le bras, mon ami, le moment est solennel. Toutes les branches de l'activité humaine s'offrent à toi ; tu peux choisir. Commerce, industrie, littérature, science, politique, magistrature... Que t'indiquerais-je ? Tu sais que, depuis Bonaparte, la carrière est ouverte aux talents...

Mon oncle s'amuse un peu, en me disant ça ; la bouche ne rit pas, mais l'ironie lui met des virgules au coin des yeux couleur d'acier. Sa figure ? Un tableau de ponctuation et d'accentuation, sur parchemin. La paupière inférieure en accent grave, la paupière supérieure en accent circonflexe ; le nez, un point d'interrogation renversé, surmonté d'un grand accent aigu qui barre le front ; la bouche, un tiret ; des guillemets à la commissure des lèvres ; et la face tout entière, que couronnent des points exclamatifs saupoudrés de cendre, prise entre les parenthèses des oreilles.

— Enfin, réfléchis. Tu as fini tes études ; tu connais la vie ; choisis.

Non, je ne connais pas la vie ; mais je la devine. Et j'ai fait mon choix.

Pour le moment, pourtant, je déclare à mon oncle que je désire, avant tout, faire mon temps de service militaire. M'engager, afin d'être libre, après.

— Excellente idée, dit mon oncle. Peut-être as-tu raison de ne point te décider pour une de ces professions libérales qui confèrent des dispenses ; qui peut savoir ? En tous cas, la caserne est une bonne école. Le service militaire obligatoire a beaucoup fait pour accroître les rapports des hommes entre eux ; il a donné à l'humanité un nouveau sujet de conversation.

Peut-être autre chose, aussi. J'ai eu le temps de m'en apercevoir, durant les années que j'ai passées sous les drapeaux. Mais ce ne sont pas là mes affaires. Et, d'ailleurs, je n'ai pas encore le droit de parler, car je ne serai libéré que demain.

Libéré ! Ce mot me fait réfléchir longuement, pendant cette nuit où je me suis allongé, pour la dernière fois, dans un lit militaire. Je compte. Collège, caserne. Voilà quatorze ans que je suis enfermé. Quatorze ans ! Oui, la caserne continue le collège... Et les deux, où l'initiative de l'être est brisée sous la barre de fer des règlements, où la vengeance brutale s'exerce et devient juste dès qu'on l'appelle punition — les deux sont la prison. — Quatorze années d'internement, d'affliction, de servitude — pour rien...

Mais qu'est-ce qu'il faudra que je fasse, à présent que je suis libéré, pour qu'on m'incarcère pendant aussi longtemps ? Quelle multitude de délits, quelle foule de crimes me faudra-t-il commettre ?...

Quatorze ans ! Mais ça paye un assassinat bien fait ! Et combien d'incendies, et quel nombre de meurtres, et quel tas de vols, et quelle masse d'escroqueries !... La prison ? J'y suis habitué. Ça me serait bien égal, maintenant, d'en risquer un peu, pour quelque chose. La fabrication des abat-jour ne doit pas être plus agaçante que la confection des thèmes grecs ; et j'aurais mieux aimé tresser des chaussons de lisières que de monter la garde... On ne me mettrait point en prison sans motifs, d'abord. Ensuite, j'aurais au moins, cette fois-là, quelqu'un pour me défendre ; un avocat, qui dirait que je ne suis pas coupable, ou très peu ; que j'ai cédé à des entraînements ; *et cætera* ; qui apitoyerait les juges et m'obtiendrait le minimum, à défaut d'un acquittement. — Et qui sait si je serais pris ?

III

LES BONS COMPTES FONT LES BONS AMIS

J'ai suivi le conseil d'Issacar, et je suis ingénieur. Où, comment j'ai connu M. Issacar, c'est assez difficile à dire. Un jour, un soir, une fois... On ne fait jamais la connaissance d'un Israélite, d'abord ; c'est toujours lui qui fait la vôtre.

M. Issacar compte beaucoup sur moi ; il m'intéresse pas mal ; et nous sommes grands amis. C'est très bon, une amitié intelligente librement choisie, lorsqu'on n'a connu pendant longtemps que les camaraderies banales imposées par le hasard des promiscuités. M. Issacar est un homme habile ; il a des projets grandioses et il m'a exposé des plans dont la conception dénote une vaste expérience. Il n'est guère mon aîné, pourtant, que de deux ou trois ans ; sa hardiesse de vues m'étonne et je suis surpris de la netteté et de la sûreté de son jugement. D'où vient, chez le juif, cette précocité de pénétration ? Je ne lui vois qu'une seule cause : l'observation, par l'Israélite, d'une règle religieuse en même temps qu'hygiénique, qui lui permet de contempler le monde sans aucun trouble, de conclure et d'apprendre à raisonner avec bon sens ; tandis que le jeune chrétien, sans cesse dans les transes, passe son temps à faire des confidences aux médecins et à consterner les apothicaires. Quoi qu'il en soit, mes relations avec Issacar m'auront été fort utiles, m'auront fait gagner beaucoup de temps. Sans lui, il est bien des choses dont je ne me serais aperçu, sans doute, qu'après de nombreuses tentatives et de fâcheux déboires. D'abord, il m'a donné une raison d'être dans l'existence.

— C'est de première nécessité, m'a-t-il dit. Que vous ayez fait vos études et votre service militaire, c'est certainement très bien ; mais cela n'intéresse personne et ne vous assure aucun titre à la considération de vos contemporains. Quand on ne veut pas devenir quelqu'un, il faut se faire quelque chose. Collez-vous sur la poitrine un écriteau qui donnera une indication quelconque, qui ne vous gênera pas et pourra vous servir de cuirasse, au besoin. Faites-vous ingénieur. Un ingénieur peut s'occuper de n'importe quoi ; et un de plus, un de moins, ça ne tire pas à conséquence. D'ailleurs, la qualification est libre ; le premier venu peut se l'appliquer, même en dehors du théâtre. Dès demain, faites-vous faire des cartes de visite. Créez-vous ingénieur. Vous savez que ça ne nous sera pas inutile si, comme je l'espère, nous nous entendons.

Je le sais. Issacar a une grande idée. Il veut créer sur la côte belge, à peu de distance de la frontière française, un immense port de commerce qui rivalisera en peu de temps avec Anvers et finira par tuer Hambourg. Il m'a détaillé son projet avec pièces à l'appui, rapports de toute espèce et plans à n'en plus finir. Il a même été plus loin ; il m'a emmené à L., où j'ai pu me rendre un compte exact des choses ; il est certain qu'Issacar n'exagère pas, et que son idée est excellente. Ce n'est point une raison, il est vrai, pour qu'elle ait du succès.

Néanmoins, j'ai été très heureux de voyager un peu. Je ne connaissais rien d'exact, n'ayant passé que neuf ans au collège, sur les pays étrangers. Le peu que j'en savais, je l'avais appris par les collections de timbres-poste. Issacar a su se faire beaucoup d'amis, non seulement à L., mais à Bruxelles, et nous ne nous sommes pas ennuyés une minute. Même, j'ai eu la grande joie de soutenir triomphalement, devant plusieurs collègues, ingénieurs belges distingués, une discussion sur les différents systèmes d'écluses.

— Vous voyez, m'a dit Issacar, que ça marche comme sur des roulettes. Laissez-moi faire. Dans six mois j'aurai l'option et avant un an nous donnerons le premier coup de pioche. Financièrement, l'affaire sera lancée à Paris et l'émission faite dans des conditions superbes ; je ne voudrais à aucun prix négliger d'employer, dans une large mesure, les capitaux français pour une telle entreprise. Si, comme je le pense, vous pouvez mettre dans quelques mois une cinquantaine de mille francs à notre disposition, pour les frais indispensables, je réponds de la réussite.

Malgré tout, je ne sais pas si nous nous entendrons. Non pas que j'aie des doutes sur les sentiments moraux d'Issacar ; je n'ai pas le moindre doute à ce sujet-là ; Issacar lui-même ne m'en a pas laissé l'ombre.

— La morale, dit-il, est une chose excellente en soi, et même nécessaire. Mais il faut qu'elle reste en rapports étroits avec les réalités présentes ; qu'elle en soit, plutôt, la directe émanation. Jusqu'à une certaine époque, le xvie siècle si vous voulez, toute théologie, et par conséquent toute morale, était basée sur sa cosmogonie. Le vieux système de Ptolémée s'est écroulé ; mais le monde moral à trois étages qui s'appuyait sur lui : enfer, terre et ciel, lui a survécu ; c'est un monument qui n'a plus de base. La morale doit évoluer, comme tout le reste ; elle doit toujours être la conséquence des dernières certitudes de l'homme ou, au moins, de ses dernières croyances. La transformation d'un univers, divisé en trois parties et formellement limité, en un autre univers infini et unique, devait entraîner la métamorphose d'un système de morale qui n'était plus en concordance avec le monde nouveau ; il est regrettable que cette nécessité n'ait été comprise que de quelques esprits d'élite que les bûchers ont fait disparaître. Il en résulte que notre vie morale actuelle, si elle est incorrecte devant le critérium conservé, prend les allures d'une protestation contre quelque chose qui n'existe point ; et qu'elle manque de signification, si elle est correcte. C'est très malheureux... Le vieux précepte : « Tu ne voleras pas » est excellent ; mais il exige aujourd'hui un corollaire : « Tu ne te laisseras pas voler. » Et dans quelle mesure faut-il ne pas voler, afin de ne point se laisser voler ? Croyez-vous que ce soient les Codes qui indiquent la dose ? Certes, il y a de nombreuses fissures dans les Tables de la Loi ; et la jurisprudence est bien obligée de les élargir tous les jours ; je pense pourtant que ce n'est point suffisant. Je ne vous parlerai pas de la façon dont les foules, en général, interprètent les principes surannés qui ont la prétention ridicule de diriger la conscience humaine ; mais avez-vous remarqué comme les magistrats, les juges, lorsqu'ils y sont forcés, exposent pauvrement la morale ? J'ai voulu m'en donner une idée, et j'ai visité les prétoires. Monsieur, c'est absolument piteux. Mais comment voulez-vous qu'il en soit autrement ?... Les conséquences d'un pareil état de choses sont pénibles ; il produit forcément la division de l'Humanité en deux fractions à peu près égales : les bourreaux et les victimes. Il faut dire qu'il y a des gradations. Si vous êtes bourreau, vous pouvez être usurier comme vous pouvez être philanthrope ; si vous êtes victime, vous pouvez être le sentimentaliste qui soupire ou la dupe qu'on fait crever... Il me semble que les grands prophètes hébreux, qui furent les plus humains des philosophes, ont donné, il y a bien longtemps — à l'époque où ils lançaient les glorieuses invectives de leur véhémente colère contre un Molochisme dont celui d'aujourd'hui n'est que la continuation mal déguisée

— ont donné, dis-je, quelque idée de la morale qu'ils prévoyaient inévitable. « Ne méprise pas ton corps », a dit Isaïe. Monsieur, je ne connais point de parole plus haute. — Riche ! ne méprise pas ton corps ; car les excès dont tu seras coupable se retourneront contre toi, et la maladie hideuse ou la folie plus hideuse encore feront leur proie de tes enfants ; tu ne peux pas faire du mal à ton prochain sans mépriser ton corps. Pauvre ! ne méprise pas ton corps ; car ton corps est une chose qui t'appartient tu ne sais pas pourquoi, une chose dont tu ignores la valeur, qui peut être grande pour tes semblables, et que tu dois défendre ; tu ne peux pas laisser ton prochain te faire du mal sans mépriser ton corps. — Ça, voyez-vous, c'est une base. Il est vrai qu'elle est individualiste, comme on dit. Et l'individualisme n'est pas à la mode... Parbleu ! Comment voudriez-vous, si l'individu n'était pas écrasé comme il l'est, si les droits n'étaient pas créés comme ils le sont par la multiplication de l'unité, comment voudriez-vous forcer les masses à incliner leurs fronts, si peu que ce soit, devant cette morale qui ne repose sur rien, chose abstraite, existant en soi et par la puissance de la bêtise ? C'est pourquoi il faut enrégimenter, niveler, former une société — quel mot dérisoire ! — à grands coups de goupillon ou à grands coups de crosse. Le goupillon peut être laïque ; ça m'est égal, du moment qu'il est obligatoire. Obligatoire ! tout l'est à présent : instruction, service militaire, et demain, mariage. Et mieux que ça : la vaccination. La rage de l'uniformité, de l'égalité devant l'absurde, poussée jusqu'à l'empoisonnement physique ! Du pus qu'on vous inocule de force — et dont l'homme n'aurait nul besoin si la morale ne lui ordonnait pas de mépriser son corps ; — de la sanie infecte qu'on vous infuse dans le sang au risque de vous tuer (comptez-les, les cadavres d'enfants qu'assassine le coup de lancette !) du venin qu'on introduit dans vos veines afin de tuer vos instincts, d'empoisonner votre être ; afin de faire de vous, autant que possible, une des particules passives qui constituent la platitude collective et morale...

Un homme qui raisonne comme ça peut être dangereux, je l'accorde, pour ceux qui veulent lui barrer le chemin ou qui, même, se trouvent par hasard dans son sentier ; mais il est bien certain qu'il ne donnera pas de crocs-en-jambe à ceux qui marcheront avec lui. Non, je ne crains pas un mauvais tour de la part d'Issacar ; je ne redoute pas qu'il veuille faire de moi sa dupe. Je redoute plutôt qu'il ne soit sa propre victime. Il lui manque quelque chose, pour réussir ; je ne pourrais dire quoi, mais je sens que je ne me trompe pas. C'est un incomplet, un homme qui a des trous en lui, comme on dit. Apte à formuler exactement une idée, mais impuissant à la mettre en pratique ; ou bien, capable d'exécuter un projet, à condition qu'il eût été mal préparé et que le hasard seul en eût assuré la réussite. Le hasard, oui, c'est la meilleure chance de succès qu'Issacar ait dans son jeu. Ses aptitudes sont trop variées pour lui permettre d'aller directement au but qu'il s'est désigné ; ses facultés trop contradictoires pour ne pas élever, entre la conception de l'acte et son accomplissement normal, des obstacles insurmontables. Les contrastes qui se heurtent en lui, et font défaillir sa volonté au moment critique, le condamneront, je le crains, aux avortements à perpétuité.

Il suffit de regarder sa figure pour s'en convaincre. Le lorgnon annonce la prudence ; mais le col cassé, le manque de suite dans les procédés. La moustache courte et la barbe rampante, qui cherche à usurper sa place, symbolisent les excès de la Propriété, dévoratrice d'elle-même, dit Proudhon ; mais les cheveux ne désirent pas le bien du prochain ; individualistes à outrance, largement espacés, ils semblent s'être soumis avec résignation à l'arbitrage intéressé de la calvitie. La lèvre inférieure fait des tentatives pour annexer sa voisine, mais la saillie des dents s'y oppose. Les yeux, légèrement bigles, proclament des sentiments égoïstes; mais leur convergence indique des tendances à l'altruisme. Le nez défend avec énergie les empiétements du monopole; et le menton s'avance résolument pour le combattre. Les oreilles... Mais descendons. Issacar boite un peu; chez lui, pourtant, cette légère claudication est moins une infirmité qu'un symbole.

Oui, décidément, je crois que l'appui qu'Isaccar obtiendra de moi aura plutôt un caractère chimérique. Une cinquante de mille francs!... Les aurai-je, seulement? Je le pense et je crois même, si audacieux qu'aient pu être les détournements avunculaires, qu'il me reviendra beaucoup plus. Mais je ne suis sûr de rien. Mon oncle, qui me fait une pension depuis que je suis revenu du régiment, a évité jusqu'ici toute allusion à un règlement de comptes. Il est fort occupé d'ailleurs; et chaque fois que je vais le voir — car j'ai préféré ne pas habiter chez lui — il trouve à peine le temps de placer, à déjeuner, une dizaine de phrases sarcastiques entre les bouchées qu'il avale à la hâte. Il faut qu'il mette ses affaires en ordre, dit-il, car il va marier sa fille très prochainement, et il ne veut pas que son gendre, parmi les reproches qu'il lui fera certainement le lendemain de la cérémonie, trouve moyen d'en glisser un au sujet des irrégularités de l'apport dotal.

C'est avec un de mes camarades de collège, Edouard Montareuil, que ma cousine Charlotte va se marier. Pas un mauvais diable; au contraire; mais un peu naïf, un peu gnan-gnan — un fils à maman. — Ça me fait quelque chose, on dirait, de savoir que Charlotte va se marier avec lui; quelque chose que j'aurais du mal à définir. Une jolie brune, Charlotte, avec la peau mate et de grands yeux noirs...

Est-ce que je serais amoureux, par hasard? Faudrait voir. Qu'est-ce que c'est que l'amour, d'abord?

> C'est sous un balcon avoir le délire,
> C'est rentrer pensif lorsque l'aube naît...

Je n'ai jamais eu le délire, sous un balcon. J'y ai

reçu de l'eau, quand il avait plu, et de la poussière quand les larbins secouaient les tapis. Je suis rentré souvent « lorsque l'aube naît. » Mais jamais pensif. Plutôt un peu éméché... Peut-être que la définition n'est pas bonne, après tout.

— C'est la meilleure ! dit un psychologue.

Alors je ne suis pas amoureux.

Mais je suis étonné, très étonné, même, lorsque mon oncle me prend à part, un soir, et me dit à demi-voix :

— Viens après-demain matin, à dix heures. Je veux te rendre mes comptes de tutelle. Sois exact.

Diable ! Il paraît que c'est pressé. Mon oncle tient sans doute à savoir, avant de conclure définitivement le mariage de sa fille, si j'accepterai ou non un règlement dérisoire. Ça doit être ça. C'est moi qui dois payer la dot ; et si je me rebiffe, rien de fait... Mais comment n'accepterais-je pas ? A qui me plaindre ? J'ai bien un subrogé-tuteur, quelque part ; un naïf, choisi exprès, qui aura tout approuvé sans rien voir... A quoi bon ? Tout doit être en règle, correct, légal...

Mon oncle, c'est un homme d'ordre ; une brute trafiquante à l'égoïsme civilisé. En proie à des instincts terribles, qu'aucune règle morale ne pourrait réfréner, mais qu'il parvient à réglementer par une soumission absolue à la Loi écrite. Ses dominantes : l'Orgueil et la Luxure, dont la somme, toujours, est l'Avarice. A force d'énergie, il arrive à maintenir fermement, au point de vue social, ou plutôt légal, les écarts d'un cerveau très mal équilibré naturellement. Comme il n'a point assez de confiance en lui pour se juger et se diriger lui-même, il est partisan acharné du principe d'autorité qui lui assure la garantie des hiérarchies, même usurpées, et la distribution de la justice dans un sens toujours identique ; — qui, en un mot, lui donne un *moi* social qui recouvre à peu près son *moi* naturel. — Mais malgré tout, au fond, ses instincts en font un implacable ; son ironie n'est point l'ironie chevrotante du faux-bonhomme ; elle sonne comme le ricanement du carnassier en cage, mais pas dompté, qui a besoin de donner de la voix, de temps en temps, mais qui sait bien qu'il est inutile de rugir. Au dehors, et justement parce que c'est un maniaque déterminé de la civilisation, son état criminel latent (qui lui laisse dans l'âme un sentiment de peur très vague, mais perpétuel) l'entraînerait du côté de la religion, si elle lui semblait plus dogmatique et moins facilement miséricordieuse. Il se contente d'être philanthrope.

Et avare ? Certainement. Mon oncle est un avare tragique.

Ce n'est pas un de ces ridicules fesse-mathieu — possibles autrefois après tout — qui se refusaient le nécessaire pour ne pas diminuer leurs trésors, et qui laissaient crever de faim leurs chevaux plutôt que de leur donner une musette d'avoine. Ce n'est pas un de ces pince-maille, usuriers liardeurs hypnotisés par le bénéfice immédiat, qui « méprisent de grands avantages à venir pour de petits intérêts présents. » Sa passion ne s'éloigne jamais de son but. Il sait bien que ce n'est pas sa cassette qui a de beaux yeux ; car il sait que les beaux yeux ont une valeur, comme les pièces d'or, et il sait où les trouver quand il en a soif. Et si, par impossible, on lui enlevait son trésor, il ne se prendrait point le bras en criant : « Au voleur ! » car il aurait peur qu'on l'entende et l'orgueil lui fermerait la bouche. C'est l'avare moderne. L'avare aux combinaisons savantes et à longue portée ; qui aime l'argent, certes ; qui ne l'aime pas, pourtant, comme une chose inerte qu'on entasse et qu'on possède, mais comme un être vivant et intelligent, comme la représentation réelle de toutes les forces du monde, comme l'essence de quelque chose de formidable qui peut créer et qui peut tuer, comme la réincarnation existante et brutale de tous les simulacres illusoires devant lesquels l'humanité se courbe. L'avare qui comprend que la contemplation n'est pas la jouissance ; que l'argent ne se reproduit que très difficilement d'une façon directe ; que l'or, étant l'émanation tangible des efforts universels, doit être aussi un stimulant vers de nouvelles manifestations d'énergie, et que l'homme qui le détient, au lieu de l'accumuler stupidement, doit le considérer comme un serviteur adroit et un messager fidèle, et le diriger habilement. Cet avare-là n'est pas un ladre ; c'est une bête de proie. Il reste un monstre ; mais il cesse d'être grotesque pour devenir terrible.

Il y a quelque chose d'effrayant chez mon oncle ; c'est l'absence complète de tout autre besoin que l'appétit d'autorité. Tous les autres sentiments n'ont pas été, en lui, relégués à l'arrière-plan ; ils ont été extirpés, radicalement ; et ce sont leurs parodies, jugées utiles, qui sont venues reprendre la place qu'ils occupaient. Cet âpre désir de domination, qui est l'effet bien plus que la cause de son avarice, le libère même des griffes des deux passions qui ont donné naissance à sa cupidité : l'orgueil, qui le conduirait au mépris ou à l'évaluation inexacte des forces des autres ; et la luxure, qui l'écarterait sans cesse de son but par la fascination de la chair. J'ai rarement entendu, dans ma vie, un homme juger avec autant de bon sens et d'impartialité les êtres et les choses ; et quant au libertinage... Un exemple : sa femme, morte il y a plusieurs années, était coquette, exigeante, dépensière ; fort jolie surtout. Mon oncle, le lendemain du mariage, prit une maîtresse qu'il payait tant par mois — afin de pouvoir toujours, aux moments psychologiques, rester sourd aux sollicitations pécuniaires qui se murmurent sur l'oreiller. — Donner beaucoup d'argent eût été dur pour lui ; mais peut-être l'aurait-il fait ; se laisser maîtriser par l'amour, même physique, il ne le voulut jamais.

C'est ce prurit d'autorité, sans doute, qui met sur le visage de mon oncle, parfois, un voile de tristesse infinie et de découragement profond. Il devine que, son appétit de domination, il ne pourra jamais l'assouvir : que le moment n'est pas encore propice aux grandes entreprises des hommes de calcul. Il sent que le monde est encore attaché aux fantômes des vieilles formules qui ne s'évanouiront pas avant un temps, qui ne disparaîtront que dans les fumées d'un grand bouleversement, vers la fin du siècle. — Car il prédit, pour l'avenir, un nouveau système social basé sur l'esclavage volontaire des grandes masses de l'humanité, lesquelles mettront en œuvre le sol et ses produits et se libèreront de tout souci en plaçant la régie de l'Argent, considéré comme unique Providence, entre les mains d'une petite minorité d'hommes d'affaires ennemis des chimères, dont la mission se bornera à appliquer, sans aucun soupçon d'idéologie, les décrets rendus mathématiquement par cette Providence tangible ; par le fait, le culte de l'Or célébré avec franchise par un travail scientifiquement réglé, au lieu des prosternations inutiles et honteuses devant des symboles décrépits qui masquent mal la seule Puissance. — Mais mon oncle est venu trop tard dans un monde encore trop jeune. Et peut-être prévoit-il que, ses rêves d'ambition autoritaire rendus irréalisables par l'âge, il deviendra la proie sans défense de l'orgueil et de la luxure, que la sénilité exagère en horreur.

Mais ce n'est pas de la tristesse seulement qu'inspire à mon oncle cette vision décourageante de l'avenir ; c'est une sorte de rage spéciale, de fureur nerveuse dont il réprime mal les accès, de plus en plus fréquents. Les sentiments factices dont il a recouvert, par habileté, son impassibilité barbare, commencent à lui peser autant que s'ils étaient réels. Plus, peut-être. Un jour, prochain sans doute, il arrachera le masque et apparaîtra tel qu'il est. Il continuera à respecter à peu près les toiles d'araignée du Code, mais renversera d'un seul coup les barrières de la morale sans sanction. L'amour de l'argent qui seul, à notre époque de lâcheté, peut donner de l'audace, s'exaspérera en lui à mesure qu'il constatera davantage son impuissance à le satisfaire complètement ; et, plein de mépris pour toutes choses et de haine pour tous les êtres, il se mettra à s'aimer lui seul, pleinement et furieusement, en raison exacte de la fortune qu'il possédera. Il voudra jouir, et sacrifier tout à ses jouissances. Il ne sera pas la victime de ses passions, mais leur maître ; un maître exigeant et brutal, qui poussera le cynisme de l'égoïsme jusqu'à la prodigalité stupide, et qui voudra, en dépit de tout, *en avoir pour son argent*... Mon oncle me fait souvent songer aux barons solitaires et tristes du Moyen-Age. Combien y eut-il, derrière la pierre des donjons, d'âmes basses, mais vigoureuses, qui rêvèrent de dominations épiques et que le sort condamna à noyer leurs visions hautes et tragiques dans le sang des drames intimes et vils, maudits à jamais ou toujours ignorés ! Combien d'hommes ardents, irritables, superstitieux et passionnés, ont psalmodié les litanies du crime, à l'ombre de la tour féodale, parce que les champs de bataille n'étaient point prêts encore où devait se chanter la chanson de l'Epée ! Quelle cohue d'oppresseurs et d'ambitieux qui furent des bandits parce qu'ils ne purent être empereurs, Charles-Quints avortés en Gilles de Rais...

Se voir réduit à spéculer d'une façon mesquine sur les événements — ces événements qui sont les explosions de la douleur humaine — quand on a rêvé de provoquer des faits et de diriger des actes ! Quelle pitié ! Surtout lorsqu'on croit, comme mon oncle, que l'âge est proche où l'autorité des manieurs d'or va balayer toutes les autres, surtout lorsqu'on voit qu'elle s'affirme déjà, cette autorité, dans un autre hémisphère, sur le sol nouveau des Etats-Unis.

— Ah ! ces Américains, dit mon oncle avec colère, quelles leçons ils donnent au Vieux Monde !

Et il explique le système si habile, et si humanitaire, dit-il, des Crésus d'Outre-mer. Ce système, même, il l'applique autant qu'il peut. Son avarice s'élargit ; c'est un mélange d'économie et de libéralité qui doit porter intérêts. — Il donne aux établissements de bienfaisance et soutient des œuvres philanthropiques. Il fait du bien pour pouvoir impunément faire du mal. Et, là encore, ses instincts autoritaires se laissent voir ; il fait le bien sans présomption, mais le mal avec insolence ; on dirait qu'il ne croit pas que c'est faire le bien que d'étayer la Société actuelle et que c'est faire le mal que de la miner sourdement. C'est un philanthrope cynique. Il prête aux gens afin d'en exiger des services, mais il ne le leur cache pas — pas plus qu'il ne cherche à dissimuler sa richesse. — On sait à quoi s'en tenir, avec lui ; et lorsqu'il a dit à l'abbé Lamargelle qui, depuis quelque temps déjà, l'intéresse à ses entreprises charitables : « Dites-moi, l'abbé, ne pourriez-vous pas négliger un peu vos pauvres ces jours-ci, et m'aider à trouver un bon parti pour ma fille ? » l'abbé Lamargelle a immédiatement compris que l'interrogation couvrait un ultimatum ; il s'est mis en campagne, et a trouvé ; il sait qu'il ne faut pas plaisanter avec M. Urbain Randal.

Mais ça, c'est une règle qui n'est pas faite pour moi, je crois ; et il se pourrait bien que je dise autre chose que des plaisanteries à mon oncle, tout à l'heure.

Car je suis assis, depuis dix minutes, dans son cabinet et je l'écoute établir, en des phrases saupoudrées de chiffres, la situation de fortune de mes parents, à l'époque où je les ai perdus. Sa voix est ferme, sèche ; elle énumère les mécomptes, dénombre les erreurs, nargue les illusions, dissèque les tentatives, analyse les actes. C'est le jugement des morts.

Les mains dures font craquer les feuillets des documents, à mesure qu'il parle et les pose devant moi pour que je puisse vérifier à mon aise et ratifier la sentence en connaissance de cause. Mais je ne veux pas les lire, ces mémoires — ces mémoires *in memoriam*. — Leurs chiffres signifient autre chose que des francs et des centimes ; ils disent les joies et les souffrances, les espoirs et les déceptions, et les luttes et toute l'existence de deux êtres qui ont vécu, qui se sont aimés sans doute et peut-être m'ont aimé aussi ; ils disent des choses, encore, que les chiffres ne savent pas bien exprimer, mais que je comprends tout de même ; ils disent que ce serait mieux si l'histoire des parents, qu'on fait lire aux fils quand ils ont vingt ans, n'était pas écrite avec des chiffres. Papiers blancs, papiers bleus, brochés de ficelle rouge, cornés aux coins, jaunis par le temps, pleins d'une odeur de chancissure... Amour paternel, amour maternel, amour filial, famille — vous aboutissez à ça !

— Nous disons, net, huit cent mille francs. Maintenant, passons à ma gestion.

Elle a été toute naturelle, cette gestion. Les immeubles rapportant de moins en moins et, en raison de la noirceur croissante des horizons politiques et internationaux, les fonds d'Etat les imitant de leur mieux, mon oncle a été conduit à rechercher pour mon bien des placements plus rémunérateurs. Où les trouver, sinon dans des entreprises financières ou industrielles ? Malheureusement, ces entreprises ne tiennent pas toujours les belles promesses de leurs débuts ; à qui la faute : aux hommes qui les dirigent, ou à la force des circonstances ? Question grave. Telle affaire, qu'on jugeait partout excellente, devient désastreuse en fort peu de temps ; telle autre, que la voix publique recommandait aux pères de famille, échoue misérablement. Mon oncle (ou plutôt mon argent) en a fait la dure expérience. Et que faire, lorsqu'on s'aperçoit que les choses tournent mal ?

Attendre, attendre des hausses improbables, des reprises qui ne s'opèrent jamais, espérer contre tout espoir, avec cette ténacité particulière à l'homme qui s'est trompé, et qui est peut-être, après tout, une de ses plus belles gloires. Puis, lorsqu'il faut définitivement renoncer à toute illusion, chercher à regagner le terrain perdu, vaincre la malchance à force d'audace, sans pourtant oublier la prudence toujours nécessaire, et lancer à nouveau ses fonds dans la mêlée des capitaux. Hélas ! combien de fois les résultats répondent-ils aux efforts ? Combien de fois, plutôt, la gueule toujours béante de la spéculation...

J'écoute. Je suis venu pour écouter — sachant que j'entendrais ce que j'entends — mais aussi pour répondre. Je n'ai point oublié ce que je me suis prom's à moi-même autrefois ; je me rappelle les rages muettes et les fureurs désespérées de ma jeunesse. J'aime l'argent, encore ; je l'aime bien plus, même, que je ne l'aimais alors ; je l'aime plus que ne l'aime mon oncle ! Chaque parole qu'il prononce, c'est un coup de lancette dans mes veines. C'est mon sang qui coule, avec ses phrases ! Oh ! je voudrais qu'il eût fini — car je me souviens du temps où je souhaitais l'aube du jour où je pourrais le prendre à la gorge et lui crier : « Menteur ! Voleur ! » C'est aujourd'hui, ce jour-là. Et je pourrais, et je peux maintenant, si je veux...

Eh ! bien, je ne veux pas !

— A quoi penses-tu, Georges ? crie mon oncle d'une voix furieuse. Tu ne m'écoutes pas. Fais au moins signe que tu m'entends.

Et il continue à décrire les opérations dans lesquelles il a engagé ma fortune, à en expliquer les fluctuations. Mais sa voix n'est plus la même ; elle tremble. Pas de peur, non, mais d'énervement. Il s'était attendu à des récriminations, à des injures, à plus peut-être, et il était prêt à leur faire tête ; mais il n'avait pas prévu mon silence, et mon calme l'exaspère. Son système d'interprétation des faits n'est plus le même que tout à l'heure, non plus ; il ne se donne plus la peine de déguiser ses intentions, ne prend plus souci de farder ses actes. Il ne dit plus : « Mets-toi à ma place, je t'en prie ; aurais-tu agi autrement ?... Ç'a été un coup terrible pour moi que ce désastre de la Banque Européenne... J'ai pensé que lorsque tu aurais l'âge de comprendre les choses, tu te rendrais compte... » Il dit : « Tel a été

mon avis ; je n'avais pas à te demander le tien... J'ai fait ça dans ton intérêt ; crois-le si tu veux... »
Tout d'un coup, il s'arrête, fait pivoter son fauteuil et me regarde en face.

— Il ressort de ce que je viens de t'exposer, dit-il, que les pertes qu'ont fait éprouver à ton avoir mes spéculations malheureuses montent à deux cent mille francs environ. Ma situation actuelle ne me permet pas de te couvrir de cette différence bien que, jusqu'à un certain point, je t'en sois redevable. Tu as le droit de m'intenter un procès ; en dépensant beaucoup de temps, et beaucoup d'argent, tu pourras même arriver à le gagner, et tu n'auras plus alors qu'à continuer tes poursuites, personne ne peut te dire jusqu'à quand. En acceptant ta tutelle j'avais pris l'engagement de faire fructifier ton bien, ou au moins de te le conserver ; les circonstances se sont joué de mes intentions. Que veux-tu ? Un contrat est toujours léonin ; l'homme n'a pas de prescience.

Je ne réponds pas. Mon oncle reprend :

— J'ai donc, aujourd'hui, six cent mille francs à te remettre. Ces six cent mille francs sont représentés par des valeurs dont voici la liste.

Il me tend une feuille de papier sur laquelle je jette un coup d'œil.

— Je pense, dis-je, qu'au cours actuel il n'y a pas là deux cent mille francs.

— C'est possible, répond mon oncle. Lis un journal. Ou plutôt, adresse-toi à un agent de change, car, plusieurs de ces valeurs ne sont pas cotées en Bourse, ni même en Banque. Lorsque je m'en suis rendu acquéreur, en ton nom, je les ai payées le prix fort. J'ai les bordereaux d'achat. Les voici.

Naturellement.

— Tu n'as aucune réclamation à élever contre moi à ce sujet-là.

— Je m'en garderai bien.

— Et, tu sais, rien ne te force à accepter le règlement que je te propose.

Il s'est levé pour lancer cette phrase; et, les dents serrées, les lèvres encore frémissantes, il se tient debout devant moi. Son masque jaune a pâli, s'est crispé d'une colère blême. Il veut autre chose que ma taciturnité et mon flegme; il ne sait point ce qu'il y a derrière l'apparence de mon calme, et il veut provoquer un éclat. Mon silence, c'est l'inconnu; et sa nature nerveuse ne peut pas supporter l'anxiété. Il veut savoir ce que je pense de lui pour le passé — et pour l'avenir. — Il veut la bataille.

Il ne l'aura pas.

— Mon oncle, dis-je en prenant une plume, j'accepte ce règlement.

Mais il me saisit la main.

— Attends! Rappelle-toi qu'en acceptant aujourd'hui tu t'enlèves tout droit à une réclamation ultérieure. Réfléchis! Je ne t'oblige à rien. Tu as l'air de me faire une grâce en me disant que tu acceptes; et je ne veux pas qu'on me fasse grâce, moi!

— Mon oncle, ne faites aucune attention à mon air; il pourrait vous tromper.

Et je me penche sur une feuille de papier sur laquelle je trace quelques lignes que je signe. Mon oncle s'est rassis pendant que j'écris; et, quand je relève la tête, je rencontre sa figure sarcastique tendue attentivement vers moi, les yeux mi-clos cherchant à percer mon front et à scruter ma pensée.

— J'ignore ce que tu as l'intention d'entreprendre, me dit mon oncle lorsqu'il m'a remis les titres qui m'appartiennent. N'importe; je te souhaite le plus grand succès. Le meilleur moyen de réussir aujourd'hui est encore de s'attacher à quelque chose ou à quelqu'un. L'indépendance coûte cher. Essayes-en tout de même, si le cœur t'en dit. Méfie-toi des entraînements; ils sont dangereux. Pour nous aider à résister aux tentations de toute nature, il n'y a rien de tel que le Respect. J'en ai fait l'expérience. Le respect pour toutes les choses établies, toutes les règles affirmées extérieurement, si absurdes qu'elles paraissent à première vue. Montesquieu a écrit l'Esprit des Lois ; il est inutile, n'est-ce pas ? d'espérer faire mieux ; il ne reste donc qu'à s'attacher à leur lettre, qui ménage bien des alinéas... Ah ! à propos d'entraînements, reste en garde contre ceux de la sentimentalité ; le monde ne vous les pardonne jamais. Il ne faut avoir bon cœur qu'à bon escient. Rappelle-toi que le Petit Poucet a retrouvé son chemin tant qu'il a semé des cailloux, mais qu'il n'a pu le reconnaître lorsqu'il l'a marqué avec du pain.

Oui, je me souviendrai de ça. Et je saurai, aussi, que le Respect est un chat malfaisant et sans vigueur, chaussé de bottes de gendarme, qui terrorise la canaille au profit de très vil et très puissant seigneur Prudhomme de Carabas.

— Viendras-tu ce soir chez les Montareuil ? me demande mon oncle.

— Non ; je ne crois pas.

— Tu le devrais ; Mme Montareuil est charmante pour toi et Edouard est enchanté de te voir ; il est tellement timide qu'il se trouve gêné lorsqu'il est seul en face de Charlotte.

Ça, je m'en moque absolument. Mais je pense à Marguerite, la femme de chambre de Mme Montareuil, une jolie fille pas trop farouche dont j'ai déjà pincé la taille, dans les coins.

— Soit, dis-je, j'irai ; mais pas avant dix heures.

Mme Montareuil est une personne grave, avec une figure en violon, une voix de crécelle et des gestes qui rappellent ceux des joueurs d'accordéon. Je n'aime pas beaucoup les gens graves. Quant à Edouard, c'est un jeune homme sérieux. Qu'en dire de plus ? Transcrire sa conversation avec Charlotte ne me serait pas difficile.

— Quel beau temps nous avons eu aujourd'hui, Mademoiselle !

— Oh ! oui, Monsieur.

— On se serait cru en plein mois d'août.
— Oui, Monsieur.
— Vous ne craignez pas les grandes chaleurs, Mademoiselle ?
— Non, Monsieur.
— Beaucoup de gens s'en trouvent incommodés.
— Oui, Monsieur...

Mon oncle parle de l'intention qu'il a de faire remonter pour Charlotte plusieurs des bijoux que lui a laissés sa mère.

— Quelle chose incompréhensible, dit Mme Montareuil, que ces perpétuels changements de mode dans la joaillerie ! Et ce qu'on fait aujourd'hui est si peu gracieux ! Il faut que je vous montre une broche qui me fut donnée lors de mon mariage, et vous me direz si l'on fait des choses pareilles à présent.

Elle se lève pour aller chercher la broche dans son appartement. Mon oncle est radieux, plein d'attentions pour moi ; le mariage de Charlotte, me dit-il, n'est plus qu'une question de jours ; et comme il m'assure, sans rire, qu'il découvre à chaque instant dans Edouard de nouvelles qualités, Mme Montareuil rentre dans le salon.

— J'ai été un peu longue. Les petits arrangements de mon secrétaire ont été bouleversés depuis ce matin ; il fallait bien trouver de la place pour les valeurs que j'ai retirées de la Banque afin de faire opérer les transferts, et je suis légèrement maniaque, vous savez. Voici la broche. Qu'en dites-vous ?

Beaucoup de bien, naturellement. Pourquoi en dire du mal ? Mme Montareuil referme l'écrin avec la joie de la vanité satisfaite.

— Je ne l'ai pas portée depuis dix ans, dit-elle. Je la mettrai demain, pour les courses. Vous viendrez aussi à Maisons-Lafitte, j'espère, monsieur Georges ?

— Non, Madame ; je le regrette ; mais j'ai déjà expliqué à mon oncle les raisons qui ne me permettent pas d'accepter son invitation. Je dois partir en Belgique demain soir.

En effet, j'ai reçu une lettre d'Issacar qui m'appelle à Bruxelles. Mais, surtout je ne tiens pas à aller m'ennuyer, pendant deux ou trois jours, dans cette belle propriété que mon oncle a achetée, je crois, par habileté, et où il aime à recevoir des gens fort influents, mais qui me mettent la mort dans l'âme. J'ai même, peut-être, d'autres raisons.

— Vous nous manquerez. Nous avons l'intention d'abuser de l'hospitalité de votre oncle. Nous laissons Marguerite pour garder la maison, et nous partons demain matin, presque sans esprit de retour. C'est si joli, Maisons-Lafitte! Et les courses! Quelque chose me dit que je gagnerai demain. On m'a donné un tuyau, mais un tuyau...

— Moi aussi je viens vous parler de tuyaux, dit une grosse voix; seulement, mes tuyaux à moi, ce sont des tuyaux d'orgue!

C'est l'abbé Lamargelle qui fait son entrée; et j'en profite pour me retirer; car, si la conversation de l'abbé m'intéresse, je n'aime pas beaucoup ses habitudes de frère quêteur. Ses églises en construction au Thibet ne me disent rien de bon; et je préfère, pendant qu'on l'écoute, aller regarder l'heure du berger dans les yeux de Margot.

— Alors, Monsieur ne va pas à Maisons-Lafitte demain, me dit-elle dans l'antichambre.

— Mais vous écoutez donc aux portes, petite soubrette?

— Comme au théâtre, répond-elle en baissant les yeux.

— Eh! bien, non, je n'y vais pas; et je ne suis pas le seul; car il paraît qu'on vous confie la garde de la maison.

— Hélas! dit Marguerite avec un soupir. J'aurai le temps de m'ennuyer, toute seule...

La solitude, comme on l'a écrit, est une chose charmante; mais il faut quelqu'un pour vous le dire. J'essaye de convaincre Margot de cette grande vérité. Elle finit par se laisser persuader. Je ne partirai pour Bruxelles qu'après-demain matin, et la nuit prochaine nous monterons la garde ensemble.

IV

OU L'ON VOIT BIEN QUE TOUT N'EST PAS GAI DANS L'EXISTENCE

Quand je suis revenu de Belgique, où je n'avais guère passé qu'une semaine, j'ai trouvé mon oncle dans une colère bleue. Mme Montareuil, que j'avais rencontrée au bas de l'escalier, avec son fils, comme j'entrais, tenait son mouchoir sur ses yeux et Edouard, d'une voix lugubre, m'avait affirmé que le temps était bien mauvais. Les domestiques aussi avaient l'air fort affligé.

— Mademoiselle Charlotte ne se mariera pas, m'a dit l'un deux.

Ah! bah! Pourquoi? Qu'est-il donc arrivé?

Une chose très malheureuse. C'est mon oncle qui me l'apprend, d'une voix secouée par la fureur. Il paraît qu'il y a huit jours — juste la nuit qui a suivi mon départ pour Bruxelles, par le fait — les voleurs sont venus chez les Montareuil; ils ont tout enlevé, tout, titres, valeurs, bijoux. Le secrétaire de Mme Montareuil a été forcé et mis à sac. C'est épouvantable.

— Horrible! dis-je. Et l'on n'a pas arrêté les malfaiteurs ? On n'a pas une indication qui puisse mettre sur leurs traces ?

— Pas la moindre. On a vu pourtant, assure-t-on, deux hommes passer en courant dans la rue, vers les cinq heures du matin, avec des paquets sous le bras. Des balayeurs ont donné le signalement de l'un d'eux ; c'était un homme brun, avec un pardessus vert et une casquette noire.

— Et l'on n'a pas retrouvé cet homme brun ?

— Pas encore ; la police le recherche.

— Mais il n'y avait donc personne, cette nuit-là, chez Mme Montareuil ?

— Si ; Marguerite, la femme de chambre. Mais elle couche à l'étage supérieur et assure s'être endormie de bonne heure ; comme elle a le sommeil lourd, elle n'a rien entendu. On l'a mise à la porte sans certificat, tu penses bien.

— Quel est le montant du vol, à peu près ?

— Quatre cent mille francs, à en croire Mme Montareuil ; mettons-en, si tu veux, trois cent mille ; le quart de ce qu'elle possédait, à mon avis. Si le vieux Montareuil avait encore été de ce monde, ce coup l'aurait tué, j'en suis sûr. Il tenait tant à son argent !...

— Un homme d'affaires, naturellement ; et encore, je crois, plutôt usurier qu'homme d'affaires, si la différence existe...

— Usurier ! Le mot est bien gros. Il n'a jamais eu maille à partir avec la justice, que je sache ; alors... et puis, c'était un philanthrope, un des fondateurs de la Digestion Economique ; Mme Montareuil aussi a toujours été très charitable, ajoute mon oncle qui ne se souvient plus de ce que je lui ai entendu dire bien des fois, dans ses moments de cynisme : que la charité est la conséquence de l'usure et son arc-boutant naturel.

— Cette pauvre dame semblait bien désolée ; je l'ai rencontrée en arrivant...

— Oui, nous venions d'avoir un entretien qui n'avait guère dû lui mettre du baume dans le cœur.

Que veux-tu ? J'ai bien été obligé de lui faire comprendre qu'une union entre son fils et Charlotte était désormais impossible ; entre la fortune que possédait Edouard il y a huit jours et celle qui lui reste aujourd'hui, l'écart est trop considérable...

— Je pense, mon oncle, que vous avez été un peu vite en besogne. D'abord, Charlotte avait, je crois, beaucoup d'affection pour Edouard...

— Elle ! Charlotte ! Elle n'aime personne. Une idéologue qui trouve que la terre lui salit les pieds et qui rêve d'avoir des ailes ! Ils sont dans la lune, les gens qu'elle aimerait.

— Peut-être. En tous cas, on peut retrouver, d'un moment à l'autre, une bonne partie des valeurs dérobées, sinon leur totalité ; que la police mette la main sur les coupables...

Mon oncle ricane.

— Les coupables ! dit-il. Ne mets pas le mot au pluriel. Il n'y a qu'un coupable.

Il se lève et marche nerveusement. Un seul coupable ! Que veut-il dire ? Subitement, il s'arrête et me frappe sur l'épaule.

— Ecoute, je ne veux pas ruser avec toi, ni faire des cachotteries. Garde seulement pour toi ce que tu vas entendre... Si je n'avais pas été certain de ce que je viens de te dire et de bien d'autres choses, je n'aurais pas agi aussi brusquement avec Mme Montareuil. J'ai pris des renseignements. J'ai été à la Préfecture, où je connais quelqu'un ; c'est toujours utile, d'avoir des relations dans cette maison-là ; tu pourras t'en apercevoir. On m'a mis des évidences irréfutables devant les yeux et l'on m'a donné des preuves. Le vol a été commis par une seule personne ; cette personne ne possède plus le produit de son larcin ; et elle ne sera pas arrêtée. Je te parlais tout à l'heure des deux individus qu'on prétend avoir vus... Fausse piste ; renseignement mauvais dont la police n'est pas dupe, ni d'autres, ni moi.

— Alors, dis-je, ému malgré moi, car les allures

un peu mystérieuses de mon oncle m'intéressent, alors, quel est le voleur ?

— Je n'ai pas besoin de te dire son nom, répond mon oncle ; il ne t'apprendrait rien. C'est un jeune homme de ton âge, à peu près, et de ta taille — j'ai vu son portrait. — Il était l'amant de Mᵐᵉ Montareuil.

— Mᵐᵉ Montareuil ! Un amant !...

— Pourquoi pas ? Elle n'est pas la seule, je pense, dit mon oncle en haussant les épaules... Ça durait depuis deux ans. C'est là qu'est la bêtise. Qu'une femme, à n'importe quel âge, se passe un caprice, rien de mieux. Mais la liaison !... Car elle allait le voir souvent, l'entretenait — maigrement, c'est vrai ; j'ai vu des lettres — et le laissait venir chez elle, parfois, sous des prétextes... Il devait être au courant de tout et ne guettait évidemment qu'une occasion... On l'a vu descendre de voiture au coin de la rue, vers onze heures, le soir du vol...

— Qu'est-ce qu'il faisait ? qu'est-ce qu'il était ?

— Un pas grand'chose. Un de ces faux artistes de Montmartre dont le ciseau de sculpteur se recourbe en pince et qui ont dans la main le poil de leurs pinceaux. Des habitudes de taverne et de bouges sans nom ; des fréquentations abjectes. Du reste...

— Mais pourquoi ne l'a-t-on pas arrêté ? Il n'a pas reparu chez lui ? On ne l'a pas retrouvé ?

— Il n'a pas reparu chez lui, non. Mais on l'a retrouvé — avant-hier, dans la Seine. — Crime ou suicide ? Crime, certainement. Il n'avait pas un sou sur lui quand on l'a repêché, et l'on n'a rien trouvé dans son logement ; rien, bien entendu, à part les documents qui ont révélé son intimité avec Mᵐᵉ Montareuil.

— Ce n'est donc pas elle qui a donné les renseignements ?

— Elle ? Pas du tout. A-t-elle seulement songé à soupçonner son amant ? Je ne le crois pas. Elle ignore sa mort. Elle n'ose pas aller chez lui parce que, depuis l'affaire, Edouard ne la quitte pas, mais elle lui a encore écrit hier ; je le sais. C'est la police qui a tout découvert, en donnant là une grande preuve d'habileté ; je regrette même, pour les agents chargés des recherches, qu'on ait décidé de ne pas donner connaissance des faits réels à la presse.

J'éclate de rire.

— Oh ! oui, c'est regrettable ! Les journaux perdent là un bien joli roman-feuilleton. Mais pourquoi diable, mon oncle, me racontez-vous une pareille histoire ?

— Une histoire ! crie mon oncle. Une histoire ! Aussi vrai que nous ne sommes que deux dans cette chambre, c'est la vérité pure. La vérité, je te dis ! Me prends-tu pour un enfant ? Est-ce que j'ai l'habitude d'inventer des contes ? Tu ris !... Mais c'est affreux, c'est à faire trembler, ces choses là ! Penser que des capitalistes, des possédants — hommes ou femmes, peu importe ; le sexe disparait devant le capital-font aussi bon marché du bien de la caste, sacrifient ses intérêts supérieurs à leurs passions basses, oublient toute prudence, négligent toute précaution devant leurs appétits déréglés — et livrent leurs munitions, en bloc, à l'ennemi ! — Où sont-ils, ces trois cent mille francs ? Qui sait ? Peut-être entre les mains de perturbateurs prêts à engager la lutte contre les gens riches, contre nous, en dépit du code qui fait tout ce qu'il peut, pourtant, pour favoriser l'accumulation et le maintien de l'argent dans les mêmes mains... Se laisser voler ! Ne pas veiller sur sa fortune ! C'est mille fois plus atroce que la prodigalité qui, au moins, éparpille l'or... C'est abandonner le drapeau de la civilisation ; c'est permettre à la vieille barbarie de prévaloir contre elle. La fortune a ses obligations, je crois ! L'Eglise même nous l'enseigne... Quand je la voyais là tout à l'heure, cette femme, geignante et pleurnicharde, je songeais à cette vieille princesse qui, pendant le pillage de sa ville prise d'assaut, courait par les rues en criant : « Où est-ce qu'on viole ? » Parole d'honneur, j'avais envie... Ah ! bon Dieu ! se souvenir qu'on a un sexe et oublier qu'on possède un million... C'est à vous rendre révolutionnaire !

— Calmez-vous, mon oncle. D'abord, ces titres, ceux qui les détiennent n'en ont pas encore le montant ; on a les numéros, sans doute ; on fera opposition...

— Que tu es naïf ! C'est vraiment bien difficile, de vendre une valeur frappée d'opposition ! A quoi penses-tu donc qu'on s'occupe, dans les ambassades ? Figaro prétendait qu'on s'y enfermait pour tailler des plumes. On est plus pratique, aujourd'hui... Je ne dis pas que les ministres plénipotentiaires opèrent eux-mêmes...

— Est-ce que Mme Montareuil est au courant des choses ?

Mon oncle tire sa montre.

— A l'heure actuelle, oui. Elle a trouvé, en rentrant chez elle, une lettre qui la mandait, seule, à la Sûreté ; elle est, depuis une demi-heure, en tête à tête avec un fonctionnaire qui lui révèle tout ce qu'elle sait et tout ce qu'elle ne sait pas. Elle écoute, en pleurant ses péchés. On doit lui apprendre que si, par hasard, on retrouve ses titres ou ses bijoux, on les lui remettra ; mais que, le principal coupable étant mort, on ne poussera pas les recherches plus loin, afin d'éviter un scandale. Affaire classée.

— Edouard ne saura rien ?

— Rien. Il n'aura qu'à se consoler de la perte de ses trois cent mille francs.

Petite affaire. « Plaie d'argent n'est pas mortelle », disent les bons bourgeois.

— Et Charlotte ?

— Je ne crois pas que j'aurai besoin de lui dire ce que je viens de t'apprendre.

— Mais que pense-t-elle ?

Mon oncle me regarde avec étonnement.

— Est-ce que je sais ? Elle n'a rien à penser. Je

suis son père ; je pense pour elle... Après ça, peut-être réfléchit-elle pour son compte. Si tu veux savoir à quoi, va le lui demander.

Tout de suite.

Charlotte ne m'a pas dit ce qu'elle pense — ce qu'elle pense de ce mariage manqué et des circonstances qui en ont amené la rupture. — Mais je sais à quoi elle pense ; je le sais depuis longtemps. Depuis le jour, au moins, où j'ai commencé à regarder autour de moi, à voir clair. J'ai senti que je n'étais pas seul à essayer de comprendre ce qu'il y avait derrière le voile qui doit cacher la vie à la jeunesse ; rideau bien vieux, d'ailleurs, que la vanité imprudente écarte et que le cynisme déchire — car la franchise renaît aujourd'hui par l'effronterie du persiflage et l'on n'essaye plus guère, même devant des auditeurs en bas âge, de galvaniser des truismes moribonds et de passionner des lieux-communs. — Et, avec la famille dont la règle s'énerve de plus en plus devant la multiplicité des obligations mondaines et dont le rôle s'efface devant les exigences d'une instruction stupide, les jeunes êtres n'ont plus sous les yeux, lorsqu'il leur est permis de les lever de leurs livres, que le spectre de la Vie, qui les emplit de terreur, et de tristesse, et de dégoût. Les paroles, les demi-mots mêmes qu'on laisse tomber, exprès parfois, retentissent dans le vide de l'existence enfantine ; et le vide est sonore. Avez-vous entendu, après les saillies d'un sceptique, ces rires d'enfants qui sont affreux, car ils sont des ricanements d'hommes ? Avez-vous vu ces sourires de femmes narquoises sur des lèvres de petites filles ? Ces rires-là sont presque des cris de détresse, et ces sourires pleins de douleurs. Les paroles qui les ont provoqués résonnent dans les cerveaux qu'elles tourmentent, et elles tuent quelque chose ailleurs. L'âme, où rien ne trouve d'écho, perd sa spontanéité ; le cœur sait rester muet et ne veut plus partager ses peines ; l'enthousiasme et la confiance sont en prison dans la caverne des voleurs. Chez les êtres faibles, l'égoïsme s'enracine, l'égoïsme vil qui peut se résoudre un jour, il est vrai, en une sympathie béate et pleurnicharde ; et chez les êtres forts, c'est un repliement amer sur soi-même, un refus dédaigneux de se laisser entamer, qui peut donner au jeune homme l'exaspération et à la jeune fille une froideur de glace.

La pauvreté rend précoce, celle d'affections autant que celle d'argent. Il y a longtemps déjà, sans doute, que Charlotte a pu satisfaire sa curiosité de la vie ; sa mère, morte de bonne heure, n'a pu lui inculquer, par la contagion des tendresses puériles et déprimantes, la foi dans la nécessité des compassions et des indulgences ; les franchises brutales et les sarcasmes de son père l'ont forcée à acquérir son indépendance morale, à se placer en face du monde et à le juger. Et le jugement qu'elle a porté, nerveux et partial, a été la négation, instinctive plutôt que raisonnée, de tout ce qui était contraire à sa nature ; et le rejet absolu de ce qu'elle ne pouvait comprendre. Verdict d'enfant roidie par le dédain, qui devient la règle immuable de la jeune fille, mais qui n'est pas rendu sans luttes et sans souffrances. Pendant que moi, isolé, enfermé dans la cage où l'on vous apprend à avoir peur et dans la cage où l'on vous enseigne à faire peur aux autres, je mordais mes poings dans l'ombre, combien n'a-t-elle pas versé de larmes, cette jeune fille calme et contemplative qui ne pouvait pas ne point voir et qu'on obligeait à entendre ? Elle a souffert autant que moi ; plus que moi, sans doute, car sa souffrance était plus aiguë, n'ayant point de cause précise mais des raisons générales ; et cette douleur était ravivée sans trêve par le spectacle incessant de la vie basse, de l'hypocrisie meurtrière de la barbarie civilisée avec son indifférence horrifiante pour toutes les pensées hautes.

Charlotte a peut-être souffert, aussi, du manque de cœur et de la brutalité de son père ; je le crois, bien que je ne l'aie point entendue se plaindre. Elle ne se plaint jamais. Les états d'indignation silencieuse par lesquels elle a passé — et que les nerfs de la femme n'oublient jamais, même quand son cerveau ne se souvient plus des causes qui les ont provoqués — lui ont ouvert l'âme à moitié en la froissant beaucoup. Car l'indignation est un projet d'acte ; et un projet d'acte, même irréalisé, ne pouvant rester infécond, il y a toujours, intérieurement, résolution dans un sens quelconque, si inattendu qu'il soit. Le plus souvent, chez la femme, l'indignation réprimée produit la pitié. La pitié mesquine, espèce de compromis entre l'égoïsme forcené et le manque d'énergie mâtiné de tendresse ironique, impliquant le désaveu de toute espèce d'enthousiasme vrai ; la pitié larmoyante et bavarde, qui procède de rancunes sourdes peureusement dissimulées, du désir d'actes vengeurs accomplis par d'autres que, d'avance, on renie lâchement ; la pitié qui cherche dans l'exaltation du malheur, l'auréole de sa propre apathie ; sentiment anti-naturel, chrétien, qui ne peut exister que par la somme de dépravation qu'il enferme. Mais l'indignation, parfois, produit aussi la fierté taciturne, la compréhension large et muette de l'universelle sottise et de l'universelle douleur ; seulement, alors, elle se retire tout entière dans les solitudes silencieuses du cœur ; elle se conserve et se concentre comme le feu sous la neige des volcans polaires ; et, de la compression de ses élans, les âmes fortes peuvent faire jaillir des idées libératrices — ou même la bonté sans phrases, lorsqu'elles ont assez souffert et lorsque, surtout, elles ont assez vu souffrir.

C'est encore de la pitié, cela ; mais une pitié haute et brave. Et c'est cette pitié-là, inquiète et nerveuse encore, que je sens vibrer dans Charlotte ; je la lis sur son visage, son beau visage d'un ovale pur comme ceux qu'on rêve d'entrevoir sous les arceaux gris des vieux cloîtres ; je la devine dans ses yeux réfléchis, attentifs et sévères, ses yeux noirs qui ne parlent pas ;

dans sa voix, d'un timbre aussi pur que lorsqu'elle était enfant, sa voix qui est l'essence d'elle toute et m'enivre comme un fort parfum.

Je l'entends souvent, cette voix-là, à présent. Elle parle pour moi, et pour moi seul. Il me semble que je n'entends qu'elle, depuis ces trois mois que nous nous aimons... Ah ! je ne le sais pas, si nous nous aimons...

Comment avons-nous été poussés l'un vers l'autre, ce soir-là ? ce soir lourd d'un jour d'orage, dans le jardin de Maisons-Lafitte, où sa robe blanche frémissait comme une aile pâle sous la nef des grands arbres noirs, où sa voix claire faisait sonner les rimes du poème de la nuit d'été... où je suis tombé à deux genoux devant elle, avec des mains glacées et mon cœur qui sautait dans ma poitrine, où elle m'a relevé de toute la force de ses deux bras et m'a porté à ses lèvres... Je n'ai point eu besoin de mentir, de lui dire que je l'avais toujours aimée ; je lui ai dit que je l'aimais, ce soir-là, éperduement, à en mourir, et elle m'a serré sur son cœur en me disant : « Tais-toi, tais-toi ! » Oh ! cela qui fut si doux — cette bonté de vierge, plus forte qu'un amour de femme — oh ! je donnerais tout au monde aujourd'hui pour que ce n'eût jamais été...

Pourquoi l'ai-je voulue, moi ? Pourquoi est-elle venue ici, elle ? Pourquoi revient-elle — puisqu'elle ne m'aime pas, je le sens ; puisque, moi, je ne peux pas l'aimer ? — Oh ! c'est torturant, et je ne puis pas dire ce que c'est que notre amour ; c'est comme l'amour de deux ennemis. On dirait qu'il y a toujours un fantôme entre nous... Ah ! les mystérieuses et confuses sensations éveillées par le printemps passionnel ! Les rêves d'idéal et les sentiments lascifs, les fougues du cœur et les ardentes convoitises ! — Rien, rien... Seulement la meurtrissure des sens enivrés d'ennui et altérés par l'inquiétude ; la volonté de se laisser aller à la dérive, quand on résiste malgré soi ; l'esprit qui s'effraye quand la chair lance son cri ; la défiance et la révolte des désirs ; les abandons et les reprises, les effusions et les froideurs ; et enfin, non pas la nausée, mais la rancune contre l'ennemi qui a failli vaincre — en redoutant de triompher. — Mais l'impression vive, âcre, pénétrante du plaisir est tellement profonde en moi, pourtant, qu'elle s'exprime longtemps après par les spasmes du cœur et les frissons nerveux. Je ne l'aime pas ; et il y a des moments où je l'adore, des moments très courts ; et d'autres où je la déteste, il me semble, de tout le poids de son esprit qui s'appuie au mien, si alourdi déjà et que je ne puis plus dégager. On dirait que nous ne voyons que la vie, quand nous sommes ensemble, la vie dont nous ne parlons jamais, hideuse et vieille, — vieille, vieille...

J'ai conscience qu'elle n'est pas pour moi ; et elle sent qu'elle n'est point faite de ma chair. C'est comme si je lui glaçais le cœur, comme si je pétrifiais sa sympathie ; comme si quelque chose nous forçait tous deux à refouler toujours plus profondément dans l'âme une passion intense que la sentimentalité n'ose pas défigurer et qui ne vit, même dans le présent, que de souvenirs de rêves. Ce sont les sourdes fermentations de la mémoire qui m'imprègnent d'elle, du sentiment obscur de sa supériorité qui domine toutes mes pensées, qui est comme une barrière devant ma volonté ; ses regards d'un instant qui ont rayonné pour jamais, ses gestes fugitifs mais impérissables, toute sa grâce mille fois révélée à moi et qui me reste si mystérieuse, toute la réalité de ses charmes, ne m'ont donné que des visions... Cela dure depuis des mois. Chaque fois, quand elle est venue, ç'a été un élan vers elle ; et, quand elle est partie, une délivrance. Je puis la revoir au moins, lorsqu'elle est absente ! Je la revois dans le fauteuil où elle était assise, devant la table où elle s'appuyait ; ce n'est pas son image qui est là ; c'est elle-même, elle tout entière. Et, quand elle vient, c'est une étrangère qui lui ressemble un peu ; mais je ne puis jamais la voir telle que je l'ai revue en pensée... Une fois, une seule, sa présence m'a été douce, douce à ne pouvoir l'exprimer. Elle s'était endormie un moment; et j'ai eu à moi, réellement, immobiles, silencieux et clos, son front où la pensée inquiète a tendu la transparence de son voile, sa bouche si souvent entr'ouverte pour des questions qu'elle ne pose pas, ses yeux qui interrogent — quand j'y voudrais voir briller des étoiles. — J'aurais voulu qu'elle ne se réveillât jamais et m'endormir avec elle, moi, pour toujours...

Mais c'est fini, à présent. Nous ne serons plus séparés, Charlotte et moi, par un adversaire invisible qu'elle a deviné dans l'ombre, sans doute, et que je ne veux pas avoir terrassé pour lutter avec son fantôme. Qu'elle parle, si elle a quelque chose à dire, et si elle ose parler. Ou bien, je parlerai; et si ce que je dirai doit tuer notre amour, qu'il meure. Je ne veux plus subir le despotisme des angoisses qui l'étreignent; et je ne veux pas plus de secret entre nos âmes qu'il n'y en a entre notre chair, notre chair que rapproche un nouveau lien, car Charlotte est enceinte. Avant-hier, elle m'a décidé à aller demander sa main à son père, et à lui tout avouer; je dois lui faire part, aujourd'hui, du résultat de l'entrevue; je l'attends.

La voici. Pour la première fois, en face d'elle, je me sens maître de moi, je n'éprouve pas les frémissements d'humilité du dévot devant son idole muette, du coupable devant sa conscience.

— Tu as vu mon père ?
— Oui.

C'est vrai. J'ai vu mon oncle hier matin. Il m'a écouté sans émotion et m'a laissé parler sans m'interrompre. « Tu n'auras pas ma fille, m'a-t-il dit quand j'ai eu fini. — Voulez-vous me donner les raisons de votre refus ? ai-je demandé. — Certainement. Il n'y en a qu'une. Je ne veux plus marier Charlotte. — Vous ne voulez plus... — Non. Il est convenu qu'un père de famille doit faire son possible pour établir sa fille ; mais si les circonstances s'opposent à la réalisation de ses désirs, le monde ne peut pas lui en vouloir de ne point persister en dépit de tout. Les faits qui ont empêché le mariage de Charlotte, en raison même de la rareté de leur caractère, m'autorisant à abandonner, au moins pendant quelques années, toutes tentatives matrimoniales à son égard. Edouard est censé avoir le cœur brisé, et il est inutile de le lui arracher tout à fait ; Charlotte est supposée regretter profondément Edouard ; et on m'imagine généralement versant des pleurs sur leur infortune, dans le silence du cabinet. C'est une situation. — Situation conciliable avec vos intérêts ? — Peut-être. Je ne tenais pas à avoir d'enfant, moi ; une fille, surtout. Les filles, il leur faut une dot ; et la dot, c'est une somme d'autant plus grosse que le père s'est enrichi davantage. Il faut payer. Je payerai, puisqu'il n'y a pas moyen de faire autrement ; mais le plus tard possible. — Savez-vous si Charlotte sera de votre avis et si elle voudra attendre ? » Mon oncle s'est mis à ricaner. « Oh ! qu'elle le veuille ou non !... Elle ne sera majeure que dans deux ans, environ ; et après, les sommations respectueuses, les formalités, le temps qu'elles exigent... Une femme peut arracher ses premiers cheveux blancs, en France, avant d'avoir une volonté. — Elle peut disposer d'elle-même, en tous cas... — Illégalement. — Soit. C'est ce qu'a fait Charlotte. Depuis trois mois elle est ma maîtresse. — Ta...? a crié mon oncle en sursautant, car il a senti que je ne mentais pas. — Oui ; depuis trois mois ; et je viens vous demander, puisque c'est nécessaire, de nous permettre de régulariser notre situation. » Mon oncle était blême, encore, et sa main, posée à plat sur le bureau, frémissait un peu ; mais sa voix n'a pas tremblé. « Votre situation, a-t-il dit, je puis la régulariser facilement ; en faisant enfermer ma fille jusqu'à sa majorité, d'abord ; et en te faisant poursuivre, toi, pour détournement de mineure. La loi m'autorise... — Oui ! A tout ! A voler la dot de votre fille, comme vous m'avez volé mon héritage, à moi ! » Mon oncle ne s'est pas indigné ; il a souri et hoché la tête. « Je comprends. Je comprends. Une vengeance ? Ou un chantage ? — Ni l'un ni l'autre ! Quelque chose qui ne vous regarde pas, que je ne veux pas vous dire. Il n'y a qu'une chose que je veuille vous dire, c'est que Charlotte est enceinte et qu'il nous faut votre consentement à notre mariage ! Vous entendez ? Il me le faut ! Je ne veux pas que mon enfant... — Ne t'avance pas trop ! La loi n'interdit pas sans raisons la recherche de la paternité... » J'ai bondi vers mon oncle et je l'ai empoigné par les épaules. « Si vous dites un mot de plus, si vous vous permettez la moindre allusion injurieuse envers Charlotte, vieux coquin, je vous écrase sous mes pieds et je vous jette par la fenêtre. Il y a longtemps que j'ai envie de le faire, sale voleur que vous êtes ! Entendez-vous, que j'en ai envie ? Hein ? (et je sentais ses os, que j'aurais dû broyer, craquer dans mes mains, et je ne voyais plus que le blanc de ses yeux). Si je n'étais pas un lâche, comme tous ceux qui se laissent piller par des pleutres de votre trempe, il y a longtemps que j'aurais pris votre tête par les deux oreilles et que je l'aurais écrasée contre vos tables de la Loi ! Je peux vous la faire, à présent, la loi, si je veux, hein !... Tenez, vous n'en valez pas la peine ! » Et je l'ai jeté, d'un revers de main, au fond de son fauteuil où il s'est écroulé comme une ordure molle. « Ecoutez, ai-je repris, près de la porte, avant de sortir, tandis qu'il cherchait à récupérer son sang-froid et qu'il arrangeait sa cravate. Ecoutez-moi bien. Accordez-moi la main de Charlotte ; je ne vous demande pas de dot ; je ne vous en ai point demandée. Je ne veux pas que vous me donniez un sou, même de l'argent que vous m'avez pris. Si vous aviez la moindre affection pour votre fille, je vous dirais qu'elle sera heureuse avec moi ; mais vous ne vous souciez de personne. Une dernière fois, voulez-vous ?

Si vous ne voulez pas, je ne sais pas ce qui arrivera; mais je prévois des choses terribles, des malheurs sans nom pour elle, pour moi — et pour vous aussi. » Je me suis arrêté, la voix coupée par la colère. « Je n'ai qu'un mot à te répondre. C'est : Non. Je n'ai pas plus d'aversion pour toi que pour un autre, malgré ce que tu viens de dire et de faire. Tu m'es indifférent — comme tous les gens qui ne peuvent me servir à rien. — Seulement, en admettant que ma fille ne me donne pas lieu de la renier purement et simplement, je ne puis pas la marier sans dot; cela ruinerait mon crédit; et, la mariant avec une dot, je ne puis la donner qu'à un homme possédant une fortune en rapport. Tel n'est point ton cas, malheureusement pour toi. Il y a des conventions sociales que rien au monde ne m'obligera à transgresser; elles sont la base de l'Ordre universel, quoi que tu en puisses dire... Tu viens de te comporter en sauvage; moi, je te parle en civilisé, a-t-il continué en glissant sa main dans un tiroir qu'il avait ouvert sournoisement et où je sais qu'il cache un revolver. La loi m'autorise à agir contre ma fille et toi. Je n'userai pas du droit qu'elle me confère. Tu as séduit Charlotte; tu peux la garder. Vivez en concubinage, si vous voulez; vous serez à plaindre avant peu, sans aucun doute. Mais c'est moi qu'on plaindra. » Je suis sorti brusquement, sans dire un mot, car je voyais rouge.

C'était avant-hier, cela; et il me semble que c'est la même fureur qui me secouait alors qui vient de m'envahir tout d'un coup, lorsque Charlotte est entrée.

— Eh! bien, que t'a dit mon père? me demanda-t-elle, anxieuse.

— Il a dû te l'apprendre lui-même, je pense.

— Non. Voilà trois jours que je ne l'ai vu; il sort de bonne heure et rentre tard; on dirait qu'il m'évite. Tu lui as dit?...

— Tout. Et il refuse. Je n'ai pas besoin de te donner ses raisons, n'est-ce pas?

Charlotte secoue la tête tristement. Elle vient s'asseoir près de moi et me prend la main.

— Et toi, que veux-tu faire ?

— Moi ? dis-je... Je ne sais pas. En vérité, je ne sais pas.

Et je fixe mes yeux sur quelque chose, au loin, pour éviter son regard que je sens peser sur moi. Mais l'étreinte de sa main se resserre, sa petite main si fine et si jolie, qui semble exister par elle-même.

— Dis-moi ce que tu penses, Georges ! Je t'en prie, dis-le moi, si cruel que ce doive être.

Je dégage ma main et je me lève.

— Est-ce que je sais ce que tu penses, toi ? Je ne l'ai jamais su ! Dis-le moi, si tu veux que je te réponde. Dis-moi si tu m'aimes, d'abord !

Des larmes roulent dans les yeux de Charlotte.

— Je t'aime, oui... Oh ! Je ne sais pas... Je ne peux pas dire ! Je ne te connais pas. Je ne te vois pas. J'ai peur... Je devine des choses, à travers toi ; des choses atroces...

Je frappe du pied, car ses larmes me crispent les nerfs et m'irritent.

— Écoute, dis-je ; écoute des choses plus atroces encore. Il faut que tu les apprennes, puisque tu veux savoir ce que je pense. Je ne veux point vivre de la vie des gens que tu connais, que tu fréquentes, que tu coudoies tous les jours. Leur existence me dégoûte ; et, dégoût pour dégoût, je veux autre chose. J'ai déjà cessé de vivre de leur vie. J'ai... Tu sais, le vol commis chez Mme Montareuil, ces quatre cent mille francs de bijoux et de valeurs enlevés la nuit. Eh ! bien...

Charlotte s'élance vers moi et me pose sa main sur la bouche.

— Tais-toi ! Je le sais. Je l'ai deviné ! Ne parle pas ; je ne veux pas... Viens.

Elle m'entraîne, me fait asseoir sur le divan et me jette ses bras autour du cou.

— Tu ne te doutais pas que je savais ? que j'avais

compris toute ta haine pour mon père et pour ceux qui lui ressemblent, et que j'avais pu lire en toi comme dans un livre le jour où tu es venu me parler, te rappelles-tu ? en revenant de Bruxelles... Non, non, ne t'en va pas. Reste. Ne te mets pas en colère si je pleure ; c'est plus fort que moi. Écoute. Je ne t'aimais pas, mais je sentais combien tu étais tourmenté... Et le soir où tu m'as parlé, dans le jardin, je ne t'aimais pas non plus, mais je savais que tu avais soif d'une amitié compatissante, comme tous les cœurs malheureux...

D'un geste brusque, je me délivre de son étreinte.

— Il fallait te défendre, alors, puisque tu n'avais que de la pitié pour moi ! Ce n'est pas de la sympathie que je te demandais !

— Enfant ! dit-elle en me reprenant dans ses bras ; est-ce que tu le savais, ce que tu me demandais ? tu voulais trouver l'oubli, en moi, le sommeil de toutes les pensées qui te hantent, la fin du cauchemar qui t'oppresse. Cela, je ne pouvais te le donner qu'avec moi-même. Ce soir-là, tu avais vu en moi une fée qui peut chasser les mauvais rêves ; mais je n'étais qu'une femme, et mon seul charme c'était mon amour. Je te l'ai donné autant que j'ai pu ; pas assez complètement, sans doute... et, surtout, je ne t'ai jamais dit ce que j'aurais dû te dire, je ne t'ai jamais parlé comme j'étais résolue à le faire chaque fois que je venais te voir. Pardonne-moi ; je sentais que ta souffrance était tumultueuse et irritable, et je n'ai jamais osé... J'avais peur...

— Tu avais peur ! dis-je en me levant et en marchant par la chambre. Peur de quoi ? De me dire que j'étais un voleur ? Je m'en moque pas mal ! Ou bien d'entreprendre ma conversion ? Tu aurais sans doute perdu ton temps. C'était bien inutile, va, tes airs mystérieux et tes façons d'enterrement... Tu m'as demandé ce que je voulais faire, tout à l'heure. Si ton père m'avait accordé ta main, j'aurais vu ; mais puisqu'il refuse... je veux continuer, ni plus ni moins, et le tonnerre de Dieu ne m'en empêcherait pas. J'espère que tu ne me quitteras pas ; tu t'ennuieras un peu moins que tu ne l'as fait jusqu'ici...

— Non, non ! crie Charlotte. Ne parle pas ainsi ! Ce n'est pas fait pour toi, cela ! Je ne veux pas...

— Pourquoi donc n'est-ce pas fait pour moi ? Parce que les lois, qui ont permis qu'on me dépouillât depuis, ne m'ont pas fait naître pauvre ? Parce que j'ai été enfermé au collège au lieu d'être interné dans la maison de correction ? Parce que j'ai appris des ignominies dans des livres, derrière des murs, au lieu de faire l'apprentissage du vice en vagabondant par les rues ? Je ne comprends pas ces raisons-là. Parce qu'on m'a fait donner assez d'instruction et qu'on m'a laissé assez d'argent pour me permettre d'agir en larron légal, comme ton père ? Je ne veux pas être un larron légal ; je n'ai de goût pour aucun genre d'esclavage. Je veux être un voleur, sans épithète. Je vivrai sans travailler et je prendrai aux autres ce qu'ils gagnent ou ce qu'ils dérobent, exactement comme le font les gouvernants, les propriétaires et les manieurs de capitaux. Comment ! j'aurai été dévalisé avec la complicité de la loi, et même à son instigation, et je n'oserai pas renier cette loi et reprendre par la force ce qu'elle m'a arraché ? Comment ! toi qui es une femme et qui seras mère demain, tu peux être empoignée ce soir par des gendarmes que ton père aura lancés contre toi et enfermée jusqu'à vingt-et-un ans comme une criminelle, avec l'interdiction, après, de te marier avant l'expiration des interminables délais légaux ! et tu hésiteras à fouler aux pieds toutes les infamies du Code ?

— Non, dit Charlotte, je n'hésiterai pas. Je suis ta femme et je suis prête à te suivre. Mais... Non, je t'en prie, ne fais pas cela. Je t'en prie ; pour moi, pour... l'enfant... et surtout pour toi. Oh ! j'aurais tant donné pour que tu ne l'eusses jamais fait ! et je te supplie de ne plus le faire. N'est-ce pas, tu voudras bien ?

Elle se lève et vient près de moi.

— Dis-moi que tu voudras bien. Je sais aussi, moi, que c'est ignoble, toutes ces choses ; toute cette société immonde basée sur la spoliation et la misère ; je sais que les gens qui soutiennent ce système affreux sont des êtres vils ; mais il ne faut pas agir comme eux...

— C'est le seul moyen de les jeter à bas, dis-je. Lorsque les voleurs se seront multipliés à tel point que la gueule de la prison ne pourra plus se fermer, les gens qui ne sont ni législateurs ni criminels finiront bien par s'apercevoir qu'on pourchasse et qu'on incarcère ceux qui volent avec une fausse clef parce qu'ils font les choses mêmes pour lesquelles on craint, on obéit et on respecte ceux qui volent avec un décret. Ils comprendront que ces deux espèces de voleurs n'existent que l'une par l'autre ; et, quand ils se seront débarrassés des bandits qui légifèrent, les bandits qui coupent les bourses auront aussi disparu. Tu sais ce que je pense, maintenant ; tu sais ce que j'ai fait et ce que je veux faire — tu entends ? ce que je veux faire !

— Oh ! c'est affreux, dit Charlotte en sanglotant. Je ne sais pas si tu as tort... mais je ne peux pas, je ne peux pas... Écoute-moi, je t'en supplie... au moins pendant quelque temps... Tu te calmeras. Tu es tellement énervé ! Tu verras que c'est trop horrible... Je n'ai pas même le courage d'y penser ; et je n'aurais pas la force... Oh ! si tu savais ce que je souffre ! Je t'aime, je t'aime de toute mon âme à présent ; et je t'aimerai... oh ! je ne peux pas dire comme je j'aimerai...

Je la prends dans mes bras.

— Eh ! bien, si tu m'aimes, Charlotte, ne me demande point des choses impossibles. Il faut que j'agisse comme je te l'ai dit, je suis poussé par une force que rien au monde ne pourra vaincre, même ton amour. Mais tu seras heureuse, je te jure...

— Non, murmure-t-elle en détournant la tête ; je

voudrais pouvoir te dire : oui ; je le voudrais de tout mon cœur ; mais c'est plus fort que moi, je ne peux pas. Il me semble que je mourrais de peur et de honte... et je ne veux pas que toi... Oh! mon ami, mon ami! ne me repousse pas ainsi...

— Si! dis-je, je te repousserai — et j'écarte sa main glacée qu'elle a posée sur mon front brûlant, car sa douleur me pénètre et m'exaspère et je sens fondre, devant ce désespoir de femme, l'âpre résolution qui, depuis si longtemps, s'ancra en moi. — Si! je te repousserai si tu es assez faible pour ne point agir ce que tu penses, car tu sais bien que j'ai raison. Je serai ce que je veux être! Et je resterai seul si tu n'es pas assez forte pour me suivre.

Charlotte devient pâle, pâle comme une morte ; et ses yeux seuls, éclatants de fièvre, paraissent vivants dans sa figure.

— Je ne peux pas, dit-elle tout bas ; et d'autres paroles, qu'elle voudrait prononcer, expirent sur ses lèvres blêmes.

— Eh! bien, va-t-en, alors! crié-je d'une voix qui ne me semble pas être la mienne. Va retrouver ton père, fille de voleur! il m'a volé mon argent et toi tu veux me voler ma volonté! Va-t-en! Va-t-en!...

Alors, Charlotte s'en va, toute droite. Et pendant longtemps, cloué à la même place et comme pétrifié, je crois entendre le bruit de ses pas qui s'est éteint dans l'escalier.

Ce que je ressens, c'est pour moi. Je voudrais bien qu'il y eût là quelqu'un pour me tuer, tout de même ; mais on ne meurt pas comme ça. Il faut vivre. Eh! bien, en avant...

Le lendemain matin, à la gare du Nord, au moment où je vais prendre le train pour Bruxelles, quelqu'un me frappe sur l'épaule. Je me retourne. C'est l'abbé Lamargelle.

— Vous partez en voyage, cher monsieur ?

— Oui ; pour affaires ; un voyage qui durera quelque temps, je pense.

— Vous ne m'étonnez pas ; votre oncle est un homme aimable et Mlle Charlotte est absolument charmante ; mais les événements de ces temps derniers, ces malheureux événements, ont influé quelque peu sur l'aménité de leur caractère ; et quand on ne trouve plus dans la famille les joies profondes auxquelles elle vous a habitué... Ah! ça a été bien déplorable, ce qui est arrivé Pour ma part, je n'ai aucune honte à l'avouer, j'y ai perdu une petite commission qui devait m'être versée au moment du mariage. Enfin... Les voies de la Providence sont insondables. M. Edouard Montareuil est bien affecté.

— J'espère qu'il se consolera, avec le temps.

— Je l'espère aussi. Le temps... les distractions... Je crois savoir qu'il se fait inoculer ; je l'ai rencontré l'autre jour sur la route de l'Institut Pasteur. La science est une grande consolatrice. Quant à vous, vous préférez les voyages.

— Oh! voyages d'affaires...

— Oui ; des affaires au loin ; l'isolement. Vous avez sans doute raison. Beaucoup de gens éprouvent le besoin de la solitude, de temps à autre :

> Quiconque est loup, agisse en loup ;
> C'est le plus certain de beaucoup ;

comme le dit le fabuliste, continue l'abbé en me plongeant subitement ses regards dans les yeux. Allons ! je crains de manquer mon train. Au revoir, cher monsieur. Nous nous retrouverons, j'espère ; je fais même mieux que de l'espérer. Il n'y a que les montagnes, hé ! hé ! qui ne se rencontrent pas. Je vous souhaite un excellent voyage. — Prenez garde au marchepied.

Par la portière du wagon, j'aperçois sa haute silhouette noire qui disparaît au coin d'une porte. Etait-il venu pour prendre un train — ou pour me voir ? Et alors, pourquoi ?

Ah ! pas de suppositions ! Ça ne sert à rien — surtout quand les prêtres sont dans l'affaire. — Des malins, ceux-là ! et qui ne sont peut-être pas les plus mauvais soutiens de la Société, bien que la bourgeoisie déclare, en clignant de l'œil, que le cléricalisme c'est l'ennemi.

J'y réfléchis pendant que le train, qui s'est mis en marche, traverse la tristesse des faubourgs. Quand on pense au nombre des êtres qui vivent dans ces hautes maisons blafardes, dans ces lugubres casernes de la misère, et qui sont provoqués, tous les jours, par ces deux défis : la ceinture de chasteté et le coffre-fort ; quand on songe qu'on ne met en prison tous les ans, en moyenne, que cent cinquante mille individus en France et quelques malheureux millions en Europe ; on est bien forcé d'admettre, en vérité, devant cette dérisoire mansuétude de la répression impuissante, que la seule chose qui puisse retenir les gens sur la pente du crime, c'est encore la peur du diable.

V

OÙ COURT-IL ?

— Naturellement, si vous essayez d'expliquer ça à un gendarme, il y a fort à parier qu'il vous prendra pour un aliéné dangereux. Mais il n'en est pas moins vrai que le voleur, c'est l'Atlas qui porte le monde moderne sur ses épaules. Appelez-le comme vous voudrez : banquier véreux, chevalier d'industrie, accapareur, concussionnaire, cambrioleur, faussaire ou escroc, c'est lui qui maintient le globe en équilibre; c'est lui qui s'oppose à ce que la terre devienne définitivement un grand bagne dont les forçats seraient les serfs du travail et dont les garde-chiourmes seraient les usuriers. Le voleur seul sait vivre; les autres végètent. Il marche, les autres prennent des positions. Il agit, les autres fonctionnent.

— Et leurs fonctions consistent à voler, dis-je.

— Si l'on veut pousser les choses à l'extrême, certainement, répond Issacar en allumant une cigarette. Mais pourquoi hyperboliser ? Il est bien évident que l'homme, en général, est avide de gains illicites et que le petit nombre de ceux qui n'ont pas assez d'audace pour agir en pirates, avec les lettres de marque octroyées par le Code, rêvent de se conduire en forbans. Le genre humain est admirablement symbolisé, à ce point de vue, par le trio qui fit semblant d'agoniser, voici dix-huit siècles, au sommet du Golgotha : le larron légal à droite, le larron hors la loi à gauche, et Jésus la bonté même, représentant la soumission craintive aux pouvoirs constitués, au milieu. Seulement, quand on a dit cela, on n'a pas dit grand'chose. On a établi les éléments inaltérables de l'âme actuelle, mais on a ignoré les diversités extérieures de son agencement. Il y a fleurs et fleurs, bien que, primordialement, toutes les parties de la fleur soient des feuilles ; et il y a filous et filous bien que, par leur fonds, tous les hommes soient des fripons.

— N'allez-vous pas trop loin, à votre tour ?

— Je ne pense pas. Je ne crois point que la nature humaine soit mauvaise en elle-même, ou, au moins, incurablement mauvaise ; pas plus que je ne crois au criminel-né. Ce sont là des mensonges conventionnels, fort commodes sans doute, mais qu'il ne faudrait point ériger en axiômes. Je crois à l'influence détestable, irrésistible, du déplorable milieu dans lequel nous vivons. Que la corruption engendrée par ce milieu soit profonde et générale, il n'y a pas lieu d'en douter ; les êtres qui échappent à son action sont en bien petit nombre. Ils existent, cependant ; car c'est soutenir un paradoxe abominable que d'affirmer qu'il n'y a point d'honnêtes gens. Les personnes les plus versées en la matière n'ont point de doutes à ce sujet. M. Alphonse Bertillon assure même qu'on pourrait trouver à Paris, parmi les êtres placés dès leur jeunesse dans ces conditions qui sont le lot des criminels que nous sommes tous plus ou moins, une centaine d'hommes devenus et restés parfaitement honnêtes. « On les trouverait tout de même, dit-il, mais ce seraient cent imbéciles. » Imbéciles ou non, peu importe. Il suffit qu'ils existent.

— C'est suffisant, en effet.

— Partant donc de ce point que l'honnête homme n'est pas un mythe, mais une simple exception, nous nous trouvons en face d'une masse énorme dont les éléments, absolument analogues au point de vue physiologique ou psychologique, ne se différencient qu'en raison de leur agencement au point de vue social. Pour diviser en deux parties les unités malfaisantes qui composent cette masse, on est obligé de prendre le Code pénal pour base d'appréciation.

— Bien entendu ; le Code, c'est la conscience moderne.

— Oui. Anonyme et à risques limités... La première partie est composée, d'abord, de criminels actifs, dont la loi ignore, conseille ou protège les agissements, et qui peuvent se dire honnêtes par définition légale ; puis, de criminels d'intention auxquels l'audace ou les moyens font défaut pour se comporter habituellement en malfaiteurs patentés, et dont les tentatives équivoques sont plutôt des incidents isolés qu'une règle d'existence ; ceux-là aussi peuvent se dire honnêtes. Cette catégorie tout entière a pour caractéristique le respect de la légalité. Les uns sont toujours prêts à commettre tous les actes contraires à la morale, soit idéale, soit généralement admise, pourvu qu'ils ne tombent point sous l'application directe d'un des articles de ce Code qu'ils perfectionnent sans trêve. Les autres, tout en les imitant de leur mieux, de loin en loin et dans la mesure de leurs faibles facultés, ne sont en somme que des dupes grotesques et de lamentables victimes qui ne consentent, pourtant, à se laisser dépouiller que par des personnages revêtus à cet effet d'une autorité indiscutable et qualifiés de par la loi. Classes dirigeantes et masses dirigées. De par la loi, Monsieur, de par la loi ! Vous savez quelle est la conséquence d'un pareil ordre de choses. Egoïsme meurtrier en haut, misère morale et physique en bas ;

partout, la servitude, l'aplatissement désespéré devant les Tables de la Loi qui servent de socle au Veau d'Or.

— Certes, l'esclavage est général; et le joug est plus lourd à porter, peut-être, pour les dirigeants que pour les dirigés. Il est vrai qu'ils ont l'espoir, sans doute, d'arriver à accaparer toute la terre, à monopoliser toutes les valeurs, à asservir scientifiquement le reste du monde et à le parquer dans les pâturages désolés de la charité philanthropique. Je suis convaincu que pas une voix ne s'élèverait pour protester s'ils parvenaient à établir un pareil régime.

— C'est fort probable. L'éducation de l'humanité est dirigée depuis longtemps vers un but semblable, et les utopistes du Socialisme la parachèvent. Mais la tentative, si l'on osait la risquer, ne réussirait pas, et voici pourquoi : il y a toute une catégorie d'individus qui n'ont cure des lois, qui s'emparent du bien d'autrui sans se servir d'huissiers et qui lèvent des contributions sur leurs contemporains sans faire l'inventaire de leurs ressources. Ce sont les voleurs. Il faut leur laisser ce nom, qui n'appartient qu'à eux seuls, de par la loi, et même étymologiquement. *Vola*, ça ne veut pas dire : une sébile. Examinez la paume des mains des législateurs, dans un Parlement quelconque, lorsqu'on vote à mains levées, et vous conviendrez que le titre de voleurs ne saurait s'appliquer aux coquins qui mendient les uns des autres, pour commettre leurs méfaits, l'aumône de la légalité. Je ne dis pas qu'il ne se trouve point de voleurs véritables, parmi ces filous en carte ; il y en a, et il y en aura de plus en plus ; mais c'est encore l'exception. Quant au vrai voleur, ce n'est pas du tout, quoi qu'on en dise, un commerçant pressé, négligent des formalités ordinaires, une sorte de Bachi-Bouzouk du capitalisme. C'est un être à part, complètement à part, qui existe par lui-même et pour lui-même, indépendamment de toute règle et de tous statuts. Son seul rôle dans la civilisation moderne est de l'empêcher absolument de dépasser le degré d'infamie auquel elle est parvenue ; de lui interdire toute transformation qui n'aura point pour base la liberté absolue de l'Individu ; de la bloquer dans sa Cité du Lucre, jusqu'à ce qu'elle se rende sans conditions, ou qu'elle se détruise elle-même, comme Numance. Ce rôle, il ne le remplit pas consciemment, je l'accorde ; mais enfin, il le remplit. Je n'admets pas que le voleur soit la victime révoltée de la Société, un paria qui cherche à se venger de l'ostracisme qui le poursuit ; je le conçois plutôt comme une créature symbolique, à allures mystérieuses, à tendances dont on ignore généralement la signification, comme on ignore la raison d'être de certains animaux qui, cependant, ont leur utilité et qu'on ne détruit que par habitude aveugle et par méchanceté bête. Le voleur va à son but, non pas que le crime soit bien attrayant et que ses profits soient énormes, mais parce qu'il ne peut faire autrement. Il sent peser sur lui l'obligation morale de faire ce qu'il fait. Je dis bien : obligation *morale*. « Le renard, en volant les poules, a sa moralité, assure Carlyle ; sans quoi il ne pourrait pas les voler. » Quoi de plus juste ?

— Rien au monde. C'est faire du crime ce qu'il est : une matière purement sociologique. Et c'est faire du criminel ce qu'il est aussi : une conséquence immédiate de la mise en train des mauvaises machines gouvernementales, un germe morbide qui apparaît, dès leur origine, dans l'organisme des sociétés qui prennent pour base l'accouplement monstrueux de la propriété particulière et de la morale publique, qui se développe avec elles et ne peut mourir qu'avec elles. C'est faire du voleur un individu possédant une moralité spéciale qui lui enlève la notion de l'harmonique enchaînement de l'organisation capitaliste, et qu'il refuse de sacrifier au bien général défini par les légistes. C'est faire de lui le dernier représentant, abâtardi si l'on y tient, de la conscience individuelle.

— Certainement, dit Issacar. Mais ce n'est pas

seulement son dernier représentant; c'est son représentant éternel. Toutes les civilisations qui ne se sont pas fondées sur les lois naturelles ont vu se dresser devant elles cet épouvantail vivant : le voleur; elles n'ont jamais pu le supprimer, et il subsistera tant qu'elles existeront; il est là pour démontrer, *per absurdum*, la stupidité de leur constitution. Les gouvernements ont un sentiment confus de cette réalité; et, avec une audace plus ingénue peut-être qu'ironique, ils déclarent que leur principale mission est de maintenir l'ordre, c'est-à-dire la servilité générale, et de faire une guerre sans merci au criminel, c'est-à-dire à l'individu que leurs statuts classent comme tel.

— C'est absolument comme si un conquérant affirmait que sa seule raison d'être est de subjuguer des provinces. Sa présence n'a pas besoin d'être expliquée. Mais il est probable que les masses exploitées finiront par s'apercevoir que leur pire ennemi n'est pas le criminel traqué par la police et exclusivement sacrifié comme un bouc émissaire pour assurer à la loi une sanction indispensable. La faim fait sortir le loup du bois...

— Les loups sont des loups, répond Issacar; et les hommes... Il y a annuellement cinquante mille suicides en Europe; et, en France seulement, quatre-vingt-dix mille personnes meurent de faim et de privations, tandis que soixante-dix mille autres sont internées dans les asiles d'aliénés par suite de chagrins et de misère. Croyez-vous que cette foule de misérables ait des principes moraux plus solides que ceux de leurs contemporains ? Pas du tout. Il n'y a plus que dans certains milieux révolutionnaires qu'on croie encore à l'honnêteté. Mais la distance est si grande, de la pensée à l'acte ! Plutôt que de la franchir, ils préfèrent la mort.

— Pourtant, dis-je, ils sont presque tous chrétiens; et leur religion leur enseigne la nécessité de l'audace. Le ciel même, dit l'évangile, appartient aux violents qui le ravissent. *Violenti rapiunt illud*. Que pensez-vous de cette promesse du paradis faite aux criminels ?

— Elle m'amuse. Pourtant, elle est d'une grande profondeur, et les casuistes ne l'ont pas ignoré. Par le fait, les criminels commencent à jouir sur cette terre de privilèges que ne partagent point les honnêtes gens. On disait autrefois que le voleur avait une maladie de plus que les autres hommes : la potence ; on peut dire aujourd'hui qu'il a une maladie de moins : la maladie du respect. Et, ce qu'il y a de plus curieux, c'est que ce respect qu'il ressent de moins en moins, il l'inspire de plus en plus. Allez voir juger, par exemple, une affaire d'adultère ; le voleur, devant le public et même le tribunal, fait bien meilleure figure que le volé. Et qui voudrait croire, à présent, que la faillite n'a pas été instituée pour le bien du débiteur, pour lui refaire une virginité ?

— Personne, assurément. On pourrait même aller beaucoup plus loin que vous ne le faites ; et je serais porté à admettre que cette considération pour le larron augmente en raison exacte du mépris croissant pour la misère. Penser qu'après dix-huit siècles de civilisation chrétienne les pauvres sont condamnés en naissant ! Et ils sont condamnés comme voleurs. Tu as volé de la vie, de la force, de la lumière ! Tu es condamné à payer avec ta chair, avec ton sang, avec ton geste de bête, avec ta sueur, avec tes larmes ! Et l'ignoble comédie que la charité infâme les oblige à jouer ! Quand vous entendez un homme chanter dans la rue, vous pouvez être sûr qu'il n'a pas de pain.

— Que voulez-vous ? ricane Issacar. Ils ont contre eux l'opinion publique — la même qui fera semblant de vous honnir si vous vous laissez pincer au cours d'un *cambriolage*. — Seulement le pauvre est réprouvé à perpétuité, et sans merci ; car la dignité de l'infortune est morte. Vous, vous ne serez déshonoré que pour un temps, et jusqu'à un certain point ; car vous aurez été assez habile pour mettre en lieu sûr le produit de vos précédents larcins. Il n'y a qu'une opinion publique, voyez-vous : c'est celle de la Bourse ; elle donne sa cote tous les jours. Lisez-la en faisant votre compte, même si vous revenez du bagne. Vous saurez ce qu'on pense de vous.

— J'ai déjà eu l'occasion de la consulter une fois, cette opinion publique ; lorsque j'ai voulu m'assurer de la valeur des titres avec lesquels mon oncle avait réglé ses comptes de tutelle.

— Oui, je sais ; elle vous a répondu : cent mille francs, à peu près. C'était comme si elle vous avait dit : Tu risqueras cette somme dans une entreprise quelconque, et tu la perdras ; car ton capital est mince et les gros capitaux n'existent que pour dévorer les petits. Ou bien, tu chercheras à joindre à tes maigres revenus ceux d'un de ces emplois honnêtes qui, pour être peu lucratifs, n'en sont pas moins pénibles. Ceux qui les exercent ne mangent pas tout à fait à leur faim, sont vêtus presque suffisamment, compensent l'absence des joies qu'ils rêvent par l'accomplissement de devoirs sociaux que l'habitude leur rend nécessaires ; et, à part ça, vivent libres comme l'air — l'air qu'on paye aux contributions directes.

— La perspective était engageante. Néanmoins, elle ne m'attirait pas. J'étais assez bien doué, il est vrai, et si j'avais eu de l'ambition... Mais je n'ai pas d'ambition. Arriver ! A quoi ? Chagrin solitaire ou douleur publique. Manger son cœur dans l'ombre ou le jeter aux chiens. D'ailleurs, je n'avais pas la notion déprimante de l'avenir. Je voulais vivre pour vivre.

— Ne faites pas de la résolution que vous avez prise une question de principes, dit Issacar. Rien de mauvais comme les principes. Vous êtes, ainsi que tous les autres criminels, poussé par une force que vous ne connaissez pas, qui n'est point héréditaire, et à laquelle les milieux que vous avez traversés ont simplement permis un libre développement. Le voleur est un prédestiné.

— C'est possible. Moi, je vole parce que je ne suis pas assez riche pour vivre à ma guise, et que je veux vivre à ma guise. Je n'accepte aucun joug, même celui de la fatalité.

— Prenez garde. Si vous vous dérobez à toute domination, vous vous condamnez à subir toutes les influences passagères.

— Ça m'est égal. Et puis, j'aime voler.

— Voilà une raison. On peut s'éprendre de tout, même du plaisir et du crime, avec sincérité et, j'oserai le dire, avec élévation.

— Vous n'avez peut-être pas tort, après tout, de parler du voleur comme d'un prédestiné. Il me semble que, même si j'étais resté riche, je n'aurais été attiré vers rien, ou seulement vers des choses impossibles.

— Vous auriez été un isolé ou un libertin, car vous êtes un individu ; étant pauvre, vous êtes un malfaiteur par définition légale. Dans une société où tous les désirs d'actes et les appétits sont réglés d'avance, le crime sous toutes ses formes, de la débauche à la révolte, est la seule échappatoire prévue, et implicitement permise par la loi aux forces vives qui ne peuvent trouver leur emploi dans le mécanisme réglementé de la machine sociale, et auxquelles la pauvreté défend l'isolement. Vous auriez pu tenter n'importe quoi ; on vous aurait reconnu tout de suite comme un caractère, et vous auriez été perdu. La lanterne avec laquelle Diogène cherchait un homme, et qu'avait déjà tenue Jérémie, l'Individu la porte sur la poitrine, aujourd'hui — afin qu'on puisse le viser au cœur et le fusiller dans les ténèbres.

— Puisque je dois être un voleur, et rien qu'un voleur...

— Pourquoi : rien qu'un voleur ? Ne pouvez-vous être quelque autre chose en même temps ? Vous êtes déjà ingénieur ; continuez. Le loisir ne vous manquera pas. Vous auriez tort de vous cantonner dans une occupation unique. Il faut être de votre temps, mais pas trop. La grande préoccupation de notre époque est la division du travail, car on affirme aujourd'hui que les parties ne doivent plus avoir de rapports avec le tout. Il n'y a que le vol qui ne soit pas une spécialité. N'en faites pas une.

— Soit. Je voulais dire qu'il y a deux sortes de filous : l'escroc et le voleur proprement dit. L'un nargue les lois, l'autre ne leur fait même pas l'honneur de s'occuper d'elles ; je veux agir comme ce dernier.

— Affaire de tempérament. Moi, je préfère l'escroquerie, pour la même cause ; mais je n'ai pas la maladie du prosélytisme. Soyez un larron primitif, un larron barbare si vous voulez. Permettez-moi seulement de vous donner un bon conseil : faites aux lois l'honneur de vous inquiéter d'elles. Comparez les statuts criminels des différents peuples, et leurs codes ; comparez aussi leurs régimes pénitentiaires et l'échelle de ces régimes ; et, avant de tenter un coup, examinez dans quel pays et dans quelles conditions il est préférable de le risquer ; laissez le moins possible au hasard ; sachez d'avance quel sera votre châtiment, et comment vous le subirez, si vous êtes pris. Je souhaite que vous ne le soyez jamais ; mais mes vœux ne sont point une sauvegarde. Jusqu'ici, vous n'avez commis qu'un vol, fort imprudent et d'une audace presque enfantine ; grâce à un concours de circonstances extraordinaires, vous n'avez même pas été soupçonné. On a bien raison de dire qu'il n'y a que l'invraisemblable qui arrive ! Cependant, ne vous y fiez pas.

— Je ne m'y fie pas.

— Et surtout, souvenez-vous bien qu'il faut éviter à tout prix les violences contre les personnes. L'assassinat, soit pour l'attaque de la propriété à conquérir, soit pour la défense de la propriété qu'on vient d'annexer, est un procédé grossier et anachronique qu'un véritable voleur doit répudier absolument. Tout ce qu'on veut, mais pas la butte.

— C'est mon avis.

— Le genre de vie que vous choisissez, à part ses risques (mais quelle profession n'a pas ses dangers ?) me semble pleine de charmes pour un esprit indépendant. Carrière accidentée ! Vous verrez du pays, et peut-être des hommes. On passe partout avec de l'argent, et l'on ne vous demande guère d'où il vient ; excusez cette banalité.

— De bon cœur. Ma vie ne sera peut-être pas très gaie, et ne sera point, sûrement, ce que j'aurais désiré qu'elle fût. Mais elle ne sera pas ce qu'on aurait voulu qu'elle eût été ! La loi, qui a permis qu'on me fît pauvre, m'a condamné à une existence besogneuse et sans joie. Je m'insurge contre cette condamnation, quitte à en encourir d'autres.

— Ne vous révoltez pas trop, dit Issacar ; ça n'a jamais rien valu. Contentez-vous de donner l'exemple en vivant à votre fantaisie. Pourtant, si vous pouvez retirer un plaisir d'une comparaison entre l'état qui sera le vôtre et la situation que vous assignait la bienveillance de la Société, ne vous refusez pas cette satisfaction.

— C'est un parallèle que j'établirai souvent, et à un point de vue surtout.

— Celui des femmes, je parie ?

— Tout juste ! Ah ! les bourgeois sont bien vils ; mais ce qu'elles sont lâches, leurs filles ! Elles peuvent se vanter de le traîner, le boulet de leur origine !

— Comme vous vous emportez ! Ne pouvez-vous dire tranquillement que les honnêtes filles du Tiers-État ont la prétention ridicule de vouloir faire payer leur honnêteté beaucoup plus qu'elle ne vaut ?... Auriez-vous eu quelque petite histoire avec une de ces demoiselles, ces temps derniers ? Votre brusque arrivée à Bruxelles, quand j'y réfléchis, me laisserait croire à un drame.

— Ni drame ni comédie ; quelque chose de pitoyable et qui n'a pas même de nom. N'en parlons pas ; c'est fini. Seulement, j'en ai assez, des femmes qui portent un traité de morale à la place du cœur et qui savent étouffer leurs sens sous leurs scrupules. Ah ! des femmes qui n'aient pas d'âme, et même pas de mœurs, qui soient de glorieuses femelles et des poupées convaincues, des femmes auréolées d'inconscience, enrubannées de jeunesse et fleuries de jupons clairs !...

— Vous en aurez, dit Issacar. Je ne vous promets point que leur immoralité ne vous ennuiera pas autant, au fond, que la moralité des autres ; mais elle est moins monotone et vous distraiera quelquefois. Ce sont de bonnes filles, pas si bonnes que ça tout de même, qui ont assez de défauts pour faire faire risette à leurs qualités, et auxquelles l'instruction obligatoire a même appris l'orthographe. En vérité, je me demande ce que les honnêtes femmes peuvent encore avoir à leur reprocher. Elles reniflent, parce qu'elles n'osent pas se moucher de peur d'enlever leur maquillage, mais elles ont des pièces d'or dans leurs bas. Oui, je sais bien, vous vous moquez de ça... Enfin, on n'a pas à s'occuper des toilettes ; c'est quelque chose par le temps qui court... Ah ! sapristi, quelle heure est-il donc ?

— Cinq heures et quart.

— Bon. Nous avons encore dix minutes à nous ; il nous en faut cinq tout au plus pour aller à notre rendez-vous. Je mets ces dix minutes à profit. Voulez-vous me prêter vingt mille francs ?

— Très volontiers.

— J'ai l'intention, voyez-vous, de tenter quelque chose du côté du Congo. J'ai une idée...

— Vous ne croyez donc plus aux ports de mer ?

— Si ; mais la question n'est pas mûre ; les Belges y viendront, n'en doutez pas, et je crois même qu'après avoir creusé des bassins dans toutes leurs villes ils feront la conquête de la Suisse, pour créer un port à La-Chaux-de-Fonds ; seulement, il faut attendre. Ah ! si vous vouliez marcher avec moi, nous serions des précurseurs...

— Je regrette de ne le pouvoir, dis-je ; mais je ne veux pas me mêler d'affaires. Pourtant, je suis très heureux de vous être utile, car vous m'avez rendu service.

— En m'occupant de la négociation des titres et des bijoux dont vous avez soulagé cette bonne vieille dame ? C'était si naturel ! Je regrette seulement de n'en avoir pu tirer que cent trente mille francs. Mais vous verrez vous-même, avant peu, combien nous sommes exploités.

— Je n'en serai pas surpris. Voulez-vous que je vous donne un chèque ce soir ?

— Non, répond Issacar ; vous m'enverrez ces vingt mille francs de Londres, après-demain matin, en bank-notes anglaises.

— Après-demain matin ! Mais je ne serai pas à Londres...

— Si. Vous y serez demain soir à six heures. C'est moi qui vous le dis. A présent, en route, chantonne Issacar en prenant son chapeau. Le café où nous devons voir mon homme est à deux pas d'ici.

Tout à côté, en effet ; en face de la Bourse. C'est l'heure de l'apéritif et l'établissement regorge de clients attablés devant des boissons rouges, et jaunes, et vertes. Des hommes aux figures désabusées de contrefacteurs impénitents, qui trichent aux cartes ou se racontent des mensonges ; des femmes d'une grande fadeur, joufflues et comme gonflées de fluxions malsaines, avec des bouches quémandeuses et des paupières lourdes s'ouvrant péniblement sur des yeux de celluloïd qui meurent d'envie de loucher.

Après un moment d'hésitation, nous nous dirigeons vers une table qu'encombre un jeune homme blond ; c'est la seule qui soit aussi faiblement occupée. Le jeune homme blond, plongé dans la lecture d'un journal, nous autorise à l'investir ; aussitôt, je me poste sur son flanc gauche et Issacar lui fait face avec intrépidité.

— Pour qui la chaise qui reste libre ? Pour qui ?

dis-je à Issacar dès que le garçon nous a munis de pernicieux breuvages.

— Pour un fort honnête homme, gros industriel, fabricant de produits chimiques, qui brûle du désir de faire votre connaissance et de vous voir placer deux cent mille francs pour le moins dans ses mains sans tache.

— Quelle singulière idée vous avez de me mettre en rapports avec des gens...

— Chut ! Chut !

Issacar se retourne pour faire signe à l'honnête industriel qui vient d'entrer et dont il a reconnu la silhouette dans une glace. L'honnête industriel a aperçu le signal. Il s'avance en souriant ; le ventre trop gros, les membres trop courts, une tête d'Espagnol de contrebande avec des moustaches à la Velasquez, le front déprimé, ridé comme par l'habitude du casque, les doigts épais, courts, cruels, écartés comme pour l'égouttement de l'eau bénite. Issacar fait les présentations comme s'il n'avait fait autre chose de sa vie ; et la chaise libre perd sa liberté.

— Monsieur, me dit l'honnête industriel, j'ai appris par M. Issacar combien vous êtes désireux de trouver, en même temps qu'un moyen d'utiliser vos merveilleuses facultés d'ingénieur et d'inventeur, un placement rémunérateur pour vos capitaux. Je pense que je puis vous offrir, pour une fois, cette double possibilité, savez-vous. C'est aussi l'avis de notre honorable ami M. Issacar, et je suis heureux qu'il ait ménagé cette entrevue, pour une fois, afin que je puisse vous exposer l'état de mes affaires, savez-vous. Si vous le permettez, je vais, sans autre préambule, vous donner une idée de mon entreprise.

Je permets tout ce qu'on veut ; et l'honnête industriel commence ses explications. Il parle le plus vite qu'il peut et j'écoute le moins possible. Mon Dieu ! Mon Dieu ! pourvu que ça ne dure pas trop longtemps !... A l'expiration du premier quart d'heure, le jeune homme blond, à côté de moi, commence à donner des signes d'impatience ; il s'agite nerveusement sur la banquette et déplie son journal avec rage. Tant pis pour lui ! Il n'a qu'à s'en aller, s'il n'est pas content. Ah ! que je voudrais pouvoir en faire autant !... Au bout d'une demi-heure, je prends le parti d'interrompre l'honnête industriel.

— Monsieur, lui dis-je, le tableau que vous venez de m'exposer est tracé de main de maître, et je dois avouer que vous m'avez presque convaincu. Le moindre des produits chimiques prend dans votre bouche une valeur toute particulière, et je crois que les résultats que vous avez atteints jusqu'ici ne sont rien en comparaison de ceux que vous pouvez espérer. Je me permettrai cependant de faire mes réserves sur la potasse. Il me semble que vous ne rendez pas suffisamment justice à la potasse.

— Moi ? fait l'honnête industriel interloqué ; mais je n'en ai pas encore parlé !

— Justement. Votre silence est plein de sous-entendus hostiles. N'oubliez pas, Monsieur, que je suis ingénieur ; rien n'échappe à un ingénieur.

— Je le vois bien, murmure l'honnête industriel, très confus.

— Quoi qu'il en soit, dit Issacar qui s'aperçoit sans doute que je m'engage sur un mauvais terrain, quoi qu'il en soit, je puis vous assurer, Monsieur, que vos paroles ont fait la plus grande impression sur M. Randal. Je connais M. Randal. Il est peu expansif, comme tous les hommes modestes bien que pénétrés du sentiment de leur valeur ; mais j'ai remarqué l'intérêt soutenu avec lequel il vous a écouté. C'est un grand point, croyez-le ; et je ne serais pas étonné si, après une ou deux visites à votre usine, il mettait à votre disposition, non pas deux cent mille francs, mais trois cent mille.

— Oh ! oh ! dis-je, un peu au hasard — car je ne comprends pas du tout la signification des coups de pied qu'Issacar me lance sous la table — oh ! oh ! c'est aller bien vite...

— Mon Dieu ! dit l'industriel dont les yeux s'allument, quand un placement est bon... Il ne s'agit pas ici des Bitumes du Maroc ou du percement du Caucase, savez-vous. C'est une affaire sérieuse, que vous pouvez étudier vous-même...

— Certainement. Mais...

— Auriez-vous quelques objections à présenter, pour une fois ?

Moi ? Pas du tout. Mais Issacar en a pour moi.

— Oui, dit-il, M. Randal a certaines raisons qui le font hésiter, jusqu'à un certain point, à placer ses capitaux dans une entreprise comme la vôtre. Il me les a exposées et je vais vous les traduire brièvement. D'abord, il redoute l'accroissement des frais généraux. Les ouvriers réclament constamment des augmentations de salaires...

— Ils les réclament ! ricane l'industriel. Oui, ils les réclament ; mais ils ne les ont jamais. Et quand même ils les obtiendraient, croyez-vous qu'ils en seraient plus heureux et nous plus pauvres ? Quelle plaisanterie ! Ce que nous leur donnerions de la main droite, nous le leur reprendrions de la main gauche. Il est impossible qu'il en soit autrement. La science nous l'apprend. La science, Monsieur ! La main-d'œuvre est pour rien ici ; savez-vous pourquoi ? Parce que la Belgique est un pays riche, pour une fois. Plus un pays est riche, plus le travailleur est pauvre. La France, au XVe siècle, était bien loin d'avoir la fortune qu'elle possède aujourd'hui, n'est-ce pas ? Eh ! bien, à cette époque, l'ouvrier et le paysan français gagnaient beaucoup plus qu'ils ne gagnent à présent. Loi économique, Monsieur, loi économique !

— La science est une admirable chose, dit Issacar. Mais M. Randal, qui a pour elle tout le respect nécessaire, n'ignore pas combien elle exige de ménagements dans ses diverses applications. Et il a entendu dire que deux accidents terribles s'étaient produits chez vous l'année dernière...

L'honnête industriel sourit.

— Des accidents ! Oui, il y a des accidents. Nous traitons des matières dangereuses, pour une fois. Il y a eu quinze hommes tués à la première explosion ; dix seulement à la deuxième. Mais ces catastrophes donnent à une maison une publicité gratuite si merveilleuse ! D'ailleurs, il n'y a rien à payer aux familles des victimes, car toutes les précautions sont prises. Je ne dis pas qu'elles le soient constamment, savez-vous ; on se ruinerait. Mais elles le sont quand se présentent les inspecteurs, qui nous préviennent toujours de leur visite ; question de courtoisie ; c'est nous, industriels, qui les faisons vivre... Ah ! oui, cela fait une belle réclame ! Et l'enterrement en masse ! Tous les cœurs réconciliés dans la douleur commune ! Plus de castes ! L'union de tous, patrons et ouvriers, pleurant à l'unisson aux accents du *De profundis* ! Tu sais, les bâtiments sont assurés.

— C'est une grande consolation, dit Issacar. Malheureusement, cette union que produisent si à propos de pareils événements n'est peut-être pas de longue durée ; et alors arrivent les grèves, dont l'idée seule effraye M. Randal.

— Oui, dis-je, obéissant à une pression du pied d'Issacar, je crains énormément les grèves.

— Crainte chimérique, affirme l'honnête industriel ; les grèves n'ont jamais fait de tort aux capitalistes ; au contraire. Voulez-vous que je vous dise le fin mot ? Les trois quarts et demi des grèves, c'est nous qui les provoquons. En Angleterre, en France, en Amérique, partout. Le capitaliste, le manufacturier encombré par la surproduction se refait par la grève. Il est curieux que vous ne vous en soyez pas douté. Tout le monde le sait, et personne n'y trouve à redire. Savez-vous pourquoi ? C'est parce qu'on se rend bien compte, malgré les criailleries des détracteurs du système actuel, que le monde n'est pas si mal fait, pour une fois : si les uns jouissent de toutes les faveurs de la fortune, les autres conservent, par le fait même de leur indigence, le pouvoir de les apprécier.

— C'est une compensation, en effet, accorde Issacar ; mais elle est peut-être un peu narquoise. Et il se pourrait bien qu'un jour une révolution sociale...

Coup de pied d'Issacar. Silence. Second coup de pied d'Issacar. Je parle.

— Certainement, une révolution sociale qui... que...

— Je devine ce que vous voulez me dire, assure l'honnête industriel. Une révolution qui prendrait d'assaut les Banques et dilapiderait les épargnes des gens laborieux et économes, qui s'approprierait les capitaux des honnêtes gens. Cela n'est guère probable en Belgique ; nous avons la garde civique, ici, Monsieur, pour une fois. Mais enfin, c'est possible. Eh ! bien, il n'y a qu'une chose à faire : C'est de ne pas confier son argent aux Banques et de le garder chez soi. C'est ce que je fais, savez-vous.

Et l'honnête industriel me regarde triomphalement dans les yeux, tandis que le jeune homme blond, après avoir soigneusement plié son journal, se met à examiner les points noirs dans le marbre blanc de la table. Quel imbécile ! Pourquoi ne s'en va-t-il pas ?

— Oui, continue l'industriel, je garde tout mon argent chez moi et, en cas de besoin, je saurais le défendre. Mon coffre-fort se trouve dans mon cabinet particulier, au troisième étage de ma maison, et mon appartement est au premier ; j'ai en ce moment pour plus de cinq cent mille francs de bonnes valeurs, sans compter les espèces ; pour aller les prendre, il faudrait passer sur mon cadavre. Quant aux voleurs, je m'en moque. Ma porte est solide et je ne me couche jamais sans en avoir poussé moi-même les trois gros verrous.

— Un avertisseur électrique serait peut-être prudent, suggère Issacar.

— Je ne dis pas. Mais je puis m'en passer ; j'ai l'oreille fine et je ne dors que d'un œil, en gendarme.

— Excellente habitude, dit Issacar ; nous n'aurons pas de mal à vous réveiller, un de ces matins, pour vous demander à déjeuner, M. Randal et moi.

— Le plus tôt possible me fera plaisir, affirme l'industriel ; on ne traite bien les affaires que devant une bonne table ; c'est pourquoi, je pense, les pauvres ne réussissent jamais ; ils mangent si mal ! Ne tardez pas trop, et venez de bonne heure ; nous irons faire un tour à l'usine avant déjeuner.

Il nous donne son adresse : 67, rue de Darbroëk ; et se retire après force compliments, absolument enchanté de lui.

— Pourquoi m'avez-vous imposé une pareille corvée ? demandai-je à Issacar.

— Vous le verrez bientôt, me répond-il en souriant. Mais que pensez-vous du personnage ? C'est un symbole. A une époque où tout, même les plus vils sentiments, perd de sa force et se décolore, l'égoïsme pur, sans mélange et naïf ne se rencontre plus guère que dans les classes moyennes ; mais il s'y cramponne. Et quelle inconscience ! Cet homme que vous venez de voir était candidat aux dernières élections municipales, candidat libéral et démocratique ; il représentait la démocratie, la seule, la vraie !

— Il la représente encore, dis-je. La vraie démocratie est celle qui permet à chaque individu de donner, en pure perte, son maximum d'efforts et de souffrance ; Prudhomme seul ne l'ignore pas. Ah ! quelle lame de sabre ne vaudrait mille fois son parapluie ?... Et comme tout ce que pensent ces gens-là est exprimé bassement ! Ce qui me répugne surtout dans la bourgeoisie, c'est son manque de dignité ; elle a eu beau tremper son gilet de flanelle dans le sang des misérables, elle n'en a pu faire un manteau de pourpre.

— Et quand les déshérités la prendront aux épaules pour la jeter dans l'égout où elle doit crever, on ira leur demander leurs raisons, on s'étonnera de leur manque de ménagements, on leur reprochera leurs façons brutales... Ah ! l'ironie anglaise : « Le chien, pour arriver à ses fins, *se rendit* enragé, et mordit l'homme »...

— Ma foi, dis-je, c'est presque un soulagement,

quand on vient de quitter un de ces honnêtes gens, que de penser qu'on doit avoir pour amis des canailles, qu'on fréquentera des êtres destinés à l'échafaud ou au bagne.

J'ai prononcé la phrase un peu haut, et j'ai vu sourire le jeune homme blond. De quoi se mêle-t-il ? Il commence à m'agacer. Et je me penche sur la table pour murmurer à Issacar :

— Allons-nous en d'ici ; et conduisez-moi auprès de ce voleur si adroit dont vous m'avez parlé tantôt et que vous devez me faire connaître ce soir.

— Volontiers, répond Issacar ; mais il est inutile de sortir.

Il se lève et pose la main sur l'épaule du jeune homme blond.

— J'ai l'honneur, me dit-il, de vous présenter mon ami Roger Voisin, dont vous désirez si vivement faire la connaissance.

J'esquisse un geste d'étonnement ; mais le jeune homme blond me tend la main.

— Je suis vraiment enchanté, Monsieur... Permettez-moi seulement une petite rectification ; mon nom est bien Roger Voisin mais, d'ordinaire, on m'appelle Roger-la-Honte.

VI

PLEIN CIEL

Minuit sonne au beffroi de la cathédrale comme nous pénétrons, Roger-la-Honte et moi, dans la rue de Darbroek; nous venons de faire nos adieux à Issacar avec lequel nous avons dîné à l'hôtel du *Roi Salomon*, où il habite. On est très bien, à cet hôtel-là.

— Oui, dit Roger-la-Honte; aucun voleur chic ne descend ailleurs, à Bruxelles; excepté quand les affaires l'exigent, bien entendu. Dans ce cas-là, on est quelquefois obligé de se contenter de peu, et même de trop peu. Tu vas voir mon logement.

Roger-la-Honte me tutoie, et je le lui rends. Familiarités d'associés. Ne serait-ce pas ridicule, puisque nous devons travailler ensemble, de nous parler à la seconde personne du pluriel, et de nous donner du Monsieur? Donc, Roger-la-Honte me tutoie et je l'appelle : Roger-la-Honte, tout court, comme on dit : Monsieur Thiers.

— Nous voici arrivés, dit-il en s'arrêtant devant le numéro 65 et en cherchant sa clef dans sa poche.

— Il ne faudra pas faire de bruit ? dis-je, pendant qu'il ouvre la porte.

— Fais tout le bruit que tu pourras, au contraire ; j'ai ramené des demoiselles plus de quatre fois et les habitants de la maison, s'ils ne dorment pas, se figureront que je continue. Les femmes, ici, ont le pas léger comme des femelles d'éléphants en couches.

Nous montons l'escalier à la lueur d'allumettes nombreuses dont la dernière, quand Roger a ouvert une porte au quatrième étage, sert à enflammer une bougie placée sur un guéridon. Ce guéridon, un lit de fer, une commode-toilette et deux chaises constituent tout l'ameublement de la chambre où mon nouvel ami a élu domicile.

— Tu penses bien, dit-il, que ce n'est pas pour mon plaisir ; à quoi servirait de se faire voleur s'il fallait se contenter d'un logement digne tout au plus d'un sergent de ville ! Mais les affaires sont les affaires. Je devais nécessairement me placer à proximité de ma future victime, de façon à étudier ses habitudes ; j'ai trouvé cette chambre à louer dans la maison voisine de la sienne, et tu penses si j'ai laissé échapper l'occasion... Ah ! le dégoûtant personnage que cet honnête industriel, comme dit Issacar... Nous a-t-il assez assommés et énervés ce soir !

— J'ai vu le moment, dis-je, où j'allais lui lancer une carafe à la tête.

— Bah ! A quoi bon ? Ils sont trop. En tuer un, en tuer cent, en tuer mille, cela n'avancerait à rien et ne mettrait un sou dans la poche de personne ; ce n'est pas sur eux qu'il faut se livrer à des voies de fait, c'est sur leur bourse.

— Le fait est que ce sera plus dur encore, pour lui, de trouver demain matin son coffre-fort éventré et vide que de se voir coller au mur de son usine par les parents et les amis des ouvriers qu'il a sacrifiés à sa rapacité.

— Je crois aussi que le châtiment sera plus dur ; en tous cas, il sera certainement plus long. Ah ! quelle douche ! Laisse-moi rire un peu... As-tu vu avec quelle naïveté vaniteuse il nous a donné tous les renseignements sur l'agencement intérieur de sa maison ?

— Et s'il n'avait pas parlé ?

— Vous en auriez été quittes, Issacar et toi, pour aller déjeuner chez lui demain matin et passer l'inspection vous-mêmes ; il aurait été riche un jour de plus, voilà tout. Tu comprends, j'étais convaincu que le coffre-fort se trouvait au second étage, et Issacar soutenait qu'il était au troisième. Il avait deviné juste ! Il a le flair, celui-là. C'est dommage qu'il ne veuille rien faire à la dure... Assieds-toi donc ; nous ne pouvons pas commencer avant une heure au moins... Tiens, pour tuer le temps, je vais te faire le portrait de l'industriel à l'instant précis où nous nous occupons de lui ; il se couche à minuit un quart, tous les soirs.

Et Roger-la-Honte dessine, sur une feuille de papier arrachée d'un carnet, une caricature très drôle du pon Pelche, en chemise de nuit et bonnet de coton.

— Tu vois, dit-il, voilà la victime couronnée pour le sacrifice : couronnée d'un casque à mèche. Les fleurs, c'était bon pour la Grèce, mais c'est trop beau pour la Belgique, savez-vous, pour une fois. Ça t'étonne, que je sache ça ?

— Pas du tout. Mais comment as-tu appris à dessiner ?

— Tout seul ; en allant et venant ; j'ai toujours eu beaucoup de goût pour ça, et rien que pour ça. Mes parents ont dépensé pas mal d'argent pour me faire instruire, mais ç'a été de l'argent perdu, ou à peu près. Mes parents ? C'étaient de très braves gens ; très, très honnêtes ; mon père était employé chez un grand architecte, à Paris ; un emploi de confiance, pénible et mal rétribué. Ma mère était la meilleure des mères de famille, laborieuse, droite, économe ; elle a eu du mal, car nous sommes trois enfants, deux filles et un garçon, mais c'est moi qui lui ai donné le plus de soucis.

— Alors tes parents sont morts ?

— Non, non ; ils n'ont même pas envie de mourir.

— Ah ! c'est que, en parlant d'eux, tu dis : c'étaient de braves gens, ils étaient...

— Certainement ; mais tu vas voir pourquoi tout à l'heure. On voulait faire de moi un architecte, mais les épures et les lavis m'inspiraient une aversion profonde. A seize ans, lassé de discussions sans fin avec ma famille, je me suis engagé dans les équipages de la flotte.

— Et quand tu es revenu, tu t'es trouvé dans la même position que lorsque tu étais parti ?

— Exactement. Mes parents ne me rudoyaient pas, mais ils me faisaient entendre qu'il n'était guère convenable, ni même honnête, de rester inactif ; ils me citaient l'exemple de mes sœurs ; l'aînée, Eulalie, avait étudié la déclamation, commençait à paraître avec succès sur quelques scènes et faisait parler d'elle comme d'une actrice d'avenir ; mes parents, sans l'encourager (car ils savaient bien que l'honnêteté, au théâtre, est une exception, quoiqu'elle existe), n'avaient point voulu mettre obstacle à sa vocation et commençaient à en être fiers, *in petto*, quand son nom figurait sur le journal ; quant à ma plus jeune sœur qui n'avait que seize ans, elle était encore au couvent et les religieuses ne tarissaient pas d'éloges sur son compte ; application, dévotion, bonne conduite et bonne santé, elle avait tous les premiers prix. Moi, je ne savais que faire. Je me sentais attiré fortement vers la peinture : mais elle exige des études longues et coûteuses. Comment trouver le moyen de les entreprendre ? Je savais mes parents peu disposés à m'aider... Et j'échafaudais projet sur projet, plan sur plan, principalement dans les galeries des musées où j'aimais déjà à promener mes pensées, comme je l'aime encore aujourd'hui.

Quoi d'étrange, là-dedans ? Pourquoi Roger-la-Honte n'aurait-il point des pensées et ne prendrait-il point plaisir à les agiter, avec l'espoir de trouver un jour la manière de s'en servir ? On admet bien que les honnêtes gens méditent ; pourquoi les voleurs ne réfléchiraient-ils pas ?

— Je ne sais pas si tu t'en es aperçu, continue Roger ; mais les toiles des grands maîtres qui illuminent les murs des musées, les poèmes de pierre ou de marbre qui resplendissent sous leurs voûtes, sont des appels à l'indépendance. Ce sont des cris vibrants vers la vie belle et libre, des cris pleins de haine et de dégoût pour les moralités esclavagistes et les légalités meurtrières.

— Non, dis-je, je ne m'en étais pas aperçu complètement ; mais j'en avais le sentiment vague. Je le vois maintenant : c'est vrai. Rien de plus anti-social — dans le sens actuel — qu'une belle œuvre. Et le chef-d'œuvre est individuel, aussi, dans son expression ; il existe par lui-même et, tout en existant pour tous, il sait n'exister que pour un ; ce qu'il a à dire, il le dit dans la langue de celui qui l'écoute, de celui qui sait l'écouter. Il est une protestation véhémente et superbe de la Liberté et de la Beauté contre la Laideur et la Servitude ; et l'homme, quelles que soient la hideur qui le défigure et la servitude qui pèse sur lui, peut entendre, s'il le veut, comme il faut qu'il l'entende, cette voix qui chante la grandeur de l'Individu et la haute majesté de la Nature ; cette voix fière qui étouffe les bégaiements honteux des bandes de pleutres qui font les lois et des troupeaux de couards qui leur obéissent. Voilà pourquoi, sans doute, les gouvernements nés du capital et du monopole font tout ce qu'ils peuvent pour écraser l'Art qui les terrorise, et ont une telle haine du chef-d'œuvre.

— Peut-être ; moi, je te dis ce que j'ai éprouvé ; mais je n'ai pas été seul à le ressentir. Je le sais. J'ai vu les figures des serfs de l'argent, les soirs des dimanches pluvieux, lorsqu'ils sortent des musées qu'il ont été visiter ; j'ai vu leurs fronts fouettés par l'aile du rêve, leurs yeux captivés encore, par un mirage qui s'évanouit. Leur esprit n'est point écrasé sous la puissance des œuvres qu'ils ne peuvent analyser et qu'ils ne comprennent même pas ; mais ils ont eu la vision fugitive de choses belles qui ont existé et qui existent ; ils ont eu la sensation éphémère de la possibilité d'une vie libre et splendide qui pourrait être la leur et qu'ils n'auront jamais, jamais, qu'ils savent qu'il ne peuvent pas avoir, et qu'il leur est interdit de rêver. Car ils sont les damnés qui doivent croire, dans les tourments de leur géhenne, à l'impossibilité des paradis ; qui doivent prendre — sous peine d'affranchissement immédiat — la vérité pour l'erreur et les réalités pour les chimères... Ah ! la tristesse de leurs figures, au bas de l'escalier du Louvre !...

— Un philosophe allemand l'a dit : « Le besoin de servitude est beaucoup plus grand chez l'homme que le besoin de liberté : les forçats élisent des chefs. »

— Il y a des exceptions. Moi, j'en suis une. J'ai l'horreur de l'esclavage et la passion de l'indépendance ; les années que j'avais passées à bord des navires de l'Etat ne m'avaient pas donné, comme à tant d'autres, l'habitude et le goût du collier ; au contraire. Je sentais qu'il me fallait prendre une résolution énergique et, puisque je ne voulais suivre aucune de ces routes qui mènent du bagne capitaliste à l'hôpital, m'engager résolument dans les chemins de traverse, au mépris des écriteaux qui déclarent que la chasse est réservée, et sans crainte des pièges à loups... Un jour, au Louvre, j'ai volé un tableau. Cela s'est fait le plus simplement du monde. L'après-midi était chaude ; les visiteurs étaient rares ; les gardiens prenaient l'air auprès des fenêtres ouvertes. J'ai décroché une toile de Lorenzo di Credi, une Vierge qui me plaisait beaucoup ; je l'ai cachée sous un pardessus que j'avais jeté sur mon bras et je suis sorti sans éveiller l'attention. Tu t'étonneras peut-être...

— Mais non ; je sais avec quelle rapidité les œuvres d'art disparaissent mystérieusement des musées français ; je suis porté à croire qu'avant peu il ne restera plus au Louvre que les faux Rubens qui le déshonorent et les Guido Reni qui l'encombrent ; et que l'administration des Beaux-Arts prendra alors le parti raisonnable de placer la Source d'Ingres où elle devrait être, au milieu du Sahara. Mais continue ; qu'as-tu fait de ta Vierge ?

— Je l'ai emportée à Londres et je l'y ai vendue. Je l'ai vendue cinq cents livres sterling. En valait-elle cinq mille, ou dix mille, ou plus ? Je l'ignore ; d'ailleurs j'étais pressé. J'ai déposé douze mille francs dans une banque anglaise et, avec les cinq cent francs qui me restaient, je suis revenu à Paris. Je n'ai rien caché de la vérité à mon père et à ma mère, fort étonnés de mon absence qui avait duré trois jours. Je leur ai dit que j'avais volé, et je leur ai dit pourquoi ; je leur ai dit que je voulais être un voleur, et je leur ai dit pourquoi. Ils m'ont écouté, absolument atterrés ; j'ai profité de leur stupéfaction pour les quitter, après les avoir remerciés de ce qu'ils avaient fait pour moi, en les assurant que j'étais certain de leur discrétion et en leur promettant de leur envoyer bientôt mon adresse ; ce que je fis, en effet, dès mon arrivée à Londres. Huit jours après, je reçus une lettre de mon père.

— Il t'expédiait sa malédiction ?

— Pas le moins du monde. Il me disait qu'il avait beaucoup réfléchi à ce que je lui avais dit et à ce que j'avais fait, et qu'il était persuadé que je n'avais pas tort. « Mon cher enfant, m'écrivait-il, tu es encore trop jeune pour te douter de la douleur et de la tristesse qui enténèbrent la vie des malheureux êtres qui sont nés sans fortune et qui, pourtant, veulent se conduire honnêtement ; tu l'as deviné, mais tu ne le sais pas. Si je te disais quels sont leurs tourments et leurs soucis, leurs peines sans salaire et leurs fatigues sans récompense, tu ne voudrais pas me croire. J'aurai bientôt quarante-huit ans, mon enfant ; et s'il fallait chercher le nombre des jours heureux de mon existence, je pourrais faire le compte sur les doigts d'une main. Et ta mère, ta pauvre mère dont les prodiges d'abnégation et de sacrifice vous ont élevés tous les trois, ta pauvre mère dont la vie a été un long renoncement et à qui je n'ai jamais pu, malgré tous mes efforts, procurer l'ombre d'une joie... Ah ! oui, je suis obligé de le penser, ce monde est mal fait qui met tous les plaisirs ici et là toutes les souffrances, qui ne sait point faire la part plus égale entre les hommes et qui crée le rire des uns des larmes que versent les autres... » Mon père terminait en me recommandant de ne plus lui écrire, sous aucun prétexte, jusqu'à ce qu'il m'en eût donné avis.

— Et tu n'as plus eu de ses nouvelles ?

— Si, un mois après, par les journaux. J'ai appris que mon père avait été arrêté sous l'inculpation de détournement de fonds. Il avait été chargé par son patron, l'architecte, d'aller régler les comptes d'un entrepreneur et on lui avait remis, à cet effet, soixante mille francs ; ces soixante mille francs, il les avait perdus en route, sans pouvoir s'expliquer comment ; et, pendant l'enquête, on l'avait mis en prison préventive ; suivant la bonne habitude française. Trois semaines plus tard, les journaux m'apprirent encore qu'on avait remis mon père en liberté ; on n'avait pu trouver aucune preuve de sa culpabilité et quarante-huit ans de vie sans tache avaient plaidé en sa faveur. Tu vois que l'honnêteté sert tout de même à quelque chose.

— Alors, il n'était pas coupable ?

— Quelle plaisanterie ! C'est moi qui ai été chercher les billets de banque français où ils étaient en sûreté et qui les ai changés contre des banknotes anglaises... Aujourd'hui, mes parents sont très heureux ; ils ont quitté Paris ; ils tiennent à Vichy un hôtel qu'ils ont acheté et qui leur rapporte pas mal.

— Et cette brusque prospérité n'a pas éveillé les soupçons ?

— Pas du tout. Ma sœur Eulalie, l'actrice, venait de quitter le théâtre. Elle avait fait un héritage ; un vieux chanoine lui avait laissé en mourant tout ce qu'il possédait.

— Un chanoine qui fréquentait les coulisses ?

— Que tu aimes les complications ! Le chanoine était âgé de soixante-douze ans quand Eulalie en avait dix à peine. Il lui a légué sa fortune parce qu'il avait beaucoup d'affection pour elle, voilà tout ; une lubie de vieillard sans famille. Eulalie avait donc renoncé à la scène et à ses pompes ; elle était censée avoir avancé à mes parents l'argent nécessaire à leur établissement. Censée, tu comprends. La vérité, c'est qu'elle eût été incapable de le faire, car elle est aussi avare que dévote.

— Dévote ?

— Dans la dévotion jusqu'au cou, depuis que mon père a été arrêté. Elle parle de se faire religieuse. Elle demeure aux Batignolles, à côté de l'église. La dernière fois que je l'ai vue, je l'ai trouvée au milieu de crucifix, de livres de piété et de chapelets ; elle m'a donné un scapulaire qui doit me porter bonheur — nous allons voir ça ce soir ; — elle m'a dit qu'elle prierait le Bon Dieu pour moi deux fois par jour.

— C'est charmant. Et ton autre sœur, elle est encore au couvent ?

— Non ; elle en est sortie une fois mes parents installés à Vichy. Mais, un beau jour, Broussaille — elle ne s'appelle pas Broussaille, mais on l'appelle Broussaille — est arrivée à apprendre, je ne sais comment, ce qui s'était passé, et pour mon père, et pour moi.

— Quel coup, pour une jeune fille élevée au couvent, à l'ombre de la blanche cornette des nonnes !

— Ne m'en parle pas. Broussaille, qui n'est pas bête, a tout de suite compris la leçon que lui donnait l'exemple. Elle est partie pour Londres, et elle y est restée depuis.

— Ah ! bah ! Broussaille est à Londres... Et qu'est-ce qu'elle fait, à Londres ?

Roger-la-Honte tire sa montre.

— Qu'est-ce qu'elle fait ?... A l'heure qu'il est, elle doit faire quelqu'un... Ah ! il va être une heure du matin ; c'est le moment de nous y mettre...

Roger-la-Honte va prendre une valise, à la tête du lit, l'apporte sur le guéridon et la déboucle. Il en sort différents instruments, des pinces, des vrilles, de petites scies très fines, d'autres choses encore.

— Où est ma lanterne sourde ? Ah ! la voici ; elle est toute prête... Tu comprends, il vaut mieux être deux, pour des coups comme celui que nous allons faire ; si l'on est tout seul, on court trop de risques ; on n'a personne pour vous avertir, si les gens viennent à se réveiller.

Il met une partie des outils dans ses poches et me passe le reste, ainsi qu'une paire de chaussons de lisières.

— Retirons vite nos bottines et mettons ça. C'est des bons. C'est des Poissy.

— Comme cela, dis-je en glissant mes pieds dans les chaussons, nous ne ferons pas de bruit pour descendre.

— Descendre ! dit Roger-la-Honte. Est-ce que tu rêves ? Nous ne descendons pas ; nous montons.

Il souffle la bougie, ouvre la petite fenêtre de la chambre, enjambe la barre d'appui et disparaît à gauche, sur le toit.

Je le suis. Nous nous hissons sur la corniche qui sépare la maison de la maison voisine, nous la franchissons et nous nous trouvons à côté de la fenêtre d'une mansarde ; la fenêtre est éclairée.

— Halte ! murmure Roger. Il faut attendre ; nous nous y sommes pris trop tôt. Ces garces de servantes n'en finissent pas de se déshabiller ; il est vrai qu'elles ne sont pas longues à s'endormir. Asseyons-nous un peu.

Nous nous asseyons sur le toit, les pieds sur l'entablement.

— Quelle nuit ! dit tout bas Roger-la-Honte. Regarde donc là-haut. Crois-tu que le ciel est assez beau, ce soir !... La lune, avec ce rideau de nuages mobiles et transparents qui mettent comme un grand voile de deuil sur une face pâle... Et toutes ces étoiles, plus brillantes que des diamants, et qui remplissent l'immensité... Et dire qu'il y a des pays où c'est encore plus beau que ça, la nuit ! Connais-tu Venise, toi ?

— Non. Et toi ?

— Moi non plus, malheureusement. Je voudrais tant voir Venise ! Il paraît que c'est merveilleux... J'ai lu tous les livres qui en parlent et je reste en admiration devant les tableaux qui la peignent. Ah ! voir Venise ! Et après, qu'il arrive n'importe quoi. Je m'en moque... Tiens, la lumière vient de s'éteindre. Attendons encore dix minutes.

— Mais, dis-je, si tu désires tant voir Venise, pourquoi n'as-tu pas fait le voyage ? Ce n'est pas la mer à boire.

— Est-ce qu'on a le temps ? Toujours une chose ou une autre... Les voleurs non plus ne font pas toujours ce qu'ils rêvent... Si tu veux, quand nous aurons fait deux ou trois bons coups, nous irons ensemble. Nous nous promènerons sur les canaux et les lagunes à gondole que veux-tu ? aux sons des instruments à cordes. Il faudrait avoir de quoi vivre largement pendant deux ou trois ans, pour bien faire. J'étudierais la peinture à fond, et peut-être que je deviendrais un grand peintre. J'ai tellement envie d'être un peintre ! Mais il faut que j'aille à Venise d'abord ; c'est là seulement que je saurai si je ne me trompe pas sur ma vocation... Ah ! ces étoiles !

— Oui, c'est bien beau ! Et que sait-on, de ces pléiades de sphères ; de ces astres qui s'échelonnent dans l'espace comme les cordes d'une lyre, depuis Saturne jusqu'à Mercure ; de l'analogie entre les distances des planètes au soleil et les divisions de la gamme en musique ; de toutes ces notes splendides et indéchiffrées de l'harmonie des mondes…

— Ah ! certes, dit Roger-la-Honte, les yeux fixés au ciel ; c'est superbe !… Crois-tu que c'est habité, toi, tous ces astres ? Moi, j'espère que non. Quand on pense que dans chacun d'eux il y aurait peut-être de sales bourgeois comme l'industriel et de sales voleurs comme nous… Ce serait à vous dégoûter de tout !… Ah ! Allons, il est temps. En route ! Tu n'as pas peur ? Tu n'as pas le vertige ? A la bonne heure. Ne regarde pas en bas et suis-moi ; mais ne me pousse pas. Il faut atteindre la troisième fenêtre.

La troisième fenêtre n'est pas là ; elle me semble même diablement loin. Ce n'est pas commode, de marcher sur les toits ; le terrain n'est pas accidenté, c'est vrai, mais il est glissant ; et si l'on glisse — quel saut ! — Nous nous cramponnons de notre mieux à toutes les saillies, nous dépassons la seconde fenêtre et nous touchons à la troisième. Nous y voilà. Nous empoignons nerveusement la barre d'appui. Roger-la-Honte, qui a sorti de sa poche une boule de poix, l'applique sur un carreau, fait grincer un diamant tout autour et, par le trou circulaire pratiqué dans la vitre, passe sa main à l'intérieur et fait jouer l'espagnolette. Deux secondes après, nous sommes dans une chambre que les rayons de la lune nous font voir encombrée de malles, de caisses et de cartons.

— Une chambre de débarras, dit Roger en allumant sa lanterne sourde ; je le pensais bien. Pourvu que la porte ne soit pas fermée du dehors ! Non, la clef est à l'intérieur. Ça va bien ; nous n'aurons pas à faire de bruit.

Il s'assied sur une caisse et me fait signe de l'imiter.

— Ecoute-moi bien, me murmure-t-il à l'oreille. Nous allons descendre ; moi, je m'arrêterai au troisième étage ; toi, tu continueras jusqu'au rez-de-chaussée avec la lanterne ; tu tireras tout doucement les trois gros verrous que l'industriel pousse tous les soirs avant de se coucher et tu t'assureras que la porte d'entrée peut s'ouvrir facilement. En cas d'alerte, nous n'aurons qu'à nous précipiter dans l'escalier, à nous jeter dans la rue et à nous diriger vers ton hôtel, rue des Augustins. Quand tu auras fait ce que je te dis, tu viendras me retrouver. Allons.

J'ai tiré les trois gros verrous, je suis sûr qu'il suffit de tourner un bouton pour ouvrir la porte, et je remonte au troisième étage.

— C'est bien, dit Roger. Nous allons commencer. Une porte à deux battants à un cabinet ! Faut-il être bête ! Rien de plus facile à forcer... Et pas même de serrure de sûreté...

Du bec d'une pince qu'il a introduite entre les vantaux, il cherche l'endroit favorable à la pesée. Il le trouve, il enfonce sa pince, la tire à lui de toute sa force... et un craquement formidable me semble faire trembler la maison.

— Ça y est, murmure Roger, qui pose un doigt sur ses lèvres.

Et nous restons là, immobiles, aux aguets, l'oreille tendue pour épier le moindre bruit. Mais rien ne bouge dans la maison. Roger pousse la porte dont la serrure pend à une vis, et nous entrons dans le cabinet.

— Quel fracas tu as fait ! dis-je à Roger-la-Honte, qui sourit.

— Mais non ; ça t'a produit cet effet-là parce que tu manques d'habitude et que tu es énervé ; en réalité, je n'ai pas fait plus de bruit qu'on n'en fait lorsqu'on brise un bout de planche ou une règle. Ils ne se sont pas réveillés, sois tranquille. Pourtant, écoutons encore.

Nous prêtons l'oreille ; mais le silence le plus profond règne dans la maison. J'ai posé la lanterne sourde sur le bureau de l'industriel et je me suis assis dans son fauteuil ; les rayons lumineux se projettent sur une feuille de papier où grimacent quelques lignes d'écriture, une lettre commencée sans doute, que je me mets à lire pour calmer mes nerfs.

A. M. Delpich, banquier, 84, rue d'Arlon.

« Mon cher ami,

« Ne vous donnez plus la peine de me chercher un commanditaire parmi vos clients. J'ai déniché l'oiseau rare. C'est un jeune serin nommé Georges Randal, ingénieur de son état, qui est tout disposé à remettre entre mes mains deux cent mille francs, ou même trois cent mille, dans le plus bref délai. J'ai rarement vu un pareil imbécile ; il se prend au sérieux, ce qui est le plus comique, et m'a reproché amèrement de faire preuve de partialité à l'égard de la potasse. Vous savez, Delpich, si je me moque de la potasse, ainsi que des autres produits chimiques ! Pourvu que nous réussissions d'ici quelques mois la petite affaire que nous projetons, et qu'une bonne faillite bien en règle vienne couronner mes efforts, tout ira comme sur des roulettes. Je montrerai à ce Parisien, qui vient faire ici le malin, et qui peut dès aujourd'hui dire adieu à ses deux ou trois cent mille francs, de quel bois nous nous chauffons en Belgique... »

La lettre ne va pas plus loin. Ça ne fait rien ; c'est toujours instructif, et quelquefois agréable, de savoir ce que les autres pensent de vous. Je plie la feuille de papier sans rien dire et je la mets dans ma poche. On ne sait pas ce qui peut arriver.

— Apporte la lanterne, dit Roger-la-Honte qui ausculte le coffre-fort, au fond de la pièce, et qui hoche la tête comme s'il avait un diagnostic fatal à porter. Voyons... à gauche... à droite... Une pure saleté, ce coffre-fort-là ; ça ne vaut pas une bonne tire-lire. C'est attristant, de s'attaquer à une boîte belge aussi ridicule quand on a travaillé dans les Fichet... Enfin, on a moins de mal. Je vais l'ouvrir par le côté ; j'appelle ça l'opération césarienne... Je n'en aurai pas pour longtemps et je peux faire ça tout seul. Tu ne sais pas, pose la lanterne là, sur cette petite table, et descends au premier étage, devant la porte de la chambre à coucher de l'industriel ; si tu entends qu'il se réveille, tu siffleras...

Je descends et je me poste sur le palier du premier étage. L'industriel ne se réveille pas ; il n'en a pas même envie. Il dort à poings fermés, il ronfle comme une toupie d'Allemagne. Ah ! le gredin ! Je me le figure, endormi au coin de sa femme, et rêvant que je lui apporte trois cent mille francs avec mon plus gracieux sourire.

Tout d'un coup, j'entends le grincement, très doux mais incessant, de la scie de Roger ; il a déjà pu percer le coffre-fort à l'aide d'une vrille et il commence à couper le métal ; on dirait le grignotement d'une souris, au loin. Mais le bruit de la scie est couvert, bientôt, par celui des ronflements de l'industriel ; on dirait qu'il tient, non seulement à ne pas entendre, mais à empêcher les autres d'entendre. Ah ! il peut se vanter d'avoir l'oreille fine et de dormir en gendarme !... Je prends le parti de remonter auprès de Roger.

— Te voilà ? demande-t-il, le visage couvert de sueur ; donne-toi donc la peine d'entrer. Veux-tu accepter la moindre des choses ? Je n'ai qu'à tirer la sonnette...

— Non, j'aime mieux t'aider.
— Si tu veux ; il y a encore un côté à couper.

Dix minutes après, c'est chose faite, et nous avons étalé sur le bureau le contenu du coffre-fort. Des tas de papiers d'affaires que nous repoussons avec le plus grand dédain, avec ce mépris qu'avaient pour les transactions commerciales les philosophes de l'antiquité ; des valeurs, actions et obligations, dont nous faisons un gros paquet ; une jolie pile de billets de banque et quelques rouleaux de louis, que nous mettons dans nos poches.

— Nous en allons-nous par la rue, à présent ?

— Non, répond Roger ; il faut partir par où nous sommes venus. C'est plus correct — et plus prudent. — Je vais aller pousser les verrous en bas et donner un tour de clef à la serrure. L'ordre avant tout.

Il descend et revient au bout d'un instant. Je sors du cabinet avec le paquet de valeurs, quelques outils qui sont restés sur le bureau de l'industriel et la lanterne dont Roger n'a pas eu besoin au rez-de-chaussée ; une allumette lui a suffi.

— Maintenant, dit-il après avoir tiré à lui les vantaux de la porte et les avoir maintenus solidement fermés avec une cale de bois, presque invisible, maintenant, les servantes en se levant demain de bonne heure ne s'apercevront de rien. C'est Monsieur lui-même, lorsqu'il montera à son cabinet avec son trousseau de clefs, qui découvrira le pot aux roses. A présent, allons donc faire un tour dans cette chambre de débarras qui nous a si bien accueillis.

Nous y sommes, et nous avons fermé la porte derrière nous. Roger fait le tour des malles et des caisses en reniflant d'une façon singulière.

— Voici, dit-il, une boîte bien close d'où s'exhale une forte odeur de camphre. Ne seraient-ce point quelques fourrures de Madame ? Voyons ça, ajoute-t-il en faisant sauter le couvercle. Tout juste ! Un boa. Deux boas. J'en prends un, et toi aussi. C'est un cadeau tout trouvé pour Broussaille ; et quant à toi, si tu te fais une connaissance... Maintenant, allons-nous-en ; donne-moi le paquet de valeurs ; il pourrait te faire perdre l'équilibre, et ce n'est guère le moment de piquer une tête sur le pavé.

Certainement non ; ce ne serait pas la peine d'avoir opéré un vol avec effraction ; d'avoir violé les droits d'un possédant, non seulement en m'appropriant son bien, mais en m'introduisant dans son domicile ; d'attenter à sa propriété, comme je le fais en ce moment, en me promenant à quatre pattes sur son toit ; et comme je le ferais encore, même, si je planais, à des hauteurs invraisemblables, au-dessus de ses cheminées : *cujus est, solum ejus est usque ad cœlum...*

— La mer est unie comme un lac, me dit Roger-la-Honte dans le salon du bateau que nous avons pris à Ostende, car nous avons quitté Bruxelles par le premier train du matin ; nous allons avoir une traversée superbe et nous arriverons à Cannon Street à cinq heures. Nous pourrons laver nos papiers ce soir. Ce qu'il y a de meilleur dans cette affaire-là, vois-tu, c'est encore les cinquante-deux mille francs en or et en billets. J'ai bien peur que nous ne tirions pas des titres ce que nous espérons. Enfin, nous verrons.

— Moi, pour mille francs, j'aurais fait le coup ; pour cent sous, pour rien ; pour le plaisir de ruiner cette canaille d'exploiteur, ce coquin qu'on devrait pendre.

— Bah ! dit Roger, à quoi bon déshonorer une corde ? Moi, je ne suis pas farouche et j'aime la rigolade ; à Prudhomme décapité je préfère Prudhomme dévalisé. C'est égal, je voudrais bien voir sa gueule !

— Moi aussi ; je suis sûr que son nez dépasse la frontière belge et s'allonge déjà vers Venise.

— Ah ! Venise, Venise ! soupire Roger-la-Honte en s'étendant sur une couchette.

Il s'endort du sommeil du juste ; et ses rêves voguent en gondole sur les flots du Canalazzo.

VII

DANS LEQUEL ON APPREND, ENTRE AUTRES CHOSES, CE QUE DEVIENNENT LES ANCIENS NOTAIRES

— Mon avis, me dit Roger-la-Honte dans le cab que nous venons de prendre à Cannon Street, c'est que si Paternoster nous donne cent mille francs des valeurs que nous lui apportons, ce sera beau.

— Paternoster ? Qui est-ce ?

— Ah ! oui, tu ne sais pas. C'est l'homme chez lequel nous allons laver nos papiers.

— Le nom est irlandais, je crois...

— Oui, mais celui qui le porte est Français. C'est vrai, ça ; tu n'es au courant de rien ; mais dans quelques jours... Eh ! bien, Paternoster, c'est un ancien officier ministériel ; il était notaire, je ne sais plus où, du côté de Bourges ou de Châteauroux...

— Et il a levé le pied, comme tant d'autres de ses confrères, avec les fonds de ses clients, et il s'est sauvé ici...

— Pas tout à fait. On l'aurait fait extrader et il serait au bagne à l'heure qu'il est. Voici comment les choses se sont passées : Paternoster était marié avec une femme très jolie, qu'il n'aimait guère — car il n'a d'autre passion que celle de l'argent — et qui ne l'aimait pas du tout. Elle était la maîtresse d'un député qui venait d'être fait ministre, et qui l'a encore été depuis. Paternoster — j'ai oublié le nom qu'il portait en France — le savait, mais fermait les yeux. Cela ne faisait le compte ni du ministre ni de la femme qui auraient été fort aises qu'un divorce leur procurât la liberté complète qu'ils désiraient. Comment parvinrent-ils à faire entendre raison, sur ce chapitre, à Paternoster? C'est assez facile à expliquer par le simple énoncé des événements qui se succédèrent avec rapidité. D'abord, sur la plainte fortement motivée de la femme, un divorce fut prononcé contre Paternoster; le soir même, cet excellent notaire mettait la clef sous la porte de son étude et disparaissait avec les épargnes confiées à ses soins vigilants; quinze jours après, il était arrêté; et, deux mois plus tard, condamné à dix ans de travaux forcés; il est inutile de te dire que les fonds qu'il s'était appropriés avaient été dilapidés dans des opérations de Bourse, et qu'on n'en retrouva pas un centime.

— Je le crois facilement. Mais je ne vois point, jusqu'ici, quel bénéfice Paternoster avait retiré de sa complaisance.

— Attends un peu. Trois jours après sa condamnation, il fut relâché clandestinement.

— Quoi! Mis en liberté?

— Absolument. Le ministre n'avait eu qu'un mot à dire... Mais ne fais donc pas semblant d'ignorer comment les choses se passent en France... Paternoster vint donc retrouver à Londres les écus dont il avait dépouillé ses clients, et qui, au lieu de cascader à la Bourse, étaient empilés soigneusement dans les coffres d'une banque anglaise. Je me rappelle l'avoir vu arriver ici. J'étais un soir à Victoria Station, par hasard, et j'ai vu descendre du train continental le bonhomme à figure de renard que tu vas voir tout à l'heure et que j'ai bien reconnu, depuis, dans le Paternoster qui s'est mis à trafiquer avec nous; ce soir-là, il était accompagné d'un curé et d'une toute jeune fille vraiment charmante. Je ne les ai jamais revus, ni l'un ni l'autre. Je ne sais pas ce que c'était que le curé; j'ai entendu dire que la petite était la fille de Paternoster, une fille qu'il a eue d'un premier mariage. Ah! nous voici arrivés...

Le cab s'arrête, en effet, dans une de ces rues étroites qui sillonnent la Cité de Londres, devant une haute maison noire dont, bientôt, nous montons l'escalier. Au deuxième étage, Roger-la-Honte tourne le bouton d'une porte et nous nous trouvons dans une grande pièce garnie de cartonniers et de longues tables, où travaillent deux ou trois clercs. Sur une interrogation de Roger, l'un d'eux se lève, se dirige vers une porte, au fond de la salle, derrière laquelle il disparaît. Il revient une minute après, nous invite à le suivre et nous introduit dans une petite pièce un peu mieux meublée que la première ; un homme assis devant un grand bureau couvert de papiers se lève à notre entrée, tend la main à Roger-la-Honte et m'accueille d'un profond salut.

— Vous voilà enfin ! dit-il à Roger. Il y a un grand mois que je n'ai eu le plaisir de vous voir. Monsieur est de vos amis, je présume ?

Roger-la-Honte me présente ; Paternoster se déclare enchanté et continue :

— J'espère que votre santé est bonne. Et les affaires ? Difficiles, hein ? Tout le monde se plaint un peu. Mais je parie que vous avez trouvé moyen de faire quelque chose ?

Je l'examine, pendant qu'il parle. Une face glabre, sans couleur, un grand nez, des yeux verdâtres de chat malfaisant diminués, semble-t-il, par de gros sourcils poivre et sel qui se rejoignent et barrent le front, une bouche qui paraît avoir été fendue d'un coup de canif, des cheveux gris, légèrement bouclés, qui rappellent les perruques des tabellions d'opéra-comique. Mais la plume d'oie traditionnelle serait mal venue à se ficher dans ces cheveux-là, et les lunettes d'or n'iraient pas du tout sur ce grand nez ; ce n'est pas là une tête à faire rire, une figure de cabotin ; c'est la volonté, tenace et muette, maîtresse d'elle-même, qui a mis sa marque sur ce visage et cette tête, si laide qu'elle soit, est une tête d'homme. L'ossature est puissante ; et les lèvres, qui se crispent pour laisser filtrer l'ironie, pourraient s'ouvrir, si elles le voulaient, pour lancer d'effrayants coups de gueule.

— Nous avons fait quelque chose, en effet, dit Roger-la-Honte en ouvrant son sac de voyage et en déposant sur le bureau le paquet de titres que nous apportons de Bruxelles ; vous allez nous donner votre avis là-dessus ; et si vous ne nous offrez pas deux cent mille francs séance tenante, j'irai dire partout que vous ne vous y connaissez pas.

— On ne vous croirait pas, ricane Paternoster. Donnez-vous donc la peine de vous asseoir... Oh ! Oh ! mais vous n'exagérez pas trop ; c'est une belle affaire. A vue de nez et au cours moyen, il y a là plus de quatre cent mille francs. Malheureusement...

— Ah ! dit Roger-la-Honte avec un geste désespéré, voilà que ça commence !...

— Attendez donc que ce soit fini pour vous plaindre, interrompt Paternoster qui continue à feuilleter les valeurs, de ses longs doigts maigres. Vous êtes toujours pressé... Malheureusement, vous avez été faire ce coup-là en Belgique.

— Qui vous l'a dit ? demande Roger-la-Honte.

— Ce sont ces papiers eux-mêmes qui me l'apprennent. Ce sont là des placements de Belge. Jamais un Français, à l'heure actuelle, ne garnirait son portefeuille de cette façon-là. Des tas de valeurs industrielles !

— Elles sont souvent excellentes, dis-je.

— Je ne le nie pas. Je les choisirais de préférence, pour mon compte, si j'avais de l'argent à placer. Mais mes clients ne raisonnent pas comme moi. Il leur faut des fonds d'Etats, ou des valeurs garanties par les

Etats ; le reste ne représente rien à leurs yeux ; ils n'ont pas confiance ; et le genre d'affaires que je traite ne peut être basé que sur la confiance. Voilà pourquoi je me tue à vous dire de faire, autant que possible, vos coups en France. Voilà un bon pays ! Vous n'y trouvez pas, ou presque pas, de valeurs industrielles aux mains des particuliers ; l'instabilité des institutions politiques leur interdit ce genre d'achats. Ils ne possèdent guère que de la Rente ou des Chemins de fer. Excellent pays pour les voleurs ! La peur y a discipliné les capitaux.

— Oui, dit Roger-la-Honte. Mais quand on vous apporte du Crédit foncier ou des emprunts de Villes, vous n'en voulez pas.

— Naturellement ! Ce n'est pas garanti, au moins officiellement, par l'Etat ; par conséquent, ça ne vaut rien pour mes clients. Ils changeront peut-être d'avis un jour, mais pas avant longtemps, je crois ; c'est aussi l'opinion du ministre de Perse, et le premier secrétaire de l'ambassade Ottomane en tombait d'accord avec moi, pas plus tard qu'hier soir.

— Je vois, dis-je, que vous placez votre papier en Orient.

— Pour la plus grande partie, répond Paternoster, et même en Extrême-Orient ; le Japon y a pris goût depuis quelques années et la Chine donne de belles espérances. Voyez, Monsieur, comme le Progrès choisit, pour sa marche en avant, les voies les plus inattendues ! L'Asiatique qui se rend acquéreur d'un de ces titres qui rapportent à peine 3 pour cent à l'Européen, touche, lui, 10 ou 12 pour cent, étant donné le prix auquel il achète. Il découvre instantanément toute la grandeur de la civilisation occidentale et les rapports des Blancs et des Jaunes deviennent tous les jours plus fraternels. Ce n'est pas tout. L'Asiatique, enrichi grâce à vous, comprend qu'il n'a aucun intérêt à rêver la ruine des puissances européennes ; et, au lieu de se préparer à nous faire courir ce fameux Péril jaune si joliment portraicturé par l'Empereur d'Allemagne, il nous souhaite, après ses prières du soir, toutes les prospérités imaginables. Ah! vous faites le bonheur de bien du monde, sans vous en douter. Et tant de gens éprouvent le besoin de crier haro sur les voleurs! C'est drôle qu'on se sente obligé, à la fin du xix° siècle, de prêcher la tolérance...

— Et les personnes qui achètent ces titres n'ont aucune difficulté à en toucher les intérêts?

— Aucune; on se garde bien de leur causer le moindre ennui. Cela amènerait des complications qu'il est nécessaire d'éviter dans l'intérêt de l'harmonie universelle, répond Paternoster avec un sourire patriarcal. Pour les valeurs au porteur, cela passe comme une lettre à la poste; pour les valeurs nominatives, nous opérons, avant livraison, un petit travail de lavage ou de grattage, quelque peu superficiel, mais qui suffit très bien. J'ai deux de mes clerks qui sont très habiles, pour ça; il est vrai qu'ils ont conquis leurs grades à Oxford; l'un d'eux, celui qui vous a reçus, est le troisième fils d'un lord; si ses deux frères, dont la santé est très mauvaise, viennent à mourir, comme c'est probable, il sera Pair d'Angleterre avant peu... Ah! oui, continue Paternoster en poursuivant son examen des papiers, bien des gens dont les actions ou les obligations ont été dérobées seraient fort étonnés d'apprendre que les coupons continuent à en être touchés régulièrement par un général persan, un grand seigneur japonais, un kaïmakan d'Asie Mineure ou un mandarin à bouton de cristal. C'est pourtant la vérité... C'est deux cent mille francs, je crois, que vous demandiez pour ça?

Nous faisons, Roger-la-Honte et moi, un signe affirmatif.

— C'est une grosse somme, assure Paternoster en hochant la tête. Quand on pense, ajoute-t-il en posant la main sur la pile de valeurs, que ces papiers représentent autant d'argent, autant de travail, autant de misère!... Mais vous ne vous souciez guère de cela. Vous n'êtes pas sentimentaux. Vous volez tout le monde, et allez donc ! au hasard de la fourchette. Il doit y avoir cependant de l'argent bien répugnant, même à voler... Eh ! bien, mes amis, ces papiers représentent autre chose encore ; ils représentent notre univers civilisé. Le monde actuel, voyez-vous, du petit au grand, c'est une Société anonyme. Des actionnaires ignorants et dupés ; des conseils d'administration qui se croisent les bras et émargent ; des hommes de paille qui évoluent on ne sait pourquoi ; et toutes les ficelles qui font mouvoir les pantins tenues par des mains occultes...

— Voilà un beau discours, dit Roger-la-Honte. Monsieur Paternoster, il faut poser votre candidature aux prochaines élections générales. Mais que nous offrez-vous ?

— Diable ! votre ton est sec, ricane Paternoster. Mais vous avez sans doute le droit de parler haut. Vous devez être riches ?

— Nous ? Non. Nous volons, hélas ! simplement pour nous mettre en mesure de voler.

— Je vois ça. Comme les fonctionnaires recueillent des taxes avec le produit desquelles on les paye pour qu'ils récoltent de nouveaux impôts... La chaîne sans fin de l'exploitation roulant sur la poulie folle de la sottise humaine... Eh ! bien, Messieurs, voici ce que je vous propose : je garde la Rente, les Chemins de fer et le Suez, je vous rends toutes les valeurs industrielles, et je vous donne cinquante mille francs.

— Vous plaisantez, dit Roger-la-Honte ; cinquante mille francs, c'est ridicule. Et quant aux valeurs industrielles, que voulez-vous que nous en fassions ?

— Renvoyez-les à leur propriétaire, répond Paternoster. Figurez-vous que vous êtes des potentats et que vous faites remise d'une partie de ses taxes à l'un de vos fidèles sujets ; la clémence convient à la grandeur et le vol est un impôt direct, perçu indirectement par les gouvernements. Il y aurait beaucoup à dire là-dessus. En tous cas, de tous les impôts, le vol est celui que les civilisés payent le plus douloureusement, mais le plus consciemment... Oui, renvoyez-les à leur propriétaire. Ce ne sera pas la première fois que les larrons auront rendu service aux honnêtes gens. On a dit que la propriété, c'est le vol ; quelle confusion ! La propriété n'est pas le vol ; c'est bien pis ; c'est l'immobilisation des forces. Le peu d'élasticité dont elle jouit, elle le doit aux fripons. Le voleur a articulé la propriété, et l'honnête homme est son bâtard.

— Avez-vous réfléchi en parlant ? demande Roger. Vous me semblez bien autoritaire, à votre tour.

— Que voulez-vous ? Les hommes d'argent le sont tous, aujourd'hui. Les agioteurs et courtiers-marrons s'appellent les Napoléon de la finance ; et un coulissier anglais se fait de quotidiennes réclames illustrées qui le représentent vêtu de la redingote grise et coiffé du petit chapeau... Cependant, si vous vouliez être raisonnables...

— Nous ne demandons pas mieux.

— Nous allons voir. Eh ! bien, je consens à garder les valeurs industrielles, quoiqu'elles ne puissent pas me servir à grand'chose. Et, pour le tout, je vous offre... Attention ! je vais citer un chiffre, et il faudra me répondre oui ou non. Vous me connaissez, monsieur Roger-la-Honte, bien que j'aie le plaisir de voir monsieur votre ami pour la première fois ; vous savez que je ne reviens jamais sur un chiffre donné définitivement... Pour le tout, je vous offre trois mille livres sterling.

— Qu'en penses-tu ? me demande Roger.

— Fais comme tu voudras.

— C'est bon, dit Roger ; nous acceptons. Mais nous nous vengerons. Prenez garde à votre caisse.

— La voilà, ma caisse, dit Paternoster en nous montrant un sac noir, la *bag* anglaise, longue et peu profonde, qui se balance sans trêve aux mains des trafiquants de la cité ; elle ne me quitte pas ; je l'emporte et je la remporte avec moi ; vous serez malins si vous venez la prendre... Après tout, vous auriez tort de m'en vouloir. Je ne peux réellement pas vous offrir un sou de plus, et je hais toutes les discussions d'argent. Si c'était possible, pour la vente des titres volés, je préconiserais l'arbitration; pas obligatoire, pourtant... Voyons, je vais vous donner cinq cents livres en billets et un chèque pour le reste.

Nous acquiesçons d'un sourire et Paternoster, après nous avoir compté les banknotes, se met en devoir de remplir le chèque.

— Voilà, dit-il en nous le tendant. Avez-vous l'air content, mon Dieu ! Moi, si j'étais voleur, voulez-vous que je vous dise ce qui me ferait surtout plaisir ? Ce serait de penser que chacun de mes larcins démolit les calculs des statisticiens, fausse leurs évaluations soi-disant rigoureuses de la richesse des nations...

Il nous reconduit jusqu'à la porte et se déclare pénétré de l'espoir qu'il nous reverra avant peu.

— Ah ! sapristi, j'oubliais ! s'écrie-t-il comme nous le quittons. Un de mes ex-confrères, un notaire du centre de la France, m'a signalé l'autre jour un joli coup qu'il y aura à faire dans sa ville d'ici un mois ou deux. Je vous ferai signe, dès le moment venu. C'est une bonne affaire et je veux vous la réserver. Je ne vous demanderai que dix pour cent pour le tuyau ; il faut que j'en rende au moins cinq au confrère, ainsi... Gentil, hein ?... Au revoir...

Nous descendons l'escalier en silence. Notre cab nous attend devant la maison ; nous y montons et Roger donne au caby l'adresse d'un hôtel du West-End.

— Malgré tout, dis-je quand nous nous levons de table, vers neuf heures, je ne sais pas si nous aurions trouvé mieux que ce que nous a donné Paternoster.

— Non, dit Roger ; il ne manque pas, à Londres, de gens exerçant le même métier que lui ; mais c'est crapule et compagnie. Paternoster est encore le plus honnête... A présent, si tu veux, nous allons faire une visite à Broussaille.

— C'est une excellente idée.

Nous voilà partis. Le cab file tout le long de Piccadilly, descend Brompton Road et s'arrête, à Kensington, devant une des petites maisons qui bordent un square quadrangulaire. Nous descendons et Roger fait, à plusieurs reprises, résonner le marteau de cuivre qui pend à la porte. Mais cette porte, personne ne vient l'ouvrir; la maison semble inhabitée. Les stores sont tirés à toutes les fenêtres, que n'éclaire aucune lumière.

— Bizarre ! dit Roger. Broussaille a dû sortir et la bonne a profité de son absence pour aller se promener de son côté. Voilà une maison bien tenue ! Je parie que Broussaille est à l'« Empire. » Allons-y.

Nous y allons. Nous y sommes ; et il y a même dix minutes que nous parcourons le promenoir sans que Roger-la-Honte ait pu apercevoir sa sœur.

— Vous n'avez pas vu Broussaille ? demande-t-il à toutes les femmes.

— Non, répondent-elles ; nous ne l'avons pas vue.

Une grande rousse qui vient d'entrer se dirige vers nous en souriant.

— Je suis sûre que tu cherches ta sœur, dit-elle à Roger.

— Oui. Sais-tu où elle est ?

— Je ne sais pas où elle est, mais je sais avec qui elle est. Je l'ai rencontrée tout à l'heure avec une dame de Paris.

— Comment est-elle, cette dame ?

— C'est une brune, assez jolie, pas toute jeune, très bien mise.

— Grande ?

— Moins que moi, mais assez forte.

— Bon ! Je sais qui c'est. Merci.

— Ecoute un peu, dit la grande rousse en le retenant par le bras. Tu vas apprendre du nouveau ; je ne te dis que ça !

— Quel nouveau ? Quoi ?

— Ah ! je ne veux rien te raconter ; tu verras ; il n'y aurait plus de surprise, murmure la grande rousse en s'éloignant.

— Je me demande ce qu'elle veut dire, s'écrie Roger en descendant l'escalier. Mais nous le saurons bientôt. Broussaille est à deux pas d'ici, à l'hôtel Pathis ; j'en suis certain ; Ida ne descend jamais autre part.

— Ida, c'est la dame de Paris ?

— Oui ; une sage-femme très chic ; elle vient assez souvent ici ; elle a toute une clientèle de ladies ; tu comprends, c'est ici comme en France...

— Oui, on ne parvient pas toujours à interner Cupidon dans un cul-de-sac, et alors...

— Alors, on envoie un télégramme à Ida qui a toujours son aiguille, landerirette, au bout du doigt, comme Mimi Pinson. Du reste, elle peut rester fille, toujours comme Mimi Pinson, car c'est une bonne fille.

Nous attendons une minute à peine au bureau de l'hôtel ; une servante, qui a été nous annoncer, revient nous chercher en courant. Nous montons au second étage et nous sommes introduits dans un petit salon où, devant une table couverte encore des reliefs du dîner, deux femmes sont assises qui se lèvent à notre approche. La plus jeune saute au cou de Roger-la-Honte qui l'embrasse avec effusion. Dès qu'il parvient à se dégager, il va serrer la main que lui tend la dame brune, à laquelle il me présente. Elle m'accueille fort aimablement, se déclare ravie et sonne pour demander du champagne.

— Quelle mauvaise idée vous avez eue de ne pas venir vous faire inviter à dîner, dit-elle ; nous nous sommes ennuyées à mourir, toutes seules.

— Il aurait fallu deviner ta présence à Londres, répond Roger ; et d'ailleurs, mon ami Randal n'aurait pas osé.

— Vraiment ! s'écrie Ida ; êtes-vous timide à ce point-là, Monsieur ?

— Beaucoup plus encore, dis-je ; ainsi, je n'aurai jamais l'audace de vous dire combien vous êtes charmante.

— A la bonne heure, dit Broussaille ; je vois que vous avez des défauts qu'il est plus prudent de ne pas corriger.

— Tu n'es pas honteuse de parler de prudence à ton âge ? demande Ida en rougissant un peu.

Le fait est qu'elle n'est pas mal du tout ; pas de la première jeunesse, bien entendu ; vingt-neuf ans qui en valent trente-trois, sans aucun doute ; mais il n'a pas trop plu sur sa marchandise. Je la regarde, pendant qu'on dessert la table et qu'on apporte le champagne. Oui, une belle brune, coiffée en femme fatale, avec de longs cils qui voilent mal les sensualités impétueuses que recèlent les yeux, très noirs et cernés d'une ombre bleuâtre ; le front un peu blanc et les pommettes un peu rouges ; la peau d'un éclat très vif avec comme un léger nuage cendré, par dessous ; beaucoup du ton des photographies peintes, peut-être. Cette femme-là est une viveuse, mais une laborieuse aussi ; elle se couche tard, mais se lève tôt ; elle s'amuse, mais elle travaille ; elle mène cette existence en partie double, si fréquente chez les Parisiennes, qui leur donne l'attrait spécial des fleurs artificielles, moins fraîches que les autres sans doute, mais qui ne savent pas se faner. Une belle gorge ; des dents de loup ; une mignonne fossette au menton.

— Je vous préviens que Broussaille va être jalouse, me dit-elle ; vous ne regardez que moi.

— Ah ! dis-je, je me livrais à l'éternelle comparaison entre la grâce des blondes et la majesté des brunes. Mais mademoiselle Broussaille n'y perdra rien pour avoir attendu.

— Mademoiselle est restée au couvent, dit Broussaille, et il faut l'y laisser ; appelez-moi Broussaille tout court, ou je ne vous pardonne pas d'avoir commencé vos comparaisons par les brunes.

Je tiens à me faire pardonner ; je l'appelle Broussaille et je la tutoierai même, si cela lui fait plaisir. Elle est très jolie, cette petite cocotte ; elle a tout le charme d'un jeune faon, d'un gracieux petit animal, la souplesse et la rondeur chaude d'une caille; de grands yeux bleus, très naïfs, et quelque chose d'anglais dans la physionomie : comme la lèvre supérieure légèrement aspirée par les narines; ce n'est pas vilain du tout. Une peau fraîche et satinée sur laquelle glissent les ombres; et ses cheveux, surtout, ses magnifiques cheveux chaudron dont la masse, relevée très haut sur la nuque nacrée, met au visage d'enfant une auréole soyeuse et bouclée qui laisse seulement apercevoir, comme une fraise un peu pâle piquée d'une goutte de rosée, le lobe endiamanté des oreilles.

C'est une créature de plaisir, une nature fruste sur laquelle la ridicule éducation du couvent a glissé comme glisse la pluie sur une coupole; un tempérament d'instinctive pour laquelle la joie de vivre existe mais qui possède, si rudimentairement que ce soit, le sentiment des souffrances et des besoins des autres, la divination de l'humanité. C'est une simple et une jolie.

C'est une petite bête, aussi. Du moins, son frère le déclare sans hésitation. A la troisième bouteille de champagne, Roger-la-Honte a voulu savoir quelle était la nouvelle qu'il devait apprendre, suivant la prédiction faite par la grande rousse, à l'Empire; et il a demandé aussi des renseignements sur l'aspect mystérieux de la maison de Kensington. Là-dessus, Broussaille s'est troublée visiblement, a semblé chercher un encouragement dans les regards d'Ida, et a fini par raconter une pitoyable histoire. Il y a trois mois environ, elle a acheté à un Juif pour trois cents livres de bijoux qu'elle a payés avec des billets à quatre-vingt-dix jours, portant intérêt; de plus, elle a donné au Juif, qui avait promis de renouveler les billets pendant un an au moins, une garantie sur ses meubles. L'échéance des trois premiers mois tombait avant-hier; le Juif a refusé de renouveler les effets et, comme Broussaille, prise au dépourvu, ne se trouvait point en mesure de le payer sur-le-champ, il a enlevé le mobilier.

— Tu vois si j'ai du malheur, murmure-t-elle avec des larmes dans les yeux ; il n'y a même plus une chaise chez moi... Ah ! c'est horrible...

— Ne la gronde pas, Roger, implore Ida. Elle est un peu étourdie, tu sais ; mais elle m'a juré ses grands dieux qu'elle ne ferait plus des sottises pareilles.

— Non, sanglote Broussaille ; non, je ne le ferai plus jamais. Ne me gronde pas...

Mais Roger n'en a pas la moindre envie. Il rit à gorge déployée.

— Ah ! ah ! C'est vraiment drôle ! Je ne me serais jamais douté de ça, par exemple ! Dis donc, Randal, te rappelles-tu comme je me démanchais le poignet, tout à l'heure, à frapper à la porte ? Ce qu'elle aurait ri si elle avait pu nous voir ! Heureusement que nous ne revenons pas les mains vides, hein ? Allons, Broussaille, viens m'embrasser et ne pleure plus. Demain, nous irons te commander un mobilier...

— Ah ! dit Broussaille dont les larmes se sèchent comme par enchantement, je t'en coûte, de l'argent ! Et tu as tant de mal à le gagner ! Ça ne fait rien, va ; je te rendrai tout en bloc un de ces jours, et tu pourras aller à Venise... Quand je pense qu'avec ce que tu vas dépenser demain pour les meubles tu aurais pu y aller, je suis furieuse contre moi.

— Est-elle gentille ! murmure Ida. On la mangerait...

— C'est bon, dit Roger. Ne parlons plus de ça. J'irai à Venise une autre fois... Passe-moi cette bouteille, là-bas... Mais quant à ton Juif, continue-t-il en faisant sauter le bouchon, je lui raccourcirai le nez et je lui allongerai les oreilles, pas plus tard que la nuit prochaine. Je suis sûr que ses bijoux ne valaient pas trois mille francs. C'est le père Binocar, au moins ? Oui. Eh ! bien, il payera la différence. S'il ose se montrer dans les rues d'ici un mois, il aura du toupet...

— Ah ! s'écrie Ida, fais attention. Ne va pas trop loin ; un mauvais coup est si vite donné ! Et ça coûte plus cher que ça ne vaut. Il faut tellement se surveiller dans l'existence !

— Tu as raison, répond Roger ; mais si tu mettais tes préceptes en pratique, tu n'aurais pas de l'eau à boire.

— Peut-être ; il faut prêcher la prudence et jouer d'audace.

— De l'audace, dis-je, il vous en faut pas mal, à vous ; le jeu que vous jouez n'est pas sans dangers...

— Oh ! vous savez, quand on est adroite... Il n'y a guère à craindre que les dénonciations des médecins.

— Ils vous dénoncent ? demande Broussaille.

— Je te crois, ma petite ! Chaque fois qu'ils peuvent. Nous leur faisons concurrence, tu comprends ; ils voudraient se réserver le monopole des avortements... Et pour ce qu'ils font ! C'est du propre. En voilà, des charcutiers sans conscience ! C'est honteux, la façon dont ils estropient les femmes.

— Et la Justice, dis-je, ne tient guère la balance égale entre eux et vous.

— Dites que c'est dérisoire. Qu'une malheureuse sage-femme ait délivré, par pitié souvent et hors de toute raison d'intérêt, une jeune fille pauvre d'un enfant qui l'aurait toute sa vie empêchée de gagner son pain, et on l'arrête sur des ouï-dires, et on la condamne sans preuves ; qu'un médecin ait envoyé au cimetière, par sa maladresse de bête brute, des vingtaines de femmes, qu'il ait cinquante plaintes déposées contre lui, et l'on refuse de le poursuivre, et le gouvernement lui donne une situation officielle. Ne me dites pas que j'exagère ; je citerais des noms si je voulais.

— On pourrait les accuser d'autre chose encore, ces soi-disant savants de la Faculté. C'est le prestige abrutissant de leur science charlatanesque qui est arrivé à donner aux êtres la peur de l'existence, ce souci du lendemain qui avilit, cette résignation égoïste et dégradante ; c'est la cruauté de leur science impitoyable et sanglante qui incite les êtres à tuer leurs petits. C'est la science, la science des économistes et des vivisecteurs, des imbéciles et des assassins, qui est en train de dépeupler la France. — On cherche des remèdes, dit Roger ; on parle d'un impôt sur les célibataires.

— Pourquoi pas, dis-je, une loi décrétant que l'âge de la nubilité est abaissé de deux ans ? Ce serait moins ridicule.

— Ah ! oui, dit Ida, quel troupeau d'ânes, ces législateurs qui ne savent même plus nous montrer comment on meurt pour vingt-cinq francs ! Dire qu'ils ne se rendent même pas compte que le seul moyen d'arrêter ce mouvement de dépopulation, c'est de donner à la femme la liberté pleine et entière depuis l'âge de seize ans, comme ici, et d'autoriser la recherche de la paternité.

— Lorsque la femme sera libre en France, dit Roger, la France cessera d'être la France — la France qu'elle est. — Les législateurs qui nous font voir comment on vit pour vingt-cinq francs n'en doutent point, sois-en certaine. Conclusion...

— Conclusion : il faut continuer. Eh bien, on continuera ; jusqu'à ce que ça finisse. Ce qui est consolant, c'est qu'à mesure que le nombre des naissances diminue, celui des médecins augmente. Ils sont tant, qu'ils ne savent plus où donner du scalpel. On m'a assuré qu'ils encombrent les ports de la Manche. On les embarque sur les navires qui vont à Terre-Neuve, à condition qu'ils aideront à saler et à découper le poisson.

— Au moins, là, leurs bistouris servent à quelque chose.

— A empoisonner la morue. Je fais gras le Vendredi Saint, depuis que j'ai appris ça.

— Rien que ça de luxe ! dit Broussaille. Madame ne se refuse plus rien. On voit bien que les affaires marchent. Eh ! bien, moi, je pense que les riches qui tuent leurs gosses mériteraient qu'on leur coupât le cou ; et quant aux pauvres qui en font autant, je pense qu'il faut qu'ils soient rudement lâches pour aimer mieux assassiner leurs petits que de faire rendre gorge aux gredins qui leur enlèvent les moyens de les élever.

— Tu as raison ; pourtant, il faut dire la vérité : les filles pauvres, si grande que soit leur misère, se résolvent difficilement à l'acte qui coûte si peu aux dames des classes dirigeantes. Si elles n'étaient point traquées comme elles le sont, les malheureuses, mises en surveillance, dès qu'on s'aperçoit de leur grossesse, par les mouchards payés ou amateurs qui pullulent en France et qui veillent à ce qu'elles payent l'impôt sur l'amour ; si elles n'étaient point affolées par les formalité légales, que nécessite la conscription, et qui doivent stigmatiser leur vie à elles et l'existence de leurs enfants, elles auraient bien rarement recours aux manœuvres abortives. Quant à la bourgeoisie — c'est la bourgeoisie avorteuse.

— A tous les points de vue, dis-je ; elle ne mérite pas d'autre nom. C'est la bourgeoisie avorteuse.

— Bravo ! crie Roger-la-Honte. Vilipendons la bourgeoisie ! Nous en avons bien le droit, je crois, nous qui sommes obligés d'en vivre.

— Ah ! dit Ida, on n'en dira jamais ce qu'il en faudrait dire... Oh ! à propos, Roger, j'ai revu ma cliente... Tu sais bien, la petite femme du monde que j'avais mise en rapports avec Canonnier et qui lui a donné de si bons tuyaux. Elle est venue me voir le jour où je suis partie pour Londres, et m'a dit de faire mon possible pour lui ramener quelqu'un. Si tu venais, hein ? Nous partirions ensemble demain soir.

— Attends un peu, répond Roger ; il faut que je réfléchisse... Et toujours pas de nouvelles de Canonnier ?

— Non ; depuis plus de deux ans. Tout ce qu'on a su, c'est qu'il s'était échappé de Cayenne, il y a six mois... On dit qu'il est en Amérique... C'est sa fille qui a eu de la chance! Adoptée par cette famille de magistrats... Je l'ai vue au Bois et au théâtre, plusieurs fois, à côté de sa mère adoptive. Mon cher, on dirait une princesse.

— C'est tout naturel, dit Roger; son père est le roi des voleurs... Ma foi, ma petite Ida, j'en suis désolée, mais je ne peux pas aller à Paris. J'ai promis à un camarade de lui donner un coup de main pour une affaire, en Suisse, et ça va venir ces jours-ci. Tout à fait désolé... Mais, tiens! pourquoi n'irais-tu pas, toi, Randal?

— Oui, pourquoi? demande Ida en se tournant vers moi.

Je n'ai pas de raison à donner, et il est décidé que j'irai. Je manque d'expérience? Ça ne fait rien. C'est en forgeant qu'on devient forgeron. Je viendrai chercher Ida demain soir et nous prendrons le train ensemble pour la Ville-Lumière. Nous nous levons, Roger et moi.

— Comment! s'écrie Ida; vous partez déjà? Et il n'est que deux heures du matin! Pour qui va-t-on nous prendre?

Mais ses objurgations n'ont aucun succès; et nous nous retirons après lui avoir souhaité une bonne nuit, ainsi qu'à Broussaille, dont le lit fut emporté par l'inexorable Juif et à qui elle a offert l'hospitalité.

S'il avait pensé, cet Hébreu malfaisant, qu'il mettait définitivement sur la paille la sœur de Roger-la-Honte, il pourra bientôt s'apercevoir de son erreur. Broussaille et Ida sont venues nous voir aujourd'hui, vers une heure; nos souhaits n'avaient point été vains et elles avaient parfaitement dormi. Nous avons déjeuné ensemble; après quoi, nous avons couru les magasins, pendant toute l'après-midi, afin de procurer à la jolie blonde le mobilier indispensable. Ça demande beaucoup plus de temps qu'on ne croirait, ces choses-là. Nous avions employé la matinée, Roger et moi, à déposer la plus grande partie de notre argent dans une banque sérieuse ; et comme je me suis souvenu, heureusement, des vingt mille francs promis avant-hier à Issacar, je les lui ai envoyés. Qu'ils lui servent, à cet excellent Issacar ! Je lui souhaite bonne chance — et à moi aussi.

Car je ne sais pas ce qui m'attend après tout ; et je trouverai peut-être autre chose que des roses, dans le chemin que j'ai choisi.

Voilà les tristes réflexions auxquelles je me livre, tout à fait malgré moi, dans le train qui m'éloigne de Londres. Ida est assise en face de moi ; mais son babil ne parvient guère à me distraire ; je lui trouve une expression de gaîté un peu forcée, quelque chose de trop enfantin dans les gestes...

— Comme vous avez l'air songeur ! me dit-elle, sur le bateau ; auriez-vous déjà gagné le spleen, en Angleterre ?

— J'espère que non ; mais je me laissais aller à des méditations philosophiques ; je me demandais comment la Société actuelle ferait pour se maintenir, sans voleurs et sans putains.

— Oh ! dit Ida, voilà une grande question ! Voulez-vous que je vous donne mon avis ? C'est qu'elle ne se maintiendrait pas cinq minutes.

La traversée est belle et courte. A Calais, nous nous trouvons seuls dans notre compartiment.

— Avez-vous un domicile à Paris ? me demande Ida.

— Non, je n'en ai plus ; mais ne vous inquiétez pas de moi ; je descendrai au premier hôtel venu.

— Quel enfantillage ! Vous y serez horriblement mal. Venez donc chez moi ; la place ne manque pas et je vous invite en camarade.

Je me défends, pour la forme.

— Laissez-vous donc faire, dit Ida ; vous ne serez pas dérangé ; je n'ai pas de pensionnaire en ce moment. Et c'est si gentil, chez moi ! J'ai un salon... on se croirait chez un dentiste américain. Si saint Vincent de Paule vivait encore, je suis sûre qu'il viendrait me faire une visite.

Je ne veux pas être plus difficile que saint Vincent de Paul, et je promets de me laisser faire.

— A la bonne heure, dit-elle ; je savais bien que vous finiriez par entendre raison. Ah ! que je serais contente d'être arrivée ! On a si froid, à voyager la nuit... les nuits sont glaciales... J'ai pourtant mon grand manteau...

— Ah ! moi qui oubliais... J'ai justement un boa dans ma valise.

— Un boa ?

— Oui... Le voilà.

— Vraiment, il est beau. Mais comment ?... Oh ! que je suis sotte !... Vous m'en faites cadeau ?... Un boa volé, je n'oserai jamais le mettre... Tant pis, je le mets tout de même. Quelle horreur ! Mais nécessité n'a pas de loi ; j'ai tellement froid ! Touchez le bout de mon nez, pour voir ; il est glacé... Mettez-vous à côté de moi, pour me réchauffer un peu. Je suis si frileuse !... Plus près. Tout près...

Peut-on être frileuse à ce point-là !...

VIII

L'ART DE SE FAIRE CINQUANTE MILLE FRANCS DE RENTE SANS ÉLEVER DE LAPINS

Souvent, la femme est la perte du voleur. Voilà une profonde vérité que me rappelle Ida, quelques instants avant l'arrivée de la femme du monde.

— Pas toutes les femmes, bien entendu. Le vol n'est pas un sacerdoce, comme le journalisme, et un homme ne peut pas, sous prétexte qu'il a les doigts crochus, se condamner à vivre en chartreux. De femmes comme Broussaille, par exemple, ou comme moi, vous n'avez rien à redouter, ou bien peu ; nous sommes des sœurs plutôt qu'autre chose. Mais de ces dames de la haute, vous avez tout à craindre ; ce sont des détraquées, énervées par le milieu factice dans lequel elles vivent, qui se jettent à votre tête dès que vous leur avez laissé deviner votre secret et qui vous font payer cher, après, des faiblesses qui ne leur coûtent rien.

— Est-ce que tu crois vraiment, Ida, qu'elles s'enflamment aussi facilement pour les criminels ?

— Si je le crois ! Ah ! Seigneur ! Mais j'en suis

sûre, mon ami ; j'ai vu tant de choses, à ce sujet-là, et j'ai reçu tant de confessions ! Écoute : si tu pouvais écrire sur ton chapeau : « Je suis un voleur » en lettres visibles seulement pour l'éternel féminin, et si tu allais ensuite faire un tour au Bois et sur le boulevard, les facteurs gémiraient le lendemain matin sous le poids des déclarations d'amour qu'ils auraient à t'apporter.

— Et les ténors pourraient plier bagage.

— Les ténors sont bien démodés. Plus l'atmosphère qu'on respire est artificielle, plus on est attiré vers les réalités brutales ; il y a quinze ans, on rêvait de Capoul ; aujourd'hui, on a soif de Cartouche. Un voleur, Madame ! Un vrai voleur ! Un criminel qui puisse vous rassasier du piment du vice authentique, quand on est lasse jusqu'à la nausée des simulacres fades de la dépravation — et dont il soit facile de se débarrasser, dès que le cœur vous en dit.

— Qu'est-ce que le cœur vient faire là ?

— Ce qu'il fait partout ailleurs, à présent, pas grand'chose... Si je te parle ainsi, continue Ida, crois bien que ce n'est point par jalousie. Nous sommes deux camarades et, s'il nous arrive de nous souvenir que nous sommes de sexes différents, nous n'en restons pas moins camarades. J'aime ma liberté plus que tout au monde, et j'ai assez d'amitié pour toi pour désirer vivement que tu conserves la tienne. C'est pourquoi je veux te mettre en garde contre les dangers auxquels tu peux te trouver exposé. Ne reste pas à Paris ; viens-y lorsqu'il te plaira ou quand tes affaires t'y appelleront, mais n'y demeure pas. Tu as de l'argent plein tes poches ; tu es, comme tous les voleurs, toujours prêt à le dépenser à pleines mains ; tu es bien élevé, attrayant ; il t'arriverait avant peu quelque vilaine histoire... Je te dis la mauvaise aventure, mais c'est la bonne.

— Je n'en doute pas. Mais, sois tranquille : si jamais je suis pris, on pourra chercher la femme.

— Hélas ! dit Ida, elle ne sera peut-être pas difficile

à trouver. J'ai connu des hommes rudement forts, et qui se disaient sûrs d'eux-mêmes, à qui elle a coûté bien cher. Si j'avais le temps, je te raconterais l'histoire de Canonnier ; ce sera pour une autre fois. A propos, je t'ai dit qu'il avait travaillé avec la petite femme que tu vas voir tout à l'heure. Tu sais ce qu'il lui donnait pour sa part ? 33 pour cent sur le produit net. Pas un sou de plus. D'ailleurs, c'est le prix. Elle essayera sûrement de te demander davantage, mais refuse carrément. Méfie-toi d'elle, car c'est une enjôleuse bien qu'elle n'ait pas plus de cervelle qu'un oiseau, et si tu la laisses faire, tes bénéfices avec elle ne seront pas grands. Elle n'est ni méchante ni perfide, mais c'est un bourreau d'argent.

— Quelle est sa position sociale ?

— Ah ! ça, mon petit, permets-moi de ne pas te l'apprendre. J'ai confiance en toi, mais je ne dis jamais ce que j'ai promis de garder secret. C'est une femme dont le mari occupe une haute situation, et qui évolue dans le monde chic ; voilà tout...

Une servante entre, dit quelques mots à Ida et se retire.

— Elle est là, me dit Ida. Viens avec moi ; je vais te présenter à elle et vous laisser ensemble tramer vos noirs complots.

Et, trois minutes après, nous sommes seuls dans le salon, la femme du monde et moi.

— Monsieur, me dit-elle, on a bien raison de dire qu'on est au bord du précipice dès qu'on a un pied au fond... Non, c'est le contraire ! Mais je suis sûre que vous m'avez comprise. Ah ! l'on a bien raison, Monsieur !

Je hoche la tête d'un air attristé, mais convaincu.

— Pourtant, continue-t-elle, si l'on connaissait les causes qui attirent les gens auprès de ce précipice ; si l'on savait les tentations, les entraînements... et quelquefois les raisons grandes et généreuses, ah ! l'on serait moins prompt à porter des jugements...

— Certainement, Madame, dis-je d'un ton péremptoire, on serait beaucoup moins prompt !

— Ah ! Monsieur, si vous saviez quel plaisir j'éprouve à vous entendre parler ainsi ! Mon père, qui avait été magistrat, tenait le même langage que vous ; je ne puis pas me souvenir de lui sans pleurer, quand je suis toute seule. Mais le monde est si méchant, aujourd'hui... Vous savez, Monsieur, pourquoi j'ai demandé à faire votre connaissance. Ne me le dites pas ! C'est tellement affreux... Comme c'est vrai, ce que vous me disiez tout à l'heure à propos du précipice ! On s'approche sans défiance, on avance le pied, et crac !... Il ne faudrait pas s'aventurer sur le bord, me direz-vous ? Ah ! Monsieur, que je voudrais ne l'avoir jamais fait !... Il faut que je vous dise comment j'ai été amenée à mal faire ; après ça, vous n'aurez jamais le courage de me condamner. Voici exactement comment cela s'est passé. Mon oncle, un frère de mon père, s'était trouvé subitement dans une situation très embarrassée. Il vint me voir et me dit : « Renée »... — je m'appelle Renée, Monsieur ; désignez-moi par ce nom quand vous aurez à parler de moi à Ida, vous me ferez plaisir ; même, appelez-moi Renée maintenant, si vous voulez. Mon nom est assez difficile à prononcer bien ; mon mari n'a jamais pu y réussir. Dites-le, pour voir ?

— Renée.

— Oui, très bien, c'est tout à fait cela. Bref, mon oncle me dit : « Renée, il faut me tirer de là. » Monsieur, j'ai mes défauts, je ne le cache pas. Mais la famille, pour moi, c'est sacré. J'ai toujours admiré cette jeune fille qui suivait son vieux père aveugle... Voyons, il y avait un si beau tableau là-dessus, au Salon ! Cette jeune fille... Ah ! c'est une Grecque ; vous voyez que je commence à me souvenir ; attendez, je vais me rappeler tout... Non, je ne peux pas... Ça ne fait rien... Ah ! c'était si joli, ce tableau ! J'ai rêvé devant pendant une demi-heure. On voyait l'Acropole, dans le fond. C'est admirable, l'Acropole ; tout le monde le dit. C'est dommage que les Anglais aient tout abîmé. Quels sauvages, ces Anglais ! J'en ai connu un, l'année dernière, qui m'a griffé tout le milieu du dos... Est-ce que vous aimez la peinture de Bouguereau ?

— Madame, dis-je en réprimant une grimace, je l'aime énormément.

— Moi, j'en raffole. Bouguereau, c'est le peintre de l'âme ; voilà mon avis. Lui seul peut nous consoler de la mort de Cabanel. Je suis bien contente que nous ayons les mêmes goûts... Bref, quand ma tante, la sœur de ma mère, m'eut avoué dans quelle situation elle se trouvait, la pauvre femme ; quand elle m'eut dit : « Renée, il faut me tirer de là », je n'hésitai point à lui déclarer que j'allais tenter l'impossible. Mais, que faire ? Demander de l'argent à mon mari, il n'y fallait pas songer ; d'abord, il s'agissait d'une grosse somme ; puis, il n'est pas en très bons termes avec ma famille. Je crois devoir vous dire, Monsieur, quelles idées me vinrent successivement...

Elle parle, elle parle ! Une voix mal soutenue, fébrile, qui passe sans transition du ton aigu aux inflexions douceureuses, incisive et insinuante, impatiente et cajoleuse, où l'émotion sursaute tandis que grince l'indifférence agacée, et où semble implorer une angoisse qui se raillerait elle-même. Quelque chose qui sautille sans cesse sur les yeux et sur les lèvres ; un rire trop fréquent et trop sec, qui ponctue la parole rapide. Des gestes hâtivement ébauchés, heurtés, gracieux quand même, qui disent toute la nervosité et toute la lassitude ennuyée des filles de ce monde artificiel, machiné, truqué, où l'argent est tout, où la vie n'est qu'une mascarade opulente et stupide. Cette femme, une jolie petite brune aux traits fins et aux beaux grands yeux, n'est qu'un pantin articulé par l'énervement que cause l'éternel besoin d'argent, mis en mouvement par le perpétuel désir de la toilette, et agité par l'incessante inquiétude. Et je l'écoute me raconter ses inutiles et audacieux mensonges, cette marionnette dont un costume du matin très simple, trop simple, d'une fausse simplicité, moule les formes, et qui s'est fait coiffer par Virot d'une capote minuscule, naïve comme une fleur et ouvragée comme un bijou.

— Oui, Monsieur, oui, j'ai pensé à cela ; à aller voler dans les magasins ! Croiriez-vous des choses pareilles ?

— Sans difficulté ; la kleptomanie est à la mode. Vous auriez été, Madame, en fort bonne compagnie à côté de ces grandes dames, voleuses titrées, dont les noms figurent journellement sur les rapports de police. Mais je pense que vous auriez eu du mal à réaliser, par ce procédé, la grosse somme dont vous aviez besoin pour...

— Ah ! dit-elle en faisant la moue, je crois que vous vous moquez de moi. Ce n'est pas gentil. Vous voyez, je vous dit tout, comme à un confesseur... Mais vous ne comprenez pas dans quel état d'affolement nous nous trouvons quand le manque d'argent nous harcèle.

— Je vous demande pardon, Madame. J'admets très bien qu'une femme, même mariée, puisse se trouver dans des passes...

— A en faire ? Oh ! certainement. Mais, voyez-vous, ça ne vaut pas le mal qu'on se donne. Il y a de bonnes occasions quelquefois, je ne dis pas ; mais elles sont rares. Quant aux liaisons sérieuses, il n'y faut plus compter ; les hommes sont devenus tellement inconstants ! Autrefois, il y avait des attachements vrais, profonds, qui duraient toute une existence ; une femme mariée pouvait vivre, à cette époque-là. Mais aujourd'hui...

— Aujourd'hui, la morale est en actions ; l'amour aussi. Il faut s'y faire...

— On s'y fait trop. Et la concurrence est énorme. On n'a même plus le mérite de l'audace, ou de l'originalité, à ne pas reculer devant ces outrages qu'on dit les derniers, pour faire croire que ça s'arrête là. Et il faut vivre, et s'habiller, et briller; et rester au zénith tout le temps. Pas moyen de s'éclipser un instant ; car, quelle raison donner au monde ? Son mari ? Ça ne compte plus... Ah ! si l'on avait des enfants, encore ! Mais on n'en a plus. Que voulez-vous, Monsieur ? On ne peut pas. Une jeune fille, tenue dans sa famille comme elle l'est en France, veut avoir à juste titre, lorsqu'elle se marie, quelques années de liberté. Donc, pas la servitude des enfants. On s'arrange pour ça. Et après, quand on voudrait en avoir, il est trop tard... Ah ! vous pouvez le demander à Ida : elle m'a vue pleurer bien des fois, allez, quand elle me disait qu'il n'y avait pas de remède... J'ai eu bien du chagrin, dans ce salon où nous sommes... Il est vrai que j'y ai eu une grande joie. Vous savez sans doute comment Ida m'a mise en rapports avec M. Canonnier. Elle a dû vous le dire ? Oui. C'était justement au moment où j'étais si tourmentée ; mon couturier, ma modiste et ma lingère s'étaient ligués contre moi, m'obsédaient de leurs réclamations et faisaient de mon existence un enfer, ainsi que je vous le disais tout à l'heure... Non, non... Je voulais dire que mon oncle... ou plutôt ma tante... Enfin, vous savez que les fournisseurs choisissent toujours ces moments-là. Ils n'en font pas d'autres. Ils menaçaient d'aller porter leurs notes à mon mari. Je ne savais à quel saint me vouer. Un Russe, qui m'avait promis monts et merveilles, m'avait manqué de parole. Un Russe, Monsieur !... Après ça, il fallait tirer l'échelle... Ida, à qui j'avais fait part de mes ennuis, m'avait déjà presque décidée à... utiliser mes relations. Je connais tant de monde, Monsieur ! Des gens qui ont des fortunes chez eux, soit à Paris, soit à la campagne, et des moindres mouvements desquels je suis toujours instruite. Oui, Ida m'avait presque décidée, et M. Canonnier m'a convaincue ; écoutez, Monsieur : on peut dire de lui ce qu'on veut, mais c'est un homme supérieur. Une intelligence, un tact, une façon si originale de voir les choses... et ce pouvoir extraordinaire de vous amener à les envisager comme lui ! Je n'aurais jamais cru, je l'avoue, qu'un voleur pût être un aussi parfait gentleman. Il m'a fait revenir de bien des préjugés. N'attribuez qu'à l'honneur de sa connaissance le peu d'étonnement que j'ai eu à me trouver, en votre présence, devant un homme aussi distingué.

Je m'incline profondément.

— Comme on voit bien, continue-t-elle, que nous vivons à une époque de progrès ! Je suis persuadée, Monsieur, que vous avez reçu une excellente éducation. Je suis discrète et n'aime pas à poser de questions, mais quelque chose me dit que vous sortez de Polytechnique ; il me semble vous voir avec un chapeau à cornes et l'épée au côté. Et dire que vous avez peut-être une pince-monseigneur dans votre poche ! C'est à faire trembler... Mais votre profession est tellement romanesque ! Comme elle me plairait, si j'étais homme ! Vous devez avoir eu des tas d'aventures ? Racontez-m'en une, je vous en prie. J'adore ça.

— J'en suis désolé, Madame, mais je ne saurais trouver dans l'histoire de mon existence aucun épisode d'un intérêt captivant. Les événements dont j'ai été le témoin ou l'acteur sont plutôt sombres que pittoresques. Si je vous en faisais le récit, vous auriez certainement des cauchemars ; et je ne voudrais pour rien au monde vous faire passer une mauvaise nuit.

— Je prends note de vos intentions, répond Renée en souriant. Mais vous ne me surprenez pas ; les voleurs sont la modestie même. M. Canonnier était comme vous ; il n'a jamais rien voulu me raconter. A part ça, il était charmant. Il se montrait plein de reconnaissance pour les renseignements que je lui fournissais ; il est vrai que mes tuyaux sont toujours excellents. Il me donnait 50 pour cent sur le produit des opérations. Ce n'est peut-être pas énorme ; mais il paraît que c'est le prix.

— Non, Madame, dis-je froidement, car je me souviens des avertissements que m'a donnés Ida. Non, Madame, ce n'est pas le prix. Le prix est 33 pour cent. Aucun voleur sérieux ne vous proposera davantage. Je m'étonne même que Canonnier ait pu vous offrir ce que vous dites, car je sais qu'il se faisait un point d'honneur de ne jamais dépasser le chiffre que je vous cite. Vos souvenirs, sans doute, doivent mal vous servir.

— C'est bien possible, murmure-t-elle avec une petite grimace. C'est déjà si lointain et j'ai si peu de tête ! Je croyais bien, pourtant... Vous dites 33. C'est si peu !... Moi, je disais 50. Eh ! bien, coupons la poire en deux, ou à peu près. Donnez-moi 45 pour cent.

— Je regrette infiniment de ne pouvoir le faire, Madame. Mais je ne puis vous donner ni 40, ni même 35 pour cent. Le tiers du produit, mais pas plus.

— Hélas ! dit Renée, vous êtes impitoyable. Si vous saviez combien j'ai besoin d'argent ! La vie est si chère ! La toilette nous ruine, et les hommes sont tellement difficiles... Ils ne se rendent pas compte... Je serais honteuse de vous dire ce que mon mari me donne tous les mois ; c'est misérable... Et les autres !... Et ils veulent avoir des femmes soignées, bien habillées, avec des dessous savants, fleurs et bonbons... Je me suis à peine vêtue pour venir ici, Monsieur ; un costume de trottin, qui ne vaut pas vingt-cinq louis ; mais les dessous, c'est obligatoire. Et, tenez...

A deux mains, d'un geste habile et charmant, elle a relevé sa jupe ; et des vagues de soie, frangées d'une mousse de dentelles, viennent déferler sur ses jambes fines. Ah ! la délicieuse poupée !...

Attention ! Pas de bêtises — ou les 33 pour cent vont augmenter.

— Vous avez vu ? Elégant, n'est-ce pas ? Mais si je vous disais ce que ça coûte...

Elle s'est levée, tapote sa robe à petits coups, baissant ses yeux noirs que, brusquement, elle darde audacieusement dans les miens.

— Alors, toujours 33 ? Toujours ? Oui ?... Et on dit, dans les romans, que les voleurs sont généreux !... Mais, soit ; commençons sur ce pied-là ; nous verrons après. Nous serons bons amis, j'en suis sûre. Nous ferons passer toutes nos communications par Ida, n'est-ce pas ? J'ai toute confiance en vous et je suis convaincue que vous ne me compromettrez jamais. D'ailleurs, Ida m'en a assurée. C'est tellement affreux, voyez-vous, d'être compromise ! Je risquerais tout pour éviter ça... Il y a un coup à faire à Paris, actuellement, et deux villas à dévaliser aux environs, vers la fin du mois ; je reviendrai après-demain pour vous donner les indications. Ah ! l'argent, l'argent ! Il me faut cinquante mille francs avant trois mois... Il me les faut absolument... Penser que je paye mes dettes avec l'argent des autres !

— C'est la vie. Et penser que les autres en font sans doute autant de leur côté...

— C'est la vie. Mais vous allez me prendre pour une abominable égoïste ; ce que je dis est horrible...

— C'est très humain. L'exploitation est universelle et réciproque ; et croyez-bien, chère Madame, que si je pouvais vous offrir décemment moins de 33 pour cent...

— C'est très inhumain !

Elle me tend la main, et sort avec un petit salut charmant, un grand frou-frou, laissant comme un sillage de grâce derrière elle — très jolie, très crâne. Ah ! les femmes ! Les hardies, les fières voleuses ! Voleuses de tout ce qu'on veut, et de tout ce qu'on ne voudrait pas. Elles en ont un fameux mépris des règles, et des morales, et des lois, et des conventions, quand leur chair les brûle, quand l'amour de leur beauté les tenaille, quand leurs passions sont en jeu...

— Eh ! bien, me demande Ida qui est venue me rejoindre, qu'en penses-tu, de la petite femme ? Gentille, hein ? Mais quelle inconscience !... Ah ! mon cher, elle n'est pas la seule. Et le luxe de leurs toilettes, qui leur fait perdre la tête, la tourne aussi à bien d'autres. Il n'y a plus que l'argent aujourd'hui, et il donne la fièvre à tout le monde; si les femmes sont folles, les hommes ont besoin d'une douche. C'est à se demander où nous allons.

— Au tonnerre de Dieu, dis-je, si ça peut signifier quelque chose; et pas ailleurs. Je ne vois point pourquoi nous n'aurions pas la fin que nous méritons, nous, les Barbares de la Décadence.

— C'était l'avis de Canonnier; il disait aussi que la couturière, la lingère et la modiste sont d'excellents agents de révolution, et que les masses se démoralisent plus facilement par les chiffons et la parfumerie que par les écrits incendiaires et les explosions de dynamite.

— C'est une opinion. En attendant, car il faut bien vivre, j'espère que la petite femme n'oubliera pas de venir nous voir après-demain.

— Elle! dit Ida en riant, elle viendrait plutôt sur la tête... Tu ne sais pas ce que c'est qu'une femme qui a besoin d'argent et qui a découvert le moyen d'en avoir. Tu peux être assuré qu'elle prendra toutes les mesures nécessaires pour te rendre la besogne facile, car elle a plus d'intérêt que toi-même à ce que tu ne sois pas pincé; que deviendrait-elle, la malheureuse, si elle n'avait plus personne sous la main pour forcer les tiroirs de ses amis et connaissances? Sois tranquille, les indications qu'elle te donnera seront excellentes.

Elles l'ont été, en effet. Le coup à faire à Paris était d'une simplicité enfantine; ce n'a été qu'un jeu pour moi; le métier commence à m'entrer dans les doigts, comme on dit. Quant aux deux villas, Roger-la-Honte ayant amené à mon aide trois camarades de forte encolure, nous avons eu le plaisir d'opérer leur déménagement complet en moins de temps qu'il n'en aurait fallu à Bailly. « Je suis capitonné. » Et je suis très content, aussi, que ces trois expéditions m'aient permis de placer entre les petites mains de Renée les cinquante mille francs qu'elle désirait, et même un peu davantage.

— Vous voyez, lui ai-je dit en lui remettant la somme, que ce n'est pas seulement la vertu, à présent, qui est récompensée.

— Naturellement, m'a-t-elle répondu ; les temps sont changés, heureusement. Autrefois, les mauvais offices que je rends à mes amis ne m'auraient rapporté que trente deniers. Cela tient sans doute à ce que le cas était beaucoup moins fréquent alors qu'aujourd'hui. J'entendais dire à mon mari, l'autre jour, que les prix, comme les liquides, tendent vers leur niveau. Il est très fort en économie politique.

Ah ! la petite poupée... Je donnerais bien quelque chose pour pouvoir assister à ses triomphes mondains, pour la voir faire la belle, parée et pomponnée comme une princesse de féerie, gracieuse, légère et narquoise comme un jeune oiseau et lissant ses plumes volées au milieu de ses pareilles, peut-être, ou de ses victimes...

Souhaits ridicules, désirs dangereux. Ils passent rapidement, par bonheur, car des idées semblables sont malsaines pour un voleur, ainsi que le disait très justement Ida ; ce n'est pas la peine de commencer par être fripon pour devenir dupe. Quand on travaille, ma mère me l'a appris jadis, on ne songe point à mal faire ; et le travail ne me manque pas. Si j'ai de bons renseignements, Roger-la-Honte en a aussi de son côté ; et le hasard ne nous sert pas mal. J'inclinerais à croire que la Providence néglige souvent les ivrognes pour s'occuper des voleurs. Il est vrai qu'il ne faut pas se ménager ; mais, en se donnant le mal nécessaire, on arrive à des résultats. Aide-toi, le ciel t'aidera. Il faut s'aider en diverses langues et sous des cieux différents ; passer de Belgique en Suisse, d'Allemagne en Hollande et d'Angleterre en France. Le vol doit être international, ou ne pas être. Il y a longtemps que Henri Heine l'a dit : Il n'y a plus en Europe des nations, mais seulement des partis. Nous faisons tous nos efforts pour donner raison à Henri Heine ; et nous avons pris le parti de vivre sur le commun. Je suis — pour employer, en la modifiant un peu, une expression de Talleyrand — je suis un déloyal Européen.

« Pourtant, me dis-je quelquefois à moi-même, pourtant, mon gaillard, si tu n'avais pas eu un petit capital pour commencer tes opérations, pour t'insinuer dans la société des gens qui t'ont aidé de leurs conseils et de leur exemple, où en serais-tu à l'heure qu'il est ? » Question grave dont la réponse, si je voulais la donner, serait fort probablement une glorification du capital — qui pourrait se transformer rapidement, par un simple artifice de rhétorique, en une condamnation formelle. — Mais je ne me donne guère de réponse. Je me réjouis seulement de n'avoir pas été réduit, pour vivre, à me livrer à des soustractions infimes, à donner un pendant à la lamentable histoire de Claude Gueux. Je n'ai jamais volé mon pain — dans le sens strict du mot — et me voici propriétaire, ou peu s'en faut.

J'ai acquis en effet, par un long bail, la possession d'une gentille petite maison, dans un quartier tranquille de Londres. La vie que j'avais menée jusque-là ne me convenait pas beaucoup ; hôtels, boarding-houses, clubs, etc., ne me plaisaient qu'à moitié. Et la société de mes confrères, bien que fort agréable quand l'ouvrage donne, m'inspirait un certain ennui, par les temps de chômage. Je suis certainement bien loin d'en penser du mal ; mais, au risque de détruire maintes illusions, je dois le dire avec franchise, quoique avec peine : les vices des canailles ne valent pas mieux que ceux des honnêtes gens.

C'est une circonstance assez singulière qui m'a conduit à louer cette petite maison. Je passais un soir, vers minuit, dans une rue déserte, lorsque j'aperçus une forme noire accroupie sur les marches d'un bâtiment ; quelque pauvre vieille femme, sans argent et sans gîte, qui s'était résignée à passer là sa nuit.

Le spectacle n'est pas rare, à Londres. Mais, ce soir-là, il pleuvait à verse, le temps était affreux ; et la forme noire était lamentable, avec le piteux lambeau de châle qui tremblotait sur les épaules maigres, avec le grand chapeau détrempé par la pluie et dont les plumes ébarbées et pendantes donnaient l'idée des queues d'une famille de rats plongée dans l'affliction. J'offris quelque argent à la pauvresse ; elle grelottait et sa figure hâve faisait mal à voir. Je l'emmenai jusqu'à l'un de ces palais du gin, au bout de la rue, qui flamboient comme des phares perfides de naufrageurs au milieu de la noirceur de la misère ; je lui fis servir une boisson chaude. Elle me raconta sa vie. Elle n'avait guère plus de quarante-cinq ans, bien qu'elle en parût soixante au moins. Elle avait été bien élevée, savait le français et l'allemand, et avait été plusieurs années institutrice dans une famille noble, qu'elle avait quittée pour se marier. Son mari l'avait abandonnée après dix ans d'une existence qui avait été pour elle un martyre ; et elle avait été obligée de se placer comme housekeeper, et même comme servante, afin d'élever l'enfant qu'il lui avait laissé. Cet enfant, qu'une maison de commerce avait employé dès sa sortie de l'école, avait mal tourné, vers l'âge de dix-huit ans, au moment où l'augmentation de son salaire lui aurait permis d'adoucir le sort de sa mère ; il avait commis un faux et avait quitté l'Angleterre avec le produit de son escroquerie. Annie — c'est le nom de la pauvresse — était à cette époque en service chez un clergyman réputé pour son ardeur philanthropique. Ce vénérable ecclésiastique, en apprenant par les journaux ce qui s'était passé, mit Annie à la porte de chez lui. Il fit plus. Dieu poursuivant l'iniquité des pères sur les enfants jusqu'à la troisième et quatrième génération, il pensa que l'homme, créé à son image, ne pouvait pas faire moins que de poursuivre le crime du fils sur la mère jusqu'à ce qu'elle eût rendu l'âme dont elle faisait un aussi triste usage. Il lui refusa donc un certificat et, avec cette ténacité courageuse particulière aux gens vertueux, se mit à épier les démarches de la malheureuse à la recherche d'une situation, et l'empêcha d'en obtenir une. Elle avait donc été obligée de vivre comme elle avait pu — misérablement, à tous les points de vue.

— Et votre fils, demandai-je, vous n'en avez plus eu de nouvelles ?

— Si, répondit-elle en baissant la tête ; ce malheureux garçon a continué à se mal conduire en France, où il était parti. Il a été condamné, il y a dix-huit mois, à plusieurs années de prison... Ah ! Monsieur, je suis si malheureuse de ne pouvoir rien lui envoyer !... Je voudrais être morte...

— Tenez, dis-je, voici encore un peu d'argent. Soyez ici après-demain, à dix heures, et peut-être trouverai-je moyen de vous donner une occupation, bien que vous n'ayez pas de certificat. Ne vous désolez pas, ma brave femme. Et si votre clergyman vient me mettre en garde contre votre manque de respectabilité, comme il en a l'habitude, je lui offrirai un lavement de vitriol, pour le mettre à son aise.

C'est donc Annie qui a la charge de la maison que mon aventure avec elle m'a donné l'idée de louer. Elle ne boit pas plus qu'un dixième d'Anglaise ; elle fait de la pâtisserie comme une Allemande ; elle est économe comme une Française ; et dévouée comme un terre-neuve. Je l'ai stylée admirablement et je ne crains nullement qu'elle commette une maladresse. Elle s'est pas mal requinquée, depuis qu'elle est à mon service ; ah ! dame, les rides et les stigmates que la souffrance a gravés dans la chair sont indélébiles ; mais la charpente s'est redressée, l'ossature a repris de l'aplomb. Telle qu'elle est, débarrassée de la viande, elle ferait un beau squelette.

— Mon service n'est pas bien dur, car je suis souvent absent et je vis en garçon — pas en vieux garçon. — Annie a donc du temps de reste. Elle l'emploie ;

d'abord, pour envoyer au fils prisonnier, là-bas, tout ce que permettent les règlements ; puis, afin de mettre de côté pour lui, quand il sortira de Centrale, le plus d'argent possible. Elle découpe, sur des photographies, portraits de grandes dames, de beautés professionnelles, les têtes admirées du public, et les accommode adroitement à des corps de Lédas s'abandonnant au cygne, de Dianes au bain, de Danaés sous la pluie d'or. Elle est devenue fort habile à ces petits ouvrages, très demandés par certaines maisons de Saint-John's Wood. Elle m'a montré l'autre jour une princesse du sang, un peu plate d'ordinaire, très excitante, vraiment, en Vénus Callipyge.

Si Annie a des loisirs, je n'en manque pas, moi non plus. Bien des gens se figurent que les voleurs sont toujours occupés à voler. Il n'y a pas d'erreur plus grossière ; mais c'est toujours la vieille histoire. « Il faut que je vous dise, écrit Bussy-Rabutin à sa cousine, ce que M. de Turenne m'a conté avoir ouï dire au feu prince d'Orange : que les jeunes filles croyaient que les hommes étaient toujours en état ; et que les moines croyaient que les gens de guerre avaient toujours, à l'armée, l'épée à la main. » — « Le conte du prince d'Orange m'a réjouie, répond la marquise. Je crois, ma foi, qu'il disait vrai, et que la plupart des filles se flattent. Pour les moines, je ne pensais pas tout à fait comme eux ; mais il ne s'en fallait guère. Vous m'avez fait plaisir de me désabuser. » J'espère, moi aussi, faire plaisir aux honnêtes gens en leur apprenant que les voleurs n'ont pas sans cesse à la main la fausse clef ou la lanterne sourde.

Et à quoi s'occupent-ils donc ? A différentes choses, quelquefois fort inattendues. Moi, par exemple, je m'instruis. Je m'instruis, de la même façon que le premier bourgeois venu, en oubliant des choses que je sais et en apprenant des choses que j'ignore. On peut continuer comme ça longtemps. Je m'amuse, aussi, autant que je peux. Très souvent, des demoiselles viennent me voir. Jolies ? Ailleurs, je ne sais pas ; mais chez moi, elles le sont suffisamment. Elles ont tout ce qu'elles désirent ; et la femme est toujours belle quand elle est heureuse... Et puis, Issacar avait raison : on n'a pas à s'occuper des toilettes.

N'ai-je jamais éprouvé le dégoût de cette existence ? la lassitude de cette vie ? N'ai-je jamais eu d'aspirations plus élevées ? Si, quelquefois...

Ce soir, même, je pense fort tristement à ce que des hommes d'une moralité plus haute que la mienne pourraient appeler leur avenir, quand Annie vient m'apporter un télégramme. « Tenez-vous prêt pour demain. » Qu'est-ce que cela veut dire ?

Cette dépêche vient de l'étranger ; elle vient de France... Et je me rappelle, tout d'un coup, un fait survenu il y a un mois environ, que j'avais totalement oublié et dont j'aurais dû me souvenir, pourtant.

Un soir, j'étais seul chez moi après le départ d'une petite amie très gentille, mais dont l'accent badois commençait à me fatiguer, une de ces blondes fades qui ont toujours l'air d'être en train de sécher. Je lisais un roman, l'un de ces bons romans anglais, tellement assommants, mais où le sentiment de la famille, éteint partout ailleurs, se conserve d'une façon si curieuse ; lorsque j'entendis résonner le marteau de la porte d'entrée. Un instant après, la voix d'Annie protestant contre l'invasion de mon domicile parvint jusqu'à moi et un pas lourd fit craquer les marches de l'escalier. Je me levais du divan sur lequel j'étais étendu lorsque la porte du salon s'ouvrit à moitié ; et, par l'entrebâillement, je vis passer une tête bronzée et une main qui faisait des gestes.

Quelle était cette main ? Quelle était cette tête ?

IX

DE QUELQUES QUADRUPÈDES ET DE CERTAINS BIPÈDES

Cette tête et cette main étaient l'inaliénable propriété de l'abbé Lamargelle. Je n'avais pas eu le temps de revenir de ma stupéfaction qu'il était devant moi, saluant, avec l'expression énigmatique de sa puissante figure osseuse et olivâtre, encadrée de cheveux noirs, ornée d'un grand nez aquilin, coupée d'une large bouche fortement tendue sur les dents, et obscurcie plutôt qu'éclairée par l'éclat sombre des yeux couleur d'ébène. Oui, c'était bien l'abbé Lamargelle.

— Hé! bonjour, cher Monsieur, me dit-il de sa voix profonde. Comment vous portez-vous? Vous avez l'air bien étonné. Voyons, parlez donc un peu; demandez-moi : « Homme noir, d'où sortez-vous? »

— Ma foi, monsieur l'abbé, répondis-je, j'en ai fortement envie. J'avoue que je ne m'attendais guère au plaisir de vous voir ce soir...

— Je m'en doutais bien. Aussi, pour faire durer moins longtemps votre surprise toute naturelle, je n'ai tenu aucun compte des protestations de votre servante qui s'obstinait à vouloir m'annoncer à vous, et je suis monté directement ici ; j'ai même pris la précaution, afin de vous épargner une émotion trop vive, de vous faire un petit signe amical en entr'ouvrant la porte.

— Je ne saurais trop vous remercier de vos attentions, monsieur l'abbé. Asseyez-vous donc, je vous prie ; et apprenez-moi à quel heureux hasard je dois l'honneur de votre visite.

— Le hasard n'est pour rien dans l'affaire, répondit l'abbé qui se mit à secouer la tête, pendant que je me demandais pourquoi il était venu me voir et, surtout, comment il avait pu arriver à découvrir mon adresse. Non, pour rien, absolument. Ma visite était préméditée depuis longtemps et j'attendais une occasion propice...

— Que vous a fournie le mariage ou l'enterrement d'un de vos paroissiens ?

— Je n'ai ni paroissiens ni paroisse. Je suis prêtre libre, vous le savez. C'est peut-être en cette qualité que j'ai pris, cher Monsieur, la liberté de m'intéresser à vous...

— Vraiment ? Je vous sais gré de m'en avertir. Et serait-il indiscret de vous demander de quelle sorte est l'intérêt que vous voulez bien me porter ?

— Il est des plus vastes. Rien ne me fait un plus grand plaisir, par exemple, que de vous voir installé ici aussi confortablement. Vous avez des livres, ces compagnons qui ne trompent pas ; un piano, instrument qui ne mérite pas toujours le ridicule dont on l'abreuve ; et peut-être, même, fumez-vous ?

— Quelquefois. J'ai là d'excellents cigares... Permettez...

— Merci, dit l'abbé en allumant un londrès. Ils sont excellents, en effet... Et vous avez bien, j'imagine, quelque occupation sérieuse ?

— Une occupation sérieuse, comme vous dites... des plus sérieuses ; mais qui me laisse des loisirs, ajoutai-je du ton le plus naturel tandis que l'abbé fixait sur moi ses yeux perçants.

— Ah! ah! s'écria-t-il en anglais — car il parle couramment plusieurs langues, et même le portugais — ah! ah! j'en suis enchanté, en vérité. Le temps ne vous a pas manqué, par conséquent, pour vous rappeler notre entrevue à la gare du Nord, à Paris, le jour où vous êtes parti pour la Belgique?

— Ce n'est pas le temps qui m'a fait défaut, certainement; mais, jusqu'ici, je l'avoue, je n'avais gardé aucun souvenir de cet incident.

— C'est dommage; la rencontre n'avait pas été absolument fortuite. Malgré tout, vous n'avez point oublié, j'espère, que je vous ai parlé, ce matin-là, de cette malheureuse famille Montareuil...

Je ne répondis pas; sa visite, dès le début, m'avait semblée des plus louches et je voyais clairement, maintenant, où il voulait en venir. Si je me laissais intimider, j'étais perdu. Il fallait l'arrêter au premier mot agressif et, au deuxième, lui montrer l'escalier — ou le jeter par la fenêtre.

— Cette malheureuse famille, continua-t-il, si durement éprouvée! Vous rappelez-vous, cher Monsieur, l'importance du vol dont Mme Montareuil a été la victime? Et dire que rien n'a pu mettre sur la trace du coupable... A Paris, à l'heure qu'il est, on n'a encore aucune indication... Il est vrai que si l'on poussait jusqu'à Londres...

— Monsieur l'abbé, dis-je, j'ai peine à comprendre pourquoi vous vous obstinez à me parler de choses et de gens qui ne m'intéressent en aucune façon. Je ne pense pas que vous veniez me réciter les faits-divers de l'année dernière par simple amour de l'art; et j'ose croire que votre visite a un motif. Permettez-moi de le deviner. On vous avait promis de vous verser, lors de la conclusion du mariage que l'événement regrettable auquel vous faites allusion a empêché, une commission que vous n'avez pas touchée, naturellement. Le dépit vous a conduit à échafauder des histoires à dormir debout, que vous avez sans doute fini par prendre au sérieux ; et vous avez espéré me faire partager votre crédulité. Je dois vous déclarer que je n'ai aucun goût pour les fables. Et puis, écoutez : j'ai un piano, comme vous le remarquiez il n'y a qu'un instant — mais je ne chante pas. — Vous comprenez ?

— Très facilement. Je suis au courant des moindres sous-entendus de notre belle langue, et aucune de ses finesses ne m'est étrangère. Mais vous vous méprenez sur mes sentiments. Soyez tranquille ; je ne viens pas vous assassiner avec un fer sacré. J'avais l'intention, pour vous exposer ce que j'ai à vous dire, d'observer une gradation conforme aux usages ; j'irai plus brutalement au fait, puisque vous semblez le désirer. Vous êtes un voleur. — Ne protestez pas ; c'est un métier pas comme un autre. — Je disais : vous êtes un voleur... Moi aussi.

— Vous... ?

— Pourquoi pas ? Croyez-vous avoir le monopole du cambriolage ? A la vérité, je ne vous fais pas, sur ce terrain pour lequel vous avez une préférence exclusive, une concurrence fort redoutable ; bien que j'aie mis la main à la pâte, plus d'une fois. J'emploie aussi d'autres procédés ; je suis un éclectique, voyez-vous. Mais il me faut beaucoup d'argent...

— Pourrais-je vous demander pourquoi ?

— Tant que vous voudrez ; mais je vous préviens que je ne vous répondrai pas ; j'aime mieux ça que de vous raconter des histoires, et je tiens à garder secrets les motifs de mes actes... Voyons, ne faites donc pas cette figure-là. Je suis un confrère, je vous dis. Et, d'ailleurs, qu'avez-vous à craindre de moi, ici ? En admettant que vous me fassiez des aveux que je ne vous demande pas, car votre existence m'est connue depuis a jusqu'à z, comment me serait-il possible de m'en servir contre vous ? Si j'avais voulu vous dénoncer, vous admettrez que j'aurais pu le faire sans me mettre en peine de vous rendre une visite. Mais finissons-en ; votre méfiance à mon égard est enfantine, et je veux l'ignorer... Vous me demandez pourquoi il me faut beaucoup d'argent ? Pour arriver à un but que je désire atteindre, ou simplement pour devenir riche.

— Bon, dis-je, je supposerai que vous voulez devenir riche ; et que votre passion de l'argent vous empêche d'hésiter à compromettre le caractère sacré dont vous êtes revêtu.

— Oh ! répondit l'abbé en riant, ma passion ne me ferme pas les yeux à ce point-là. Je fais fort attention à ne pas le compromettre, ce caractère, sacré pour tant d'imbéciles ; c'est le meilleur atout, dans mon jeu. Et la franchise avec laquelle je vous fais mes confidences devrait être pour vous le meilleur garant de ma bonne foi.

— Mon Dieu, dis-je, je ne vois point pourquoi je ne vous croirais pas, après tout. L'Eglise n'a jamais beaucoup pratiqué le mépris qu'elle affecte pour les richesses...

— Et elle ne s'est jamais fait d'illusions sur leur source. Sans aller trop loin, n'est-ce pas Bourdaloue qui a dit qu'en remontant aux origines des grandes fortunes, on trouverait des choses à faire trembler ? Relativement, Bourdaloue est bien près de nous ; mais quelle distance, pourtant, de son époque à la nôtre ! Quelle descente dans l'infamie, du Roi-Soleil au Roi Prudhomme ! Je vais vous citer un simple fait dont le caractère symbolique ne vous échappera pas : la maison dans laquelle Fénelon écrivit *Télémaque*, sur la Petite Place, à Versailles, est aujourd'hui un lupanar.

— J'espère, dis-je, qu'on aura placé une plaque commémorative sur le bâtiment.

— Je l'ignore ; mais si l'on a scellé la plaque dont vous parlez, soyez sûr qu'on l'a mise au-dessous du gros numéro. Nous sommes à l'époque des chiffres, qui ont leur éloquence, paraît-il. Et je crois qu'ils l'ont, en effet.

— Ils ont l'éloquence de Guizot : Enrichissez-vous !

Ce qui m'étonne, moi, c'est qu'avec un pareil mot d'ordre, nos contemporains croient encore avoir besoin d'une religion et d'une morale.

— Les sentiments religieux, dit l'abbé, ne sont pas incompatibles avec les tendances actuelles ; loin de là. Je me suis même demandé plus d'une fois, en disant ma messe, si la fièvre du vol, la rage de l'exploitation, ne finiraient pas par créer une folie religieuse spéciale. Le repentir, une des colonnes du christianisme, qui semble faire des mamours à l'homme et lui dire : « Tu peux mal agir, à condition que tu fasses semblant de regretter tes méfaits », est une excellente invention, merveille de lâcheté et d'hypocrisie, admirablement adaptée aux besoins modernes. Je ne vous tracerai point, n'est-ce pas ? un parallèle entre cet engageant repentir chrétien et l'effroyable Remords de l'antiquité. Ce serait déshonorer le Remords... Quant à la morale, il n'y en a jamais eu qu'une. Ce n'est pas celle qui dit à l'homme : « Sois bon », ou « sois pur », ou « sois ceci, ou cela » ; c'est celle qui lui dit simplement : « Sois ! » Voilà la morale. Elle n'a rien à voir avec la Société actuelle. La morale ne saurait être publique, quoi qu'en dise le Code... Vous voulez peut-être parler de la *moralité* ? C'est un succédané pitoyable. Telle qu'elle est, pourtant, elle a plané assez haut, jadis. Mais on l'a fait descendre si bas ! La moralité, c'est comme l'écho ; elle devient muette quand on s'en rapproche. Ce n'est pas une chose sérieuse... En somme, de toute espèce de foi, on ne garde plus que ce qui peut s'accommoder aux vils besoins du jour, des débris sans nom qui servent à étayer le piédestal du Veau d'or. Certainement, il eut été plus propre de se défaire franchement de ces vieilles croyances divines ou humaines, qui n'ont point été sans grandeur, au bout du compte. Au lieu d'être découpées en quartiers sur l'étal des simoniaques, au lieu d'agoniser dans la fétide atmosphère des prétoires, elles auraient fini dans l'embrasement majestueux d'une gloire dernière — comme ces vieux rois du Nord qui se plaçaient, mourants, dans un navire aux voiles ouvertes qu'on lançait sur la mer, et où s'allumait l'incendie.

— Vous ne parlez pas mal, pour un voleur ; le jour où l'on créera une chaire d'éloquence sacrée à Mazas...

— Un voleur ! murmura l'abbé, les yeux perdus dans le vague et comme se parlant à lui-même... Oui, aujourd'hui, le caractère est un poids qui vous entraîne, au lieu d'être un flotteur. Je ne suis pas le seul... Les types sont à présent presque tous puissants, mais incomplets... Disproportion de l'homme avec lui-même beaucoup plus qu'avec le milieu ambiant... Il faudrait pourtant trouver quelque chose... Avez-vous songé, continua-t-il d'une voix forte, comme s'il revenait à lui tout d'un coup, mais avec encore la brume du rêve devant les yeux, avez-vous songé que tout acte criminel est une fenêtre ouverte sur la Société ? Que connaîtrait-on du monde, sans les malfaiteurs ? Je crois qu'un acte, quelqu'il soit, ne peut être mauvais. L'acte ! Oui, agir ce qu'on rêve. Le secret du bonheur, c'est le courage.

— Je pense, en effet, que le rôle du criminel est généralement mal apprécié...

— Je vous crois ! s'écria l'abbé en ricanant. Les économistes assurent tous que la misère actuelle vient de la surproduction ; que le manque de travail, qui enlève à tant de gens la possibilité de vivre, est causé par la surabondance des produits. Et l'on se plaint du voleur ! Mais chaque fois qu'il vole ou qu'il détruit quelque chose, un bijou, un chapeau, un objet d'art ou une culotte, c'est du travail qu'il donne à ses semblables. Il rétablit l'équilibre des choses, faussé par le capitaliste, dans la mesure de ses moyens. Production excédant la consommation ! Surproduction ! Mais le voleur ne se contente point de consommer ; il gaspille. Et on lui jette la pierre !... Quelle inconséquence !

— Et quant aux billets de banque qu'il retire des secrétaires où ils moisissent, quant à l'argent enfoui qu'il déterre, je me demande comment on peut lui reprocher de remettre ces espèces dans la circulation, pour le bénéfice général.

— On le fait pourtant, dit l'abbé ; et d'ici peu de temps, si vous voulez m'en croire, il n'y aura pas d'homme plus accablé que vous de malédictions par certaines gens que je connais. J'ai été mis au courant de votre habileté à enfreindre le deuxième commandement, et je vous ai préparé une petite expédition...

— Pourquoi ne pas vous la réserver à vous-même ?

— Je ne peux pas. Si c'était possible, croyez bien... Mais il faut opérer dans une ville de province où je suis connu comme le loup blanc ; je serais sûrement reconnu, soit en arrivant, soit en route ; et l'on ne manquerait pas de s'étonner de mon apparition subite et de mon départ intempestif. C'est un coup facile, certain et lucratif.

— En France ?

— Oui. La France a déjà trente milliards à l'étranger ; quelques centaines de mille francs de plus qui passeront la frontière ne feront pas grande différence.

— En effet. Un vol de titres ?

— Pour la plus grande part. Vous ne connaissez donc pas mieux votre pays ? La France n'est ni religieuse, ni athée, ni révolutionnaire, ni militaire, ni même bourgeoise. Elle est en actions.

— Et pour quand ?

— Ah ! ça, je ne sais pas encore. Il faut attendre ; peut-être quinze jours, peut-être un mois, peut-être plus. Dès que je serai fixé, je vous enverrai un télégramme pour vous dire de vous tenir prêt ; et le lendemain, vous recevrez une seconde dépêche qui vous apprendra quel train il faudra prendre et vous indiquera l'endroit où vous me rencontrerez. Puis-je compter sur vous ?

— Oui. Vous ne voulez pas que je vous donne ma parole d'honneur ?

— Non. Je préfère que vous me donniez un renseignement. Combien remettez-vous aux gens qui vous fournissent des tuyaux ?

— Trente-trois pour cent; jamais un sou de plus.

— Bon. Vous ferez une exception en ma faveur : vous me donnerez cinquante pour cent.... N'ayez pas peur, vous n'y perdrez rien; au contraire. C'est moi qui vendrai les titres, et j'en retirerai le double de ce qu'ils vous rapporteraient à vous. Même, à l'occasion, si vous avez des négociations difficiles à conduire... A propos, vous ne faites jamais aucun mauvais coup ici, en Angleterre ?

— Jamais. D'abord, parce que l'hospitalité anglaise est la moins tracassière des hospitalités; et ensuite, parce qu'on paye trop cher....

— Oui; je connais leurs atroces statuts criminels, les meilleurs du monde, disent les *middle classes* anglaises, parce qu'ils écrasent l'individu et le convainquent de son *rien* en face de la loi et de la société. Peut-être la bourgeoisie britannique payera-t-elle cher, un jour, sa férocité à l'égard des malfaiteurs.

— C'est probable; les septembriseurs n'étaient qu'une poignée; et quels moutons, à côté des milliers de terribles et magnifiques bêtes fauves qui composent la *mob* anglaise ! Pour moi, j'ai toujours pensé que si l'affreux système pénitentiaire anglais avait été appliqué sur le Continent, la révolution sociale y aurait éclaté depuis vingt ans... Tenez, il y a à Londres un musée que je n'ai pas visité; c'est Bethnal-Green Museum. Le sol en est recouvert d'une mosaïque exécutée, vous apprend une pancarte, par les femmes condamnées au *hard labour*; il m'a semblé voir les traces des doigts sanglants de ces malheureuses sur chacun des fragments de pierre, et j'ai pensé que c'était avec leurs larmes qu'elles les avaient joints ensemble. Je n'ai pas osé marcher là-dessus.

— Hélas ! dit l'abbé en se levant; honte et douleur en haut et en bas, sottise partout... Quel monde, mon Dieu !

Au moment où il allait me quitter, je me décidai à lui poser une question que j'avais eu souvent envie de faire à d'autres, à Paris, depuis de longs mois, mais que je n'avais jamais eu le courage de poser à personne.

— Dites-moi, demandai-je, n'avez-vous pas eu de nouvelles de mon oncle ?

— Oui et non, répondit-il d'un air un peu embarrassé. J'ai appris que votre oncle avait éprouvé, ces temps derniers, des pertes d'argent, peu considérables étant donnée sa fortune, mais qui l'avaient néanmoins décidé à liquider ses affaires. Je ne puis vous dire exactement ce qu'il fait en ce moment. Je crois, pour employer une expression vulgaire, qu'il fait la noce, la bête et sale noce. C'est triste ; mais que voulez-vous ? Certains hommes s'efforcent d'être pires qu'ils ne peuvent.

— J'avais eu plusieurs fois l'intention de prendre des renseignements à son sujet, dis-je ; je vois que j'ai aussi bien fait de m'en dispenser. Et ma cousine, ajoutai-je... ma cousine Charlotte ?...

L'embarras de l'abbé parut augmenter.

— Je ne sais rien, finit-il par répondre sans me regarder ; mais tout est sans doute pour le mieux ; oui, tout doit être pour le mieux. Ne prenez point de renseignements, c'est préférable ; n'en prenez pas...

C'est de cette fin de conversation, surtout, que je me souviens aujourd'hui, en relisant la dépêche qu'Annie m'a apportée. Certes, il vaut mieux que je ne prenne point de renseignements, que je ne cherche pas à connaître la vérité.

Je l'ai devinée, cette vérité que l'abbé n'a pas osé m'avouer, car il est au courant, certainement, de mes relations avec ma cousine. Charlotte est mariée. Elle est mariée, et tout est fini entre nous, pour jamais... Je ne puis pas dire ce que j'avais pensé, je ne puis pas dire ce que j'avais espéré. Je ne sais pas. Ce sont des songes que j'ai faits, toujours des songes et toujours les mêmes songes. Il me semble que j'ai vécu dans un rêve ; que j'ai traversé comme un halluciné toute l'horreur des réalités brutales, et que je suis condamné maintenant à exister au hasard, seul, sans espoir et sans but, jusqu'à ce que vienne le réveil...

Le réveil, il n'est peut-être pas loin. N'est-ce pas un piège que me tend l'abbé en m'appelant à Paris ? Qui me dit qu'il ne va pas me trahir ?... Hé ! qu'il me vende, si ça lui plaît ! Que m'importe ? Un peu plus tôt, un peu plus tard... et je ne veux pas flancher.

Je jette le télégramme sur une table. J'en recevrai un autre demain matin, sans doute.

Non, ce n'a pas été pour ce matin. Alors, il faut que j'attende toute la journée...

Je vais passer mon après-midi au Jardin Zoologique, pour tuer le temps. Ce sont surtout les bêtes fauves qui m'intéressent. Ah ! les belles et malheureuses créatures ! La tristesse de leurs regards qui poursuivent, à travers les barreaux des cages, insouciants de la curiosité ridicule des foules, des visions d'action et de liberté, de longues paresses et de chasses terribles, d'affûts patients et de sanglants festins, de luttes amoureuses et de ruts assouvis... visions de choses qui ne seront jamais plus, de choses dont le souvenir éveille des colères farouches qui ne s'achèvent même pas, tellement ils savent, ces animaux martyrs, qu'il leur faudra mourir là, dans cette prison où ils sentent s'énerver de jour en jour l'énorme force qu'il leur est interdit de dépenser.

Douloureux spectacle que celui de ces êtres énergiques et cruels condamnés à mâcher des rêves d'indépendance sous l'œil liquéfié des castrats. Leurs yeux, à eux... Les yeux des lions, dédaigneux et couleur des sables, projetant des lueurs obliques entre les paupières mi-closes ; les yeux d'ambre pâle des tigres, qui savent regarder intérieurement ; les yeux rouges et glacés des ours, qui semblent faits d'un jeu de neige et de beaucoup de sang ; les yeux qui ont toujours vécu des loups, d'une intensité poignante ; les yeux imprécis des panthères, des yeux de courtisanes, allongés, cernés et mobiles, pleins de trahisons et de caresses ; les yeux philanthropiques des hyènes, aux prunelles religieuses... Ah ! quelle terrible angoisse, et que de mépris dans ces yeux aux reflets métalliques!

Des voleurs et des brigands, tous ces galériens ; c'est pour cela qu'ils sont au bagne. Parce qu'ils mangeaient les autres bêtes, les bêtes qui ne sont point cruelles et n'aiment pas les orgies sanglantes, les bonnes bêtes que l'homme a voulu délivrer de leurs oppresseurs. Et elles sont heureuses, les bonnes bêtes, depuis qu'il s'est mis à tuer les fauves et à les enfermer dans des cages. Elles sont très heureuses. Le collier fait ployer leur cou et les harnais labourent leurs épaules meurtries ; et leur chair vivante, pantelante et rendue muette saigne sous le surin des saltimbanques de la science, dans l'ombre des laboratoires immondes. Demain, elles seront plus heureuses, encore. Je le crois.

A mesure que l'homme s'éloigne de la vie naturelle, la distance s'étend entre lui et les animaux. Non pas qu'il les dédaigne davantage, qu'il les sente plus inférieurs à lui. Ils lui paraissent supérieurs, au contraire. Ils lui font honte. Ils sont une injure vivante à son progrès factice, un sarcasme de sa civilisation d'assassin. Et sa férocité contre eux s'accroît, férocité vile qu'il couvre du prétexte actuel à toutes les bassesses — la nécessité scientifique...

Je trouve, en rentrant chez moi, la dépêche que j'attendais. Il faut que je sois demain, à deux heures, sur le terre-plein de la Bourse, à droite. C'est bien ; j'y serai.

Il n'est même que deux heures moins cinq lorsque je fais mon apparition à l'endroit indiqué. A quoi employer ces cinq minutes ? A comparer la Banque d'Angleterre, gardée par un polichinelle à manteau rouge, à chapeau pointu, à la Banque de France défendue par des sentinelles aux fusils chargés. Et aussi à placer mentalement la Bourse de Paris, bastionnée de cafés et flanquée de lupanars, en face du Royal Exchange avec la statue de la reine à cheval, devant et, derrière, l'effigie de Peabody assise, les jambes en l'air, sur la chaise percée de la philantrophie. Parallèles qui ne sont pas sans profondeur... Mais je n'aperçois pas l'abbé...

Deux heures viennent seulement de sonner, il est vrai. Je jette un coup d'œil sur les citoyens qui s'agitent sous le péristyle de la Bourse et sur les marches ; et les réflexions que j'ai faites hier au sujet des bêtes me reviennent en mémoire. Les gouvernements, en débarrassant les peuples qu'ils dirigent des bandits qui les détroussaient, n'ont-ils point agi un peu comme l'homme qui a délivré les bonnes bêtes de la tyrannie des carnassiers ? Ma foi, si l'on cherchait à découvrir les causes par la simple étude des effets qu'elles produisent, on serait forcé d'admettre qu'en supprimant le voleur de grands chemins, les gouvernements n'ont eu d'autre souci que de permettre aux gens d'accumuler leurs épargnes pour les porter aux banques spoliatrices et aux entreprises frauduleuses ; et qu'en abolissant la piraterie, ils n'ont voulu que laisser la mer libre pour les évolutions des flottes qui vont appuyer les déprédations des aigrefins et les tentatives malhonnêtes des financiers... Mais il est deux heures cinq. L'abbé est en retard... Attendons encore...

Le fait est, malgré la réputation qu'on s'efforce de leur faire, qu'ils n'ont pas l'air de voleurs, ces agioteurs qui pérorent bruyamment et gesticulent. Ils n'ont rien du fauve, certainement. Ils me font plutôt l'effet de valets repus ou de bardaches maigres. Mais peut-être ne sais-je pas découvrir, sur leurs figures, des caractères spéciaux qu'un crimininaliste de profession distinguerait à première vue. Ah ! je voudrais bien connaître un criminaliste...

— Ça viendra ! dit la Voix.

X

LES VOYAGES FORMENT LA JEUNESSE

Tout d'un coup, j'aperçois l'abbé. Il arrive à petits pas, sous les arbres, son bréviaire à la main.

— Je vous y prends, dit-il en m'abordant avec un solennel salut ecclésiastique ; vous profitez de ce que je suis en retard de cinq minutes pour vous livrer à des observations pleines d'amertume sur les honnêtes gens qui fourmillent en ces lieux. Je vous voyais de loin et, réellement, votre figure me faisait plaisir ; on vous aurait pris pour un psychologue.

— Ne m'insultez pas, lui dis-je en lui serrant la main, ou je mets immédiatement à l'épreuve votre talent de moraliste et je vous demande votre opinion sur ce monument et sur ceux qui le fréquentent.

— La Bourse est une institution, comme l'Eglise, comme la Caserne ; on ne saurait donc la décrier sans se poser en perturbateur. Les charlatans qui y règnent sont d'abominables gredins ; mais il est impossible d'en dire du mal, tellement leurs dupes les dépassent en infamie. Le jeu est une tentative à laquelle on se livre afin d'avoir quelque chose pour rien ; mais il vaut mieux ne pas le juger, car sa base est justement celle sur laquelle repose le principe des gouvernements. Je ne suis point un moraliste et je n'accuserai pas les intègres trafiquants qui nous entourent de manquer de morale ; d'ailleurs, ils en ont une... Problème : étant donné un monde de malfaiteurs, retirer la formule de l'honnêteté de leur action combinée. Le Code a l'audace de fournir la solution. Cette solution, que nul n'est censé ignorer, est cachée dans les plis du drapeau, là-haut, au-dessus de l'horloge ; et ces estimables personnes, comme vous voyez, combattent sous ce labarum.

— Voilà un langage que vous n'avez pas dû tenir souvent aux agioteurs que vous avez pu connaître.

— Pas une seule fois ; ils m'auraient répondu que j'avais raison, et auraient haussé les épaules dès que j'aurais eu le dos tourné. Je me garde bien de dire toujours ce que je pense ; rien n'est plus ridicule que d'avoir raison maladroitement ou de mauvaise grâce. Il faut hurler avec les loups et, surtout lorsqu'on est voleur ou escroc, porter habit de deux paroisses. Cela ne vous interdit point l'ironie, et vous pouvez l'employer d'autant plus facilement que, généralement, elle n'est pas entendue. A l'heure actuelle, c'est à peine si l'on commence à comprendre celle de Sénèque, par exemple, ou celle de l'Ecclésiaste... Voyons, il fait beau, allons faire un tour au Bois ; je vous expliquerai la petite affaire chemin faisant ; et nous ne dînerons pas trop tard, car il faut que vous partiez à huit heures... Tenez, voici un cocher qui a l'air de nous attendre...

Il s'en faut de peu que je ne parte pas, le soir.

Quand j'arrive à la gare, deux trains sont sur la voie, attelés à des locomotives sous pression. Je me dirige vers le premier ; mais la vue d'un grand fourgon, couvert d'une bâche noire étiquetée : « Panorama », me fait craindre de m'être trompé ; et je me replie sur le second convoi.

— Votre billet ? me demande un employé ; vous allez à N. ? C'est le train là-bas, en tête. Vite ! Dépêchez-vous ; il va partir.

— C'est que je n'avais jamais vu des wagons de marchandises attachés aux express...

— Il y a des cas, répond l'employé en ouvrant la portière d'un compartiment dans lequel il me pousse.

J'ai à peine eu le temps de m'asseoir que le train se met en mouvement. J'aurais préféré être seul, mais j'ai des compagnons de route. Deux voyageurs sont assis, en face l'un de l'autre, à côté de la portière du fond. Le premier est un gros monsieur d'aspect jovial, aux petits yeux fureteurs, aux favoris opulents, à l'abdomen fleuri d'une belle chaîne à breloques ; un de ces bons bourgeois, obèses et sages, qu'on aime à voir se promener, humant l'air qui leur appartient, une main tenant la canne derrière le dos, l'autre cramponnée au revers de la jaquette dont un ruban rouge enjolive la boutonnière, la tête en arrière, le ventre en avant. Le ruban rouge ne manque pas à celui-là ; il s'étale, large de deux doigts, en une rosette négligée mais savante qui montre juste le rien d'impertinence qui convient à la bonhomie ; et son propriétaire, l'air fort satisfait de soi-même et convaincu de sa haute supériorité, fredonne, le chapeau rond sur l'oreille, tandis que la main gauche, plongée dans le gousset, fait tinter les pièces de monnaie.

Le second voyageur est un Monsieur d'aspect morose, au teint jaunâtre, aux yeux inquiets, aux lèvres blêmes, avec une barbe de parent pauvre. Il est tout de noir habillé, pantalon noir, redingote noire, pardessus noir, et coiffé d'un chapeau haut de forme. Il évoque l'idée d'un de ces fonctionnaires de troisième ordre, résignés et tristes, destinés à croupir dans ces emplois subalternes dont les titulaires sont qualifiés par les puissances, dans les discours du Jour de l'An, de « modestes et utiles serviteurs de l'Etat. » Non, il n'a point l'air gai, le pauvre homme. Qui sait ? Peut-être se rend-il à un enterrement, en province ; à l'un de ces enterrements pénibles qui ne laissent pas derrière eux la consolation d'un héritage. Affligeante perspective ! En tout cas, le voilà tout prêt à prendre part au service funèbre ; et si les chapeliers de la ville où il se rend comptent sur le prix du crêpe qu'ils lui vendront pour éviter la faillite, ils ont tort, car son chapeau arbore déjà le grand deuil.

Je m'installe dans mon coin, me flattant du doux espoir que mes deux compagnons n'auront point l'idée saugrenue de chercher à entrer en conversation avec moi.

Vaine espérance ! Le Monsieur jovial m'en convainc très rapidement.

— Joli temps pour voyager ! me dit-il avec un sourire ; il ne fait pas trop chaud, il ne fait pas trop froid ; on ferait le tour du monde, par un temps pareil. Ne trouvez-vous pas, Monsieur ?

— Oui, beau temps... très beau, dis-je avec un accent britannique très prononcé ; le temps du voyage autour le monde, juste ainsi.

— Monsieur est étranger ? Ah ! ah ! vraiment... Anglais, sans doute ? J'ai vu beaucoup d'Anglais, dans ma vie. J'ai été à Boulogne, une fois, pendant un mois ; il y a tant d'Anglais, à Boulogne !

— Je suis pas du tout un Anglais, dis-je, car je vois poindre un récit des nombreuses aventures du Monsieur jovial avec les fils de la perfide Albion ; je aime pas les Anglais ; je suis un Américain.

— Ah ! diable ! j'aurais dû m'en douter ; vous avez tout à fait le type américain ; je me rappelle avoir vu un portrait de Washington... Vous lui ressemblez étonnamment. La France aime beaucoup les Etats-Unis. Du reste, sans Lafayette... Et vous détestez les Anglais ? Comme je vous comprends ! Ah ! si nous avions encore le Canada !

— Oui, dis-je, Canada... Quebec, Toronto, Montreal...

— Parfaitement, approuve le Monsieur jovial qui voit qu'il n'y a décidément pas grand'chose à tirer de moi et prend le parti de m'abandonner à mon malheureux sort.

— Ne trouvez-vous pas, Monsieur, demande-t-il en se tournant vers le Monsieur triste, qu'il y a quelque chose de très flatteur pour nous dans cet empressement des étrangers à visiter la France ?

— Si, certainement, répond le Monsieur triste d'une voix lugubre.

— C'est que, voyez-vous, notre pays est toujours à l'avant-garde du progrès ; la France est la reine de la civilisation. On peut dire ce qu'on veut, mais c'est un fait ; la civilisation a une reine, et cette reine, c'est la France. N'êtes-vous pas de mon avis ?

— Si, certainement, répond le Monsieur triste d'une voix lugubre.

— Le monde, Monsieur, est émerveillé de la façon dont nous avons su nous relever de nos désastres de 1870. Quelle page dans nos annales, que l'histoire de la troisième République ! Et qui sait ce que l'avenir nous réserve ! Ah ! M. Thiers avait bien raison de dire que la victoire serait au plus sage... Ne pensez-vous pas comme moi ?

— Si, certainement, répond le Monsieur triste d'une voix lugubre.

— Vous me direz peut-être qu'il y a de temps à autre quelques tiraillements intérieurs. Mais ces petites zizanies prouvent notre grande vitalité. Il faut faire la part de l'exubérance nationale. Cette opinion n'est-elle pas la vôtre ?

— Si, certainement, répond le Monsieur triste d'une voix lugubre.

— Je suis fort heureux que nos idées concordent, continue le Monsieur jovial. Votre approbation m'est d'un bon présage. Car je dois vous apprendre que je suis sur le point de poser ma candidature à un siège législatif rendu vacant par la mort d'un député. Mon programme est des plus simples. Je me présente aux suffrages des électeurs comme socialiste-conservateur.

— Oh! oh! fait le Monsieur triste.

— Ni plus ni moins, continue le Monsieur jovial. Je suis socialiste en ce sens que j'ai tout un système de théories à mettre en application, et je suis conservateur en ce sens que je m'oppose à toute transformation brutale des institutions actuelles. Voyez-vous où je veux en venir?

— Pas très bien, avoue le Monsieur triste.

— C'est que je n'ai point l'honneur d'être connu de vous. Je suis philanthrope, Monsieur. Un philanthrope, n'est-ce pas? c'est celui qui aime les hommes. Moi, j'aime les hommes; je les adore. Je n'ai aucun mérite à cela, je le sais, et je ne souffrirais pas qu'on m'en loue. Cet amour de l'humanité est naturel chez moi; sans lui, je ne pourrais pas vivre. J'aime tous les hommes, quels qu'ils soient et d'où qu'ils viennent. Tenez, cet étranger qui dort dans son coin, continue-t-il plus bas, cet Américain dont le pays fait preuve d'une si noire ingratitude envers nous; car enfin, sans Lafayette... Eh! bien, vous me croirez si vous voulez, je l'aime! Ne trouvez-vous pas cela merveilleux?

— Si, certainement, répond le Monsieur triste d'une voix lugubre, tandis que je songe à cette philanthropie qui, en passant ses béquilles sous les bras des malheureux, les rend incurablement infirmes.

— Croyez-moi, Monsieur, la philanthropie doit devenir la pierre angulaire de notre civilisation. Certes, le progrès est grand et incessant; il faudrait être aveugle pour le nier. Le peuple devient de plus en plus raisonnable. Vous savez avec quelle admirable facilité il a accepté la substitution de la machine au travail manuel, sans demander à retirer aucun bénéfice de ce changement dans les conditions de la production. Il y avait, dans cette complaisance de sa part, une indication dont on n'a pas su tirer parti. On devait profiter de cette excellente disposition des masses, qui continue à se manifester, pour faire quelque chose en leur faveur.

— Oui, dit le Monsieur triste ; on devrait bien faire quelque chose ; il y a tant de misère !

— On exagère beaucoup, répond le Monsieur jovial. La plus grande partie des pauvres ne doit son indigence qu'à elle-même. Si ses gens-là vivaient frugalement ; se nourrissaient de légumes et de pain bis ; s'abreuvaient d'eau ; suivaient, en un mot, les règles d'une saine tempérance, leur misère n'existerait pas ou serait, du moins, fort supportable. Mais ils veulent vivre en richards, manger de la viande, boire du vin, et même de l'alcool. L'alcool, Monsieur ! Ils en boivent tant que les distillateurs sont obligés de le sophistiquer outrageusement pour suffire à la consommation, et que les classes dirigeantes éprouvent la plus grande difficulté à s'en procurer de pur, même à des prix très élevés... Malgré tout, je suis d'avis qu'il faudrait faire quelque chose pour le peuple. Ce qui manque au Parlement français, Monsieur, ce n'est pas la bonne volonté ; ce sont les hommes spéciaux. Savez-vous qu'il n'y a pas à la Chambre un seul philanthrope, un seul vrai philanthrope ? N'est-ce point effrayant ?

— Si, certainement, répond le Monsieur triste d'une voix lugubre.

— Ce qui fait défaut à la Chambre, Monsieur, c'est un philanthrope qui indiquerait le moyen de donner à chacun...

— Du pain ? demande le Monsieur triste. Ah ! ce serait si beau !

— Non, Monsieur ; pas du pain. L'homme ne vit pas seulement de pain ; on l'oublie trop... Un philanthrope qui indiquerait le moyen de donner à chacun le salaire dû à ses mérites et qui établirait ainsi, d'un bout à l'autre de l'échelle sociale, l'harmonie la plus fraternelle. Il faudrait commencer par diviser les citoyens français en deux catégories : dans l'une, ceux qui payent les impôts directs ; dans l'autre, ceux qui ne payent que les impôts indirects. Les premiers sont des gens respectables, propriétaires, possédants, qu'il convient de laisser jouir en paix de tous les privilèges dont ils sont dignes. Les seconds, par le fait même de leur indigence, sont suspects et sujets à caution. Ceux-là, il faudrait les soumettre d'abord, sans distinction d'âge ni de sexe, aux mensurations authropométriques ; les mesurer, les toiser, les photographier ; soyez tranquille, les gens qui ont la conscience nette ne redoutent point ces choses-là. Après quoi, l'on ferait un triage ; d'un côté, les bons ; de l'autre, les mauvais. Ces derniers, écume de la population, racaille indigne de toute pitié, ouvriers sans ouvrage, employés sans travail, gibier de potence toujours porté à mal faire, danger permanent pour le bon fonctionnement de la Société, seraient retirés une fois pour toutes de la circulation. On les enfermerait dans de grands Ateliers de Bienfaisance établis, soit en France, soit aux colonies ; la question est à étudier, mais je pencherais vers le dernier parti ; il y a assez longtemps que les étrangers nous demandent quand nous nous déciderons à envoyer une demi-douzaine de colons défricher les solitudes que nous ne nous lassons point de conquérir. Quoi qu'il en soit, le grand point serait d'exiger, des individus qu'on placerait ainsi sous la bienfaisante tutelle administrative, un travail des plus sérieux. Rien d'analogue, bien entendu, à ce labeur dérisoire avec lequel on charme les loisirs des détenus des maisons de force ; ces gaillards-là ne font rien, Monsieur, ou presque rien. Ils se tournent les pouces toute la journée. J'en sais quelque chose. J'ai eu autrefois l'entreprise d'une Maison centrale ; mon argent ne me rapportait pas 20 pour cent. Ah ! s'il avait été permis de garder les prisonniers à l'atelier dix-huit heures par jour, comme cela devrait être, les bénéfices auraient été plus avouables. Mais c'est défendu. Sentimentalité bête qui déshonore la philanthropie. Car, comment voulez-vous que des condamnés qui ne travaillent pas assidûment se repentent de leurs crimes et reviennent au bien ? Et que désire un philanthrope, sinon le relèvement du niveau de la moralité ?... Un philanthrope, je vous le demande, ne faut-il point passer cette considération avant toutes les autres ?

— Si, certainement, répond le Monsieur triste d'une voix lugubre.

— Il est bien clair qu'il se trouverait des mauvaises têtes qui refuseraient de se soumettre au régime salutaire que je vous expose. Ces têtes, Monsieur, il faudrait les faire tomber ! Sans pitié. Il est nécessaire d'arracher l'ivraie, car elle étoufferait le bon grain. Savez-vous, Monsieur, quelle est la principale cause de cette démoralisation dont on se plaint un peu trop, peut-être, mais qui pourtant nous menace ? C'est qu'on applique trop rarement la peine de mort. Un chef d'État conscient de ses devoirs ne devrait jamais faire grâce, Monsieur ! Il y va du salut de la Société. Ne pensez-vous point qu'on ne guillotine pas assez ?

Le Monsieur triste ne répond pas.

— Autant l'on aurait fait preuve de sévérité envers les méchants, continue le Monsieur jovial au bout d'un instant, autant il faudrait se montrer paternel pour les autres. La bonté est obligatoire aujourd'hui. Sa nécessité nous est démontrée mathématiquement. Mathématiquement, Monsieur ! Il conviendrait d'assurer d'agréables délassements aux gens pauvres mais honnêtes, et de leur faciliter l'accès à la propriété.

— Ah ! oui, dit le Monsieur triste. Justement ! Que chacun d'eux puisse avoir une petite maison, un jardin ; un jardin où les enfants pourraient jouer. C'est si joli, les arbres, les fleurs !...

— Pas du tout ! s'écrie le Monsieur jovial. Une maison ! Un jardin ! Jamais de la vie ! Qu'ils mettent de l'argent de côté, oui ; mais qu'ils achètent des valeurs, avec leurs épargnes ; de petites valeurs, des coupures de vingt-cinq francs, par exemple, qu'il faudrait créer à leur usage ; ils en toucheraient les intérêts, s'il y avait lieu. Mais que le capital qu'ils économisent ne soit jamais représenté par une propriété réelle dont ils auraient la jouissance exclusive. Du papier, rien que du papier; autrement, ils deviendraient trop exigeants.

— Je ne comprends pas bien, déclare le Monsieur triste.

— Permettez-moi de vous donner un exemple. Les mineurs du bassin de la Loire possèdent presque tous la petite maison et le jardin dont vous parlez; ils y vivent bien, ne se refusent pas grand'chose. Monsieur, il n'y a pas d'êtres plus insatiables et plus tyranniques envers leurs patrons. Ils ne sont jamais contents, bien qu'ils soient parvenus à arracher des salaires exorbitants, et vont mettre sur la paille, un de ces jours, les capitalistes qui les emploient. Les mineurs des départements du Nord, au contraire, habitent des tanières infectes, vivent de pommes de terre avariées, croupissent dans la plus abjecte destitution; eh! bien, ils ne se plaignent pas, ou d'une façon si timide que c'en est ridicule; savez-vous pourquoi? Parce que l'habitude de la misère les oblige à la résignation. Et il est inutile de vous dire si les actions des mines qu'ils exploitent valent de l'or en barre! Donnez-leur le bien-être de leurs confrères du Centre, et ils deviendront aussi intraitables. Ces gens-là sont ainsi faits: plus ils sont heureux, plus ils veulent l'être. Dans des conditions pareilles, ce serait jouer un jeu de dupes, et même agir contre leurs intérêts, que de leur accorder l'aisance réelle que vous rêvez pour eux. Non; qu'ils possèdent du papier, s'ils en ont les moyens, du papier dont les capitalistes puissent hausser ou baisser la valeur à leur gré. Et puis, nous sommes à l'époque du papier. On fait tout, à présent, avec du papier.

— On fait même de bien mauvais livres, dit le Monsieur triste en hochant la tête.

— Il n'y a point de mauvais livres, répond le Monsieur jovial. Il y a des livres; et il n'y en a pas assez. Je vous disais qu'il faudrait assurer des délassements aux classes inférieures. Eh! bien, il n'y a qu'un délassement qu'on puisse raisonnablement leur permettre. C'est la lecture. La République a créé l'instruction obligatoire. Croyez-vous que ce soit sans intention ?

— Je serais porté à croire, hasarde le Monsieur triste, que l'instruction obligatoire a uniquement servi à former une race de malfaiteurs extrêmement dangereux.

— Quelques malfaiteurs, je ne dis pas. Et encore ! Mais, à côté de ça, quel bien n'a-t-elle pas produit ! L'instruction donne la patience, mon cher Monsieur. Elle donne une patience d'ange aux déshérités. Croyez-vous que si les Français d'aujourd'hui ne savaient pas lire, ils supporteraient ce qu'ils endurent ? Quelle plaisanterie ! Ce qu'il faut, maintenant, c'est répandre habilement, encore davantage, le goût de la lecture. Qu'ils lisent ; qu'ils lisent n'importe quoi ! Pendant qu'ils liront, ils ne songeront point à agir, à mal faire. La lecture vaut encore mieux que les courses, Monsieur, pour tenir en bride les mauvais instincts. Quand on a perdu sa chemise au jeu, il faut s'arrêter ; on n'a pas besoin de chemise, pour lire. Il faudrait créer des bibliothèques partout, dans les moindres hameaux ; les bourgeois, s'ils avaient le sens commun, se cotiseraient pour ça ; et l'on rendrait la lecture obligatoire, comme l'instruction, comme le service militaire. L'école, la caserne, la bibliothèque ; voilà la trilogie... Du papier, Monsieur, du papier !...

Le Monsieur triste ferme les yeux et semble vouloir s'endormir. Le Monsieur jovial en fait autant. Moi, je songe aux dernières phrases de ce Mauvais Samaritain. Au fond, il n'a pas tort, ce gredin. Au Moyen-Age, la cathédrale ; aujourd'hui, la bibliothèque. « Ceci a tué cela » — toujours pour tuer l'initiative individuelle. — Du papier pour dévorer les épargnes des pauvres ; du papier pour boire leur énergie...

Le train file rapidement, s'arrête à des stations quelconques où clignotent des becs de gaz, où veillent des lanternes rouges, où sifflent des locomotives, et repart à toute vitesse dans la nuit... Je finis par m'endormir, moi aussi.

Une exclamation du Monsieur jovial me réveille.

— Ah ! sacredié ! s'écrie-t-il, ma montre s'est arrêtée... Si je ne craignais de vous déranger, Monsieur, continue-t-il en se tournant vers moi, je vous demanderais de me dire l'heure.

Je tire majestueusement de mon gousset un chronomètre superbe que j'ai volé en Suisse, il y a trois mois.

— Il est dix minutes passé onze heures, dis-je.

— Je vous remercie infiniment. Nous disons : onze heures dix... Nous serons à N. dans un quart d'heure... Vous avez là une bien belle montre, Monsieur.

Oui. J'en ai beaucoup comme ça. Elles me reviennent à six sous le kilo, à peu près... Je me le demande : quelle idée peut bien se faire du voleur le bourgeois trivial ? A ces gens qui vont par bandes, tout ce qui sort du troupeau doit paraître horrible, comme tout semble jaune à ceux qui ont la jaunisse. S'ils pouvaient savoir ce que je suis, cet homme triste sauterait par la portière du wagon pour se sauver plus vite et cet homme jovial aurait une attaque d'apoplexie.

Le train ralentit sa vitesse, entre en gare, s'arrête. Je saute rapidement sur le quai.

Me voilà dans la ville ; une ville de province, mal éclairée, aux maisons closes, et où je n'ai jamais mis les pieds. Il s'agit de me souvenir des indications que m'a données l'abbé. Voyons un peu.

Vous suivrez, en sortant de la gare, une grande avenue plantée d'arbres ; je suis la grande avenue plantée d'arbres. Vous prendrez la quatrième rue à gauche ; je prends la quatrième rue à gauche. Vous prendrez ensuite la troisième rue à droite, une rue en pente ; je descends cette troisième rue. Vous vous trouverez ensuite sur une grande place, la place des Tribunaux, que vous reconnaîtrez facilement à deux grands bâtiments contigus, le Palais de Justice et la Prison. M'y voici, tout justement. Vous traverserez cette place en laissant le Palais de Justice derrière vous, et vous vous engagerez dans une large rue dont l'entrée est ornée de deux grandes bornes cerclées de fer. Je traverse la place, j'aperçois les deux bornes, et je pénètre dans la rue en la fouillant rapidement du regard. Personne ; personne en arrière, non plus ; pas une lumière aux fenêtres. Le numéro 7 ? Le voici. Je monte les marches du perron, la clef à la main. Comment l'abbé Lamargelle s'est-il procuré cette clef ? Je l'ignore ; mais je suis très content qu'il me l'ait remise hier soir ; il me suffit ainsi, au lieu de me livrer à une effraction, de l'enfoncer doucement dans la serrure, de la tourner plus doucement encore, et...

Et j'entre tranquillement, comme chez moi, en légitime propriétaire. Avant de refermer complètement la porte, cependant, j'attends quelques instants, l'oreille au guet, dans l'immobilité la plus absolue. Deux sûretés valent mieux qu'une ; bien que ce soit là une précaution inutile. Il n'y a personne dans cette maison, j'en suis sûr.

Un bâtiment occupé n'a pas du tout la même odeur qu'une maison que ses habitants ont quittée, serait-ce seulement depuis deux heures. La différence est énorme, bien que les honnêtes gens ne s'en aperçoivent pas ; leur sensibilité olfactive est tellement émoussée ! Mais, sous la pression de la nécessité, le sens de l'odorat se développe chez le malfaiteur, acquiert une finesse remarquable et lui assure la notion des odeurs, des particules impalpables des corps, dont le commun des mortels ne soupçonne même pas l'existence. Le voleur, enfant de la nature, sait flairer la présence de ses contemporains civilisés. Mille indices, imperceptibles à la Vertu planant sur les plus haut sommets, sont facilement déchiffrables pour le crime habitué à ramper bestialement dans la poussière d'ici-bas. Le vice a ses petites compensations.

Non, il n'y a personne ici, et je n'ai pas besoin de me gêner. Je tire ma lanterne de mon sac et je l'allume. Je suis dans un vestibule spacieux, au plafond élevé, digne antichambre d'une maison sans doute meublée dans le style sobre et sévère, mais riche, cher encore à la bourgeoisie provinciale. Plusieurs portes font de grandes taches sombres sur le revêtement de marbre blanc. J'en tourne les boutons ; elles sont toutes fermées. Fort bien. Ce n'est pas là que j'ai à faire.

Je monte l'escalier, un escalier large, à la rampe de fer ouvragé, et je m'arrête sur le palier du premier étage, dallé noir et blanc, comme le vestibule. C'est là que se trouve le cabinet de Monsieur. En face, à droite ou à gauche ? L'abbé a négligé de m'en instruire. A droite, probablement. Essayons. D'un coup de pince, j'ouvre la porte ; et un regard à l'intérieur me fait voir que j'ai deviné juste. J'entre.

C'est une grande pièce, d'aspect rigide, au beau plancher de vieux chêne, aux hautes fenêtres. Deux bibliothèques dont l'une, très grande, occupe tout un pan de mur ; des sièges de cuir vert sombre, hostiles aux conversations frivoles ; des tableaux, portraits de famille, je crois, qui semblent reculer d'horreur au fond de leurs cadres d'or ; et, au milieu du cabinet, un énorme et superbe secrétaire Louis XVI, fleuri d'une garniture merveilleusement ciselée.

— C'est ce secrétaire-là qui contient le magot, m'a dit l'abbé. Si vous y trouvez, comme c'est probable, les bijoux de Madame et de Mademoiselle, il sera inutile de rien chercher ailleurs. Faites attention, car il y a des tiroirs à double-fond ; ne manquez pas de fouiller partout.

C'est fait. J'ai fouillé partout et ma récolte est terminée ; si l'on veut perdre son temps, on peut venir glaner derrière moi. Le beau secrétaire est dans un piteux état, par exemple ; son bois précieux est déshonoré de larges plaies et de profondes entailles, flétri des meurtrissures du ciseau et des éraflures de la pince ; les tiroirs gisent à terre, avec leurs serrures arrachées, leurs secrets découverts au grand détriment des bijoux de ces dames et de certaines actions du canal de Suez, qui iront dire bonjour à celles du Khédive, bientôt, dans le pays de Beaconsfield. Elles vont dormir dans mon sac, en attendant ; à côté de quelques titres de rente française dont le chiffre ferait loucher Paternoster ; en face d'un lot assez considérable d'autres valeurs ; et immédiatement au-dessous d'un joli paquet de billets de banque dont l'abbé Lamargelle n'entendra jamais parler. Il avait raison, pourtant ; c'est une bonne affaire. Je n'ai pas mal employé ma soirée ; vraiment, cela vaut bien mieux que d'aller au café. Ce qui m'ennuie, c'est d'avoir fracassé ainsi un meuble aussi magnifique ; je suis assez disposé à me traiter de Vandale. Allons, un peu de philosophie ! Forcer une serrure, c'est briser une idole.

Quelle heure est-il ? A peine deux heures. Et je ne puis sortir d'ici que pour prendre le premier train pour Paris, qui part à six heures cinq. Que faire, en attendant ? Rester dans cette pièce est imprudent. Je sais bien que je n'ai pas à craindre le retour du maître de céans. Il est allé en pèlerinage à Notre-Dame de je ne sais quoi, avec sa famille et ses serviteurs, à la façon des patriarches ; il ne reviendra qu'après-demain soir... Pourtant...

Je prends le parti de descendre au rez-de-chaussée ; si quelqu'un entrait, j'aurais beaucoup plus de facilité à prendre la clef des champs. J'ouvre la première porte à gauche, dans le vestibule. Une salle à manger. Pourvu qu'il y ait quelque chose dans le buffet ! Je meurs de faim. Je découvre des biscuits et une bouteille de vin. Ce n'est pas beaucoup, mais à la guerre comme à la guerre. Après tout, ce vin et ces biscuits conviennent parfaitement à mon estomac — et ces couverts de vermeil iront très bien dans mon sac. — Je mange, je bois ; et je laisse l'assiette sur le buffet et la bouteille sur la table. Il y a des voleurs qui remettent tout en ordre, dans les maisons qu'ils visitent. Moi, jamais. Je fais un sale métier, c'est vrai ; mais j'ai une excuse : je le fais salement. Lorsque les personnes dévotes, mais imprudentes, qui habitent cette maison rentreront chez elles, l'aspect seul de cette bouteille leur révèlera ce qui s'est passé et les plongera d'emblée dans une affliction profonde. Ah ! j'ai déjà fait pleurer bien des gens ! A ce propos, comment se fait-il que la science n'ait pas encore trouvé le moyen d'utiliser les larmes ?...

Là-dessus, j'éteins ma lanterne et je m'endors — pas trop profondément.

Un bruit de pas et de voix, dans la rue, me tire brusquement de mon sommeil. Attention ! Que se passe-t-il ?... Tout d'un coup, l'idée que l'abbé m'a trahi, m'a tendu un piège pour me faire arrêter, me traverse le cerveau. Je me lève, je m'avance à tâtons vers le vestibule, prêt à m'échapper, tête baissée, dès qu'on ouvrira la porte... Mais les voix s'éloignent, le bruit des pas s'éteint. Qu'est-ce que j'ai été penser là ?...

Je regagne ma chaise, dans les ténèbres, et je cherche à me rendormir. J'y parviens ; j'y parviens trop... Je dors à poings fermés, et je fais un songe affreux. Je rêve qu'on cloue un cercueil, à côté de moi, et que des masses de gens sont là, aux figures blafardes et farouches, qui piétinent et dansent une danse macabre. Par un brusque effort de la volonté qui veille encore en moi, je m'arrache au sommeil et je me mets sur mes pieds.

Est-ce que je rêve encore ? On dirait que c'est mon rêve qui continue. J'entends des coups sourds, monotones qu'on frappe dans le lointain ; je les entends ; je ne me trompe pas, je pense ; et le bruit que font les gens qui passent continuellement dans la rue n'est pas une illusion, pourtant !... L'aube du jour commence à filtrer à travers les lames des persiennes. Je puis voir l'heure à ma montre : cinq heures un quart. Pourquoi ce brouhaha qui parvient jusqu'à mes oreilles ? Si j'osais regarder par la fenêtre... Ah ! que je suis sot ! C'est jour de marché, probablement ; les croquants se lèvent de bonne heure. Quel bête de rêve j'ai fait !... Cinq heures et demie. Il me faut à peine vingt minutes pour gagner la gare, et je ferais mieux d'attendre encore... Si je sortais, tout de même ?

Je sors. Je ferme la porte doucement derrière moi ; je descends vivement le perron par l'escalier de gauche ; je me retourne et je me dirige vers la grande place. Elle est noire de monde cette place !

Elle est noire de monde et quelque chose s'élève au milieu, quelque chose que je n'ai pas vu cette nuit. On dirait deux grandes poutres... deux grandes poutres au sommet desquelles se silhouette un triangle — un triangle aux reflets d'acier...

Je suis mêlé à la foule, à présent, — la foule anxieuse qui halète, là, devant la guillotine. — Les gendarmes à cheval mettent sabre au clair et tous les regards se dirigent vers la porte de la prison, là-bas, qui vient de s'ouvrir à deux battants. Un homme paraît sur le seuil, les mains liées derrière le dos, les pieds entravés, les yeux dilatés par l'horreur, la bouche ouverte pour un cri — plus pâle que la chemise au col échancré que le vent plaque sur son thorax. — Il avance, porté, plutôt que soutenu, par les deux aides de l'exécuteur ; les regards invinciblement tendus vers la machine affreuse, par-dessus le crucifix que tient un prêtre. Et, à côté, à petits pas, très blême, marche un homme vêtu de noir, au chapeau haut de forme — le bourreau — le Monsieur triste de la nuit dernière.

Les aides ont couché le patient sur la planche qui

bascule ; le bourreau presse un bouton ; le couteau tombe ; un jet de sang… Ha ! l'horrible et dégoûtante abomination…

Devant moi, une femme se trouve mal, bat l'air de ses bras, va tomber à la renverse. Je la soutiens ; j'aide à la transporter, de l'autre côté de la place, chez un pharmacien dont la boutique s'est ouverte de bonne heure, aujourd'hui. Puis, je reprends le chemin que j'ai suivi hier soir; le train entre en gare comme j'arrive à la station et, cinq minutes plus tard, je suis en route pour Paris.

Un journal que j'ai acheté m'apprend le nom et l'histoire du malheureux dont l'exécution, dit-il, a été fixée à ce matin. Un pauvre hère, chassé, pour avoir pris part à une grève, d'une verrerie où il travaillait, et qui n'avait pu, depuis, trouver d'ouvrage nulle part. Exaspéré par la misère et affolé par la faim, il s'était introduit, un soir, dans la maison d'une vieille femme. La vieille femme, à son entrée, avait eu une crise de nerfs, était tombée de son lit, s'était fendue le crâne sur le carreau de la chambre ; et l'homme s'était enfui, atterré, emportant une pièce de deux francs qui traînait sur une table. On l'avait arrêté le lendemain, jugé, condamné. Il n'avait point tué la vieille femme, ne l'avait même pas touchée ; les débats l'avaient démontré. Mais le réquisitoire de l'avocat-général avait affirmé l'assassinat, l'assassinat prémédité, et avait demandé, au nom de la Société outragée, un châtiment exemplaire. Douze jurés bourgeois avaient rendu un verdict implacable, et la Cour avait prononcé la sentence de mort…

Et c'est pour exécuter cette sentence qu'on avait envoyé de Paris, hier soir, les bois de justice honteusement cachés sous la grande bâche noire aux étiquettes menteuses — menteuses comme le réquisitoire de l'avocat-général. — C'est pour exécuter cette sentence qu'on avait fait prendre le train express au bourreau, à ce misérable monsieur triste qui désire que tous les hommes aient du pain, que les enfants puissent jouer dans des jardins, et qui trouve beaux les arbres et jolies les fleurs... c'est pour exécuter la sentence qui condamne à mort cet affamé à qui l'on avait arraché son gagne-pain, à qui l'on refusait du travail, et qui a volé quarante sous.

Cependant, à bien prendre, si l'on était obligé de donner de l'ouvrage à tous ceux qui n'en ont pas, qu'adviendrait-il? La production, qui dépasse déjà de beaucoup la consommation, s'accroîtrait d'une façon déplorable; et que ferait-on de tous ces produits? Qu'en ferait-on, en vérité?... D'autre part, si l'on permettait à chaque meurt-de-faim de s'approprier une pièce de quarante sous, où irait-on? Calculez un peu et vous serez effrayé. Car, relativement, les pièces de deux francs sont en bien petit nombre, et il y a tant d'affamés!... Le mieux, en face d'une pareille situation, est encore de s'en tenir à la Loi, qui ne dit pas du tout que l'homme a droit au pain et au travail, et qui défend de prendre les pièces de quarante sous. Et cette loi, il faut l'appliquer avec vigueur, sans pitié, et même sans bonne foi. Il y va du salut de la Société.

Oui, plus j'y réfléchis, plus je trouve que le monsieur jovial avait raison. On ne guillotine pas assez... — on ne guillotine pas assez les gens comme lui.

XI

CHEVEUX, BARBES ET POSTICHES

Je trouve l'abbé Lamargelle chez lui, rue du Bac, au deuxième étage d'une grande vieille maison grise, d'aspect méprisant. J'ai été introduit par la servante dans un vaste cabinet de travail dont les fenêtres donnent sur un jardin, et l'abbé a fait son apparition un instant après.

— Alors, tout s'est bien passé ? Tant mieux... Voyons, je vais faire un peu de place ici, dit-il en débarrassant à la hâte une table encombrée de livres et de papiers, tandis que j'ouvre mon sac. Là ! Mettons tous nos trésors là-dessus... Les valeurs... les bijoux... Pas de billets de banque, naturellement ; je pensais bien que vous n'en trouveriez point... Et qu'est-ce que c'est que ça ? Des couverts ?

— Ah ! oui ; un petit cadeau que j'ai à faire, dis-je, car je pense subitement à présenter à Ida ces dépouilles opimes de la bourgeoisie.

— Vous avez bien raison ; les petits cadeaux entretiennent l'amitié. Maintenant, faisons notre compte approximativement.

Le compte est terminé, et l'abbé se frotte les mains.

— Bonne opération, hein ? Ah ! rendez-moi la clef de la maison, sac à papier ! Il faut que je la renvoie ce soir... Merci. Je vais m'occuper de réaliser le montant de ces titres et de ces bijoux et dans quatre jours, c'est-à-dire samedi, vous reviendrez me voir et nous partagerons en frères. Nous aurons même le plaisir de lire dans les gazettes, ce jour-là, le récit de votre voyage en province, ou tout au moins de ses conséquences.

— Récit qui donnera à plus d'un jeune homme pauvre l'idée de commencer son roman en marchant sur les traces du voleur inconnu.

— Quoi ! s'écrie l'abbé. Vous en êtes là ! Vous prenez au sérieux les jérémiades des personnes bien pensantes qui déplorent que les journaux publient les comptes-rendus des crimes ? Mais ces personnes-là sont enchantées que les feuilles publiques racontent en détail les forfaits de toute nature et impriment au jour le jour des romans-feuilletons sanguinaires. Les journaux, amis du pouvoir, savent bien ce qu'ils font, allez ! Leurs comptes-rendus ne donnent guère d'idées dangereuses, mais ils satisfont des instincts qui continuent à dormir, nourrissent de rêves des imaginations affamées d'actes. Il ne faut pas oublier que les crimes de droit commun, accomplis par des malfaiteurs isolés, sont des soupapes de sûreté au mécontentement général ; et que le récit émouvant d'un beau crime apaise maintes colères et tue dans l'œuf bien des actions que la Société redoute.

— Votre façon d'envisager les choses est très subtile, dis-je ; je vais donc vous apprendre ce que j'ai vu ce matin, au point du jour, et vous demander conseil.

Et je raconte à l'abbé mon voyage avec le bourreau, l'exécution à laquelle j'ai assisté, et je lui fais part des réflexions que m'ont suggérées ces événements.

— Oui, dis-je en terminant, je souhaite le renversement d'un état social qui permet de pareilles horreurs, qui ne s'appuie que sur la prison et l'échafaud, et dans lequel sont possibles le vol et l'assassinat. Je sais qu'il y a des gens qui pensent comme moi, des révolutionnaires qui rêvent de balayer cet univers putréfié et de faire luire à l'horizon l'aube d'une ère nouvelle. Je veux me joindre à eux. Peut-être pourrai-je...

L'abbé m'interrompt.

— Ecoutez-moi, dit-il. Autrefois, quand on était las et dégoûté du monde, on entrait au couvent ; et, lorsqu'on avait du bon sens, on y restait. Aujourd'hui, quand on est las et dégoûté du monde, on entre dans la révolution ; et, lorsqu'on est intelligent, on en sort. Faites ce que vous voudrez. Je n'empêcherai jamais personne d'agir à sa guise. Mais vous vous souviendrez sans doute de ce que je viens de vous dire.

Voilà trois semaines, déjà, que je fréquente les « milieux socialistes » — 30 centimes le bock — et je commence à me demander si l'abbé n'avait pas raison. Je n'avais point attaché grande importance à son avis, cependant ; j'avais laissé de côté toutes les idées préconçues ; j'avais écarté tous les préjugés qui dorment au fond du bourgeois le plus dévoyé, et j'étais prêt à recevoir la bonne nouvelle. Hélas ! cette bonne nouvelle n'est pas bonne, et elle n'est pas nouvelle non plus.

Je me suis initié aux mystères du socialisme, le seul, le vrai — le socialisme scientifique — et j'ai contemplé ses prophètes. J'ai vu ceux de 48 avec leurs barbes, ceux de 71 avec leurs cheveux, et tous les autres avec leur salive.

J'ai assisté à des réunions où ils ont démontré au bon peuple que la Société collectiviste existe en germe au sein de la Société capitaliste ; qu'il suffit donc de conquérir les pouvoirs publics pour que tout marche comme sur des roulettes ; et que le Quatrième

Etat, représenté par eux, prophètes, tiendra bientôt la queue de la poêle... Et j'ai pensé que ce serait encore mieux s'il n'y avait point de poêle, et si personne ne consentait à se laisser frire dedans... Je leur ai entendu proclamer l'existence des lois d'airain, et aussi la nécessité d'égaliser les salaires, à travail égal, entre l'homme et la femme... Et j'ai pensé que le Code bourgeois, au moins, avait la pudeur d'ignorer le travail de la femme... Je leur ai entendu recommander le calme et le sang-froid, le silence devant les provocations gouvernementales, le respect de la légalité... Et le bon peuple, la « matière électorale », a applaudi. Alors, ils ont déclaré que l'idée de grève générale était une idée réactionnaire. Et le bon peuple a applaudi encore plus fort.

J'ai parlé avec quelques-uns d'entre eux, aussi ; des députés, des journalistes, des rien du tout. Un professeur qui a quitté la chaire pour la tribune, au grand bénéfice de la chaire ; pédant plein d'enflure, boursouflé de vanité, les bajoues gonflées du jujube de la rhétorique. Un autre, croque-mort expansif, grand-prêtre de l'église de Karl Marx, orateur nasillard et publiciste à filandres. Un autre, laissé pour compte du suffrage universel, bête comme une oie avec une figure intelligente — chose terrible ! — et qui ne songe qu'à dénoncer les gens qui ne sont pas de son avis. Un autre... et combien d'autres ?... Tous les autres.

J'ai lu leur *littérature* — l'art d'accommoder les restes du *Capital*. — On y tranche, règle, décide et dogmatise à plaisir... L'égoïsme naïf, l'ambition basse, la stupidité incurable et la jalousie la plus vile soulignent les phrases, semblent poisser les pages. Lit-on ça ? Presque plus, paraît-il. De tout ce qu'ont griffonné ces théoriciens de l'enrégimentation, il ne restera pas assez de papier, quand le moment sera venu, pour bourrer un fusil.

Ah ! c'est à se demander comment l'idée de cette caserne collectiviste a jamais pu germer dans le cerveau d'un homme.

— Un homme ! s'écrie un être maigre et blafard qui m'entend prononcer ce dernier mot en pénétrant dans le café, au moment où j'en sors. Savez-vous seulement ce que c'est qu'un homme ? Mais permettez-moi de vous offrir...

Oui, oui, je sais... la permission de payer. Eh bien, qu'est-ce qu'un homme ?

— Un homme, c'est une machine qui, au rebours des autres, renouvelle sans cesse toutes ses parties. Le socialisme scientifique...

Je n'écoute pas l'être blafard ; je le regarde. Une figure chafouine, rageuse, l'air d'un furet envieux du moyen de défense accordé au putois. Transfuge de la bourgeoisie qui pensait trouver la pâtée, comme d'autres, dans l'auge socialiste, et s'est aperçu, comme d'autres, qu'elle est souvent vide. Raté fielleux qui laisse apercevoir, entre ses dents jaunes, une âme à la Fouquier-Tinville, et qui bat sa femme pour se venger de ses insuccès. Il est vrai qu'elle peine pour le nourrir. A travail égal... Mais l'être blafard s'aperçoit de mon inattention.

— Ecoutez-moi attentivement, dit-il ; c'est très important si vous voulez savoir pourquoi le socialisme scientifique ne peut considérer l'homme que comme une machine... La nourriture d'un adulte, ainsi que je vous le disais, est environ égale en puissance à un demi kilogramme de charbon de terre ; lequel demi-kilo est à son tour égal à un cinquième de cheval-vapeur pendant vingt-quatre heures. Comme un cheval-vapeur est équivalent à la force de vingt-quatre hommes, la journée moyenne de travail d'un homme ordinaire monte à un cinquième de l'énergie potentielle emmagasinée dans la nourriture que consomme cet homme et qui est équivalente, vous venez de le voir, à un demi-kilo de charbon. Que deviennent les quatre autres cinquièmes ?...

Je ne sais pas, je ne sais pas ! Je ne veux pas le savoir. Qu'ils deviennent tout ce qu'ils pourront — pourvu que je sorte d'ici et que je n'y remette jamais les pieds !

Un soir, j'ai rencontré un socialiste.

C'est un ouvrier laborieux, sobre, calme, qui se donne beaucoup de mal pour subvenir aux besoins de sa famille et élever ses enfants. Il serait fort heureux que la vie fût moins pénible pour tous, surtout pour ceux qui travaillent aussi durement que lui, et que la misère cessât d'exister. Je crois qu'il ferait tout pour cela, ce brave homme ; mais je pense aussi qu'il n'a qu'une confiance médiocre dans les procédés recommandés par les pontifes de la révolution légale.

— En conscience, lui ai-je demandé, à qui croyez-vous que puisse être utile la propagande socialiste ? Profite-t-elle aux malheureux ?

— Non, sûrement. Car, depuis qu'il est de mode d'exposer les théories socialistes, je ne vois pas que la condition des deshérités se soit améliorée ; elle a empiré, plutôt.

— Eh ! bien, pour prendre un instant au sérieux les arguments de vos frères-ennemis les anarchistes, croyez-vous que cette propagande profite au gouvernement ?

— Non, sûrement. Le gouvernement, si mauvais qu'il soit, se déciderait sans doute à faire quelques concessions aux misérables, par simple politique, s'il n'était pas harassé par les colporteurs des doctrines collectivistes ; et il serait plus solide encore qu'il ne l'est.

— A qui profite-t-elle donc, alors, cette propagande ?

Il a réfléchi un instant et m'a répondu.

— Au mouchard.

XII

L'IDÉE MARCHE

Une lettre de Roger-la-Honte m'a appelé à Rouen ; il s'agissait d'une taxe extraordinaire à prélever sur un capital déterminé. Nous avons opéré la saisie pendant la nuit, afin de ne déranger personne, et nous sommes partis ensemble pour l'Angleterre. Je suis très content d'être revenu à Londres. L'Anarchie est un peu persécutée en ce moment et ses grands hommes se sont réfugiés sur le sol britannique. Ces théoriciens, ces faiseurs de systèmes qui ont si souvent déjà, dans leurs diverses publications, tracé la voie de l'humanité, ont sûrement une vision nette des choses, la prescience de l'avenir ; ils connaissent le secret du Futur, et peut-être...

Mais pourquoi pas ? Pourquoi me refuseraient-ils le secours de leur expérience ? Pourquoi ne voudraient-ils pas m'indiquer la route qu'il faut suivre ? Car ils ne doivent pas se payer de mots, ceux-là ; et s'ils parlent, ce doit être pour dire quelque chose. Si j'allais les voir ?... Oui, mais ils sont tant... Ils sont tant qu'il faut choisir.

J'ai fait mon choix : Balon, le psychologue anarchiste, que sa *Cérébralité soldatesque* a rendu si célèbre ; et Talmasco, dont le dernier livre a fait tant de bruit. Chez Balon, pour commencer.

Il me reçoit fort aimablement. Son abord n'est pas des plus sympathiques, pourtant ; il donne plutôt l'impression d'un pince-maille agité, d'un fesse-mathieu perplexe, d'un de ces parents pauvres qui meurent de privations sur les cent mille francs qui bourrent leur paillasse, d'un vilain tondeur d'œufs. Mais ses manières sont tellement accueillantes ! Il me met tout de suite à mon aise ; de telle façon, même, que je suis obligé de me déclarer un peu confus.

— La confusion ! dit Balon en souriant. Je ne connais que ça ; c'est quand on prend une chose pour une autre. Ça arrive tous les jours. Ainsi, pour ne vous citer qu'un fait, on me confond à chaque instant, moi, Balon le psychologue, avec M. Talon le sociologue. Qu'y voulez-vous faire ?... Que les gens continuent, si cela les amuse. Je ne suis, moi — et je tiens à le dire bien haut, car je prise avant tout la modestie — qu'un homme de science. Je m'occupe exclusivement des causalités, des modalités, des cérébralités, des mentalités, des...

Oui, oui, je ne l'ignore pas. C'est même étonnant qu'un écrivain puisse s'intéresser à tant d'aussi belles choses. Quelle cervelle il doit avoir, ce Balon ! Et je ne crois pas trouver une meilleure occasion de lui présenter mes félicitations au sujet de sa *Cérébralité soldatesque*.

— Ne m'étouffez pas sous les compliments, répond-il. Contentez-vous de dire que c'est une œuvre. Un chef-d'œuvre, si vous voulez ; et n'en parlons plus. Ah ! messieurs les militaires ont passé de mauvais quarts d'heure à l'époque où a paru mon livre. Les militaires ! Des pillards sanguinaires, tous !... Des bouchers ! D'horribles bouchers !...

Des bouchers ! Brrr !!!... Il faut l'entendre prononcer ce mot-là. Comme on voit bien qu'il a l'horreur de la viande ! Comme on le devine, comme on le sent — et comme on n'a pas tort ! — Car Balon n'est pas seulement un psychologue et un homme de science ; c'est encore un végétarien. Les légumes et les œufs constituent ses aliments ; le lait est sa boisson. Bénédictin de la Cause, anachorète de la Sociale, moine du Progrès, confesseur de la Foi vivifiante, il n'a nul besoin de fouetter ses convictions avec des excitants vulgaires et de piquer sa pensée libre de l'aiguillon des stimulants équivoques. L'ébullition d'un potage aux herbes lui donne la note exacte de l'effervescence des désirs libertaires ; des œufs brouillés symbolisent pour lui l'état présent de la Société, dédaigneuse de l'harmonie nécessaire ; des salsifis, blancs au-dedans et noirs dehors, lui représentent le caractère de l'homme dont la bonté native ne fait point de doute pour lui ; il retrouve, dans le va-et-vient d'une queue de panais agitée par le vent, tous les frémissements de l'âme moderne ; et c'est dans du lait écrémé, image de la science, imparfaite, hélas ! qu'il cherche à étancher sa soif de progrès et de liberté.

Vie frugale, méthode de travail simplifiée, voilà le système de Balon. Simplifiée ! Que dis-je ? Réduite à sa plus simple expression. Car Balon a un procédé à lui. Je le connais, mais n'attendez point que je vous en fasse part. Le libraire qui lui fournit à forfait les vieux journaux qu'il découpe, et l'épicier qui lui vend sa gomme arabique ne vous en diraient pas davantage.

Aussi, ça tient, ce que fait Balon. C'est épais et solide. Il n'a rien inventé, je l'accorde. Mais il vous présente les choses d'une façon tellement inattendue ! C'est presque l'histoire de l'œuf de Colomb. *Omne ex ovo.* Quel œuf !

Balon est un pondeur. Il a déjà fait, des parasites de la Société, plusieurs vigoureuses peintures — à la colle. — De plus, c'est un couveur. Il mijote quelque chose qui ne sera pas, comme on dit, dans un sac. Il prouvera victorieusement, une fois de plus, que l'Idée marche. Certains écumeurs ne seront pas contents, peut-être. Qu'ils tremblent dès aujourd'hui, comme ils l'ont fait si souvent déjà — car c'est l'effroi des exploiteurs et la terreur des soudards, cet homme de science refusé au conseil de révision, ce psychologue qui dissèque les âmes aussi froidement qu'il découpe son papier, qu'un verre de vin fait pâlir et qui cane devant un bifteck !

Balon est convaincu de l'excellence des théories anarchistes. Il me le déclare hautement. Certaines de ses phrases respirent la bataille, semblent saupoudrées de salpêtre. Balon, lui, à force de s'abreuver de laitage, a pris, plutôt, une odeur d'étable ; il fleure la crèche, il sent la nourrice sur lieux...

Pas de blague ! Cette nourrice-là, si sèche qu'elle paraisse, allaitera les générations futures ; et c'est à ses mamelles bienfaisantes que viendront boire les hommes de demain. Ah ! Balon, biberon de vérité, homme de science, *alma mater* !...

Je voudrais vous le faire connaître, au physique, comme je vous l'ai présenté au moral. Mais, voilà, c'est bien difficile ; et je ne sais pas trop comment dire : Petit, noueux, des genoux qui font des avances et des épaules qui demandent l'aumône, un nez en patère et des oreilles en champignons, des cerceaux de vestiaire en guise de bras, des pieds à rebords et plats comme des égouttoirs à pépins — il me donne l'idée d'un porte-manteau rabougri, d'un porte-manteau pour culs-de-jatte.

Comme j'ai eu raison de me raccrocher à lui, d'avoir foi en son expérience ! Il m'a fait voir des choses que je ne soupçonnais pas ; non, je n'aurais jamais cru les doctrines anarchistes aussi compliquées...

— Ne doutez pas du succès définitif, me dit-il en m'accompagnant jusqu'à la porte. L'étude des causalités des mentalités actuelles, basée sur la comparaison raisonnée des modalités des célébralités, m'a profondément persuadé de la fatalité du triomphe de l'Idée. Quant à prévoir certaines éventualités, dans un délai plus ou moins bref, ce m'est impossible ; il faudrait me livrer à des travaux considérables, et le temps me manque. Je ne suis qu'un homme de science, souvenez-vous en. Je puis donc vous dire avec certitude où nous irons, mais je ne puis vous indiquer avec la même précision la meilleure route à suivre.

C'est malheureux. C'est justement ce que je voulais savoir... Enfin, malgré tout, c'est très beau, ce que m'a dit Balon. Et puis, il parle si bien ! Presque aussi bien qu'il écrit. La modalité, la causalité, la céré...céri... Oh ! c'est très beau.

Je ne serais pas fâché, cependant, si Talmasco se montrait plus explicite. Il faudra que je lui pose des questions catégoriques, dès que j'arriverai chez lui.

Tiens ! j'y suis.

Sa femme vient m'ouvrir et m'introduit. Et, une minute après, Talmasco apparaît en personne. Je lui pose des questions catégoriques.

— Vous faites bien, me dit-il, de venir me trouver. Je ne dois pas vous cacher que l'Anarchie traverse une crise en ce moment ; mais cette crise, croyez-le, ne sera que passagère...

Talmasco, qui pourtant est un libertaire déterminé, a plutôt l'allure d'un bourgeois bien élevé ; son existence, paraît-il, est aussi des plus bourgeoises. Son geste hésitant, sans ampleur, lui donne l'aspect, quand il parle, d'un nageur inexpérimenté. Il a la voix de ces chantres d'une chapelle romaine qui n'entonnent leur premier cantique qu'après avoir fait trancher certaines difficultés d'organe par la main de praticiens spéciaux.

— L'Anarchie a eu le tort de mal comprendre jusqu'ici, continue-t-il, le grand principe de la fraternité. Avec la solidarité pour base, voyez-vous, l'Idée eût été invincible et nous n'aurions point assisté, ainsi que cela est arrivé trop souvent, à des spectacles plutôt regrettables. Je parle de la solidarité la plus large, non pas seulement entre nous, libertaires, mais entre nous et certains groupements socialistes que nos théories ont déjà séduits. Ah ! si nous avions pu nous entendre, tout ce que nous aurions pu faire dans les syndicats ouvriers !... C'est si beau, si grand, si puissant, la fraternité ! Ce sentiment-là... Mais on sonne ; permettez-moi d'aller ouvrir.

Talmasco descend. Tout à coup, j'entends un cri ; des cris ; un bruit de lutte dans le corridor. Qu'y a-t-il ?... Mᵐᵉ Talmasco et moi nous nous précipitons... Mais Talmasco remonte déjà l'escalier, le col arraché, la cravate pendante et le nez en sang. Il explique ce qui s'est passé. Des compagnons, qui lui en veulent sans qu'il sache trop pourquoi, sont venus le demander sous un prétexte et, brusquement sans éclaircissements préalables, lui ont sauté à la gorge. Il a pu s'en débarrasser et les mettre à la porte sans leur faire de mal.

— Des compagnons trop pressés et qui ne raisonnent pas, déclare Talmasco en épongeant son nez meurtri. Ils ont tort, mais que voulez-vous ? On ne peut pas leur garder rancune de leur impatience. S'ils ne souffraient pas autant, ils réfléchiraient un peu plus. D'ailleurs, ceci vient à point nommé à l'appui de ma thèse. Si ces compagnons avaient une notion suffisante de l'idée de fraternité, ils comprendraient qu'au lieu de perdre notre temps à nous quereller entre nous, nous aurions tout intérêt à nous unir et à chercher à grossir nos forces contre l'ennemi commun. La fraternité, malheureusement, est un sentiment assez complexe, malgré sa simplicité apparente...

On sonne encore. Cette fois, c'est Mᵐᵉ Talmasco qui va ouvrir.

— Peut-être aussi, continue Talmasco, n'avons-nous point mis, nous autres théoriciens, toute la patience désirable...

Mais, sitôt la porte ouverte, en bas, un vacarme

terrible éclate. Une bordée d'injures atroces fracasse l'escalier. Ce sont les compagnes des compagnons qui viennent insulter Mᵐᵉ Talmasco, lui reprocher ceci, cela, et un tas d'*et cætera*. Le propriétaire n'a que le temps d'accourir et de pousser la porte sur le nez des furies, qui continuent à hurler dans la rue. Mᵐᵉ Talmasco remonte, tout en larmes.

— Bah ! ce n'est rien, dit Talmasco ; un simple malentendu. Les compagnons se figurent, parce que nous savons tenir à peu près une plume, que nous ne cherchons qu'à prendre de l'autorité sur eux. Ils ont raison de se montrer jaloux de leur indépendance, c'est certain. Cependant, ils devraient se rendre compte que nous sommes en pleine période de lutte, que le mouvement révolutionnaire ne demande qu'à prendre une extension énorme, et que l'union est éminemment nécessaire. Ah ! la fraternité ! c'est si beau ! C'est tellement sublime !... Ce doit être l'auréole des temps nouveaux...

La voix monotone, féminine, continue à chantonner, sans clef de *la*, scandée par les sanglots et les soupirs de Mᵐᵉ Talmasco, qui persiste à pleurer dans un coin. C'est assez pénible. Je me lève et Talmasco me dit, au moment où je le quitte.

— Le mot d'ordre de l'Anarchie doit être : Bonne volonté et Fraternité.

Oui, oui... certainement... évidemment... Mais, mais, mais...

Un soir, j'ai rencontré un anarchiste.

C'est un trimardeur, qui ne fait pas grand'chose, boit un peu, crie pas mal, ne s'inquiète guère de sa famille et n'a nul souci de ses enfants. Il serait fort heureux que la vie fût moins pénible pour ceux qui aiment le travail, moins vide pour ceux qui ne l'aiment pas, et que la misère cessât d'exister. Je crois qu'il ferait tout pour cela, ce vagabond ; mais je pense aussi qu'il n'a aucune confiance dans les moyens d'action préconisés par les apôtres de la révolution illégale.

— En conscience, lui ai-je demandé, à qui croyez-vous que puisse être utile la propagande anarchiste ? Profite-t-elle aux malheureux ?

— Non, sûrement. Car, depuis qu'il est de mode d'exposer les théories anarchistes, je ne vois pas que la condition des déshérités se soit améliorée ; elle a empiré, plutôt.

— Eh ! bien, pour prendre un instant au sérieux les arguments de vos frères-ennemis les socialistes, croyez-vous que cette propagande profite au gouvernement ?

— Non, sûrement. L'idée d'autorité a été battue en brèche sans aucun résultat. Un petit nombre d'individus ont cessé de croire à la divinité de l'Etat, mais les masses terrorisées se sont rapprochées de l'idole ; de sorte que, tout compte fait, la puissance gouvernementale n'a été ni accrue ni diminuée.

— A qui profite-t-elle donc, alors, cette propagande ?

Il a réfléchi un instant et m'a répondu :

— Au mouchard.

XIII

RENCONTRES HEUREUSES ET MALHEUREUSES

Alors c'est cela, le spectre rouge ; c'est cela, le monstre qui doit dévorer la Société capitaliste !

Ce socialisme, qui change le travailleur, étroitement mais profondément conscient de son rôle et de ses intérêts, en un idéaliste politique follement glorieux de sa science de pacotille ; qui lui inculque la vanité et la patience ; qui l'aveugle des splendeurs futures du Quart-État, existant par lui-même et transportable, d'un seul coup, au pouvoir.

Cette anarchie, qui codifie des truismes agonisant dans les rues, qui passionne des lieux-communs plus usés que les vieille lunes, qui spécule sur l'avenir comme si l'immédiat ne suffisait pas, comme si la notion du futur était nécessaire à l'acte — comme si Hercule, qui combattit Cacus dans les ténèbres, avait eu besoin d'y voir clair pour terrasser le brigand.

Pépinières d'exploiteurs, séminaires de dupes, magasins d'accessoires de la maison Vidocq...

Des gouvernements aussi, entreprises anonymes de captation, comme l'autre, despotismes tempérés par le chantage ; des gouvernements auxquels le gouverné reproche sans trêve, comme à l'autre, leur immoralité ; mais jamais sa propre misère morale. La Révolution prend l'aspect d'une Némésis assagie et bavarde, établie et vaguement patentée, qui ne songe plus à régler des comptes, mais qui fait des calculs et qui a troqué le flambeau de la liberté contre une lanterne à réclame. En haut, des papes, trônant devant le fantôme de Karl Marx ou le spectre de Bakounine, qui pontifient, jugent et radotent ; des conclaves de théoriciens, de doctrinaires, d'échafaudeurs de systèmes, pisse-froids de la casuistique révolutionnaire, qui préconisent l'enrégimentation — car tous les groupements humains sont à base d'avilissement et de servitude ; — en bas, les foules, imbues d'idées de l'autre monde, toujours disposées à prêter leurs épaules aux ambitieux les plus grotesques pour les aider à se hisser dans ce char de l'Etat qui n'est plus qu'une roulotte de saltimbanques funèbres ; les foules, bêtes, serviles, pudibondes, cyniques, envieuses, lâches, cruelles — et vertueuses, éternellement vertueuses !

Ah ! comme on comprend le beau rire de la toute-puissante armée bureaucratique devant l'Individualité, comme on comprend la victoire définitive de la formule administrative, et le triomphe du rond-de-cuir ! Et l'on songe, aussi, aux enseignements des philosophes du XVIIIe siècle, à ce respect de la Loi qu'ils prêchèrent, à leur culte du pouvoir absolu de l'Etat, à leur glorification du citoyen... Le citoyen — cette chose publique — a remplacé l'homme. La souveraineté illimitée de l'Etat peut passer des mains de la royauté aux mains de la bourgeoisie, de celles de la bourgeoisie à celles du socialisme ; elle continuera à exister. Elle deviendra plus atroce, même ; car elle augmente en se dégradant. Quel dogme !... Mais quelle chose terrible que de concevoir, un instant, la possibilité de son abolition, et de s'imaginer obligé de penser, d'agir et de vivre par soi-même !

Par le fait de la soumission à l'autorité infinie de

l'État, l'activité morale ayant cessé avec l'existence de l'Individu, tous les progrès accomplis par le cerveau humain se retournent contre l'homme et deviennent des fléaux ; tous les pas de l'humanité vers le bonheur sont des pas vers l'esclavage et le suicide. Les outils forgés autrefois deviennent des buts, de moyens qu'ils étaient. Ce ne sont plus des instruments de libération, mais des primes à toutes les spoliations, à toutes les corruptions. Et il arrive que la machine administrative, qui a tué l'Individu, devient plus intelligente, moins égoïste et plus libérale que les troupeaux de serfs énervés qu'elle régit !

On a tellement écrasé le sentiment de la personnalité qu'on est parvenu à forcer l'être même qui se révolte contre une injustice à s'en prendre à la Société, chose vague, intangible, invulnérable, inexistante par elle-même, au lieu de s'attaquer au coquin qui a causé ses griefs. On a réussi à faire de la haine virile la haine déclamatoire... Ah ! si les détroussés des entreprises financières, les victimes de l'arbitraire gouvernemental avaient pris le parti d'agir contre les auteurs, en chair et en os, de leurs misères, il n'y aurait pas eu, après ce désastre cette iniquité, et cette infamie après cette ruine. La vendetta n'est pas toujours une mauvaise chose, après tout, ni même une chose immorale ; et devant l'approbation universelle qui aurait salué, par exemple, l'exécution d'un forban de l'agio, le maquis serait devenu inutile... Mais ce sont les institutions, aujourd'hui, qui sont coupables de tout ; on a oublié qu'elles n'existent que par les hommes. Et plus personne n'est responsable, nulle part, ni en politique ni ailleurs... Ah ! elle est tentante, certes, la conquête des pouvoirs publics !

Ces socialistes, ces anarchistes !... Aucun qui agisse en socialiste ; pas un qui vive en anarchiste... Tout ça finira dans le purin bourgeois. Que Prudhomme montre les dents, et ces sans-patrie feront des saluts au drapeau ; ces sans-respect prendront leur conscience à pleines mains pour jurer leur innocence ; ces sans-

Dieu décrocheront et raccrocheront, avec des gestes de revendeurs louches, tous les jésus-christs de Bonnat.

Allons, la Bourgeoisie peut dormir tranquille; elle aura encore de beaux jours...

Je n'irai pas faire part de mes désillusions à l'abbé, pour sûr; il se moquerait de moi, sans aucun doute. De quoi ai-je été me mêler là ? Est-ce que cela me regarde, moi, ce que peuvent dire et penser les futurs rénovateurs de la Société ? « Toutes les affaires qui ne sont pas nos affaires personnelles sont les affaires de l'Etat. » C'est Royer-Collard qui a dit ça; et il avait bien raison.

Mais j'irai à Paris tout de même, pour me distraire; il me semble que j'ai des lois d'airain qui me compriment le cerveau, et l'air de Londres est malsain pour ces maladies-là. C'est entendu; je prends le train ce soir. « L'idée marche », disent les anarchistes. Moi aussi.

— Comment ! c'est toi ! s'écrie Ida que j'ai été voir, presque en arrivant. En voilà, une surprise ! Figure-toi que j'avais l'intention d'aller te faire une visite à Londres, dans deux ou trois jours.

— Vraiment ? Et en quel honneur ?

— Es-tu modeste ! Fais au moins semblant de croire que j'avais rêvé de toi, et embrasse-moi.

Je m'exécute, et Ida continue :

— La vérité, c'est que j'avais quelque chose à te dire, quelque chose de très important.

— Ah ! je devine : tu as revu la petite femme du monde...

— Renée ? Non. Je l'ai bien vue deux ou trois fois, en passant; mais il n'y a rien à faire avec elle pour le moment. Comme elle a payé toutes ses dettes, elle peut avoir du crédit pendant un bon bout de temps; et puis son mari a fait un héritage, je crois... Non, ce n'est pas d'elle que je voulais te parler. J'avais l'intention de te demander un conseil.

— Ida, ne fais pas cela ; tu t'en repentirais.

— Naturellement ; et ça ne m'empêcherait pas de continuer. Es-tu sérieux ? Oui ? Eh ! bien, écoute. J'ai reçu hier une lettre de Canonnier. Il est aux États-Unis...

— Après s'être échappé de Cayenne ; je sais ça. Mais en dehors de ce détail, j'ignore tout sur Canonnier. Pourquoi a-il été condamné aux travaux forcés, d'abord ?

— Condamné ! s'écrie Ida ; il n'a jamais été condamné aux travaux forcés.

— Et il était au bagne ?

— Oui. Mais pas comme condamné ; en qualité de relégué. Tu ne connais donc pas la loi de relégation ?

— Si, dis-je. C'est un des chefs-d'œuvre de la République ; si elle n'avait pas créé le Pari Mutuel, ce serait le seul.

— Alors, tu sais que, lorsqu'un homme a encouru deux condamnations, le tribunal a le droit de prononcer la relégation, sans autre forme de procès, et de l'envoyer finir ses jours à Cayenne ou à la Nouvelle-Calédonie.

— Certainement. La chose est charmante. Une pareille mesure, en si parfait désaccord avec les règles les plus élémentaires de l'équité, ne pouvait être votée qu'à une époque de haute moralité, et par des hommes dont l'intégrité est au-dessus de tout soupçon. Vois-tu Ida, la Société bourgeoise me fait l'effet de traiter le voleur, clair de lune de l'honnête homme actuel, comme le précepteur du Dauphin traitait autrefois le compagnon d'études de son royal élève ; elle lui donne la fessée quand l'autre n'est pas sage.

— Il n'y a rien de tel que l'exemple... A dire vrai, cette loi est immonde. Je ne cherche pas à disculper Canonnier ; c'est un voleur de premier ordre ; Dieu seul, s'il existe, connaît le nombre de ses larcins. Pourtant, il n'avait subi qu'une condamnation pas sérieuse et il y avait déjà fort longtemps, lorsqu'il fut soupçonné d'avoir commis un vol perpétré au Hâvre, dans une villa appartenant à un des gros seigneurs de la République. Ce n'était pas de l'argent qui avait été enlevé, ni des valeurs, mais des papiers politiques de la plus haute importance, paraît-il. Canonnier était bien l'auteur du vol; il avait dérobé les documents et les avait expédiés à un de ses amis, attorney à New-York. Mais on n'avait aucune preuve de sa culpabilité et l'on n'osa point l'arrêter. On se contenta de le filer sérieusement.

— Il n'avait qu'à quitter la France.

— C'est ce qu'il voulut faire. Il partit pour Bordeaux et s'y logea dans un hôtel quelconque, en attendant le départ du bateau qu'il voulait prendre. Le soir même de son arrivée, comme il rentrait après avoir passé la soirée au théâtre, il fut mis en état d'arrestation ; on l'accusa d'avoir dérobé l'argenterie de l'hôtel; on fouilla ses bagages; et l'on y trouva, en effet, quelques douzaines de couverts...

— Que les argousins y avaient déposés pendant son absence. L'invention n'est pas neuve.

— Ce qui ne l'est pas non plus, ce sont les propositions insidieuses et les menaces qui lui furent faites. Il ferma l'oreille aux propositions, et les menaces furent exécutées. Il fut condamné, pour le vol, à je ne sais plus combien de mois de prison, et la relégation s'ensuivit. Voici bientôt quatre ans de cela...

— Et tu dis que tu as reçu hier une lettre de lui ?

— Oui; il m'apprend qu'il sera en France d'ici deux mois environ, et me charge d'une commission bien délicate et bien ennuyeuse. Tu sais qu'il a une fille ?

— Je l'ai entendu dire, à toi ou à Roger-la-Honte.

— Elle a dix-neuf ans, à peu près ; elle s'appelle Hélène...

— N'a-t-elle pas été adoptée par la femme d'un magistrat ?

— Pas tout à fait. Voici les choses : il y a une vingtaine d'années, Canonnier, qui n'en avait guère que vingt-cinq, rencontra par hasard, dans un jardin public, une jeune fille qui venait d'entrer, comme gouvernante, au service de M. de Bois-Créault, le fameux procureur-général du commencement de la République. C'était une petite provinciale, bébête mais très jolie. Canonnier s'amusa à lui faire la cour, en obtint des rendez-vous dont il ne pût gâter l'innocence, et finit par en devenir sérieusement amoureux. La petite, qui se sentait vivement désirée, parlait mariage et restait sourde à toute autre chose. Canonnier, qui faisait alors ses premières armes dans l'armée du crime, bien qu'il se fût qualifié voyageur de commerce, trouvait sans doute dans cette intrigue banale une dérivation à l'énervement qui accompagne les débuts dans votre profession. Et puis, vraiment, il était amoureux. Au fond, il ne nourrissait aucun parti-pris contre les unions légitimes ; il en aurait conclu trois aussi facilement qu'une seule, le même jour. Le mariage se fit donc, avec l'assentiment de la famille de Bois-Créault, qui garda la jeune femme à son service, même après qu'elle eut mis au monde une petite fille.

— Et Canonnier, que faisait-il pendant ce temps-là ?

— Il était censé voyager beaucoup, surtout à l'étranger. Il voyait sa femme de temps à autre, assez souvent durant les premières années, assez rarement depuis. Quant à l'enfant, qui avait été mise en nourrice d'abord, puis en pension, il a toujours subvenu largement à tous les frais.

— Mais, depuis son arrestation ?

— Deux jours avant qu'on le mît en prison, sa femme mourut subitement de la rupture d'un anévrisme. Hélène, que Mme de Bois-Créault avait invitée à passer ses vacances chez elle, se trouvait auprès de sa mère quand ce malheur survint et put assister à ses derniers moments. Mme de Bois-Créault, émue de compassion, se résolut à garder la jeune fille auprès d'elle. Ah ! l'on dira ce qu'on voudra, continue Ida avec un grand geste, mais il y a encore de braves gens ! C'est magnifique, ce qu'ils ont fait-là, les Bois-Créault. Grâce à leur intervention, aucune publicité ne fut donnée au procès de Canonnier ; il fut jugé, condamné et relégué à huis clos, pour ainsi dire. Hélène ignore donc le sort de son père, le croit mort ou disparu. Elle ne sait rien de lui, l'a vu seulement de loin en loin. L'aime-t-elle ? Canonnier l'affirme et prétend, de son côté, que sa fille est son adoration et qu'il veut, un jour, en faire une reine ; moi, je ne sais pas...

— J'ai entendu dire que Canonnier était riche.

— Très riche. Sa fortune est en Amérique. Mais il ne possède pas que de l'argent ; il a aussi beaucoup de papiers politiques, dans le genre de ceux qu'il a dérobés au Hâvre ; il n'a pas volé autre chose pendant toute une année. Il m'a dit que ces documents vaudraient avant peu, en France, beaucoup plus que leur pesant de billets de banque.

— Il n'avait pas tort ; et il voyait loin... Mais tu disais qu'Hélène vit avec la famille de Bois-Créault...

— Certainement. Mme de Bois-Créault la traite comme sa propre fille ; une mère ne serait pas plus dévouée, plus pleine d'attentions pour son enfant. Je les ai vues maintes fois ensemble, à la messe de Saint-Philippe du Roule ou aux premières. Mon cher, moi qui connais les choses, j'étais émue plus que je ne saurais dire ; les larmes m'en venaient aux yeux. Hélène est si jolie, et Mme de Bois-Créault a l'air d'une femme si supérieure ! Une figure qui respire la franchise, la dignité et la bonté. Ah ! oui, c'est une vraie femme ! Je suis sûre qu'elle aurait adopté Hélène si la chose était possible, si Canonnier était mort.

— Elle n'a pas d'enfants, probablement ?

— Si. Un fils, M. Armand de Bois-Créault. Un jeune homme de vingt-cinq ans, environ.

— Que fait-il ?

— Rien. Il est officier de réserve. Je crois qu'il ne songe guère qu'à s'amuser ; on voit souvent son nom dans les journaux mondains.

— Ils sont riches, ces Bois-Créault ?

— Oh ! oui ; surtout depuis trois ans. Ils ont fait un gros héritage, je crois. On prétend que le fils jette l'argent à pleines mains...

— Et le père ne met pas le holà ? J'aurais pensé qu'un ancien magistrat...

— Tu ne connais pas ces gens-là, répond Ida en souriant. M. de Bois-Créault est un homme d'étude qui passe son temps dans la retraite la plus austère. Il ne sait que ce qu'on veut bien lui apprendre, et ce n'est pas la mère qui irait l'instruire des fredaines de son fils. On le voit rarement dans le monde et, même chez lui, il n'apparaît aux réceptions données par sa femme que pour de courts instants. Il ne se plaît que dans son cabinet.

— Cherche-t-il la pierre philosophale ?

— Non ; il n'en a pas besoin. Il achève un gros ouvrage de jurisprudence, ou quelque chose dans ce genre-là ; une œuvre qui fera sensation, paraît-il. Ça s'appelle : « Du réquisitoire à travers les âges. » Les journaux ont déjà dit plusieurs fois qu'on en attendait la publication avec impatience. Mais, des travaux pareils, ça ne s'improvise pas, tu comprends.

— Heureusement... Et quelle est la commission dont te charge Canonnier ?

— Tu ne l'imaginerais jamais. Il me demande de faire parvenir à sa fille une lettre dans laquelle il lui annonce son prochain retour et la prie de se tenir prête à quitter ses bienfaiteurs et à venir le rejoindre, dès qu'il lui en donnera avis.

— Et tu ne sais pas comment faire tenir la lettre à Hélène ?

— Ah ! ma foi, si ; ce n'est pas là ce qui m'embarrasse ; un domestique, une ouvreuse au théâtre, un bedeau à l'église, pourvu que je leur graisse la patte, lui remettront tout ce que je voudrai. Mais tu ne vois pas ce qu'il y a d'abominable dans ce que fait Canonnier ? Engager sa fille à payer de la plus noire ingratitude les bienfaits d'une famille qui l'a accueillie d'une façon si cordiale ! Lui conseiller de quitter cette maison qu'on lui a ouverte si généreusement comme on s'échapperait d'une geôle ! L'inviter à briser son propre avenir et aussi, sans doute, le cœur de sa mère adoptive !... Et pourquoi ? Pour la lancer dans une carrière d'aventures, pour lui préparer une existence faite de tous les hasards... Ah ! c'est indigne !... Je sais bien que, pour Canonnier, tous les sentiments ordinaires sont nuls et non avenus ; mais, c'est égal, s'il était ici je lui dirais ce que je pense... Voyons ; tu as du bon sens, tu sais juger les choses ; que me conseilles-tu de faire ?

— Il faut faire, dis-je, ce que te demande Canonnier.

— Mais...

— Il faut le faire sans hésitation. J'ignore les motifs qui le font agir ; mais il a des raisons sérieuses, sois-en sûre. Du reste, Hélène prendra le parti qui lui conviendra ; rien ne la force à obéir à son père.

— C'est bon, dit Ida. Elle aura la lettre avant demain soir. Mais si cela tourne mal, je saurai à qui m'en prendre... Allons déjeuner ; je t'en veux à mort, car tu n'as pas de cœur, et si quelques douzaines d'huîtres ne nous séparent pas l'un de l'autre, je ne réponds pas de moi...

— Qu'est-ce que tu vas faire à présent ? me demande Ida après déjeuner.

— Un petit tour sur le boulevard ; et si tu n'as rien de mieux à faire...

— Si. J'attends quelqu'un tantôt. L'obstétrique avant tout. Je te souhaite beaucoup d'amusement. D'ailleurs, je vais te dire...

Elle va chercher des cartes, les bat et me les fait couper plusieurs fois.

— Eh ! bien, non, mon petit, tu ne t'amuseras pas beaucoup cette après-midi. Tu rencontreras un jeune homme triste et un homme de robe, et tu causeras d'affaires avec eux... ils te proposeront un travail d'écriture...

— Ah ! les misérables ! Ne m'en dis pas plus long !... Je me sauve. Je viendrai t'enlever ce soir à sept heures.

Allez donc vous moquer des prédictions et rire des cartomanciennes ! Il n'y a pas cinq minutes que je me promène sur le boulevard, quand j'aperçois le jeune homme triste. En croirai-je mes yeux ? Il est accompagné de l'homme de robe. Philosophe, juge ou professeur, je ne sais pas ; mais homme de robe, c'est certain, bien que la robe s'écourte en redingote noire, en redingote à la papa. Ah ! homme de robe, tu as une bien vilaine figure, mon ami, avec ton nez camus, tes yeux couleur d'eau de Seine et ta grande barbe noire !

Quant au jeune homme triste, il n'y a pas à s'y tromper, c'est Edouard Montareuil en personne. Il vient à moi la main tendue, se dit très heureux de me rencontrer, me demande de mes nouvelles et, après que je lui ai rendu la pareille, me présente l'homme de robe.

— Monsieur le professeur Machin, criminaliste.

Saluts, poignées de mains, petite conversation météorologique ; après quoi nous disparaissons tous les trois, fort dignement, dans les profondeurs d'un café.

Et comment se porte Mme Montareuil ? Pas trop mal, bien qu'elle soit toujours en proie, depuis ce malheureux événement — vous savez — à une profonde tristesse. Son fils la partage-t-il cette mélancolie ? Mon Dieu ! oui ; il ne s'en défend pas. Le coup l'a profondément touché ; il ne s'est pas marié ; il porte sa virilité en écharpe. N'a-t-il point essayé de réagir ? Si ; il a fait des tentatives héroïques, mais sans grand succès. Cependant, comme le chagrin, même le mieux fondé, ne doit pas condamner l'homme à l'inertie ; comme il faut payer à ses semblables le tribut de son activité, Edouard Montareuil s'est décidé à agir vigoureusement, à se lancer à corps perdu dans le tourbillon des entreprises modernes. Il a fondé une Revue.

— La « Revue Pénitentiaire. » N'en avez-vous pas vu le premier numéro, qui a paru le mois dernier ? Il a été fort bien accueilli.

Je suis obligé d'avouer que j'étais à l'étranger, vivant en barbare, très en dehors, hélas ! du mouvement intellectuel français.

— Ah ! Monsieur, déclare le criminaliste, vous avez beaucoup perdu. L'apparition de la « Revue Pénitentiaire » a été l'événement du mois. C'est un gros succès.

J'en doute un peu, car enfin... Mais Montareuil me démontre que j'ai le plus grand tort. Même au point de vue pécuniaire, sa Revue est un succès ; grâce à certaines influences qu'il a su mettre en jeu, tous les employés et gardiens des prisons de France et de Navarre ont été obligés de s'y abonner et, le mois prochain, tous les gardes-chiourmes des bagnes seront contraints de les imiter. N'est-ce pas une excellente manière de fournir à ces dévoués serviteurs de l'Etat le passe-temps intellectuel qu'ils méritent ?

J'en frémis. Et quel moyen de répression, aussi, contre les pauvres diables qui gémissent sous leur trique ! Si les prisonniers ou les forçats font mine de se mal conduire, on ne les menacera plus de les fourrer au cachot. On leur dira : « Si vous n'êtes pas sages, nous vous condamnerons à lire la Revue que lisent vos gardiens. » Ah ! les malheureux ! Leur sort n'est déjà pas gai, mais...

Le criminaliste interrompt mes réflexions.

— Nous nous sommes aussi préoccupés, dit-il, de la condition des détenus. Nous sommes convaincus qu'une lecture saine et agréable aiderait beaucoup à leur relèvement. C'est pourquoi nous demandons qu'on les autorise à prélever sur leur masse, pendant leur incarcération, la somme nécessaire à un abonnement annuel à la Revue.

— C'est presque une affaire faite, dit Montareuil ; de hauts fonctionnaires du ministère nous ont promis leur concours, en principe ; ce n'est plus qu'une question de commission à débattre.

— N'allez pas croire, surtout, dit le criminaliste, que la Revue n'est point lue à l'air libre. Au contraire. On la discute partout, et elle est fort goûtée dans les milieux les plus divers. On admire surtout notre façon paternelle, bien que sévère, d'envisager le malfaiteur. Que voulez-vous, Monsieur ? Un criminel est un invalide moral ; c'est un pauvre hère à l'intellect chétif, assez aveugle pour ne point voir la sublime beauté de la civilisation moderne. Il fait partie, pour ainsi dire, d'une race spéciale et tout à fait inférieure. Eh ! bien, je suis certain qu'à l'aide d'un mélange savamment combiné de bienveillance et de rigueur, on arriverait en très peu de temps à transformer cette race.

Alors, quoi ? Je serais obligé de m'établir banquier — de fabriquer des serrures à secret, de vendre des chaînes de sûreté ?

— Je viens de vous dire, continue le criminaliste, que le malfaiteur est un invalide moral ; c'est aussi un invalide physique. N'en doutez pas, Monsieur ; tout criminel présente des caractères anatomiques particuliers. Il y a un « type criminel. » Certaines gens ont dit que chacun porte en soi tous les éléments du crime ; autant vaudrait répéter la fameuse phrase sur « le pourceau qui sommeille. » Rien de plus insultant pour le haut degré de culture auquel est parvenue l'humanité. C'est affirmer que les actes répréhensibles sont commandés par le milieu extérieur, ce qui ne soutient pas l'examen. Car enfin, Monsieur, où sont, dans l'admirable société actuelle, les causes qui pourraient provoquer des agissements délictueux ? Où sont-elles, s'il vous plaît ? Vous ne répondez pas, et vous avez raison. Ces causes n'existent point ; je ne dis pas que tout soit pour le mieux, mais tout est aussi bien que possible ; et la marche du progrès est incessante... Non, les actes sont dûs à la conformation anatomique...

— Je vois, dis-je, que vous êtes un disciple de Lombroso, et je vous en fais mon compliment. Mais ce grand homme n'a-t-il pas dit qu'une certaine partie des malfaiteurs, celle qui peut se dire l'aristocratie du crime, offre une large capacité cérébrale, et souvent même ces lignes harmoniques et fines qui sont particulières aux hommes distingués ?

— Certes, il l'a dit ; mais je ne sais point s'il n'a pas été un peu loin. Quoiqu'il en soit, restez persuadé que, malgré tout, il y a des signes qui ne trompent pas et qu'un œil exercé peut toujours facilement reconnaître. Ainsi, vous, Monsieur — permettez-moi de faire une supposition invraisemblable — vous voudriez commettre des actes répréhensibles que vous ne le pourriez point. Savez-vous pourquoi ? demande le criminaliste en reculant sa chaise et en regardant sous la table. Parce que vous n'avez pas le pied préhensile... Non, ne vous déchaussez pas ; je suis sûr de ce que j'avance Pas de criminel sans pied préhensile. Et si vous aviez le pied préhensile, vous ne pourriez point porter des bottines aussi pointues. Voilà, Monsieur. Ah ! la science est une belle chose et notre époque est une fière époque ! Le XIXe siècle a donné la solution de tous les problèmes...

C'est presque juste. La seule question qui reste à résoudre, aujourd'hui, c'est celle du Voleur ; il est vrai qu'elle les contient toutes, les questions.

— Nous vous parlons là, me dit Montareuil, de choses qui ne doivent pas vous être très familières. En votre qualité d'ingénieur — car j'ai appris avec plaisir que vous êtes ingénieur...

— Oui, dis-je, je suis ingénieur. Ingénieur civil. Mais ne croyez pas que mes occupations professionnelles me ferment les yeux à ce qui se passe dans d'autres sphères. Et, d'ailleurs, puisque M. le professeur Machin parlait tout à l'heure de la grandeur de la science, ne pensez-vous pas que toutes ses branches, si différentes que paraissent leurs directions, convergent en somme vers un même but? J'en suis profondément convaincu, quant à moi. Combien de fois ne m'est-il pas arrivé, en surveillant l'établissement des écluses qui règlent le cours des rivières, de comparer les flots impétueux et désordonnés du fleuve à l'esprit humain sans guide et sans frein, et l'écluse elle-même aux lois sages, aux bienfaisantes mesures qui en renferment l'activité dans de justes bornes et en réfrènent les emportements. Oui, j'ai souvent songé aux rapports étroits...

— Vraiment! s'écrie le criminaliste. Ah! c'est merveilleux! La façon dont vous concevez et dont vous exprimez les choses est aussi grandiose que neuve. Cette comparaison entre les flots tumultueux et les déréglements de l'esprit humain... Ah! c'est superbe... Permettez-moi Monsieur, de vous féliciter... Mais, j'y pense, continue-t-il en se tournant vers Montareuil, ne pourriez-vous pas engager monsieur votre ami à nous donner un article, si court soit-il, pour le prochain numéro de la Revue? Un article dans lequel il développerait les belles idées dont il vient de nous offrir un aperçu si captivant?

— En effet, répond Montareuil. Pourquoi, mon cher Randal, n'écririez-vous pas un article pour nous? Vous y resteriez ingénieur tout en devenant moraliste; et ce serait si intéressant!

Je manque d'éclater de rire — ou de tomber à la renverse. — Moi, rédacteur à la « Revue Pénitentiaire »! Non, c'est trop drôle! Il ne manquerait plus que Roger-la-Honte pour faire le Courrier de Londres et Canonnier pour envoyer des Correspondances d'Amérique... Mais le criminaliste et Montareuil ont les yeux fixés sur moi; ils attendent ma décision avec anxiété. Si j'acceptais? Oui, je vais accepter. Il y aura dans ma collaboration à la Revue une belle dose d'ironie, qui ne me déplaît pas du tout; et si je suis jamais poissé sur le tas — ce qu'on rigolera!

— Eh! bien, dis-je, puisque vous semblez le désirer...

— Ah! merci! merci! s'écrient en chœur Montareuil et le criminaliste.

Ils me serrent chacun une main, avec effusion ; et le criminaliste me demande en souriant :

— N'aurais-je pas tort de supposer que vous prendrez pour texte de votre article la belle similitude dont vous vous êtes servi tout à l'heure ? « L'écluse et la morale », quel titre ! Ou bien encore : « De l'écluse, envisagée comme œuvre d'art, comme symbole, et comme obstacle opposé par la science... » Je crois que ce serait un peu long...

— Peut-être. Du reste, je ne demanderai pas l'inspiration de mon travail aux voix fluviales ; je préfère la trouver dans les voies ferrées.

— Ah! dit le criminaliste, les chemins de fer !... Voilà quelque choses d'inattendu ! Je suis sûr, Monsieur, que vous ferez un chef-d'œuvre. Le prochain numéro de la Revue sera d'un intérêt supérieur. J'y publie, pour mon compte, une étude qui attirera l'attention ; c'est l'Esquisse d'un Code rationnel et obligatoire de Moralité pour développer l'Idéal public. Je n'ai plus qu'à en tracer les dernières lignes.

Alors, pourquoi ne va-t-il pas les écrire tout de suite ?

Il y va. Il se retire après de nombreux compliments et de grandes protestations d'amitié. Montareuil m'apprend qu'il voudrait avoir ma copie dans cinq ou six jours. Il l'aura. Sur cette assurance, nous sortons tous deux du café et, trois minutes après, il me quitte. Il sait que Paris est menacé d'une épidémie de coqueluche, et il va se faire inoculer. Je lui souhaite un bon coup de seringue.

La « Revue Pénitentiaire » a paru ; et mon article a fait sensation. Je l'avais intitulé : « De l'influence des tunnels sur la moralité publique. » J'y étudiais l'action heureuse exercée sur l'esprit de l'homme par le passage soudain de la lumière aux ténèbres ; j'y montrais comme cette brusque transition force l'être à rentrer en soi, à se replier sur lui-même, à réfléchir ; et quels bienfaisants résultats peuvent souvent être provoqués par ces méditations aussi subites que forcées. J'y citais quelques anecdotes ; l'une, entre autres, d'un criminel invétéré qui, à ma connaissance, avait pris le parti de revenir au bien en passant sous le tunnel du Père-Lachaise. Je sautais sans embarras du plus petit au plus grand, et je présentais un exposé comparatif de la moralité des différents peuples, que je plaçais en regard d'un tableau indiquant la fréquence ou la rareté des œuvres d'art souterraines sur leurs réseaux ferrés. J'attribuais la criminalité relativement restreinte de Londres à l'usage constant fait par les Anglais du Métropolitan Railway. Je démontrais que le manque de conscience qu'on peut si souvent, hélas ! reprocher aux Belges, ne saurait être imputé qu'à la disposition plate du pays qu'ils habitent et qui ne permet guère les tunnels. Je prouvais que la haute moralité de la Suisse, contrée accidentée, provient simplement de ce que les trains, à des intervalles rapprochés, s'y enfoncent sous terre, reparaissent au jour et s'engouffrent de nouveau dans les excavations béantes à la base des majestueuses montagnes. J'exposais ainsi un des mille moyens par lesquels la science, même dans ses applications les moins idéales, arrive à améliorer la moralité des nations. Je préconisais la création immédiate d'un métropolitain souterrain à Paris. Je disais beaucoup de mal des passages à niveau, qui n'inspirent aux voyageurs que des pensées frivoles. Et, pour faire voir que je ne manque de logique que lorsqu'il me plaît, je finissais par un éloge pompeux du maître Lombroso, où je mettais en pleine lumière son plus grand titre de gloire : sa tranquille audace à donner doctoralement l'explication du crime sans prendre la peine de le définir. « Imitons-le, disais-je en terminant. Le crime est le crime, quoi qu'en puissent dire des sophistes peut-être intéressés ; et, comme Lombroso, il faut en laisser la définition à la mûre expérience des gendarmes, ces anges-gardiens de la civilisation. »

En vérité, cette étude, qui est mon début littéraire, a fait beaucoup de bruit. Elle m'a valu de nombreuses lettres, toutes flatteuses. Une seule est blessante pour mon amour-propre d'auteur. Elle est d'une petite dame qui m'apprend qu'elle éprouve généralement des sensations plus agréables que morales sous les tunnels, lorsqu'elle voyage sans son mari et qu'un Monsieur sympathique s'est installé dans son wagon. Quelque hystérique...

Mon article m'a procuré aussi le plaisir d'une visite ; celle de Jules Mouratet, un de mes camarades de collège, que j'avais perdu de vue depuis longtemps déjà, et que je croyais employé au ministère des Finances. Mais il a fait du chemin, depuis ; il me l'apprend lui-même. Il n'est plus employé, mais fonctionnaire — haut fonctionnaire. — Il est à la tête de la Direction des Douzièmes Provisoires, une nouvelle Direction que le gouvernement s'est récemment décidé à créer au ministère des Finances, en raison de l'habitude prise par les Chambres de ne voter les budgets annuels qu'avec un retard de quatre ou cinq mois. Ah ! il a de la chance, Mouratet ! Le voilà, à son âge, Directeur des Douzièmes Provisoires ; et, même, il sera bientôt député, car toute l'administration française, me dit-il à l'oreille, n'est qu'une immense agence électorale, et l'expérience qu'il a acquise dans ses fonctions rend sa présence indispensable au Parlement, lors de la discussion du budget. Lui seul pourra dire avec certitude, chaque année, s'il convient d'en reculer le vote jusqu'à la Trinité, ou simplement jusqu'à Pâques. Heureux gaillard !

Nous dînons ensemble au cabaret, en garçons, bien qu'il soit marié.

— Oui, mon cher, depuis plus de trois ans. Avec une petite femme charmante, jolie, instruite, spirituelle, et dévouée, dévouée ! Un caniche, mon cher !

Et adroite, avec ça... on dirait une fée... Elle sait tirer parti de tout ; elle ferait rendre vingt francs à une pièce de cent sous... On me le dit quelquefois : « Votre intérieur est ravissant, et Mme Mouratet est une des femmes les mieux habillées de Paris. » C'est vrai, mais je ne sais pas comment elle peut s'y prendre... Cela tient du prodige, absolument.

— Vois-tu, dis-je — car nous avons repris tout de suite le bon tutoiement du collège — vois-tu, les femmes ont des secrets à elles. Il y a des grâces d'état, et de sexe.

— Tout ce que je sais, répond Mouratet, c'est que le mariage m'a porté bonheur ; tout me réussit, depuis que j'ai convolé en justes noces. Certes, il y a trois ans, je n'aurais jamais espéré avoir à l'heure qu'il est la situation que j'occupe.

— Le fait est que tu es déjà, et que tu vas devenir sous peu encore davantage, un des piliers de la République.

— Ah ! dit Mouratet, on lui reproche bien des choses, à cette pauvre République ! Mais n'est-ce pas encore le meilleur régime ? N'est-ce pas le gouvernement par tous et pour tous ? On va même jusqu'à l'accuser d'austérité. Calomnie pure ! Il n'y a pas d'homme occupant une position dans le gouvernement qui ne fasse tous ses efforts pour grouper autour de lui l'élite intellectuelle de la nation. La République française est la République athénienne... Mais, à propos, ne m'a-t-on pas dit que tu vivais beaucoup à l'étranger ?

— On a eu raison. De grands travaux dont j'ai fourni les plans ou auxquels je m'intéresse... Je ne viens en France que de loin en loin.

— C'est cela. Ma foi, sans ton article dans cette Revue de Montareuil, je n'aurais pas su où aller te chercher. C'est très beau, ton idée d'allier la littérature à la science ; tu dis bien justement dans ton étude qu'il n'y a pas d'incompatibilité entre elles. C'est une de ces pensées qui redeviennent neuves, tellement on les as oubliées. Car, vois les grands artistes de la Renaissance, Léonard de Vinci, par exemple... Ah ! la peinture ! Ma femme en est folle. Elle passe des après-midi entières dans les galeries, chez Durand-Ruel et ailleurs. Quand elle revient, elle est moulue, brisée, comme si elle avait éprouvé les plus grandes fatigues physiques. Les nerfs, tu comprends... Ah ! ces natures sensitives...

— La névrose est la maladie de l'époque. Mais j'espère que la santé de ta femme ne t'inquiète pas ?

— Pas du tout. Elle se porte à merveille. D'ailleurs, il faut que tu en juges, car je ne veux point te laisser vivre en ermite pendant les quelques semaines que tu consens à passer à Paris. Ma femme reçoit quelques amis tous les mercredis soir ; elle sera enchantée de faire ta connaissance. Viens donc après-demain.

J'ai bien envie de refuser, sous des prétextes quelconques ; j'aime mieux aller au Cirque qu'en soirée. Mais Mouratet insiste ; il revient même à la charge quand il me quitte.

— Alors, c'est entendu ; à après-demain ?

— Oui, à après-demain.

Je tiens parole. Et me voilà montant, vers les dix heures du soir, l'escalier d'une somptueuse maison du boulevard Malesherbes.

Je ne suis pas plutôt annoncé que Mouratet vient m'accueillir et me présente à sa femme. Je m'incline devant la maîtresse de la maison en prononçant la phrase de circonstance, et j'ai à peine eu le temps de relever le front qu'un éclat de rire me répond.

— Mon Dieu, Monsieur, que votre étude dans la « Revue Pénitentiaire » m'a donc amusée ! C'est bien vilain de ma part, car le sujet était grave, mais vos idées sont tellement originales ! Je suis ravie de vous connaître, Monsieur, et mon mari ne pouvait me faire un plus grand plaisir que de vous engager à nous venir voir... Les amitiés de collège sont les meilleures... Je serai si heureuse de pouvoir discuter avec vous certains sujets... Vous ne m'en voudrez pas de n'avoir pu prendre votre article tout-à-fait au sérieux ? Mon mari m'en a déjà grondée, mais... Nous en parlerons tout à l'heure, si vous voulez bien..

Je m'incline, sans pouvoir trouver une parole, tandis que Renée — car c'est elle — va recevoir une dame, parée comme une châsse, qui vient de faire son entrée.

Eh ! bien, elle peut se vanter d'avoir de l'aplomb, la petite poupée ! Ce n'est ni le sang-froid ni la présence d'esprit qui lui manque, et j'aurais laissé percer mon embarras plus visiblement qu'elle, à sa place. Son rire, peut-être nerveux et involontaire après tout, a sauvé la situation ; me permet d'expliquer mon trouble et mon mutisme, si l'on s'en est aperçu. Mais Mouratet n'a rien remarqué.

— Comment trouves-tu ma femme ? me demande-t-il en me conduisant dans son cabinet transformé en fumoir. Un peu enfant, hein ?

— Absolument charmante ; très spirituelle et très gaie. Je n'aime rien tant que la gaîté.

— Alors, vous vous entendrez facilement. C'est un vrai pinson. Parfois légèrement capricieuse et bizarre, mais très franche, et le cœur sur la main...

Et la main dans la poche de tout le monde. Ah ! mon pauvre Mouratet, je comprends que tout t'ait réussi depuis ton mariage, et que tu occupes aujourd'hui une aussi belle situation. « La faveur l'a pu faire autant que le mérite. » Et puis, de quoi te plaindrais-tu, au bout du compte, prébendé de la démocratie imbécile, acolyte de la bande qui taille dans la galette populaire avec le couteau du père Coupe-toujours ? Tu ne mérites même pas qu'on s'occupe de toi. C'est elle qui est intéressante, cette petite Renée qui tire si joliment sa révérence aux conventions dont elle se moque, qui fait la nique à la morale derrière le dos vert des moralistes, et qui passe à travers le parchemin jauni des lois les plus sacrées avec la grâce et la légèreté d'une écuyère lancée au galop, quittant la selle d'un élan facile, et retombant avec souplesse sur la croupe de sa monture, après avoir crevé le cerceau de papier.

Est-ce amusant, une soirée chez Mouratet? Comme ci, comme ça. C'est assez panaché. Les personnalités les plus diverses se coudoient dans les deux salons. Leur énumération serait fastidieuse; cependant, je regretterais de ne pas citer un vieux général et son jeune aide-de-camp, des diplomates exotiques, une femme de lettres, un pianiste croate, un quart d'agent de change, la moitié d'un couple titré en Portugal et une princesse russe tout entière, un journaliste méridional et un poète belge, des députés et des fonctionnaires flanqués de leurs épouses légitimes, un agitateur irlandais, une veuve et trois divorcées, un partisan du bimétallisme, et un nombre respectable d'Israélites. Un peu le genre de société qu'on sera forcé de fréquenter, le jour de Jugement dernier, dans la vallée de Josaphat... Elle n'est pas mal, décidément, l'élite intellectuelle de la nation; elle est fort grecque, la République athénienne.

Ah! cette République, qui n'est même pas une monarchie! Ah! cette Athènes, qui n'est même pas une Corinthe!... Quelle dèche, mon Empereur!

Je voudrais bien parler à Renée. Justement, elle vient de se débarrasser de la troisième divorcée, et je l'aperçois qui me fait signe.

— Mettez-vous là, dit-elle en me laissant une place à côté d'elle; le pianiste croate va faire un peu de musique, et nous ferons semblant de l'écouter tout en causant. On croira que nous discutons son génie; il faudra lever les yeux au plafond, de temps en temps. Comme ça, tenez... N'est-ce pas qu'elle est bien, ma pose d'extase?... Oh! je me demande comment je ne suis pas morte de rire, tout à l'heure. Si j'avais connu votre nom, au moins!... Mais, prise à l'improviste, comme ça... C'est tellement drôle!... On payerait cher pour avoir tous les jours une surprise pareille; ça vous remue de fond en comble... Et si vous aviez pu voir la tête que vous faisiez !... C'est impayable. Si vous saviez ce que ça m'amuse, de connaître votre genre réel d'occupations et de vous voir ici !... Et mon mari qui vous croit ingénieur ! Quelle farce ! Non, l'on ne voit pas ça au Palais-Royal...

— Moi non plus, dis-je, je ne pensais guère avoir le plaisir de vous retrouver ce soir en madame Mouratet. Je m'y attendais si peu que je m'étais préparé pour une occasion possible et que j'avais glissé un rossignol dans la poche de mon habit.

— Vrai ? demande Renée en éclatant de rire. On n'imagine pas des choses pareilles. A qui se fier, je vous le demande ?... Ah ! le pianiste croate a fini ; attendez-moi un instant ; il faut que j'aille le remercier et lui demander un autre morceau ; la « Marche des Monts Carpathes. »

Elle revient une minute après, légère et jolie dans la ravissante toilette mauve qui fait valoir son charme de Parisienne.

— Ça y est. Je lui ai dit qu'il était le Strauss de demain. Pourquoi pas l'Offenbach d'hier ?... Ecoutez, j'ai beaucoup de choses à vous dire, mais ce n'est guère possible à présent. Il faudra revenir me voir. Mais venez à mes *five o'clock* ; je suis beaucoup plus libre et nous pourrons causer à notre aise. Tenez, venez après-demain, et arrivez à quatre heures ; nous aurons une heure entière à nous. Et si vous voulez me faire un grand plaisir, ajoute-t-elle plus bas, apportez une pince-monseigneur. J'en entends parler depuis si longtemps, et je n'en ai jamais vue. Je voudrais tant en voir une !... Pour la peine, je vous ferai une surprise. J'inviterai les trois personnes que vous avez dévalisées sur mes indications, et je vous présenterai à elles. Croyez-vous qu'il y aura de quoi rire !... Non, vraiment, il n'y a plus moyen de s'embêter une minute, à présent... Ah ! si : voici le poète belge qui se prépare à déclamer l' « Ode au Béguinage. » Regardez-le là-bas, devant la cheminée.

Ah! ces poëtes pare-étincelles!... Je me demande pourquoi on ne le décore pas tout de suite, celui-là. Peut-être qu'il nous laisserait tranquilles, après. Bon, voici la femme de lettres qui veut me parler. Abandonnez-moi au bourreau... Et à après-demain ; surtout, n'oubliez pas la pince...

Pourquoi l'oublierais-je? A-t-elle fait plus de mal, à tout prendre, que le cachet du Directeur des Douzièmes Provisoires? C'est peu probable. Mais les larrons à décrets se réservent le monopole de l'extorsion ; ils le tiennent des mains souveraines du Peuple. Le Peuple, citoyens! Et nous oserions, nous, les voleurs à fausses clefs, sans investiture et sans mandat, exister à côté d'eux, leur faire concurrence... *manger l'herbe d'autrui!*... quelle audace! — et quel *tolle*, si tous les honnêtes gens qui m'entourent pouvaient, tout d'un coup, apprendre ce que je suis! — Je me figure surtout la vertueuse indignation de Mouratet, ce Mouratet qui vit au milieu du luxe payé par sa femme, avec de l'argent auquel Vespasien aurait trouvé une odeur. Mais Mouratet ignore tout! Ce n'est pas une raison, car la bêtise seule est sans excuse; pourtant...

Pourtant, Mouratet se donne du mal, lui aussi, pour subvenir aux dépenses du ménage ; il fraye avec les coquins mis en carte par le suffrage universel, coquette avec les agioteurs véreux qui font les affaires de la France. Le bénéfice qu'il a retiré, jusqu'ici, de ces tristes pantalonnades, n'est pas énorme, je le veux bien. Mais l'en blâmerai-je? Dieu m'en garde. Il ne faut point juger de la valeur d'un procédé sur la mesquinerie de ses résultats. Il arrive à tout le monde d'obtenir moins qu'on n'espérait. J'ai volé cent sous.

J'ai apporté la pince ; et Renée m'a présenté aux trois personnes auxquelles son amitié a été si funeste. Nous avons bien ri, tous les deux. Elle m'a présenté, aussi, à d'autres personnes, femmes de représentants du peuple et de fonctionnaires, généralement, avec lesquelles j'ai bien ri, tout seul — sans jamais pouvoir parvenir à causer, après. — Ces dames ne sont point farouches ; il n'est pas fort difficile de leur passer la main sous le menton. Mais on aurait tort d'attribuer la fragilité de leurs mœurs à la légèreté de leur nature, à leur vénalité foncière, au désir de vengeance qu'excite en elles l'inconstance de leurs conjoints. C'est plutôt le poids de l'existence qui pèse sur elles qui les entraîne à des actes qui, à vrai dire, répugnent de moins en moins à la majorité des consciences féminines. C'est assez difficile à expliquer ; mais on dirait qu'elles sont lasses, physiquement, des infamies continuelles auxquelles elles doivent leur bien-être, et leurs maris leur fortune ; qu'elles ont besoin de se révolter, sexuellement, contre la servitude de l'ignominie morale que leur impose leur condition sociale. On dirait que leurs hanches se gonflent d'indignation sous les robes que leur offrirent des époux dont elles ont sondé l'âme ; que leurs seins crèvent de honte l'étoffe des corsages payés par l'argent des misérables ; que leurs flancs tressaillent de dégoût au contact des êtres qui les vendraient elles-mêmes, s'ils l'osaient, comme ils vendent tout le reste ; et qu'elles ont soif d'oublier, fût-ce pour une heure, dans les bras de gens qui n'appartiennent point à leur sinistre monde, les caresses de ces prostitués.

— Vous pourriez bien avoir raison, me dit Renée à qui j'expose un jour mes idées à ce sujet. Il est certain, par exemple, que Mme Courbassol qui, je crois, vous a laissé voir la couleur de son corset, pourrait se servir de vos explications pour donner la clef de ses défaillances... Mais croyez-vous que ce soit charitable, de venir me parler de choses pareilles ? Si vous alliez me faire rêver à quelqu'un... à quelqu'un de très opposé, par son caractère et ses actes, aux gens auxquels je suis liée...

Halte-là ! Renée est charmante ; c'est une bonne petite camarade, mais je crois qu'il serait dangereux, avec elle, de dépasser la camaraderie. Il ne faut pas me laisser tenter par des pensées qui commencent à m'assaillir ; et le seul remède est la fuite, comme le dit l'axiome si vrai de Bussy-Rabutin, volé par Napoléon. Il ne faut pas oublier trop longtemps, non plus, que je suis un voleur.

Voici bientôt deux mois que je me suis endormi dans les délices de Capoue — délices peu enviables, au fond, et qui m'ont coûté assez cher — et j'ai fort négligé mes affaires. On ne peut pas être en même temps à la foire — la foire d'empoigne — et au moulin. Et, maintenant, si j'allais avoir à lutter contre des sentiments plus sérieux que ceux qui conviennent à des amourettes de hasard...

Non, pas d'idéal ; d'aucune sorte. Je ne veux pas avoir ma vie obscurcie par mon ombre.

Cela m'épouvante un peu, pourtant, de retourner à Londres. C'est si laid et si noir, à côté de Paris ! On pourrait le chercher à Hyde Park, l'équivalent de cette allée des Acacias où je me promène en ce moment, l'idée m'étant venue, après déjeuner, d'aller prendre l'air au bois. Les femmes aussi, on pourrait les y chercher, ces femmes qui passent en des parures de courtisanes et des poses d'impératrices, au petit trot de chevaux très fiers, femmes du monde qui ont la désinvolture des cocottes, horizontales qui ont le port altier des grandes dames.

En voici une, là-bas, qui semble une reine, et qui a laissé échapper un geste d'étonnement en jetant les yeux sur moi. Un truc. Il y a tant de façons de faire son persil !... Tiens ! elle me salue. Je rends le salut... Qui est-ce ?

Obéissant à un ordre, le cocher fait tourner la voiture dans une allée transversale. Je m'engage dans cette allée ; nous verrons bien. La voiture s'arrête, la femme saute lestement à terre ; et, tout à coup, je la reconnais. C'est Margot, Marguerite, l'ancienne femme de chambre de Mme Montareuil.

— Enfin, te voilà ! s'écrie-t-elle en se précipitant

au-devant de moi. Mais d'où sors-tu ? où étais-tu ? J'ai si souvent pensé à toi ! Je suis bien contente de te voir...

Moi aussi, je suis fort heureux de voir Margot. Je lui explique que mes occupations d'ingénieur me retiennent beaucoup à l'étranger.

— Ah ! oui, tu es ingénieur. C'est un beau métier. Est-ce que c'est vrai qu'on a fait une nouvelle invention pour onduler les cheveux en cinq minutes ? Une machine, une mécanique... ? J'en achèterais bien une ; on perd tant de temps avec les coiffeurs !... Enfin, tu me diras ça une autre fois. Mais il faut que je te raconte ce qui m'est arrivé.

Nous marchons côte à côte dans l'allée et Marguerite me fait le récit de ses aventures. Comme elle avait été renvoyée sans certificat par Mme Montareuil, à la suite de ce vol dont on n'a jamais pu découvrir les auteurs, elle n'a pu arriver à trouver une nouvelle place. Elle a eu beaucoup de mal, la pauvre Margot. Elle a été obligée de poser chez les sculpteurs pour « poitrines de femmes du monde. » En fin de compte, un artiste en a fait sa maîtresse, et elle s'est trouvée, graduellement, lancée dans le monde de la galanterie. Depuis elle n'a pas eu à se plaindre ; ah ! mon Dieu, non. Elle a une chance infernale.

— Mais tu as certainement entendu parler de moi ? Tu lis les journaux, je pense ? Il ne se passe point de jour que tu ne puisses voir dans leurs Echos le nom de Marguerite de Vaucouleurs. Eh ! bien, mon cher, Marguerite de Vaucouleurs, c'est moi.

C'est elle !... *Et nunc erudimini, puellæ...*

— Pour le moment, continue-t-elle, je suis entretenue principalement par Courbassol, le député de Malenvers. Tu connais ? C'est lui qui m'a payé ce matin cette paire de solitaires. Jolis, hein ? Tu sais, Courbassol sera ministre lundi ou mardi. On va fiche le ministère par terre après-demain ; il y a assez longtemps qu'il nous rase... Demain, Courbassol va à Malenvers, avec sa bande, pour prononcer un grand discours ; il m'en a déclamé des morceaux ; c'est épatant. Après ça, tu comprends, il sera sûr de son portefeuille. Je vais à Malenvers avec lui, naturellement... Tu ne sais pas ? Tu devrais y venir ausssi. Oui, c'est ça, viens ; ils doivent repartir par le train de onze heures du soir ; je m'arrangerai pour avoir une migraine atroce qui me forcera à rester à Malenvers, et tu y demeureras, toi aussi. J'irai envahir ta chambre... Ah! au fait, c'est à l'hôtel du *Sabot d'Or* que nous allons tous ; c'est le patron qui est l'agent électoral de Courbassol. Alors, c'est convenu ? Tu prendras le train demain matin à huit heures ? Bon. Excuse-moi de te quitter, mais ici je suis sous les armes ; je ne peux pas abandonner mon poste...

Margot remonte dans sa voiture qui part au grand trot prendre son rang dans la file des équipages qui descendent l'allée des Acacias ; et elle se retourne pour m'envoyer un dernier salut, très gentil, qui fait scintiller ses brillants.

Ah ! Marguerite de Vaucouleurs !... Tu prends ta revanche ; et Mme Montareuil aurait sans doute mieux fait, dans l'intérêt de son ignoble classe, de ne point te refuser un certificat. Tes pareilles, à qui on ne reproche encore que de ruiner des imbéciles, finiront peut-être, à force de démoraliser la Société, par l'amener au bord de l'abîme ; et alors...

Elles étincelaient aussi du feu des pierres précieuses, ces perforatrices à couronnes de diamants qui tuèrent tant d'hommes lors des travaux du Saint-Gothard, mais grâce auxquelles on parvint à percer la montagne !

XIV

AVENTURES DE DEUX VOLEURS, D'UN CADAVRE ET D'UNE JOLIE FEMME

Si j'étais bavard, je sais bien ce que je dirais. Je roule depuis quatre heures dans un wagon occupé par des journalistes, et j'en ai entendu de vertes. Mais il ne faut jamais répéter ce que disent les journalistes ; ça porte malheur.

Il y a plusieurs wagons devant la voiture dans laquelle je me trouve, et il y en a d'autres après ; tous bourrés de personnage plus ou moins politiques, appartenant aux assemblées parlantes ou aspirant à y entrer. Courbassol est dans le train, et son collègue Un Tel, et son ami Chose, et son confrère Machinard ; et beaucoup d'hommes de langue et de plume ; et encore d'autres cocus ; et plus d'une cocotte ; et surtout Margot. Une partie de l'âme de la France, quoi !

— Malenvers ! Malenvers !...

On descend. La ville est pavoisée...

Comment est-elle, cette ville-là ?

Si vous voulez le savoir, faites comme moi ; allez-y.

Ou bien, lisez un roman naturaliste ; vous êtes sûrs d'y trouver quinze pages à la file qui peuvent s'appliquer à Malenvers. Moi, je ne fais pas de descriptions ; je ne sais pas. Si j'avais su faire les descriptions, je ne me serais pas mis voleur.

La ville est pavoisée (quelle ville curieuse !) Des voitures (ah ! ces voitures !) attendent devant la gare (je n'ai jamais vu une gare pareille).

Les voitures ne sont pas seules à attendre devant la gare. Il y a aussi M. le maire flanqué de ses adjoints et du conseil municipal, et toute une collection de notables, mâles et femelles. Les pompiers, casqués d'importance, font la haie à gauche et à droite, et présentent les armes avec enthousiasme, mais sans précision. Derrière eux se presse une foule en délire où semblent dominer les fonctionnaires de bas étage, cantonniers et bureaucrates, rats-de-cave et gabelous, pauvres gens qui n'ignorent point que Courbassol au pouvoir, cela signifie : épuration du personnel. La fanfare de la ville, à l'ombre d'une bannière qui ruisselle d'or et très médaillée, exécute la Marseillaise ; et au dernier soupir du trombone, M. le maire, rouge jusqu'aux oreilles et fort gêné par son faux-col, prononce un discours que Courbassol écoute le sourire sur les lèvres. M. le maire rend hommage aux grandes qualités de Courbassol, à ses talents supérieurs qui l'ont recommandé depuis longtemps aux suffrages de ses concitoyens et le mettent hors de pair, à sa haute intelligence qui lui fait si bien comprendre que la liberté ne saurait exister sans l'ordre sous peine de dégénérer en licence ; et souhaite de le voir un jour — et ce jour n'est peut-être pas loin, Messieurs ! — à la tête du gouvernement.

Courbassol déclare, en réponse, qu'il est heureux et fier de se voir ainsi apprécié par le premier magistrat d'une ville qui lui est chère, et qu'il ne faut attendre le progrès, en effet, que du libre jeu de nos institutions. Il affirme qu'il se trouvera prêt à tous les sacrifices si le pays fait appel à son dévouement ; et qu'il a toujours considéré la propriété, ce fruit légitime du labeur de l'homme, comme une chose sacrée —sacrée ainsi que la liberté, ainsi que la famille !

Là-dessus, une petite fille vêtue de blanc et coiffée d'un bonnet phrygien présente un gros bouquet tricolore qu'elle vient offrir, dit-elle en un gentil compliment, « à Mme Courbassol, la vertueuse et dévouée compagne de notre cher député. » Margot prend le bouquet sans sourciller, remercie au nom de la République, embrasse la petite fille, et se dirige avec Courbassol vers un landau centenaire. La fanfare reprend la Marseillaise et la foule hurle :

— Vive la République ! Vive Courbassol !...

Les voitures, étant mises gratuitement au service du futur ministre et de sa suite, sont prises d'assaut en un clin d'œil. Une cinquantaine de personnes, au moins, restent en panne sur le trottoir. Mais l'omnibus de l'hôtel du *Sabot d'Or* fait son entrée dans la cour de la gare, suivi lui-même de l'omnibus de l'hôtel des *Deux-Mondes*, d'un char-à-bancs, d'une tapissière, d'un mystérieux véhicule en forme de panier à salade, d'une calèche préhistorique et d'un tape-cul.

Allons, il y a de la place pour tout le monde. On se case, on s'installe ; fracs du maire et des adjoints en face des redingotes officielles des députés et des costumes de voyage des journalistes, toilettes élégantes des horizontales vis-à-vis des robes surannées des dames de Malenvers. Les représentants du peuple se débraillent et manquent de tenue, les municipaux ont l'air de garçons de salle et leurs femmes de caricatures, les gens de la presse font l'effet de jockeys endimanchés et expansifs ; mais les cocottes sont très dignes.

Le cortège se met en marche dans l'ordre suivant : landaus, premier omnibus, char-à-bancs, tapissière, second omnibus, panier à salade, tape-cul et calèche antédiluvienne.

C'est dans cette calèche que j'ai pris place, ainsi

que trois personnes que je n'ai pas l'honneur de connaître. Deux journalistes, si j'en juge à leur langage peu châtié, et un monsieur taciturne, au teint basané, aux cheveux d'un noir pas naturel, aux moustaches fortement cirées. Je lis sa profession sur sa figure. C'est un mouchard. Et moi, pour qui me prennent-ils, mes compagnons ? Je le devine à quelques mots que prononce tout bas l'un des journalistes, mais que je puis surprendre, comme nous passons devant la Halle aux Plumes — un vieux bâtiment rectangulaire, lézardé, couvert en tuiles, qu'on a enguirlandé de feuillage et orné de drapeaux, et où doit avoir lieu, ce soir, le banquet qui préludera au fameux discours.

Ils me prennent pour le correspondant d'une gazette étrangère qui cherche toutes les occasions de dire du mal de la France et d'empêcher qu'on lui rende l'Egypte.

Ça m'est égal. Moi, je pense avec orgueil que, seul dans cette procession de personnes publiques, je représente le Vol sans Phrases.

Il est une heure, ou peu s'en faut, quand la calèche antique s'arrête devant le *Sabot d'Or*, tendu de tricolore d'un bout à l'autre et plastronné d'écussons. Le propriétaire, qui a reçu Courbassol et ses amis, à titre d'agent électoral, avec tout l'enthousiasme de circonstance, s'apprête maintenant à leur faire, en qualité d'hôte, un accueil qu'ils ne pourront pas oublier. Un festin est préparé qui sera servi dans un moment, à droite du long corridor qui sépare en deux parties le rez-de-chaussée de l'hôtel, en une grande salle occupée par une énorme table. En attendant, ces messieurs et ces dames ont envahi les pièces des étages supérieurs, afin de secouer à leur aise la poussière du voyage, et de remettre leur toilette en ordre. De sorte qu'il ne reste pas un coin disponible, m'assure l'hôtelière à qui je viens de demander une chambre.

— Non, Monsieur, pas un coin. Ah! à onze heures du soir, quand nos voyageurs seront partis, ce sera différent; mais jusque-là, étant donnée la position politique de mon mari, nous sommes tenus de les laisser faire leur maison de la nôtre... Pourtant, ajoute-t-elle, si Monsieur voulait repasser vers les cinq heures, je crois bien que j'aurais une chambre...

— Non, dit l'hôtelier qui a entendu, en passant, la fin de la phrase de sa femme; non, pas avant six heures ou six heures et demie. Ce ne sera pas fini auparavant, certainement...

Quoi? Qu'est-ce qui ne sera pas fini?

— Mettons sept heures, Monsieur. A sept heures, je vous promets de vous donner une chambre. Monsieur a l'intention de déjeuner?

Oui, j'en ai l'intention. Mais je ne pourrai point prendre mon repas dans la grande salle, qui est réservée... Cela m'est indifférent. Mon couvert est mis dans une petite pièce, à gauche, à côté du bureau de l'hôtel. Fort bien. Et, comme je me débarrasse de mon chapeau et de mon pardessus, je vois Margot descendre l'escalier, son bouquet tricolore à la main, avec l'air d'étudier le langage des fleurs. Courbassol est fort empressé auprès d'elle; il en a bien le droit. Je ne veux pas la lui disputer, pour le moment. Est-ce qu'il m'a disputé sa femme? Non; eh! bien, alors?... *Suum cuique.*

Plusieurs personnes sont déjà à table dans la petite salle à manger. Entre autres, le mouchard. Ce doit être un fameux lapin, ce mouchard-là. Un homme de quarante ans passés, car le noir des cheveux est dû à la teinture, nerveux, au masque volontaire, aux yeux froids et aigus, presque terribles. On dirait qu'il me regarde avec insistance... Non. D'ailleurs, je n'en ai cure. Je ne suis pas venu ici professionnellement — bien que j'aie dans ma poche une petite pince, un bijou américain qui se démonte en trois parties et qui s'enferme dans un étui pas plus gros qu'un porte-cartes. Je déjeune rapidement. Le bruit qu'on fait dans la grande salle commence à m'ennuyer; j'ai envie d'aller faire un tour dans la campagne, pour passer l'après-midi.

C'est une bonne idée. J'y vais.

J'ai dépassé les dernières maisons de la ville — cette ville qui s'est enrubannée, enguirlandée, qui a mis des drapeaux à ses portes et des lampions à ses fenêtres, qui tirera un feu d'artifice ce soir, parce qu'un gredin qui n'a ni cœur, ni âme, ni éloquence, ni esprit, un gredin qui est un esclave et un filou, un adultère et un cocu, tiendra demain dans ses sales pattes les destinées d'un grands pays. — Je suis dans les champs, à présent. Ah ! que c'est beau ! que ça sent bon !...

J'ai gagné le bord d'une rivière qui coule sous des arbres, et je me suis assis dans l'herbe. De fins rayons de soleil, qui percent le feuillage épais, semblent semer des pièces d'or sur le tapis vert du gazon. Les oiseaux, qui ont vu ça, chantent narquoisement dans les branches et les bourdonnants élytres des insectes font entendre comme un ricanement. Elles peuvent se moquer de l'homme, ces jolies créatures qui vivent libres, de l'homme qui ne comprend plus la nature et ne sait même plus la voir, de l'homme qui se martyrise et se tue à ramasser, dans la fange, des richesses plus fugitves et plus illusoires peut-être que celles que crée cette lumière qui joue sur l'ombre au gré du vent... A travers le rideau des saules, là-bas, on aperçoit de belles prairies, des champs dorés par les blés, toute une harmonie de couleurs qui vibrent sous la gloire du soleil et qui vont se mourir doucement, ainsi que dans une brume chaude, au pied des collines boisées qui bleuissent à l'horizon. Ah! c'est un beau pays, la France ! C'est un beau pays...

Je pense à beaucoup de choses, là, au bord de cette rivière qui roule ses flots paresseux et clairs entre la splendeur de ses berges. Cette rivière... Si l'on pouvait y vider le Palais-Bourbon, tout de même, une fois pour toutes !

J'ai été dîner à l'hôtel des *Deux-Mondes*. C'est le *Sabot d'Or*, je le sais, qui fournit les victuailles et le personnel nécessaires au banquet qui a lieu ce soir, à sept heures et demie, à la Halle aux Plumes, et ses affaires, par conséquent, sont virtuellement interrompues. J'y aurais fait maigre chère si, même, l'on avait consenti à me servir. Mais il est bientôt sept heures et je veux voir si je puis, oui ou non, compter sur la chambre qu'on m'a promise.

Je ne trouve personne à qui m'adresser, quand j'arrive au *Sabot d'Or*. Tous les employés et les domestiques sont déjà à la Halle aux Plumes, sans doute, avec l'argenterie et la vaisselle de la maison. Si je sonnais ?... Mais une idée me vient.

Puisqu'il n'y a personne ici, puisque l'établissement est désert... Et puis, tant pis ! La pensée m'en est venue ; je veux le faire.

Je suis le long corridor sur lequel est ouverte la porte d'entrée, dans lequel donne l'escalier, et qui aboutit, au fond, à un jardin. Tout au bout, je trouve une porte ; et, tout doucement, j'en tourne le bouton. Une chambre de débarras ; un vieux lit de fer, dans un coin, garni d'un mauvais matelas ; des caisses, des malles, des balais, et, derrière un grand rideau qui les préserve de la poussière, des hardes pendues au mur... Après tout, c'est de la folie, de tenter ça. Pour rien, probablement. Et Margot, ce soir... Tant pis ; j'y suis, j'y reste.

Si l'on venait pourtant ? Car il y a encore des gens là-haut... Le mieux est de me cacher quelque part. Où ? Sous le lit... Ah ! non, derrière le rideau. Je m'y place et je cherche à me rappeler exactement la disposition du bureau. Tout à l'heure, peut-être... Mais un grand bruit dans l'escalier me fait dresser l'oreille. Que se passe-t-il ?

Le bruit augmente. Les pas lourds de plusieurs personnes retentissent dans le corridor et semblent se rapprocher. Oui, on dirait qu'on vient par ici... Je m'aplatis le long du mur, à tout hasard ; et je n'ai pas tort car, par un trou du rideau, je vois la porte s'ouvrir. L'hôtelier entre, portant avec un garçon d'écurie un grand paquet blanc qu'ils vont déposer sur le lit.

— Dieu ! que c'est lourd ! dit l'hôtelier en s'essuyant le front. On ne croirait jamais que ça pèse autant. Maintenant, Jérôme...

L'hôtelière, en grande toilette, apparaît à la porte, accompagnée d'une servante.

— Ah ! te voilà. Tu es prête, j'espère ? demande son mari.

— Oui, mon ami, répond la femme d'une voix mouillée de larmes.

— Bon. Moi aussi ; je n'ai qu'à passer mon habit. Allons, ne pleure pas. Ce serait joli, si l'on te voyait les yeux rouges, au banquet. Tu savais bien que ça devait arriver, n'est-ce pas ? Je t'avais même dit que ce serait fini avant sept heures. Nous ne la déclarerons que demain matin.

Ah ! bien, vrai !... Ce paquet blanc, c'est un cadavre...

— Ma pauvre maman ! gémit l'hôtelière en s'avançant vers le lit.

Mais son mari la retient.

— Voyons, pas de bêtises. Nous n'avons pas de temps à perdre. Elle est aussi bien là qu'autre part ; elle aimait beaucoup à coucher au rez-de-chaussée, autrefois... Vous, Jérôme, vous allez rester ici à veiller le corps ; voici une bougie ; vous l'allumerez dès qu'il fera sombre... C'est étonnant, dit-il à sa femme, que tu n'aies pas songé à te procurer de l'eau bénite d'avance. Enfin, on s'en passera pour cette nuit... Vous, Annette, continue-t-il en s'adressant à la servante, vous allez remonter dans la chambre, refaire le lit et remettre tout en ordre en deux coups de temps.

— Oui, Monsieur.

— Quand ce Monsieur qui a demandé une chambre reviendra, vous lui donnerez celle-là...

— La chambre de maman ! sanglote l'hôtelière.

— Ah ! je t'en prie, as-tu fini ? demande le mari. Puisque nous n'avons que cette chambre-là jusqu'à onze heures... Et puis, les affaires avant tout ; cent sous, ça fait cinq francs... Bien entendu, Annette, ajoute-t-il, vous laisserez la fenêtre grande ouverte. Si le voyageur se plaint de l'odeur des médicaments, vous lui direz que la chambre était occupée par une personne qui avait mal aux dents et qui se mettait des drogues sur les gencives... C'est tout. Faites bien attention, Jérôme et vous ; n'oubliez pas que vous avez la garde de la maison. Maintenant, mon habit, et partons.

Il sort, suivi par sa femme et la servante ; et Jérôme s'assied sur une chaise dépaillée, le plus loin possible du lit.

En voilà, une situation ! Que faire ?... J'entends l'hôtelier et sa femme qui s'en vont ; et je vois, par le trou du rideau, le garçon d'écurie, très pâle, qui commence à trembler de frayeur. Après tout, ce ne sera pas bien difficile, de sortir d'ici. Jérôme est assis juste devant moi ; je n'ai qu'à étendre les bras pour le pousser aux épaules et le jeter à terre sans qu'il puisse savoir d'où lui vient le coup ; et je serai dans la rue avant qu'il ait eu le temps de me voir, avant qu'il ait pu revenir de son épouvante... Attendons encore un peu.

J'entends un pas de femme dans le corridor. La porte s'ouvre ; c'est Annette.

— Eh ! bien, dit-elle à Jérôme en faisant un signe de croix, ce n'est pas gai, de rester ici en tête-à-tête avec un mort ?

— Ah ! non, pour sûr, répond le garçon d'écurie qui claque des dents. Pour sûr ! Tu devrais bien venir me tenir compagnie...

— Plus souvent ! Tu n'es pas gêné, vraiment ! Moi, je vais monter tout en haut de la maison, au quatrième, pour regarder le feu d'artifice ; de là, on peut voir ce qui se passe sur la grande place comme si l'on y était, et je ne perdrai pas une chandelle romaine.

— J'ai bien envie d'aller avec toi, dit Jérôme; les singes ne reviendront pas avant onze heures, et les autres domestiques non plus...

— Jamais de la vie ! s'écrie Annette. Je te connais; tu me ferais voir les fusées à l'envers...

Mais Jérôme se lève et va la prendre par la taille.

— Veux-tu bien te tenir tranquille ! Devant un mort ! si c'est permis... Allons, viens tout de même, continue-t-elle en l'embrassant... Pourtant, si ce Monsieur qui a demandé une chambre revient ?

— Il sonnera, dit Jérôme, et nous l'entendrons bien.

Ils sortent tous deux, ferment la porte, et je les entends qui montent les escaliers quatre à quatre. Allons ! les choses tournent mieux que je ne l'avais espéré ; et, dans deux ou trois minutes...

— Eh ! bien, comment la trouves-tu, celle-là ?

Horreur ! C'est le cadavre qui a parlé !... J'en suis sûr... Oh ! j'en suis sûr !... La voix part de là-bas, du coin où la morte gît sur le lit, et il n'y a que moi de vivant dans cette chambre... Il me semble qu'elle vient de s'agiter sur sa couche, cette morte; oui, on dirait qu'elle remue... J'écarte le rideau, pour mieux voir, car je me demande si je rêve.

Ha ! je ne rêve qu'à moitié... La phrase que j'ai cru entendre a bien été prononcée, je n'ai point été victime d'une illusion quand j'ai remarqué les mouvements imprimés au matelas sur lequel le cadavre est étendu. Je ne rêve même pas du tout — car j'aperçois, à ma grande stupéfaction, une tête d'homme sous le lit. — Une tête que je reconnais ; une tête basanée, aux cheveux noirs, aux moustaches cirées... la tête du mouchard...

Le mouchard ! Je vois ses épaules, à présent, et ses bras, et son torse ; et le voici sur ses pieds. Il s'avance lentement vers moi.

— Bonsoir, cher Monsieur. Comment vous portez-vous ? Dites-moi donc deux mots aimables. Il y a une grande demi-heure que j'attends patiemment, sous ce lit, le plaisir de faire votre connaissance...

Je me ramasse sur moi-même pour me jeter sur lui de toute ma force, car il faut que je lui passe sur le ventre, coûte que coûte, afin de m'échapper d'ici.

Mais il a vu mon mouvement, et étend la main.

— N'aie pas peur ! Je n'ai pas besoin de te demander ce que tu fais ici, n'est-ce pas ? Et quant à moi, bien que tu ne me connaisses pas, je vais te dire mon nom et tu verras que tu n'as rien à craindre. Je m'appelle Canonnier.

— Canonnier ! C'est vous, Canonnier ?... C'est vous ?...

— Oui, moi-même en personne. Ça t'étonne ?

— Un peu. J'ai souvent entendu parler de vous...

— Ah !... Comment t'appelles-tu ?

— Randal.

— Alors, moi aussi j'ai entendu parler de toi. J'avais même l'intention de te voir et de te proposer quelque chose. Par exemple, je ne m'attendais pas à te rencontrer à Malenvers. Le hasard est un grand maître. Ah ! j'ai bien ri, en moi-même, quand je t'ai vu entrer ici et te cacher derrière le rideau ; il n'y avait pas trois minutes que j'étais sous le lit. Il faut dire que j'ai fait une sale grimace quand on m'a apporté ce paquet-là sur le dos. On a beau être obligé de s'attendre à tout, dans notre métier...

— A propos de métier, dis-je, puisque nous devons faire le coup à nous deux, maintenant, il ne faut pas perdre de temps.

— Au contraire, dit Canonnier. Ne nous pressons pas. Attendons le commencement du feu d'artifice pour nous y mettre. C'est plus prudent. Nous serons sûrs de n'être pas dérangés. C'est pour huit heures ; nous avons encore dix minutes.

Il s'assied, très tranquillement, sur la chaise que vient de quitter Jérôme, et se met à hausser les épaules.

— Regarde-moi ce cadavre, là, ce corps de vieille femme que ses enfants auraient mise dans la soue aux cochons si un voyageur avait voulu leur louer ce cabinet de débarras. Ce qu'elle a dû trimer, la malheureuse, et faire de saletés, et dire de mensonges, et voler de monde, pour en arriver là ! Voilà des gens qui défendent la propriété et l'héritage ! Pendant leur vie, ils se supplicient eux-mêmes et torturent les autres de toutes les façons imaginables et, après leur mort, leurs héritiers jettent leurs cadavres, pour cent sous, dans la boîte aux ordures. Et l'on reproche amèrement au malfaiteur de manquer de sentimentalisme !... Ah ! assez d'oraison funèbre. Dis donc, je ne pense pas que ce soit spécialement pour voler les honnêtes propriétaires de cette boîte que tu es venu à Malenvers ?

— Non, c'est une idée que j'ai eue tout d'un coup, je ne sais comment. La vérité, c'est que j'ai suivi ici une jeune personne qui n'est pas complètement libre, et avec laquelle j'ai rendez-vous ce soir.

— Mes félicitations. Moi, je suis venu à Malenvers afin de pouvoir en partir. Tu vas me comprendre. J'ai quitté les États-Unis, il y a trois semaines, à bord d'un navire de commerce qui m'a amené à Saint-Nazaire. De là, je me suis rendu à R., une petite ville à dix lieues environ au-dessus de Malenvers, et j'y attendais depuis deux jours une occasion de rentrer à Paris...

— Comment, une occasion ?

— Naturellement. Mon départ d'Amérique a été signalé à la police, qui ne sait ni où j'ai débarqué ni où je me trouve, mais qui se doute bien des raisons qui m'appellent à Paris. Tu sais comme les gares de la capitale sont surveillées ; ce sont de véritables souricières. Du reste, l'absurde réseau français, qui force un homme qui veut aller de Lyon à Bordeaux, ou de Nancy à Cette, à passer par Paris, n'a point d'autre raison d'être que la facilité de l'espionnage. Or, étant donné que je suis connu comme le loup blanc par le dernier loustic de la police, j'étais sûr, si j'avais pris un train ordinaire, d'être filé en arrivant et arrêté deux heures après. J'ai donc envoyé mes bagages à Paris chez quelqu'un que je connais et, ainsi que je te le disais, j'ai attendu tranquillement à R. l'occasion de les suivre. Cette occasion, le voyage de Courbassol me l'a fournie. J'ai pris à R., ce matin, le train qui vous amenait ici et je partirai ce soir avec les représentants du peuple et leur suite. C'est bien le diable si les roussins songent à m'aller découvrir parmi ces honorables personnes. D'ailleurs, je me suis fait une tête de mouchard de première classe et ils me prendront, s'ils me remarquent, pour un collègue de la Sûreté Générale ; mais, en temps ordinaire, je ne me serais pas fié à ce déguisement ; ils ont trop d'intérêt à me mettre la main au collet...

— Ma foi, dis-je, je dois t'avouer que je t'avais pris, moi aussi, pour un mouchard. Et l'idée t'est venue subitement de faire un coup ici ?

— Oui, subitement, comme à toi. C'est assez curieux, mais c'est comme ça. Au fond, je ne pense pas que ça nous rapportera des millions ; mais je me trouve depuis ce matin dans une telle atmosphère d'honnêteté politique et privée...

Le sifflement d'une fusée lui coupe la parole ; et, tout aussitôt, on entend crépiter une pièce d'artifice. C'est la préface ; les trois coups des pyrotechniciens.

— Allons, dit Canonnier en se levant ; c'est le moment. La nuit commence à tomber, mais nous verrons encore assez clair.

Nous sortons, jetant tous les deux un regard de pitié vers la forme blanche allongée sur le lit de fer ; nous fermons doucement la porte ; nous nous glissons dans le corridor ; et nous voici devant le bureau de l'hôtel. La porte n'en est pas fermée à clef. C'est charmant ! Nous entrons.

— Le bureau ; bon, fait Canonier. Et qu'est-ce que c'est que cette seconde pièce ? La chambre à coucher de Monsieur et de Madame, sans doute... Tout juste.

Nous allons nous partager la besogne ; la division du travail, il n'y a que ça... Tiens, tu as un outil américain, continue-t-il pendant que je visse les unes aux autres les trois parties de ma pince ; j'ai le même exactement ; mais on fait mieux que ça, à présent. Et puis, Edison a inventé une petite batterie électrique qui travaille pour vous tout en vous éclairant, pour percer et scier les parois des coffres-forts ; ça se place dans un étui à jumelle qu'on porte en bandoulière ; très pratique. J'en ai une dans ma malle ; je te ferai voir... Voyons, toi, va dans la chambre et mets le secrétaire à la question ; moi, je vais rester ici pour tâter le pouls à la caisse. Nous n'en aurons pas pour longtemps.

En effet, cinq minutes après, juste comme j'ai vérifié le contenu du meuble auquel je me suis attaqué, Canonnier entre dans la chambre avec des billets de banque dans la main gauche et, dans la main droite, son chapeau où sonnent des pièces d'or.

— Voici ma récolte, dit-il ; six mille francs de billets, pour commencer. Tiens, en voici trois mille ; ne les change ni ici ni à Paris, à cause des numéros. Quant à l'or, nous n'avons pas le temps de compter.

Il vide son chapeau sur le lit et fait deux tas de louis, à peu près égaux.

— Prends celui que tu voudras. Celui de gauche ? Parfait. Je mets celui de droite dans ma poche. Douze cents francs chacun, à peu près... Et toi, qu'as-tu trouvé ?

— Des valeurs. Les voici.

— Bien. Je vais les emporter, puisque tu restes à Malenvers. Elles partiront pour Londres demain matin à l'adresse de Paternoster. Ce brave Paternoster ! Il m'a écrit plusieurs fois à ton sujet... Je t'expliquerai pourquoi. Pour le moment, je me demande où je vais mettre ces titres. Un paquet, ce n'est pas possible. En cataplasme, sur mon ventre ? Oui ; mais il faudrait quelque chose pour les faire tenir... Ah ! ça...

Des drapeaux, qu'on a jugés superflus pour la décoration de l'hôtel, sont appuyés contre le mur. Canonnier en prend un, arrache l'étoffe de la hampe, et s'en confectionne une sorte de ceinture tricolore que je lui attache fortement derrière le dos, et dans laquelle nous insérons les papiers.

— A merveille, dit Canonnier en boutonnant son gilet. Je fais concurrence à M. le maire, intérieurement ; et il se met à renifler d'une façon singulière. Tu te demandes si je suis enrhumé ? ajoute-t-il. Non, pas du tout. Je flaire l'argent. Je pense que nous n'en avons pas trouvé beaucoup, et qu'il doit y en avoir d'autre. Laisse-moi flairer encore un peu ; je te dis que je sens l'argent... Tiens, là.

Il se dirige vers la cheminée, passe sa main entre la glace qui la décore et le mur ; et retire un vieux portefeuille.

— Ah ! ah ! dit-il en s'approchant de la fenêtre. Je te le disais bien !... Des billets de mille ; mazette !... Quatre, cinq.., Neuf, dix. Dix mille francs, mon bon ami. Voilà ce que c'est que d'avoir du nez. Quand tu auras mon expérience, tu en auras autant que moi... Voici cinq billets. Mets-les dans ta poche, et allons-nous-en.

Nous rentrons dans le bureau.

— Je leur ai laissé toute la monnaie blanche, fait Canonnier en passant devant la caisse fracturée ; ils ont de la chance que je ne sois pas bimétalliste... Plus un mot, à présent et sortons par les jardins. Il y a une petite porte, au fond, qui donne dans une rue déserte.

Nous sommes dans la rue déserte. Les fusées du feu d'artifice s'épanouissant en gerbes multicolores, rayent le ciel qui s'est obscurci. Nous nous dirigeons vers la grande place et nous avons la joie d'assister aux transports de la foule devant les soleils tournants, les chandelles romaines, et surtout les pluies d'or. Divertissements innocents, plaisirs purs...

Un temps d'arrêt. C'est le bouquet qu'on va

lancer, et il faut laisser à l'enthousiasme la pause nécessaire aux préparations d'un élan suprême. Oui, c'est le bouquet ! Il éclate, éblouissant, au milieu d'acclamations frénétiques. Et, parmi les jets de feu et les rayons dorés, s'élève la forme, plus lumineuse encore, d'une femme coiffée d'un casque qui semble une mitre ; armée d'un glaive pareil à un grand couteau à papier ; et piétinant une devise latine : *Pax et Labor*.

— A quoi pensais-tu pendant ce feu d'artifice ? demandé-je à Canonnier comme nous quittons la grande place.

— Je pensais qu'il est fort heureux pour la Société que les malfaiteurs soient des gens simplement préoccupés de leurs besoins matériels, des utilitaires, si l'on peut dire, et n'aient pas de goûts artistiques. Autrement, les crimes pour la sensation, les forfaits pour le plaisir... Mais ça viendra. Les honnêtes gens possèdent déjà ces sentiments-là ; les criminels les auront bientôt. Le maire de Chicago, pendant la terrible conflagration de la ville, réfugié au bord du lac avec les habitants impuissants devant les flammes, s'écriait en un accès de voluptueux orgueil : « Qu'on vienne dire, à présent, que Chicago n'est pas la première ville du monde ! » Faudra-t-il s'étonner, après cela, si les *tramps* d'Amérique, qui se contentent jusqu'ici de faire dérailler les trains pour piller les morts et les blessés qu'ils achèvent, se forment une conception plus haute de leur raison d'être ; et s'ils se mettent à faire sauter des bourgades ou à incendier des villes, simplement pour l'attrait du spectacle, *for the fun of the thing* ?

— En Europe, on n'en est pas là.

— Pas encore. Mais qu'importent les procédés, après tout ? Dans tous les pays, la société actuelle mourra de la même maladie : de la disproportion entre ses aptitudes et ses actes ; du manque d'équilibre entre sa morale et ses besoins... La Société ! C'est la coalition des impuissances lépreuses. Quel est donc l'imbécile qui a dit le premier qu'elle avait été constituée par des Forts pour l'oppression des Faibles ? Elle a été établie par des Faibles, et par la ruse, pour l'asservissement des Forts. C'est le Faible qui règne, partout ; le faible, l'imbécile, l'infirme ; c'est sa main d'estropié, sa main débile, qui tient le couteau qui châtre...

Nous arrivons devant la Halle aux Plumes.

— Quel tas de lugubres bavards, là-dedans ! murmure Canonnier, ils vont être gavés, bientôt, et se mettront à débiter leurs mensonges... Il y aurait tout de même quelque chose à faire en politique, vois-tu, ajoute-t-il d'une voix plus basse ; quelque chose de grand, sans doute. Pas un des sacripans gouvernementaux attablés là qui n'ait, comme l'enfant de Sparte, un renard qui lui ronge le ventre... Et quelqu'un qui aurait des documents... Tu comprends, hein ? Tu comprends ?... Quelqu'un à qui on fournirait toutes les preuves... et qui aurait le courage et la force de prendre ça à la gorge... Enfin, nous nous reverrons et nous aurons le temps de causer ; je t'ai déjà dit, n'est-ce pas ? que j'avais l'intention de te voir... Tu reviens à Paris demain matin ?

— Oui.

— Eh ! bien, tu me trouveras demain soir à dix heures, sur la place du Carrousel, devant le monument de Gambetta. Convenu ? Bien. Je te quitte ; je vais aller manger dans un café, près de la gare et, à onze heures, je pars avec ces messieurs... Au revoir.

Neuf heures sonnent au clocher d'une église. Pendant une heure, au moins, je me promène par la ville, songeant à ce que m'a dit Canonnier, à ce qu'il m'a laissé entendre. C'est extraordinaire, que j'aie rencontré cet homme ici ; et plus extraordinaire encore qu'il ait déjà songé à moi pour... Et pourquoi ne serait-ce pas le malfaiteur, au bout du compte, qui délivrerait le monde du joug infâme des honnêtes gens ? Si ç'avait été Barabbas qui avait chassé les vendeurs du Temple — peut-être qu'ils n'y seraient pas revenus...

Ma marche sans but m'a ramené près de la Halle aux Plumes. J'y entre ; car on en a ouvert les portes afin de permettre aux bonnes gens de Malenvers qui n'ont point pris part au banquet de se repaître, au moins, de la délicieuse éloquence de leur cher député.

La Halle, éclairée par de grands lustres qui pendent du toit au bout de câbles entourés de haillons rouges, a un aspect sinistre. On dirait un bâtiment d'abattoir transformé à la hâte en salle de festin ; ou bien, plutôt, un grand magasin de receleur dont toutes les marchandises volées auraient été enlevées sous la crainte d'une descente de police, et où se seraient attablés, dans le vain espoir de tromper les argousins sur la destination de l'immeuble, des individus suspects endimanchés à la six-quatre-deux. Des trophées de drapeaux sont accrochés aux murs qui suintent ; et, tout au fond, éclatant en sa blancheur froide de fromage mou, on distingue le buste d'une bacchante de la Courtille étiquetée R. F., un buste couronné de lauriers — coupés au bois où nous n'irons plus.

Autour de l'énorme table, les hommes publics, très rouges, semblent cuver un vin très lourd ; les citoyens de Malenvers tendent leurs oreilles en feuilles de chou ; leurs dames écoutent très attentivement, aussi, pleines de componction, ainsi qu'à l'église ; les cocottes prennent de petits airs détachés (mais elles sont émues tout de même, les gaillardes ; je vois bien ça) ; les sténographes des agences noircissent du papier avec une rapidité terrifiante ; les journalistes prennent des notes ; la foule, *vulgum pecus* qui se presse le long des murs, bave d'admiration ; et, vers le milieu de la table, debout, avec des gestes de calicot qui mesure du madapolam, Courbassol parle, parle, parle...

Sa figure ? Ah ! je ne sais pas ! Je n'en vois rien ; on n'en peut rien voir. Il n'y a que sa bouche qui soit visible ; sa bouche, sa gueule, sa sale gueule. Et même pas sa bouche : sa lèvre inférieure seulement. Oui, on ne voit que ça, dans la face de Courbassol. On ne peut pas y voir autre chose que sa lèvre inférieure !

Cette lèvre est une infamie. Un bourrelet épais, violacé, qui fait saillie en bec de pichet ébréché ; une chose molle, humide, sur laquelle les paroles paraissent glisser comme un liquide visqueux et dont les contractions spasmodiques semblent sucer la salive ; qui fait songer, malgré soi, à un débris sexuel de Hottentote. Cette lèvre-là, c'est un gargouille : la gargouille parlementaire... Et des mensonges en tombent sans trêve, et des âneries, et des turpitudes...

Le saltimbanque attaque sa péroraison. Il la déclame, non pas en Robert-Macaire, ni même en Bertrand, mais en Courbassol. La voix est lourde, monotone, fausse, peureuse ; une voix de lâche : la voix parlementaire.

— Oui, citoyens, le jour va luire enfin où c'en sera fait des compromissions indignes ; où le grand parti républicain va reprendre conscience de lui-même et voguer de ses propres ailes. La France est lasse de se voir gouvernée par des hommes qui, sous de vains prétextes de sagesse et de prudence, s'efforcent de la retenir dans l'ornière de la routine en attendant qu'ils la plongent dans l'abîme de la réaction. Il ne leur a que trop été permis, déjà, d'accomplir leur œuvre néfaste ; leurs satellites, qu'ils ont pourvus de toutes les places en dépit des droits acquis et des services rendus par de plus dignes, ont submergé le pays sous leurs détestables doctrines. Mais cette inondation réactionnaire, citoyens, a mis le feu aux poudres ! Et demain, j'en ai la conviction profonde, la Chambre va montrer par son vote qu'elle n'entend pas être victime et qu'elle se refuse à être dupe. La France veut être libre, citoyens ! Berceau du progrès, son bras n'abdiquera jamais le droit de tenir haut et ferme cette torche de la liberté que nos aïeux jetaient, enflammée et sublime, à la face de l'Europe !

Alors, c'est du délire. Des applaudissements frénétiques font trembler la Halle aux Plumes sur sa base. On veut porter Courbassol en triomphe. Et c'est entourés d'une foule hurlante que lui et ses amis arrivent au *Sabot d'Or*, où les propriétaires, par une marche forcée, les ont précédés d'une demi-minute.

— Vive la République ! Vive Courbassol ! hurle la foule tandis que nous pénétrons dans l'hôtel et que Margot profite de la confusion pour me serrer la main, en signe d'intelligence.

Mais, dans la maison, des cris désespérés s'élèvent :

— Au voleur ! Au voleur !... A moi ! Au secours !...

— Qu'y a-t-il ? Qu'y a-t-il ? demandent Courbassol, Machinard et plusieurs autres en se précipitant dans le bureau où l'hôtelier et sa femme font un affreux vacarme.

— Tenez, Messieurs, tenez ! Regardez la caisse ! Voyez le secrétaire ! Les voleurs sont venus... Ils nous ont tout pris, tout ! Ah ! les coquins !... Mon Dieu ! quel malheur !...

Courbassol, Machinard et plusieurs autres font pleuvoir les consolations, accueillies par les jurons de l'hôtelier et les sanglots de l'hôtelière. Cependant, il est onze heures moins vingt et les véhicules qui nous ont amenés ce matin arrivent devant la maison. Les voyageurs ont juste le temps de monter chercher leurs manteaux, et leurs parapluies, et leurs cannes. Margot ne les suit pas ; elle vient de déclarer à Courbassol que l'émotion lui a brisé les nerfs et qu'elle ne serait pas en état de supporter le voyage. Courbassol a affirmé qu'il comprenait ça ; les nerfs des femmes... Margot passera la nuit au *Sabot d'Or* et prendra le train demain matin.

Les voyageurs descendent. Quelques-uns règlent leurs notes, tous font leurs compliments de condoléance aux victimes gémissantes de la perversité humaine, et ils montent dans les véhicules qui s'ébranlent au bruit des acclamations populaires. Je les regarde partir. Dans un quart d'heure, ils rouleront vers Paris, en compagnie d'un homme qui les attend là-bas, dans un café près de la gare, et qui porte autour du ventre un drapeau tricolore.

J'entre dans le bureau de l'hôtel. Margot, assise à côté de l'hôtelière qui sanglote, cherche à la réconforter et partage sa douleur, car de grosses larmes coulent sur ses joues.

— Ma pauvre dame, dit-elle, comme je vous plains !... Mais je vous jure que je ferai tout ce que je pourrai pour vous. Courbassol m'accordera ce que je lui demanderai. Qu'est-ce que vous voulez ? Un bureau de tabac ? Un kiosque à journaux ? Enfin, dites... Je suis sa maîtresse, sa maîtresse en titre, je vous dis. C'est plus que sa femme, n'est-ce pas ? Ainsi...

L'hôtelier, dans un coin, s'arrache les cheveux, de la main gauche ; de la main droite, il tient le vieux portefeuille que Canonnier a découvert derrière la glace.

— Ah ! Monsieur, que nous avons du malheur ! me dit-il comme je lui demande une chambre. C'est affreux ! C'est épouvantable !... Et ces coquins de gendarmes qui sont restés toute la soirée à la porte de la Halle aux Plumes au lieu de patrouiller les rues ! Je vais demander leur cassation... Donnez le numéro 8 à Monsieur, ordonne-t-il à Annette qui vient d'arriver avec une bougie. Et préparez-vous à comparaître demain matin devant le juge d'instruction, petite scélérate ; s'il ne vous met pas pour six mois en prison préventive, vous et Jérôme, je lui ferai donner de mes nouvelles par M. Courbassol...

Annette, tout en larmes, me conduit à ma chambre ; ce n'est pas celle où est morte la vieille femme ; tant mieux ; quoique je pense l'habiter très peu, cette chambre. J'ai vu la clef du numéro 10, dont la porte fait face à la mienne, se balancer aux doigts de Margot...

— Tu ne trouves pas que c'est curieux? me demande Margot dans le train qui nous ramène à Paris. Nous n'avons passé que deux nuits ensemble et, chaque fois, on a découvert un vol dans la maison.

— Oui, dis-je, il y a des coïncidences bizarres.

— Pour sûr. Ah! maintenant, nous pouvons causer; car nous n'avons pas eu le temps de nous dire deux mots, depuis hier soir. Qu'est-ce que tu fais, toi?... Ah! oui, tu es ingénieur. Tu es toujours dans les écluses?

— Toujours.

— Il en faut donc beaucoup?

— Il en faut partout.

— Ça doit bien gêner les poissons... Ah! à propos, tu ne sais pas la vérité sur le vol d'hier? C'est la femme de chambre qui m'a raconté ça ce matin... Figure-toi que les aubergistes avaient chez eux la mère de la femme, une vieille qui était morte dans l'après-midi. — Le cadavre était dans la maison. Quelle horreur! — Toutes les valeurs de la vieille étaient dans le secrétaire; et, comme il y a beaucoup de parents, les hôteliers ont simulé un vol pour n'avoir pas à partager l'héritage. Il est bien facile de voir que c'est là la vérité; toute la ville la connaît à l'heure qu'il est, et tu penses si l'on doit rire à Malenvers. Le coup était mal monté, à mon avis; car enfin, le mari et la femme qui s'absentent ensemble, l'hôtel complètement abandonné, est-ce que ça peut sembler naturel?

— Pas un instant.

— Quelles canailles! La famille va leur faire un procès. Et dire que la politique vous force à frayer avec des gens pareils!...

Et Margot pousse un gros soupir.

XV

DANS LEQUEL LE VICE EST BIEN PRÈS D'ÊTRE RÉCOMPENSÉ

Je viens d'aller regarder l'heure, à la lueur d'un des becs de gaz de la place du Carrousel. Dix heures un quart. J'attends Canonnier depuis vingt minutes, et je ne le vois pas paraître. Il n'est guère exact... J'allume un cigare et je m'amuse à dévisager les passants, pour tuer le temps ; ils sont rares, ces passants, et ils marchent vite en traversant cette grande place à laquelle la disparition des Tuileries a donné l'aspect d'un désert.

Dix heures et demie. Ah ! ça, Canonnier aurait-il oublié le rendez-vous qu'il m'a donné ? Non, ce n'est pas possible. Alors ?... Alors, je ne sais vraiment que penser. Attendons encore. Je me mets à examiner, sous la lumière crue de la grande lampe électrique qui s'érige au milieu de la place, le monument de Gambetta. Quelle chose abjecte, cette colonne Vendôme de la Déroute ! Cette pierre à aiguiser les surins, vomie par les carrières d'Amérique, ce pilori de N'a-qu'un-Œil sur lequel Marianne, coiffée d'un bas de laine, enfourche à cru une chauve-souris déclouée de la porte du Grenier d'Abondance — qui n'a plus besoin de porte, à présent !

Il va être onze heures, et toujours pas de Canonnier. C'est embêtant ; j'aurais bien voulu le revoir, et je ne puis pas revenir, comme cela, l'attendre tous les soirs pendant un mois sur la place du Carrousel. J'ai reçu, en rentrant chez moi, une lettre de Roger-la-Honte qui me demande de me trouver à Bruxelles dans trois ou quatre jours... Non, j'ai beau regarder du côté des guichets qui donnent sur le quai et du côté de ceux de la rue de Rivoli, je n'aperçois pas mon homme. Je ne vois que le factionnaire qui monte la garde, là-bas, devant le ministère des Finances, et la statue de pierre du Grand Tribun dont le bras vengeur désigne la trouée des Vosges — à l'ouest.

Allons-nous-en. Demain, j'irai voir chez Ida si elle a des nouvelles, sans lui faire part de ma déconvenue de ce soir, au cas où elle ne saurait rien. Il ne faut point mettre les gens au courant de nos déceptions. Pensons-y toujours, n'en parlons jamais.

J'arrive chez Ida, rue Saint-Honoré, vers une heure de l'après-midi.

— Ah ! s'écrie-t-elle dès qu'elle pénètre dans le salon où je l'attends, il y en a, du nouveau ! Canonnier est ici, et sa fille aussi...

— Vraiment ! sa fille ! Et depuis quand ?

— Depuis hier soir, répond Canonnier qui a reconnu ma voix et qui fait son entrée. Dis donc, je t'ai laissé poser, hier soir ; excuse-moi, car je n'ai pu faire autrement.

Il m'explique ce qui est arrivé. Il est entré sans encombre à Paris, l'avant-dernière nuit. Hier matin, il a chargé Ida de faire remettre une lettre à sa fille ; et, toute la journée, il a attendu vainement une réponse. Mais cette réponse, c'est Hélène elle-même qui l'a apportée, vers sept heures du soir.

— Et elle déclare qu'elle suivrait son père au bout du monde, s'écrie Ida, et que son devoir est de tout lui sacrifier. Ah! qu'elle est charmante! Aussi innocente que l'enfant qui vient de naître... Elle est restée ici depuis hier soir. Elle est désolée de causer du chagrin, par son départ, à ces Bois-Créault qui ont toujours été si parfaits pour elle; mais son père, dit-elle, doit passer avant tout. Elle le croit menacé...

— Oui, dit Canonnier. Je lui avais appris dans ma lettre, afin de la décider, que j'étais poursuivi pour mes opinions politiques; et — vois si elle est intelligente — elle a fait une remarque qui m'a empêché sans doute de me faire pincer en allant te retrouver hier soir.

— Ah! bah! dis-je; et comment cela?

— On savait, continue Canonnier, que c'était pour venir chercher ma fille en France que j'avais quitté l'Amérique. On le savait; j'ai été trahi par quelqu'un... Mais je te raconterai ça plus tard. Et, comme on ignorait où j'étais passé depuis mon départ des Etats-Unis, on faisait surveiller l'hôtel de M. de Bois-Créault, où demeurait Hélène. Ma fille, hier, en quittant cet hôtel, a remarqué qu'un individu qu'elle voyait depuis plusieurs jours devant la maison s'était mis à la suivre. Elle a essayé de le dépister, mais vainement; c'est un malin. Elle m'a prévenu de la chose; j'ai vu le personnage en faction sur le trottoir d'en face, et tu comprends que je ne suis pas sorti.

— Et la surveillance continue-t-elle?

— Je te crois, répond Canonnier. Si tu veux voir l'individu, viens ici...

Il va, tout doucement, lever le coin du rideau d'une fenêtre et me désigne, dans la rue, un Monsieur qui porte un lorgnon.

— Attends un peu, dis-je, laisse-le moi regarder attentivement... Bon. Ça suffit. Cet homme-là n'est pas un mouchard.

— Comment! s'écrie Canonnier; ce n'est pas...

— Non, mille fois non. Si c'est lui qui t'effraye, tu as tort d'avoir peur. D'ailleurs, je vais t'en donner bientôt la meilleure des preuves... Mais, d'abord, qu'as-tu l'intention de faire ? Quitter le plus vite possible Paris et la France avec ta fille, je présume ? Oui. Et aller à Londres, car il est bien improbable que l'Angleterre accorde ton extradition, si le gouvernement français la demande, car tu n'es pas condamné, mais simplement relégué.

— J'irai peut-être à Londres ; mais ça dépend. Où va-tu, toi ?

— Moi, je vais à Bruxelles.

— Eh ! bien, moi aussi j'irai à Bruxelles.

— C'est de la folie ! La Belgique t'arrêtera et t'extradera sans la moindre hésitation.

— Peut-être, si l'on sait que je suis à Bruxelles ; mais si on l'ignore ? Car, si tu ne te trompes pas, si cet homme qui croise devant la maison depuis ce matin n'est pas un roussin...

— C'est si peu un roussin, dis-je, que je vais t'en débarrasser pour toute la journée. Je vais descendre et l'emmener avec moi. Regarde par la fenêtre. Une fois que tu m'auras vu partir en sa compagnie, tu seras libre de tes mouvements.

— Bon. Je prendrai avec Hélène le train de Belgique cette après-midi même. Quand seras-tu à Bruxelles, toi ?

— Je partirai demain matin. Maintenant, ne quitte pas la fenêtre, surveille bien mes mouvements et tu verras que tu n'as rien à craindre.

Je descends. Du coin de l'escalier, je guette le moment où l'homme que Canonnier prend pour un mouchard aura le dos tourné. Voilà. Je sors, je remonte un bout de la rue, à gauche, je la traverse, et je me trouve nez à nez avec l'individu, qui vient de se retourner.

— Eh ! bien, lui dis-je en lui donnant un grand coup sur l'épaule, comment vous portez-vous, Issacar ?

— Comment ! c'est vous ! s'écrie Issacar absolument abasourdi ; ah ! vraiment, je ne m'attendais guère...

— Moi non plus ; et je suis bien heureux de vous rencontrer ; j'ai beaucoup de choses à vous dire. Laissez-moi vous emmener déjeuner et nous pourrons nous donner de nos nouvelles réciproques tout à notre aise.

— Je regrette beaucoup d'être obligé de refuser votre invitation, répond Issacar ; mais en ce moment je suis fort occupé...

— Occupé ! dis-je très haut, car je commence à croire qu'il y a du louche dans la conduite d'Issacar. Occupé ! Vous osez me raconter de pareils contes, à moi qui vous trouve dans la rue Saint-Honoré, le nez en l'air, rimant un sonnet à votre belle, alors que je vous crois aux prises avec les cannibales du Congo.

Je fais signe à un cocher dont la voiture vient s'arrêter devant nous.

— Allons, Issacar, dis-je en le prenant par le bras et en le poussant dans la voiture, vous me semblez avoir complètement oublié les usages européens dans ce Congo où vous avez sans doute fait fortune.

— Hélas ! non, répond-il tandis que je donne au cocher l'adresse d'un restaurant de la rue Lafayette.

— Non, me dit Issacar au dessert, non, je n'ai point fait fortune au Congo ; tant s'en faut. J'y ai perdu tout l'argent que j'ai voulu, et j'ai été obligé de revenir en France il y a un mois.

— Je croyais pourtant que vous aviez une belle idée...

— Oh ! superbe ! Seulement, je n'ai pas pu la réaliser. Je m'y étais pris trop tôt. Celui qui pourra, dans deux ans, tenter ce que j'ai essayé, fera certainement une fortune.

— Vous n'avez pas de chance.

— Non. J'ai des idées excellentes, mais je ne puis jamais reconnaître le moment propice à leur exécution.

Je m'y prends trop tôt ou trop tard. Je sais combiner, mais pas entreprendre. Je suis un incomplet...

— Oui, je le crois ; et vous n'êtes pas le seul aujourd'hui.

— Non, certes. Le nombre des gens auxquels il manque quelque chose, une toute petite chose, un rien, pour réussir, est considérable. Tout le monde a du talent, à présent ; mais c'est du génie qu'il faut. Et le génie ne s'acquiert pas. C'est un don, un pouvoir qu'on apporte en naissant de concevoir lucidement certaines choses et de rester complètement fermé à d'autres, presque une faculté animale. Et puis... vous parlez des incomplets. C'est chez les Juifs surtout qu'ils se rencontrent. Je suis Israélite et j'en sais quelque chose. La race juive, malgré la barbarie sanglante de ses origines, et peut-être en raison de ces origines mêmes, n'est pas une race abjecte, quoi qu'on en dise. Les Juifs — cela peut vous paraître étrange, mais c'est vrai — les Juifs sont absolument dépaysés dans la civilisation actuelle. Ce sont des gens qui vivent dans un monde qu'ils n'ont point fait et qu'ils détestent, dont quelques-uns d'entre eux — et vous connaissez leurs noms aussi bien que moi — ont démontré, avec une éloquence qu'on n'égala pas, la misère et la bêtise ; dont le plus grand nombre met en pleine lumière, par ses actes, l'absurdité et l'infamie.

— En en profitant de son mieux.

— Naturellement. Je vous parle du plus grand nombre. Vous n'irez pas chercher la compréhension et la moralité hautes, même chez une race qui a connu la persécution, dans la majorité... Ce plus grand nombre, auquel les circonstances — ou la volonté bien arrêtée des chrétiens, car il y aurait de singulières choses à dire là-dessus — ont donné, il y a cent ans, la direction des affaires des peuples, ce plus grand nombre peut se diviser en deux parties. D'abord, une minorité douée de génie, d'un génie pratique pour le maniement et l'utilisation de l'argent, mais qui ne se rattache au judaïsme que par les liens extérieurs des pratiques religieuses. Il y a autant de différence entre les préoccupations morales de ces gens-là et celles d'Israélites qui ont la notion du caractère et des tendances de leur race, qu'on peut en trouver entre l'existence d'un prince de la finance et celle de Spinoza vivant à La Haye, sur le Spui, dans l'humble maison où il gagnait sa vie — un peu de pain et de lait — à polir des verres.

— Et ces Israélites qui ont, d'après vous, la notion du caractère et des tendances de leur race...?

— Ils sont nombreux. Pas un parmi eux, qui ne se rende parfaitement compte, au fond, du fonctionnement imbécile de la machine sociale, et qui n'en connaisse la cause. Pas un qui ne soit disposé à la mettre en pièces, cette machine. Mais l'entreprise n'est pas facile; et, s'il se rencontre dans leurs rangs des hommes comme Lassalle, il s'y trouve encore plus souvent des gens comme moi. Que voulez-vous ? Lorsqu'on juge une situation désespérée, et qu'on ne peut l'améliorer, le mieux est d'essayer d'en tirer tout le parti possible, sans s'occuper du choix des moyens. Aujourd'hui coupeur de bourses, demain gendarme. Notre logique est dans nos idées — nos idées à nous — mais pas dans nos actes. La connaissance nette des choses est déjà pour nous une entrave assez gênante, la condition du monde actuel, en opposition constante avec nos aspirations et nos rêves, paralyse à tel point notre énergie, que nous serions bien sots de nous embarrasser, encore, du poids écrasant des scrupules. Oui, nous sommes des incomplets; propres à rien, peut-être parce qu'il n'y a rien de propre, et bons à tout, peut-être parce que votre société, où il est défendu d'agir individuellement, ne peut se passer d'intermédiaires. Pourquoi voudriez-vous, s'il vous plaît, que nous prissions parti, consciencieusement, pour telle coterie ou pour telle clique ? Pourquoi voudriez-vous que nous eussions des convictions ? Nous sommes indifférents à vos conflits dérisoires. Ce n'est pas notre faute, si l'homme se glorifie de panteler sur une croix d'or, le flanc percé, la tête couronnée d'épines... *Ecce homo* !... Hé ! qu'il reste à son gibet, si cela lui fait plaisir ! Comme au supplicié du Golgotha, nous lui disons : « Sauve-toi toi-même. » Et nous lui apportons du fiel et du vinaigre sur une éponge, s'il a soif, au bout du glaive de la Loi !

— Et, dites-moi, Issacar, n'avez-vous pas les doigts, en ce moment, sur la poignée de ce glaive-là ?

— Toute la main, répond Issacar. Je ne veux pas vous le cacher... Vous savez que le ministère a démissionné hier ?

— Certes. Les camelots se sont chargés de me l'apprendre ; mes oreilles en souffrent encore.

— C'est Courbassol qui va être nommé président du Conseil, demain ou après-demain au plus tard ; l'Elysée essaye aujourd'hui une ou deux combinaisons, mais ce n'est pas sérieux... Vous me direz que Courbassol ne l'est guère non plus ; mais ça n'a pas la moindre importance. Les hommes mêmes remarquables dans la conduite de leurs affaires privées ont leurs facultés submergées, dès qu'ils arrivent au pouvoir, sous un flot de cynisme politique, d'indifférence au bien général, d'incompréhension absolue, qui a quelque chose d'effrayant. Mais du moment qu'ils ont de la poigne, comme on dit, la France est satisfaite ; en fait de liberté, elle n'a jamais connu que la liberté des mœurs, et elle demande à continuer... Que vous disais-je ? Ah ! oui... Dès que Courbassol sera installé, on procède à l'épuration générale du personnel. C'est décidé. On nettoie les écuries d'Augias...

— Ah ! et vous aurait-on laissé entrevoir une place au râtelier, après le nettoyage ?

— Oui ; on m'a promis de me nommer préfet.

— Vraiment ! Mes compliments. Mais qu'avez-vous fait pour mériter de pareilles faveurs ?

— J'ai rendu des services, dit Issacar... des services... depuis que je suis revenu. Oui ; on m'a chargé de deux missions importantes qu'on ne pouvait pas confier à tout le monde, et je les ai menées à bonne fin. A vrai dire, quand vous m'avez rencontré, je m'occupais d'une troisième affaire... Ah ! si je la réussissais, celle-là !...

— C'est donc bien important ?

— Très important. Il s'agit de s'assurer de la personne d'un individu qui s'est approprié des documents compromettants pour de hauts personnages ; on l'avait déjà mis hors d'état de nuire, mais...

— Comment m'écrié-je, avec un grand geste d'indignation. Comment ! Issacar, vous en êtes là !... Vous faites ça !...

— Pourquoi pas ? répond Issacar. Vous êtes admirable, vraiment ! Parce que j'ai commis des actes contraires aux prescriptions du Code, je serais condamné à n'en jamais commettre d'autres ? Il me serait interdit d'étayer l'autorité établie sous prétexte que je l'ai autrefois battue en brèche ? Ah ! non ; je n'engage ma liberté ni à droite ni à gauche ; je méprise assez les lois pour les narguer le matin et pour leur prêter le soir le concours de mon expérience, si j'y trouve mon intérêt... Voyez-vous, ajoute-t-il, il n'existe plus, au fond, que deux types aujourd'hui : le voleur et le policier ; quant à l'homme d'Etat, c'est un composé des deux autres. Il y a aussi l'Artiste ; mais, dans la Société actuelle, c'est un monstre.

Peut-être, après tout. Ah ! Et puis...

— Vous le savez, continue Issacar, je suis Juif ; et par conséquent, tout à fait indifférent à bien des choses qui vous passionnent. Ce détachement absolu n'est pas une manière d'être : c'est une raison d'être. Le Juif... Figurez-vous une caravane qui passe à travers un univers malade, apportant des remèdes dont on ne veut pas, et des poisons qu'on lui demande... Le Juif, à mon avis, n'a pas encore joué son rôle — le rôle qu'il jouera. — Il traversera l'épreuve de la tolérance comme il a traversé l'épreuve de la persécution. Toutes les races ont leur fonction dans la physiologie de l'humanité.

J'ai fait durer le déjeuner aussi longtemps que possible; il n'y a certainement pas moyen de retenir Issacar davantage. N'importe; Canonnier et sa fille ont pu mettre le temps à profit et sont déjà, sans doute, à la gare du Nord. Il faudra que je prenne le train de Bruxelles ce soir, et que je les décide à partir demain pour Londres; je n'ai pas confiance en l'hospitalité belge.

Nous sortons du restaurant. Un embarras de voitures, omnibus, fiacres, fardiers, camions, nous arrête au bord du trottoir au moment où nous allons traverser la rue; les cochers jurent, les voyageurs tempêtent; et, l'un deux, là-bas, met la tête à la portière d'un fiacre à galerie chargé de malles, pour se rendre compte de ce qui se passe... Dieu de Dieu! C'est Canonnier!.. Pourvu qu'Issacar...

Mais Issacar n'est plus là. Il a sauté dans une voiture qui passait à vide, et qui suit au grand trot, à présent, le fiacre à galerie qui s'est remis en marche. Il se retourne, de loin, pour m'envoyer un salut accompagné d'un geste vague...

Que faire? Que faire?... Courir à la gare?... C'est inutile. Le train sera parti avant que j'y puisse arriver, un train précédé d'un dépêche envoyée par Issacar aux mouchards de la frontière... Que faire?... Rien. J'ai beau me creuser la tête, je ne vois rien à tenter. Ah! pourquoi n'ai-je pas expliqué les choses à Issacar, tout à l'heure?... Il n'a pas oublié qu'il me doit vingt mille francs et je suis convaincu qu'il aurait aidé Canonnier à échapper, si je lui avais demandé de le faire. Oui, pourquoi n'ai-je pas parlé?... Ce qui doit arriver arrive, malgré toutes les mesures qu'on peut prendre, malgré toutes les combinaisons et tous les stratagèmes... Ah! il est bien inutile que je prenne le train ce soir, pour me croiser, en route, avec celui qui ramènera Canonnier...

Je suis navré et énervé au point de ne pouvoir tenir en place. Il m'est impossible de rester chez moi, où je suis rentré tout à l'heure ; la solitude redouble mon ennui. Sept heures. Je sors. Je vais aller inviter Margot à dîner ; son bavardage me distraira...

Mais Margot refuse ma proposition, telle ce Grec incorruptible qui repoussa les présents d'Artaxercès. C'est elle qui tient à m'offrir à dîner.

— Je sais bien que ça te semble le monde renversé...

A moi ? Oh ! pas du tout. Je ne demande qu'à me laisser faire.

Je dîne donc chez Margot ; et même, j'aurai largement le temps d'y digérer à mon gré, car Margot est veuve jusqu'à demain. Courbassol a fait annoncer qu'il ne viendra pas ce soir ; il jette le mouchoir à une indigne rivale.

— Oui, mon cher. Il me trompe avec une actrice ; je le sais. Un homme marié ! C'est dégoûtant... Enfin, il va être ministre, et j'aurai un cocher à cocarde tricolore à ma porte quand je voudrai. Ah ! ce que Liane va rager !...

Mais si, par hasard — car tout arrive, même ce qui devrait arriver — si Courbassol n'était pas nommé ministre ?

— C'est impossible ! s'écrie Margot. Le président est forcé de l'appeler. Mais qui veux-tu qu'on prenne, mon ami ? Réfléchis un peu. Qui ? Ils ne sont pas nombreux, en France, les gens à qui l'on peut confier un portefeuille. Tiens, tu ne connais rien à ces choses-là. Quand je t'entends parler politique, j'ai envie de t'envoyer coucher.

— Ne te gêne pas ; et si tu me montres le chemin, je serai capable de ne pas me réveiller avant demain.

C'est, ma foi, ce que j'ai fait. Nous dormons encore tous deux lorsqu'un carillon épouvantable retentit dans la maison. Un instant après, le bruit d'une grande discussion parvient jusqu'à nous.

— Qu'y a-t-il donc ? demande Margot.

Moi, je ne sais pas... Mais les voix se rapprochent ; et l'on commence à distinguer les paroles prononcées par plusieurs hommes dans le petit salon qui précède a chambre à coucher.

— Si, si, nous savons qu'il est ici !

— Mais non, Monsieur, je vous jure, répond la voix de la femme de chambre. Madame est toute seule.

— Voyons, voyons, ma petite, c'est inutile de nous faire des contes. Du moment qu'il n'est pas chez lui, il est ici ; c'est forcé.

Et, une seconde après, on frappe à la porte de la chambre.

— Mon cher ami, vous êtes là ?... Répondez-moi, sacredié ! C'est moi, Machinard.

— Réponds, murmure Margot ; sans ça, ils ne s'en iront pas. Et elle mord les draps pour ne pas éclater de rire, pendant que je pousse un rugissement.

— Humrrr !...

— Bien, bien, répond Machinard. C'est tout ce que je voulais savoir. Ne vous dérangez pas... Il faut vous rendre à l'Elysée pour midi. Le président vous fait appeler pour vous offrir la présidence du Conseil et le portefeuille de la Justice. Je compte sur votre exactitude, n'est-ce pas ?

— Humrrr !...

— Et mes félicitations. Rappelez-vous que c'est l'Intérieur qu'il me faut.

— Humrrr !...

— Et mes compliments, vient dire Chose à travers la porte. Souvenez-vous bien de me réserver la Marine.

— Humrrr !...

— Et mes congratulations, reprend Un Tel par le trou de la serrure. N'oubliez pas de me désigner pour l'Agriculture.

— Humrrr !...

Puis, on entend leurs pas qui s'éloignent. Margot se tord de rire ; et moi je saute à bas du lit. Vite, vite, il faut partir, quitter Paris...

— Qu'est-ce que tu fais ? demande Margot. Tu t'habilles ? Tu pars ?

— Tu le demandes ! Un pays où l'on veut faire de moi un ministre de la Justice !

— Et puis, après ? dit Margot qui rit encore. Pourquoi pas toi aussi bien qu'un autre ?

Ah ! la malheureuse ! C'est vrai, elle ne sait rien... Laissons-la dans son ignorance.

Quand je la quitte, elle me demande mon adresse à Londres ; elle viendra peut-être me faire une visite dans quelque temps... J'en serai enchanté. Je lui donne une carte. Et elle sonne sa femme de chambre pour lui ordonner d'aller porter à Courbassol, chez l'indigne rivale, la nouvelle du bonheur qui l'attend.

Ah ! oui, il va être heureux, Courbassol. Ministre de la Justice ! Quel honneur ! — Quel honneur même pour la Justice, car enfin Courbassol n'est peut-être encore que l'avant-dernier des Courbassols...

Je me hâte de rentrer chez moi, de déjeuner et de me préparer à partir. Je veux être à Bruxelles ce soir car une pensée, tout d'un coup, m'a traversé le cerveau. Canonnier a été arrêté, c'est certain ; mais qu'est devenue sa fille ?

XVI

ORPHELINE DE PAR LA LOI

Nous ne sommes plus qu'à une demi-heure de Bruxelles et le voyageur qui me fait face, dans le compartiment où nous sommes seuls, vient de céder au sommeil. C'est un homme de soixante ans, environ, au front haut, aux traits impérieux, aux cheveux très blancs, à la face complètement rasée. Grand, maigre ; des mains fines ; et ses yeux, qu'il vient de fermer, éclairaient sa physionomie de la lueur de l'intelligence. A présent, c'est seulement de la lassitude, une expression de fatigue et de chagrin intense qui se lit sur sa figure. Souffrance toute morale, sans doute, car cet homme-là doit être riche; je me permets, tout au moins, de le supposer. Son costume de voyage, très simple, son manteau sombre, son chapeau de feutre, ne me livrent aucun renseignement sur sa position sociale; et une jolie petite valise à fermoirs d'argent, aux initiales J.-J. B., qu'il a déposée dans le filet au-dessus de sa tête, ne m'en donne pas davantage. Qu'y a-t-il, dans cette valise ?

Je tire mon mouchoir de ma poche, non pas que

j'aie l'intention de m'en servir — je risquerais de réveiller cet honorable vieillard — mais pour l'imbiber de quelques gouttes d'un liquide contenu dans une petite fiole que je portais dans mon gousset. Ce liquide, c'est du chloroforme, toujours utile en voyage. Et, maintenant que le mouchoir en est suffisamment imprégné, je me lève tout doucement et je l'applique sous les narines du vieux monsieur. La tête du vieux monsieur se rejette en arrière, la bouche s'entr'ouvre pour laisser passer une plainte sourde, les paupières battent, et c'est tout. Le vieux monsieur se réveillera deux ou trois minutes après l'arrivée du train à Bruxelles. J'ai une grande expérience de ces choses-là.

Je lance par la portière le mouchoir et la fiole de chloroforme, par mesure de précaution ; je reprends ma place et je déplie un journal où l'on parle — quelle coïncidence ! — d'un nouveau système de sonnette d'alarme qu'on doit bientôt mettre en usage sur la ligne du Nord. Allons, il ne sera pas trop tôt ; le besoin s'en fait sentir, comme on dit dans la presse...

Le train ralentit son allure, pénètre sous la voûte de verre de la station ; il va s'arrêter. Je jette un regard sur le vieux monsieur ; ses mains se crispent et il semble faire des efforts désespérés pour ouvrir les yeux. Il est temps. Je tourne la poignée de la portière, je saisis mes deux valises — la mienne et l'autre — et je descends avec la légèreté qui me caractérise. Une minute après je suis dans un fiacre ; et un quart d'heure ne s'est pas écoulé que je fais mon apparition à l'hôtel du *Roi Salomon*.

— Ah ! monsieur Randal ! s'écrie l'hôtelière dès qu'elle m'aperçoit. On ne parle que de vous, depuis ce matin.

— Qui cela ?

— Mais, une charmante jeune fille...

— Et puis, et puis !... M. Canonnier, l'avez-vous vu ?

— M. Canonnier ? Je crois bien, que je l'ai vu ! Il est là-haut, au premier étage ; il vous attendait ce matin pour déjeuner...

Je ne l'écoute plus; je grimpe l'escalier au plus vite. Canonnier est ici !... Alors, qu'est-ce que c'était que cette comédie jouée hier par Issacar ? Avait-il deviné le but de la manœuvre que j'avais exécutée, et avait-il voulu, pour se venger à moitié, me faire une fausse peur sans nuire à l'homme que je voulais sauver ? C'est bien possible... Je frappe à la porte qu'on m'a indiquée.

— Enfin ! c'est toi, dit Canonnier qui vient m'ouvrir. Je commençais à désespérer. Qu'est-ce qui t'a retenu à Paris ?

Autant ne point le lui avouer. A présent que le danger est passé, il vaut mieux ne pas parler de mes craintes.

— J'ai manqué le train du matin, dis-je; on m'avait réveillé trop tard. Et il ne faudra pas m'imiter demain, car il est nécessaire de partir pour Londres à la première heure. J'ai à faire ici dans deux ou trois jours, mais je t'accompagnerai, quitte à revenir le lendemain, afin de vous installer chez moi, toi et ta fille.

— Tu es bien aimable; je pense aussi que l'Angleterre vaut mieux pour moi que la Belgique, et j'étais décidé à ne pas rester ici bien longtemps. J'ai déjà fait porter mes bagages à la consigne de la gare du Nord et j'ai télégraphié à Paternoster de garder la valeur des titres que je lui ai expédiés jusqu'à ce que toi ou moi allions chercher cet argent. Tu sais ce qu'il donne ? Mille livres sterling. Il n'y a pas à se plaindre; je n'espérais pas davantage. D'ailleurs, Paternoster n'aurait aucun intérêt à me rouler...

On frappe. C'est une servante qui vient demander où nous désirons dîner.

— Ici, répond Canonnier; dans ce salon. Nous serons mieux à notre aise pour causer... Hélène est là, continue-t-il en indiquant une porte qui donne dans la pièce où nous nous trouvons. Moi, j'ai une chambre au second. Et toi ?

— Moi, je ne sais pas encore, mais peu importe.

Je suis monté ici directement et j'ai même apporté ma valise...

— Tes valises, tu veux dire.

— Si tu y tiens ; quoique la petite ne soit en ma possession que depuis très peu de temps.

— Ah ! tu l'as fabriquée dans le train. On fait ça de temps en temps, pour s'amuser ; car autrement... Généralement, on y trouve un rasoir et un tire-bottes. Qu'est-ce qu'il y a dans celle-là ? Tu ne sais pas ? Ce n'est pas la peine de regarder à présent ; nous verrons plus tard.

Et il va déposer la petite valise à initiales sur la mienne, dans un coin, près d'une fenêtre, tandis qu'une servante met le couvert sur la table du salon.

— Je vais te présenter à Hélène dès que cette fille sera partie, me dit-il en revenant vers moi. Elle est très, très gentille, mais un peu enfant ; tu comprends, élevée comme elle l'a été ! Elle me semble un peu réservée aussi, un peu circonspecte, si tu veux.

— C'est assez naturel ; elle ne sait rien de toi ni de tes projets. Et quelles sont ses dispositions envers toi ?

— Oh ! elle m'est toute dévouée ; elle me l'a répété dix fois depuis hier — peut-être pour me décider à lui faire part de mes intentions à son égard...

— Et quelles sont tes intentions ?

— Cela, mon cher, c'est compliqué. Mais je ne veux pas t'en faire un mystère ; d'autant moins que je désire t'intéresser largement à mes combinaisons. J'ai besoin d'un homme instruit, audacieux, qui serait assez bien élevé pour pouvoir se conduire en sauvage, et qui aurait assez étouffé de scrupules pour oser se permettre d'agir en honnête homme. On m'a donné des renseignements sur toi ; je t'ai vu suffisamment pour m'être fait, à ton endroit, quelques opinions qui, je pense, ne sont pas fausses ; et je crois que tu es l'homme que je cherche. Si nous nous entendons, le cambriolage que nous avons exécuté ensemble à Malenvers aura été le dernier auquel tu auras participé. Il ne s'agira plus de forcer les secrétaires des bourgeois mais...

Un grand geste, qui semble vouloir balayer un monde, achève la phrase.

— D'autre part, reprend Canonnier, il faut une femme jeune, jolie, intelligente, adroite. Cette femme, ce sera Hélène. J'ignore quels sont ses sentiments actuels, et jusqu'à quel point le milieu imbécile dans lequel elle a vécu a influé sur elle ; mais je sais quelles seront bientôt ses convictions. Qu'elle soit l'élève de qui on voudra, peu m'importe ; c'est ma fille ; elle a du sang d'instinctif et d'indépendant dans les veines. Elle est assez jeune pour le sentir et pour voir clair, tout d'un coup, dès que je lui aurai dessillé les yeux... Ah ! je vais l'amener, continue-t-il comme la servante se retire pour aller chercher le potage. Bien entendu, pas un mot qui puisse lui laisser deviner ce que nous sommes l'un et l'autre. Elle me prend pour un agitateur traqué à cause de ses opinions, et je lui ai parlé de toi comme d'un ingénieur qui écrit, de temps en temps, dans les revues. Il ne faut point l'effaroucher du premier coup, mais la conduire graduellement à entendre ce qu'il est nécessaire qu'elle comprenne. Je reviens...

Canonnier disparaît derrière la porte qu'il m'a désignée tout à l'heure. Qu'y a-t-il donc, dans cet homme-là ? Que rêve-t-il, et quels sont, au juste, ses projets ? J'entrevois une combinaison grandiose et basse, chimérique et pratique, inspirée par la haine de l'iniquité et par la soif du butin, par le désir de la justice et la passion de la vengeance ; toutes les idées révolutionnaires placées sur un nouveau terrain ; la désagrégation de la Société sous le vent du scandale, sous la tempête des colères personnelles et des rancunes individuelles ; et l'hallali sans pitié sonné, non plus par la trompe de carnaval des principes, mais par le clairon des instincts, contre les exploiteurs mis un par un en face de leurs méfaits et rendus, enfin, responsables... Un rêve de barbare, peut-être. Et pourtant...

Je songe au sort d'un ami de Roger-la-Honte, qui

s'était introduit, il y a trois mois, dans la maison d'un bourgeois. Le bourgeois, qui l'a surpris la pince à la main, lui a brûlé la cervelle. On ne l'a point poursuivi. Il était dans son droit. Il était chez lui.

Où donc sont-ils chez eux, les pauvres ?...

Hélène est devant moi.

Une grande jeune fille, belle. Malgré la masse de ses cheveux, d'un superbe blond aux reflets verdâtres, elle semble plutôt un éphèbe qu'une femme. Rien d'accusé en elle ; tout est à deviner, mais tout est rythmique. Chose rare chez la Française, l'expression de la tête ne contredit point celle du corps ; elle n'a pas une tête apathique de chérubin de sacristie équivoque, aux lèvres lourdes, au petit nez épaté, aux yeux d'animal stupéfait, sur un corps d'automate en fièvre. Elle a l'harmonique beauté des statues. Je regarde ses yeux, pendant qu'elle me parle ; ils me font penser, d'abord, à ces oiseaux dont le vol se suspend sur la mer, qui prennent en frôlant les flots la teinte sombre de l'océan, et qui se colorent d'azur lorsqu'ils s'approchent de la nue. Mais, non ; la nuance de ces yeux-là n'est point variable, et leur silence ne se dément pas. Ils ont la couleur du ciel bleu reflété par une lame d'acier. Ni lumière ni ombre — ni lumière de joie ni ombre de tristesse — n'en viennent troubler la surface calme. Mais on a conscience, derrière cet inflexible dédain d'expression, de quelque chose d'infiniment doux, intelligent et féminin. J'ignore son nom, à ce quelque chose ; mais il est là, si loin que ce soit, masqué par la fixité fière et froide de ces grands beaux yeux taciturnes.

Hélène m'a adressé quelques phrases aimables que je lui ai rendues, Canonnier a déclaré qu'il était très heureux de mon arrivée, et nous nous sommes mis à table.

— Non, Monsieur, répond Hélène à une question que je lui pose, je n'ai pas beaucoup voyagé. J'ai été deux fois à Dieppe, trois fois à Dinard, une fois à

Nice et au Mont-Dore. Voilà tout. Mais, maintenant, j'espère bien faire le tour du monde.

— Tu as raison de l'espérer, dit Canonnier; nous partirons demain matin pour l'Angleterre; c'est un commencement.

— Vraiment? Que je suis contente! La Belgique n'est pas bien intéressante, n'est-ce pas?

— On ne sait pas; on n'a pas le temps de s'en apercevoir, en marchant vite.

— Est-ce votre avis, monsieur Randal?

— Oh! si tu demandes à Randal... Il va te parler viaducs, rampes et canaux. Ces ingénieurs! Ils ne songent qu'au nivellement de la Suisse.

— Et ces utopistes politiques! dis-je; ils ne rêvent que de chimères. Figurez-vous, Mademoiselle, que votre père avait trouvé récemment la solution de la question d'Alsace-Lorraine. Il proposait qu'on y reconstituât le royaume de Pologne. Les Alsaciens seraient rentrés en France et les Prussiens en Allemagne. Le tout, bien entendu, soumis à l'approbation du czar. Que pensez-vous de cette idée-là?

— Elle en vaut bien une autre. Mais n'avez-vous pas soutenu aussi, comme écrivain, des thèses un peu paradoxales? J'ai lu dernièrement, dans la « Revue Pénitentiaire », un article de vous intitulé : « La Kleptomanie devant la machine à coudre » où vous me semblez avoir soutenu des opinions bien hardies.

— Elles peuvent paraître telles en France, Mademoiselle, dis-je effrontément; mais en Angleterre, je vous assure...

— Soit; je verrai, puisque je serai à Londres demain.

— Tu sais donc l'anglais? demande Canonnier.

— Assez bien, père. Je lis couramment les auteurs britanniques; je crois même que s'ils ne faisaient jamais de citations françaises, je les comprendrais encore plus facilement.

— Ta mère ne m'avait jamais dit, je crois, que l'on t'enseignait les langues vivantes au couvent.

— Oh ! j'ai appris toute seule. Au couvent, c'était très gentil. Les sœurs venaient nous réveiller le matin en criant : Vive Jésus ! Nous répondions : Vive Jésus ! les yeux encore mi-clos, et ça continuait toute la journée à peu près sur le même ton.

Canonnier fait la grimace.

— L'instruction est une belle chose, dit-il.

— Oui, répond Hélène. L'instruction qu'on donne aux jeunes personnes, surtout. Elle les met merveilleusement en garde contre toutes les tentations du monde. Cependant, il n'y a pas de système infaillible... Ainsi, une de mes amies de couvent, qui s'était mariée à dix-huit ans, vient de faire parler d'elle d'une façon désagréable ; son mari demande le divorce. Il faut qu'elle ait cédé à des entraînements... Certains hommes manquent tellement de sens moral, paraît-il !... Et, même dans la nature, on voit malheureusement ces choses-là ; car le coucou annexe le nid du voisin. C'est un bien vilain oiseau. Mais il a l'air de se vanter si joyeusement à vous de son infamie, quand on se promène dans les bois...

— Pendant que le loup n'y est pas.

— Le loup n'y est jamais, dit Canonnier ; il est dans la bergerie, en train de se faire tondre par les moutons.

— Tu sembles bien misanthrope, père ; mais tu as certainement vu le monde autrement que moi. Moi, je n'ai jamais connu que de beaux caractères.

— Oh ! il n'en manque pas, assure audacieusement Canonnier. Dieu merci ! il y a encore des gens d'honneur.

L'honneur ! Un noyé qui revient sur l'eau... Hélène continue, de sa voix riche, captivante, où vibre pourtant une émotion étrange, comme la nervosité amère de l'ironie qu'on dompte, comme le frémissement lointain de colères qu'on ne veut pas évoquer.

— Je dois dire que je n'ai guère vu que des gens riches ; et les personnes qui possèdent la fortune sont toujours si aimables ! Quant aux autres, je ne sais pas... On dit qu'il y a beaucoup de malheureux, mais on exagère peut-être... Il doit exister une certaine somme de souffrance, pourtant, puisque les pauvres se sont révoltés à plusieurs reprises... Mais, chaque fois, ils se sont si bien conduits ! Ils n'ont jamais déshonoré leur victoire... Père, est-ce que tu n'as pas aussi de la sympathie pour les faibles, pour les malheureux ?

— Si j'allais avec les déshérités, s'écrie Canonnier qui oublie son rôle, ce ne serait pas parce qu'ils sont les plus faibles, mais parce qu'ils sont les plus forts ! On se conduit bien lorsqu'on se conduit intelligemment. Il n'y a qu'un moyen de ne pas déshonorer la victoire : c'est d'en profiter.

Un éclair brille dans les yeux d'Hélène.

— Père, demande-t-elle en se penchant anxieusement vers lui, tu crois à la force ?

— Mon Dieu ! mon enfant, répond Canonnier, je... je...

— C'est le droit seul, dis-je en venant à son secours, qui légitime l'usage de la force ; par conséquent, les lois étant l'expression du droit...

— Ah ! s'écrie Hélène en riant, il me semble être encore dans le salon de Mme de Bois-Créault ; on y parlait comme vous le faites... C'était charmant... Certes, je suis très heureuse de suivre mon père, et c'est mon devoir strict ; je ne regrette rien. Mais mon existence était tellement délicieuse, chez Mme de Bois-Créault ! Je ne manquais pas une première ; toujours en soirée, au bal, comme si j'avais été sa propre fille !...

Je me hâte de prendre la parole, car je m'aperçois que les émotions du souvenir vont gagner Hélène, au déplaisir certain de son père.

— Je vois, Mademoiselle, que vous étiez fort occupée ; il vous restait sans doute bien peu de temps... pour lire, par exemple ?

— Oh ! si, Monsieur, je lisais beaucoup. Même des romans. Des romans convenables, surtout ; mais aussi quelquefois des histoires d'aventures dans lesquelles évoluent de belles dames, des jeunes filles persécutées, des traîtres abominables, de grands seigneurs très braves, et aussi des voleurs généreux qui donnent aux pauvres ce qu'ils prennent aux riches.

— Ce sont des hommes d'ordre, dit Canonnier; ils veulent mettre les pauvres en mesure de payer leurs impôts.

— Mais je n'ai pas lu d'autres romans, reprend Hélène en souriant. On dit qu'il y a des auteurs si intéressants, aujourd'hui! qui vous font voir la vie telle qu'elle est et qui sont arrivés à démonter le mécanisme des âmes avec une précision d'horlogers.

— Oui; ils sont de deux sortes : ceux qui aident à tourner la meule qui broie les hommes et leur volonté; et ceux qui chantent la complainte des écrasés. En somme, ils écrivent l'histoire de la civilisation.

— Qu'est-ce que c'est que la civilisation ?

— C'est l'argent mis à la portée de ceux qui en possèdent, dit Canonnier.

— Et qu'est-ce que c'est que l'argent, père ?

— Demande à Randal.

— Non, Mademoiselle, ne me le demandez pas. Je ne pourrais pas vous répondre; et d'autres ne le pourraient pas non plus. On ne sait point ce que c'est que l'argent.

Deux servantes, qui apportent le dessert, entrent dans le salon.

— Eh! bien, dit Canonnier dès qu'elles sont sorties, puisque nous sommes entre la poire et le fromage, comme on dit, et que c'est le moment généralement choisi pour parler à cœur ouvert, je veux vous exposer à tous deux, et surtout à toi, Hélène, mes idées sur la civilisation et sur l'argent. Je veux vous dire, ajoute-t-il pendant que le visage de sa fille s'éclaire de joie, non seulement ce que je pense, mais ce que j'ai l'intention......

Trois coups secs frappés à la porte lui coupent la parole.

— Entrez, dit-il.

Et quatre hommes, le chapeau sur la tête, font irruption dans le salon. Nous nous levons tous les trois. L'un des hommes, qui tient un papier de la main gauche et dont la main droite, dans la poche du pardessus, serre la crosse d'un pistolet, s'approche de Canonnier.

— Vous êtes le nommé Canonnier, Jean-François?... J'ai un mandat d'arrêt décerné contre vous. Empoignez cet homme! dit-il à deux de ses acolytes qui saisissent chacun un des bras du père d'Hélène.

Et Canonnier sort d'un pas ferme, entre les argousins, sans un regard, sans un mot.

Ah! oui, il doit croire à la force, cet homme qui voit ainsi toutes ses espérances brisées devant lui à l'heure même où il peut les transformer en actes, et qui a le courage de partir sans tourner la tête, l'œil sec, la bouche close. Et c'est à la mort qu'il va ; car c'est la mort, la mort lente, hideuse et bête, que cette relégation pour jamais dans les marécages de Cayenne. Mais il sait qu'il est inutile de s'indigner contre le sort et qu'il est lâche de gémir sur les débris des rêves. Le destin, qui est dur pour lui, pourra se montrer clément envers sa fille. Mais lui, qui ne peut plus rien pour elle, lui a donné en partant, par son silence même, la réponse à la question qu'elle lui posait tout à l'heure. Oui, il croit à la force. — Et elle y croira peut-être, elle aussi...

On frappe à la porte. Hélène se lève de la chaise sur laquelle elle s'est laissée tomber, pâle comme une morte.

— Entrez, dit-elle.

C'est le mouchard, celui qui vient d'arrêter Canonnier. Cette fois-ci, il salue obséquieusement.

— Mademoiselle, je suis chargé d'une mission par votre famille... c'est-à-dire des personnes qui s'intéressent à vous et qui...

— Avez-vous aussi un mandat contre moi? demande Hélène dont la voix tremble de colère.

— Non, certainement, Mademoiselle, mais...

— Eh! bien, je vous prie de ne m'adresser la parole que lorsque vous aurez ce mandat.

XVII

ENFIN SEULS!...

Après le départ du policier, Hélène a regagné sa chaise; et elle reste là, les bras ballants, les yeux perdus dans le vide, muette, en une attitude de douleur intense et de désespoir profond. Certes, sa situation est atroce. Que va-t-elle devenir, à présent?... Son père lui aura préparé, malgré lui c'est vrai, mais inévitablement, l'avenir qu'Ida avait prophétisé : une vie d'aventures, une existence faite de tous les hasards... Ses protecteurs la recevraient-ils chez eux, à présent ? Peut-être, car la proposition ébauchée par le policier était certainement faite en leur nom; mais comment l'accueilleraient-ils ? Et oserait-elle, même, retourner chez les Bois-Créault ? Non, sans doute; autrement, elle n'aurait point répondu comme elle vient de le faire. Alors ?... En tous cas, il faut qu'elle prenne une décision dans un sens ou dans un autre. Je me résous à rompre le silence.

— Mademoiselle, dis-je pendant qu'elle semble revenir à elle, sortir d'un rêve, permettez-moi de troubler votre chagrin...

Elle m'interrompt.

— D'abord, Monsieur, je vous en prie, veuillez me dire s'il est possible de faire quelque chose pour mon père.

Hélas ! elle ignore la vérité, cette vérité terrible que je ne puis lui apprendre ; mais je ne veux pas, non plus, lui forger un conte, lui donner des espoirs dont l'irréalisation forcée ne pourrait que la faire souffrir.

— Non, Mademoiselle, il n'y a rien à tenter en faveur de votre père, au moins pour le moment. Rien, absolument rien. Plus tard, très probablement...

— Merci, Monsieur, répond-elle d'une voix ferme. Plus tard, bien... Soyez sûr que je ferai l'impossible, le moment venu. Mais, plus tard, c'est l'avenir... Voulez-vous que nous nous occupions du présent ?

— Certainement, Mademoiselle ; je n'ai point l'honneur d'être connu de vous depuis bien longtemps, mais j'étais très lié avec votre père, et je vous assure de tout mon dévouement. Si vous voulez me faire part de vos intentions, quelles qu'elles soient, et si vous croyez que je puisse vous être utile...

— Je vous remercie de tout cœur ; mais je ne puis vous confier mes projets, car je n'en ai point. Non, réellement, je ne sais absolument que faire.

— D'après ce que je vous ai entendu répondre à cet homme, il n'y a qu'un instant, vous appréhendez de retourner chez Mme de Bois-Créault ; vous pensez sans doute qu'elle vous pardonnerait difficilement votre départ...

Hélène sourit.

— Monsieur, me demande-t-elle, connaissez-vous la famille de Bois-Créault ?

— Pas personnellement. Mai j'en ai entendu souvent parler. Ce sont des gens très honorables et très riches. M. de Bois-Créault est un ancien magistrat, un ex-procureur-général fort connu. Il vit très retiré et on le voit rarement dans le monde. Il travaille à un grand ouvrage qui paraîtra sous ce titre : « *Du réquisitoire à travers les âges.* » Vous voyez que je suis bien renseigné. Son fils, M. Armand de Bois-Créault, n'a point d'occupation définie et se contente, je crois, de mener la vie à grandes guides. Quant à Mme de Bois-Créault, c'est une femme dont le caractère est hautement apprécié. Je me la figure un peu comme l'Egérie vieillie de Numas en simarres, et il me semble apercevoir des spectres de Rhadamantes modernes autour de sa table à thé.

— Je ne sais pas si c'est une Egérie, dit froidement Hélène. Je sais que c'est une maquerelle.

Je sursaute sur ma chaise.

— Une... ?

— Oui ; vous avez bien entendu... Excusez-moi d'avoir employé un pareil terme, mais c'est le seul qui convienne, en bonne justice, à cette dame dont le caractère est si hautement apprécié... Je vous prie encore, Monsieur, de ne point vous formaliser si je vous fais des révélations dont l'ignominie vous surprendra. Ni votre éducation ni votre situation sociale ne vous ont habitué à entendre des choses comme celles que j'ai à vous dire. Pourtant, ces choses, il faut que je vous les apprenne. Vous m'avez offert votre appui pour l'avenir et il est juste, puisque je l'ai accepté, que vous n'ignoriez rien de mon existence passée.

Je m'incline et Hélène poursuit :

— Mon père vous a appris, j'en suis sûre, que ma mère est morte il y a quatre ans environ ; vous savez aussi qu'elle était au service de Mme de Bois-Créault et que je me trouvais chez cette dame au moment où ce malheur survint. Mme de Bois-Créault résolut de ne plus me renvoyer au couvent et de me garder chez elle. On l'a fort louée de sa bonne action ; on admirait qu'elle me traitât comme sa fille et qu'elle m'eût, par le fait, adoptée ; et, à l'heure actuelle, on me reproche amèrement ma coupable ingratitude... J'avais à peu près quinze ans quand je vins habiter chez Mme de Bois-Créault ; j'étais jolie, amusante ; elle avait remarqué qu'un de ses amis, fidèle habitué de la maison, tournait beaucoup autour de moi, semblait porter à ma jeunesse et à ma beauté fraîche un intérêt tout spécial... Vous avez entendu parler de Barzot ?

— Le premier président à la Cour des Complications ?

— Lui-même. Depuis trois ans, il est mon amant. Mme de Bois-Créault, cette femme si honorable, m'a vendue à lui, Monsieur. Comment le marché fut conclu, je l'ignore. Comment il fut exécuté la première fois, je ne le sais pas davantage. J'ai entendu dire que les voleurs, pour dépouiller leurs victimes sans qu'elles puissent se défendre ou crier à l'aide, leur font respirer du chloroforme. Mme de Bois-Créault connaissait apparemment les procédés des voleurs... Depuis... Depuis, j'ai tout subi sans rien dire... Quand je m'étais réveillée pour la première fois, souillée et meurtrie, entre les bras de ce vieillard lubrique, j'avais compris, tout d'un coup, l'infamie du monde ; mais j'avais eu conscience, en même temps, de mon néant et de mon impuissance... Que pouvais-je faire ? Ah ! j'ai songé à m'enfuir, à m'échapper de cette maison comme on s'évade d'une geôle de honte. Mais j'étais sans amis, sans famille, sans personne au monde pour prendre pitié de moi ; mon père — je le croyais alors — m'avait abandonnée ; et je n'aurais pu échanger le déshonneur doré que contre le déshonneur fangeux. Ah ! j'ai pensé à dire la vérité, aussi ; à la crier dans les rues ; à la hurler à l'église où il fallait faire ses dévotions, au théâtre où je voyais représenter des drames qui me paraissaient si puérils ! Mais on m'aurait prise pour une aliénée. On m'aurait enfermée comme folle, peut-être, et fait mourir sous la douche !

Hélène s'arrête, la gorge serrée par l'étreinte de la colère.

— J'ai donc résolu d'attendre, continue-t-elle au

bout d'un instant. Attendre je ne savais quoi. Le moment où je pourrais me venger, oui ! J'ai espéré que je le pourrais, jusqu'à ce soir... Barzot a fini par croire que je m'étais donnée à lui volontairement et que j'éprouvais, pour sa passion de satyre, autre chose que de la haine et du dégoût ; Mme de Bois-Créault aussi, à la longue, s'était persuadée que j'avais de l'affection pour elle, l'ignoble gueuse ; et j'étais seule à connaître les pensées que je roulais dans mon cœur, amères comme du fiel et rouges comme du sang...

— Tout cela est affreux, dis-je ; c'est absolument abject. Cette femme... ha !... Mais quels étaient donc les motifs qui la poussaient à commettre ces turpitudes ? Ils sont riches, ces Bois-Créault.

— Oui, répond Hélène ; mais pas assez. Ils ne le seront jamais assez. Le fils dépense tellement, voyez-vous ! Il lui faut tant d'argent ! Il mettrait à sec les caves de la Banque. Et sa mère en est folle ; elle l'adore ; il est son dieu. Elle ferait tout pour satisfaire ses fantaisies, pour subvenir à ses caprices. Elle assassinerait... Ah ! j'ai dû coûter cher à Barzot.

— Mais, dis-je, M. de Bois-Créault, le père, ne s'est jamais aperçu de rien ? C'est inconcevable...

— Lui ! s'écrie Hélène en se levant et en marchant nerveusement à travers la pièce. Lui ! Mais il est mort, il est fini, anéanti, éteint, vidé ; il n'y a plus qu'à l'enterrer. C'est une ombre, c'est un fantôme — c'est moins que ça. — C'est un prisonnier, c'est un emmuré. Il est séquestré. Son cabinet de travail, c'est une mansarde où sa femme vient lui apporter à manger quand elle y pense et le battre de temps en temps. Son livre, le grand ouvrage auquel il travaille et dont s'inquiètent les journaux, il n'en a jamais écrit une ligne. Il a un métier à broder et il fait de la broderie, du matin au soir, pour les bonnes œuvres de sa femme. Quand elle donne une soirée, on permet au brodeur de s'habiller, de sortir de son réduit et de venir faire le tour des salons ; il est très surveillé pendant ce temps-là, car une fois il a volé des allumettes et a essayé de mettre le feu à l'hôtel, le lendemain. Il s'ennuie tant, dans son ermitage ! Il y couche ; on lui a dressé un petit lit de sangles, dans un coin. Quant à sa chambre, elle était pour moi, lorsque Barzot venait. Il y avait un portrait de Troplong en face du lit...

— C'est à ne pas croire ! dis-je pendant qu'Hélène s'arrête pour jeter un coup d'œil sur mes bagages que son père a déposés dans un coin, près d'une fenêtre ; c'est extraordinaire ! Les souffrances des orphelines persécutées dans les romans-feuilletons pâlissent à côté des vôtres ; et quelle âme de traître de mélodrame a jamais été aussi visqueuse et aussi noire que celles de cet homme qui vous a achetée et de cette femme qui vous a vendue ?... Quelles crapules !... Et elle a l'audace de vous proposer de retourner chez elle ! Et demain, peut-être, elle va envoyer Barzot faire appel à vos sentiments reconnaissants, en bon pasteur qui s'efforce de ramener au bercail la brebis égarée...

— Elle n'attendra pas à demain, dit Hélène. Barzot est déjà à Bruxelles.

— Il est ici ? Vous le savez ?

— Oui, je le sais... C'est cette valise qui me l'apprend, continue-t-elle en désignant le petit sac dont les ornements d'argent scintillent sous la lumière du gaz ; cette valise, là, qui porte ses initiales et que je sais lui appartenir — cette valise que vous lui avez volée.

Ah ! bah !... Ah ! bah !... Mais elle est pleine d'expérience, cette ingénue ; elle est très forte, cette innocente... Et c'est un premier président que j'ai volé ?... Comme c'est flatteur pour mon amour-propre !

— Vous ne m'en voulez pas d'avoir mis les points sur les i ? demande Hélène. Il vaut mieux parler franchement, n'est-ce pas ? Et il est inutile de vous laisser m'apprendre ce que je n'ignore point... Non, mon père ne m'a rien dit à votre sujet, ni au sien, et je n'ai pas eu l'occasion, non plus, de le mettre au courant des faits que je vous ai révélés. Il se défiait de la profonde ignorance du monde qu'il supposait en moi, et je pouvais difficilement faire le premier pas... Du reste, je croyais avoir le temps de lui tout avouer... Mais je savais, depuis longtemps, qu'il était un voleur. Pensez-vous que Mᵐᵉ de Bois-Créault me l'avait laissé ignorer? « Vous êtes la fille d'un voleur, me disait-elle lorsque, écœurée des vagues de boue qu'il me fallait engloutir, je me déclarais révoltée et prête à fuir la maison infâme. Vous êtes la fille d'un voleur. En voici la preuve. Votre père est relégué au bagne pour ses crimes. Si vous partez, espérez-vous pouvoir rencontrer quelqu'un disposé à s'intéresser à l'enfant d'un pareil scélérat? Tel père, telle fille; voilà ce qu'on vous répondra partout. Et vous ne trouveriez pas même un refuge dans la rue. Je vous y ferais pourchasser et arrêter au premier faux-pas, et même sans raison. La police n'y regarde pas à deux fois, en France; vous le savez; j'ai soin de vous faire lire toutes les semaines, dans les journaux, les récits d'arrestations d'honnêtes femmes, et vous ne seriez pas la première jeune fille qu'aurait déflorée le spéculum des médecins, si c'était encore à faire. Vous pourriez essayer de vous défendre, allez! avec les antécédents de votre père, qui sont les vôtres, et le témoignage que porterait de vos mœurs l'état de votre virginité. Avant huit jours, vous seriez une prostituée en carte, ma chère, une chose appartenant à l'administration qui la fourre à Saint-Lazare à son gré — et je vous y ferais crever, à Saint-Lazare! »

— Quelle honte! Ah! toutes ces atrocités n'auront-elles pas une fin?...

— Je voulais seulement vous faire voir, reprend Hélène d'une voix plus calme, que je savais à quoi m'en tenir sur mon père. De là à supposer que vous...

— Oui, dis-je, je suis un voleur. Je ne veux pas vous faire un discours pour réhabiliter le vol, car vous avez assez fréquenté les honnêtes gens pour vous douter de ce que j'aurais à vous dire. Soyez convaincue, seulement, que la morale n'est qu'un mot, partout ; et que le civilisé, hormis sa lâcheté, n'a rien qui le distingue du sauvage. Je suis un voleur. Mᵐᵉ de Bois-Créault avait oublié les voleurs quand elle vous a dit que vous ne trouveriez personne prêt à s'intéresser à vous. Pour moi, je me mets entièrement à votre disposition, et cela sans arrière-pensée d'aucune sorte, d'homme à femme... Voyons, répondez-moi. Vous n'avez pas d'argent ?

— Pas un sou, pas une robe. Je n'avais rien emporté en quittant l'hôtel de Bois-Créault. Mᵐᵉ Ida m'a donné un peu de linge lorsque je l'ai quittée, et c'est tout ce que je possède au monde.

— Non, vous possédez davantage. Votre père est riche. Malheureusement, sa fortune est en Amérique et vous ne pouvez, au moins quant à présent, en distraire un centime. Mais, d'une opération que nous avons faite récemment ensemble, il nous est revenu mille livres sterling, qui sont déposées à Londres à ma disposition, et dont la moitié lui appartient. Vous avez donc, dès maintenant, douze mille cinq cents francs. Je vous remettrai cette somme le plus tôt possible ; elle ne vous suffira pas, certainement, quoi que vous vouliez entreprendre, mais, je vous l'ai dit, vous pouvez compter sur moi. En attendant, faites-moi le plaisir d'accepter ceci.

Et je lui tends trois billets de mille francs.

— Merci, dit-elle en souriant. Et, dites-moi, êtes-vous riche, vous ?

— Moi ? Non. Ai-je cinq cent mille francs, seulement ? Je ne crois pas.

— Avec les cinq cent mille qui sont dans la valise de Barzot, cela fera un million. Pourquoi n'avez-vous pas ouvert cette valise ?

— Je ne sais pas. Je n'ai pas eu le temps. Mais si vous êtes curieuse de voir ce qu'elle contient...

— Oui, très curieuse... Et avez-vous exploré les poches de Barzot, par la même occasion?

— Non, dis-je en faisant sauter les serrures de la valise que j'ai placée sur une chaise. Non, j'ai travaillé en amateur ce soir... Voilà qui est fait. Videz le sac vous-même, pour être sûre que je ne ferai rien glisser dans mes manches.

— Si vous voulez, répond Hélène en riant; ce sera plus prudent. Ah! je crois bien que nous ne trouverons pas grand'chose.

Pas grand'chose, en effet. Des objets de toilette, des journaux, un numéro de la « Revue Pénitentiaire », et un grand portefeuille qu'Hélène se hâte d'ouvrir.

— C'est ici, dit-elle, que nous allons trouver les cinq cent mille francs.

Non, pas encore; le portefeuille ne contient que des lettres, des tas de lettres. Mais elles paraissent intéresser prodigieusement Hélène, ces épîtres; elle a tressailli en en reconnaissant l'écriture, et elle se met à les lire avec un intérêt des plus visibles, les lèvres serrées, les doigts nerveux faisant craquer le papier.

— C'est suffisant, dit-elle en s'interrompant; je n'ai pas besoin d'en lire davantage pour le moment. Écoutez — et elle frappe sur les papiers répandus sur la table — il y a là les preuves de toutes les infamies dont je viens de vous parler et, de plus, toutes les évidences d'un honteux chantage. Ces lettres ont été écrites à Barzot par Mme de Bois-Créault, depuis trois ans. Il n'y a pas eu un marché, ainsi que je vous l'ai dit; il y en a eu des centaines; il y a eu un marché chaque fois. Ah! oui, je lui ai coûté cher, à Barzot; et il ne m'a pas eue comme il a voulu...

— Mais pourquoi diable transportait-il ces lettres avec lui?

— Je ne sais pas. Probablement pour me décider à revenir. Ils étaient arrivés à croire que j'avais de l'affection pour Mme de Bois-Créault, je vous dis... Et puis, est-ce qu'on sait? Barzot ne doit pas avoir la tête à lui, maintenant. Il était fou de moi... Croyez-vous qu'on pourrait tirer parti de ces lettres?

— Si je le crois !

— Alors, que faut-il faire ?

— Il faut commencer par quitter cet hôtel, vous et les lettres.

— Je suis prête, dit Hélène en se levant ; je n'ai qu'à mettre mon chapeau.

— Attendez ! Il est nécessaire de savoir où vous irez, d'abord, et ensuite comment nous sortirons d'ici. La maison est surveillée, certainement. Si nous n'avions pas fait la découverte que nous venons de faire, tout se passait très simplement ; nous partions demain matin pour l'Angleterre, au nez des policiers qui n'avaient aucun droit de nous empêcher de prendre le train pour Ostende et le bateau pour Douvres ; j'aurais prié l'hôtelier de brûler la valise, comme je vais le faire dans un instant, et l'on n'avait pas un mot à nous dire ; rien dans les mains ; rien dans les poches. Mais à présent, avec ces lettres que nous ne pouvons pas détruire et qu'il ne faut point qu'on trouve en notre possession... Ah ! bon, je sais où vous irez. Je connais une dame, à Ixelles, qui tient un pensionnat de jeunes filles. C'est une Anglaise dont le mari, estampeur de premier ordre, s'est fait pincer l'an dernier pour une escroquerie colossale et a été mis en prison pour plusieurs années ; cette pauvre femme s'est trouvée subitement sans grandes ressources ; mais, quelques camarades et moi, nous sommes venus à son aide. Elle désirait monter un pensionnat à Bruxelles pour les jeunes misses anglaises ; nous lui avons facilité la chose et l'un de nous, faussaire émérite, lui a confectionné des documents qui la transforment en veuve d'un colonel tué au Tonkin et tous les papiers nécessaires à la formation d'une belle clientèle. Ses affaires prospèrent ; elle a un cheval et deux voitures... Justement, c'est dans une de ces voitures qu'il faut partir d'ici, car si nous partons à pied ou dans une roulotte de louage, nous serons filés sans miséricorde... Mais qui ira chercher la voiture ? L'hôtelier ; je vais l'envoyer à Ixelles ; on ne le suivra sans doute pas... Tenez, Hélène, entrez dans votre chambre, serrez soigneusement toutes ces lettres et préparez-vous à partir.

Je sonne tandis qu'Hélène, après avoir ramassé les papiers, disparaît dans sa chambre.

— Prévenez le patron que j'ai besoin de lui parler, dis-je à la servante qui se présente.

L'hôtelier entre, la tête basse, l'air déconfit.

— Ah! monsieur Randal, dit-il, quel malheur! Une arrestation chez moi!... Qu'est-ce que ces Messieurs vont penser de nous? L'hôtel du *Roi Salomon* est déshonoré, pour une fois... Ma femme est dans un état!... On peut le dire, depuis vingt ans que nous tenons la maison, jamais chose pareille n'était arrivée. La police nous prévient toujours... Il faut qu'il y ait eu quelque chose de spécial contre M. Canonnier, savez-vous...

— Ne vous faites pas de bile, dis-je. Il n'y a pas de votre faute, nous le savons. Écoutez, vous allez faire une course pour moi...

— Bien, monsieur Randal; tout de suite. Ah! j'oubliais : M. Roger vient d'arriver...

— Roger-la-Honte?

— Oui, monsieur Randal.

— Dites-lui qu'il monte immédiatement. C'est lui qui fera ma course.

— Ah! gémit l'hôtelier, la larme à l'œil, je vois bien que vous ne vous fiez plus à moi.

— Mais si, mais si. Tenez, pour vous le prouver, je vous fais présent de cette valise et de ce qu'elle contient; mettez tout ça en pièces et vite, dans votre fourneau; qu'il n'en reste plus trace dans cinq minutes.

— Bien, monsieur Randal; comptez sur moi, pour une fois, et pour la vie.

L'hôtelier descend; et tout aussitôt j'entends Roger-la-Honte monter l'escalier. Il entre, la bouche pleine, la serviette autour du cou.

— Te voilà tout de même! me dit-il; on te croyait perdu, depuis le temps... Qu'est-ce que tu faisais donc à Paris? Broussaille disait qu'on t'avait nommé juge de paix... Et, dis donc, il en est arrivé, des histoires!... Canonnier arrêté... Ah! vrai!... Sa fille est ici? Je n'avais pas osé vous déranger en arrivant... Tu sais, il y a un fameux coup à risquer. C'est pour ça que je t'avais écrit de venir à Bruxelles...

— Roger, dis-je, il faut que tu fasses quelque chose tout de suite. La fille de Canonnier est en danger ici et je veux l'emmener sans qu'on puisse nous suivre. Il y a un roussin devant l'hôtel?

— Deux, répond Roger-la-Honte; je les ai vus; ils montent la faction de chaque côté de la porte.

— Bon. Tu vas aller à Ixelles, rue Clémentine; tu sais?

— Parbleu!

— Les roussins ne te fileront pas; prends un fiacre, mais quitte-le avant d'arriver à la maison.

— Bien sûr.

— Tu diras à l'Anglaise de faire atteler son petit panier, et tu le conduiras ici. Dès que tu seras arrivé, je prendrai ta place avec la petite et nous partirons. Quelle heure est-il? Neuf heures. Préviens l'Anglaise que je serai chez elle vers onze heures et demie. Dépêche-toi. Tâche d'être revenu dans trois quarts d'heure au plus tard.

— Sois tranquille, dit Roger; tu me coupes mon dîner en deux, mais ça ne fait rien.

Il descend l'escalier en courant.

— Eh! bien, dis-je à Hélène qui vient de sortir de sa chambre, j'ai trouvé le moyen de sortir d'ici sans nous faire suivre.

— Et moi, répond-elle, j'ai trouvé le moyen d'utiliser les lettres. Voici mon plan: je vais exiger de Mme de Bois-Créault, sous la menace d'un scandale meurtrier, qu'elle envoie son fils me demander ma main.

— Son fils! Vous marier avec son fils?...

— Oui, dit Hélène dont toute la physionomie exprime une force de volonté extraordinaire et dont la voix vibre comme la lame fine d'une épée. Écoutez-moi bien et vous me comprendrez. Je suis ambitieuse et je veux me venger du mal qu'on m'a fait. Je suis jeune, je suis belle, je crois à la force. C'est très bien, mais ça ne suffit pas. Je n'ai pas de nom. Je puis m'en faire un ? Un sobriquet, comme les cocottes, oui. Mais je ne veux pas être une cocotte ; je veux être pire ; et, pour cela, j'ai besoin d'un nom, d'un vrai nom. Je suis Mlle Canonnier. Il faut que je sois Mme de Bois-Créault. — Ne me dites pas que ces gens-là refuseront. Ils n'oseront pas refuser. Un refus les mènerait trop loin. Vous savez combien on est avide de scandale, en France, et combien les journaux seraient heureux de traîner dans la boue toute une famille appartenant à la noblesse de robe, et surtout Barzot !... Barzot ! Il faut qu'il soit mis au courant de mes volontés le plus tôt possible, et que ce soit lui qui aille porter mes conditions aux Bois-Créault... Le mariage et le silence, ou bien le déshonneur le plus complet, le plus irrémédiable... Oh ! soyez tranquille, continue Hélène, ce n'est que le mariage considéré comme acte d'état-civil qu'il me faut. M. Armand de Bois-Créault ne sera mon mari que de nom, ainsi que dans certains romans. Non pas que j'aie le culte de ma vertu, oh ! pas du tout. Une femme qui s'est laissée toucher une fois, une seule fois, par un homme qu'elle n'aime pas, sait assez dédoubler son être pour n'attacher aucune importance à des actes auxquels son âme reste étrangère et auxquels son corps, même, ne participe que par procuration. Mais il ne faut pas que je sois enceinte de cet être-là. Cela dérangerait mes projets... Remarquez bien que tout peut se faire le plus simplement du monde. Les Bois-Créault, qui ont l'espoir de me voir revenir, — et ils ne se trompent plus maintenant — n'ont guère ébruité mon départ. Si l'on s'en est aperçu, on l'expliquera par les tentatives audacieuses du fils contre mon innocence, et par la révolte un peu sauvage de ma pudeur alarmée. Mais le fils aura reconnu ses torts à mon égard, j'aurai pardonné, un mariage formera le dénouement indispensable, et tout le monde sera content.

— Même Barzot, dis-je ; car il sera certain, après cela, que Mme de Bois-Créault ne le fera plus chanter.

— En effet, murmure Hélène ; dorénavant, c'est moi qui me chargerai de ce soin.

— Ah !... Ah !

— Naturellement, puisque j'ai les lettres. Ces lettres, il faudra que vous les mettiez en lieu sûr, pendant le mois que je passerai à l'hôtel de Bois-Créault.

— Vous n'y resterez qu'un mois ?

— Pas plus. Après quoi, nous romprons toutes relations, mon mari et moi. Incompatibilité d'humeur, vous comprenez ? Du reste, sevré comme il le sera, il faudra bien qu'il prenne sa revanche ailleurs ; et je profiterai du premier prétexte. Je serai une épouse déçue, outragée, séparée d'un mari indigne. Mais je ne demanderai point le divorce, car mes principes religieux me l'interdisent. Je resterai Mme de Bois-Créault, honnête et malheureuse femme — et femme intéressante, j'espère. — J'écrirai à Barzot demain matin.

— Non, Hélène, il ne faut pas lui écrire. Il y a des choses qu'on n'écrit pas. Savez-vous s'ils ne pourraient point tirer parti de votre lettre, à leur tour ? Et d'abord, comment la rédigeriez-vous, cette lettre ? Réfléchissez.

— C'est vrai. Alors, comment faire !

— Il faut aller voir Barzot et lui parler.

— Moi ?

— Non, pas vous. Vous devez rester où je vais vous conduire ce soir et ne vous faire voir nulle part jusqu'à ce que l'affaire soit terminée.

— Mais qui peut aller parler à Barzot ?

— Moi, si vous voulez.

— C'est impossible ! s'écrie Hélène. Vous qui l'avez

volé dans le train qui l'a amené ici ! Mais il vous reconnaîtrait...

— Et puis ? Que pourrait-il faire ? Où sont les preuves ?... Oui, j'irai demain matin. Cela ne me déplaira pas... Mais laissez-moi vous faire tous mes compliments. Vous êtes très forte.

— Non ! s'écrie-t-elle en me jetant ses bras autour du cou et en fondant en larmes ; non, je ne suis pas forte ! Je suis une malheureuse... une malheureuse ! Je suis énervée, exaspérée, mais je ne suis pas forte... Je donnerais tout, tout, pour n'avoir pas l'existence que j'aurai, pour avoir une vie comme les autres... Je me raidis parce que j'ai peur. Il me semble que je suis une damnée... N'est-ce pas, vous serez toujours mon ami ?

— Oui, dis-je en l'embrassant ; je vous promets d'être toujours votre ami... Maintenant, descendons, Hélène ; il est neuf heures et demie et la voiture que j'ai envoyée chercher va arriver.

Nous attendons depuis cinq minutes à peine dans un salon du rez-de-chaussée quand j'entends le bruit du petit panier de l'Anglaise.

— Les roussins viennent de faire signe à un fiacre, entre me dire l'hôtelier.

— Bien. Allons.

Hélène prend le petit sac qui contient son linge et les lettres, et nous sortons de la maison juste comme Roger-la-Honte descend du panier.

— Je n'ai pas été long, hein ?

— Non. Attends-moi vers minuit.

Je saute dans la voiture où Hélène a déjà pris place, je touche le cheval de la mèche du fouet et nous partons. Pas trop vite. Il faut laisser aux mouchards, dont le fiacre s'est mis en route, la possibilité de nous escorter. Ixelles est à gauche. Je prends à droite.

— Nous sommes suivis, dis-je à Hélène, mais pas pour longtemps. Quand nous arriverons aux dernières maisons de la ville, je couperai le fil.

Nous y sommes. Je me retourne ; le fiacre est à cent pas en arrière, et j'aperçois un des policiers qui excite le cocher à pousser sa bête. Imbécile ! La campagne est devant nous, très sombre. Tout d'un coup, j'enlève le cheval d'un coup de fouet et le panier roule à fond de train, file comme une flèche. Les lanternes du fiacre paraissent s'éteindre lentement dans la nuit ; on finit par ne plus les voir. Je prends une route à gauche, je ralentis l'allure du cheval ; et, pendant vingt minutes environ, nous roulons dans les ténèbres. Mais voici des lumières, là-bas ; c'est Ixelles.

— Dans un quart d'heure, dis-je à Hélène qui a gardé le silence depuis notre départ de l'hôtel, nous serons arrivés. A moins que le cheval ne sache parler, celui qui pourra dire où vous passerez la nuit sera malin.

— Vous irez voir Barzot demain matin ? me demande-t-elle.

— Oui ; et le soir je viendrai vous rendre compte du résultat de l'entrevue.

— Ecoutez, dit-elle en se serrant contre moi ; écoutez et répondez-moi : Croyez-vous que je fasse bien d'agir comme je veux le faire ? Pour moi-même, j'entends. Croyez-vous que je fasse bien ? Il m'a semblé voir tout mon avenir, tout à l'heure, quand nous passions à toute vitesse dans ces chemins sombres que rougissaient devant nous les rayons des lanternes. Ce sera ma vie, cela. Une course effrénée dans l'inconnu, avec les reflets sanglants de la colère et de la haine pour montrer la route, à mesure que j'avancerai. Ne pensez-vous pas que ce sera horrible ? Ne pensez-vous pas que j'aurais une existence plus heureuse si je brûlais ce soir les lettres qui sont là, et si...

Sa main glacée se pose sur la mienne.

— Oh ! si vous saviez comme je voudrais être aimée ! Je le voudrais... C'est à en mourir ! Je m'étourdis avec des mots... Oui, c'est ça que je veux : qu'on m'aime !... Voulez-vous m'aimer, vous ? Voulez-vous me prendre ? Dites, voulez-vous me prendre ? Me garder avec vous, toute à vous, toujours à vous ? Je serais votre maîtresse et votre amie... et une bonne et honnête femme, je vous jure. Je serais à vous de toute mon âme... Vous n'êtes pas fait pour être un voleur ; vous avez assez d'argent pour que nous puissions vivre heureux, et peut-être que je serai riche plus tard... Je suis intelligente et belle... Embrassez-moi fort... encore plus fort... et dites-moi que vous voulez bien...

Elle est affolée, nerveuse, surexcitée jusqu'au paroxysme par les émotions de la soirée. Certes, elle est intelligente et belle, et je me sens attiré vers elle, et je crois que je l'aimerais si je ne m'en défendais pas ; mais je ne veux pas profiter de l'état dans lequel elle se trouve et la pousser à sacrifier son existence entière à la surexcitation d'un instant. Et puis, des souvenirs semblent se dresser devant moi, comme elle parle. Sa voix... elle va éveiller dans ma mémoire l'écho lointain d'une autre voix désespérée, que je n'ai point cessé d'entendre, et qui s'est tue pour jamais...

— Je ferai ce que vous voudrez, Hélène ; mais calmez-vous. Nous parlerons de tout cela demain soir, voulez-vous ?

Et j'accélère le trot du cheval, car nous entrons dans Ixelles, et je désire qu'on nous remarque le moins possible.

— Demain, il sera trop tard, répond-elle.

Je garde le silence ; et bientôt nous pénétrons dans la cour du pensionnat dont l'Anglaise a ouvert la grille..

— N'ayez pas d'inquiétude, monsieur Randal, me dit cette veuve de colonel quand je la quitte après avoir souhaité une bonne nuit à Hélène et, après avoir, aussi, mis le cheval à l'écurie — car il valait mieux ne point réveiller le cocher-jardinier de l'établissement — n'ayez pas d'inquiétude, cette dame ne manquera de rien ; et chaque fois que je pourrai vous êtes utile... Je n'oublierai pas que vous m'avez rendu service.

En rentrant à l'hôtel du *Roi Salomon*, j'aperçois les deux policiers qui se font face sur le trottoir ; je vois, à la lueur des becs de gaz, leurs yeux s'agrandir démesurément à mon aspect. Ils ont sans doute envie de me demander pourquoi je reviens tout seul...

— Me voici de retour, dis-je à Roger-la-Honte qui m'attend en accumulant des croquis sur un album qu'il a acheté, en passant, dans les Galeries Saint-Hubert. Tout a été pour le mieux.

— Chouette ! dit Roger. Tu me raconteras tout ça en détail. Mais, d'abord, je veux te parler du travail. Le coup est à faire, non pas à Bruxelles, mais à Louvain. C'est Stéphanus qui me l'a indiqué... Tu sais bien, ce Stéphanus dont je t'ai parlé souvent, et qui est employé ici chez un banquier, un homme d'affaires...

— Ah ! oui ; je me souviens. Dis donc, y a-t-il moyen de retarder la chose pendant cinq ou six jours ?

— Certainement. Huit, dix, si l'on veut. Tu es occupé ? Pour la petite, au moins ?

— Oui, il faut que je fasse quelques démarches ces jours-ci. Et même, comme j'ai quelqu'un à voir demain matin de bonne heure, je vais aller me coucher, avec ta permission.

— Va, dit Roger. Nous aurons le temps de causer à notre aise si nous restons ici une semaine à nous tourner les pouces. Mais la fille d'un camarade, c'est sacré... Bonsoir.

C'est surtout pour réfléchir que je veux me retirer dans ma chambre. Mais le sommeil a bien vite raison de mes intentions...

Il est huit heures, quand je me réveille. J'ai juste le temps de m'habiller pour courir surprendre Barzot au saut du lit. Tiens, à propos... Mais où perche-t-il, Barzot ?... Diable ! il va falloir faire le tour des hôtels... Je vais commencer par l'hôtel Mengelle.

J'ai la main heureuse. C'est justement à l'hôtel Mengelle qu'est descendu le premier président Barzot.

Je lui fais passer ma carte

Georges Randal

INGÉNIEUR

Collaborateur à la *Revue Pénitentiaire*

XVIII

COMBINAISONS MACHIAVÉLIQUES ET LEURS RÉSULTATS

En m'apercevant, Barzot ne peut réprimer un mouvement de surprise.

— Êtes-vous bien sûr, Monsieur, me demande-t-il d'une voix tranchante, de porter le nom qui est inscrit sur cette carte ?

— Parfaitement sûr, dis-je sans m'émouvoir car je savais bien qu'il me reconnaîtrait du premier coup et je m'amuse énormément, en mon for intérieur, de la situation ridicule dans laquelle va se trouver ce magistrat impuissant devant un voleur. Parfaitement sûr.

— Je connais beaucoup un M. Randal...

— M. Urbain Randal ? C'est mon oncle. Je sais en effet, Monsieur, qu'il a l'honneur d'être de vos amis. Si j'avais eu plus de goût pour la campagne, j'aurais profité plus souvent de l'hospitalité qu'il m'offrait dans sa villa de Maisons-Lafitte et j'aurais eu certainement l'occasion d'y faire votre connaissance plus tôt.

— Veuillez m'excuser, dit Barzot en m'engageant

à prendre un siège et en s'asseyant dans un fauteuil, je... vous offrez une ressemblance frappante avec une personne...

— Une personne que vous avez remarquée, hier, dans le train qui vous amenait de Paris ? C'est encore moi. Vous ne vous trompez pas.

— Alors !... dit Barzot en se levant et en faisant un pas vers un timbre...

Je le laisse faire. Je sais très bien qu'il ne sonnera pas. Et il ne sonne pas, en effet. Il se tourne vers moi, l'air furieux, mais anxieux surtout.

— Voulez-vous m'exposer l'objet de votre visite ?

— Certainement. Je suis envoyé vers vous par Mlle Hélène Canonnier.

Barzot ne répond point. Son regard, seul, s'assombrit un peu plus. Je continue, très lentement :

— Mlle Canonnier se trouvait à Bruxelles depuis avant-hier avec son père. Je dois vous dire que j'ai l'honneur, le grand honneur, d'être très lié avec M. Canonnier; nous nous sommes rendu des services mutuels ; je ne sais point si vous l'avez remarqué, Monsieur, mais la solidarité est utile, j'oserai même dire indispensable, dans certaines professions. Si l'on ne s'entr'aidait pas... Il y a tant de coquins au monde !...

— Hâtez-vous, dit Barzot dont l'attitude n'a pas changé mais dont je commence à ouïr distinctement, à présent, la respiration saccadée.

— Je connaissais donc M. Canonnier. Mais je n'avais jamais eu le plaisir de voir sa fille. Elle avait vécu, jusqu'à ces jours derniers, chez des gens qui passent pour fort honorables, mais qui sont infâmes, et qui reçoivent d'ignobles drôles, généralement très respectés.

Les poings de Barzot se crispent. Comme c'est amusant !

— Du moins, dis-je avec un geste presque épiscopal, telle est l'impression que ces personnes ont laissée à Mlle Canonnier. La haute situation que vous occupez, Monsieur, et qui vous laisse ignorer bien peu des opérations exécutées au nom de la Justice, vous a certainement permis d'apprendre comment M. Canonnier fut ravi, hier soir, à l'affection de son enfant. Je fus témoin de cet évènement pénible. Mlle Hélène Canonnier, restée seule, avec moi, m'avoua qu'elle redoutait beaucoup les entreprises de certains individus en la loyauté desquels elle n'avait aucune confiance. Elle me fit part de son désir de mettre en lieu sûr, non seulement sa personne, mais encore une certaine quantité de lettres fort intéressantes...

— Que vous m'avez volées ! hurle Barzot. Ah ! misérable !

Je hausse les épaules.

— Réellement, Monsieur ? Misérable ?... Dites-moi donc, s'il vous plaît, quel est le plus misérable, de l'homme qui emploie le chloroforme pour détrousser son prochain ou de celui qui s'en sert pour violer une jeune fille ?

Barzot reste muet. Il vient s'asseoir sur une chaise devant une table, et prend son front dans ses mains.

— Combien exigez-vous de ces lettres ? demande-t-il. Combien ? Quelle somme ?

— Je vous ai dit que je me présentais à vous au nom de Mlle Canonnier, et pas au mien. Ce n'est pas moi qui possède ces lettres ; c'est elle. Elle n'a pas l'intention de vous les vendre.

Barzot lève la tête et me regarde avec étonnement. J'ajoute :

— Elle n'a pas l'intention de vous les vendre pour de l'argent.

— Ah ! dit-il. Ah !...

Et il attend, visiblement inquiet — car sa belle impassibilité du début l'a complètement abandonné — que je veuille bien lui apprendre ce qu'Hélène réclame de lui.

— Mlle Canonnier, dis-je, n'a point de position sociale ; elle désire s'en faire une. Elle veut se marier.

— Elle veut se marier ? demande Barzot dont les

yeux s'éclairent et dont les joues s'empourprent. Elle veut se marier ?... Eh ! bien... Tenez, Monsieur, continue-t-il étendant la main, j'oublie ce que vous êtes, ce que vous avouez être, et je me souviens seulement que j'ai devant moi le neveu d'un homme que j'estime...

— Vous avez tort, dis-je ; mon oncle est un voleur. S'il ne m'avait point dépouillé du patrimoine dont il avait la garde, je ne serais peut-être pas un malfaiteur.

— Alors, reprend Barzot d'une voix plus grave, je vous parlerai d'homme à homme. J'ai beaucoup réfléchi depuis trois jours, depuis le moment où j'ai appris que Mlle Canonnier avait quitté Paris. Les pensées que j'ai agitées n'étaient pas nouvelles en moi, car il y a longtemps, très longtemps, que je sais à quoi m'en tenir sur la signification et la valeur de notre système social ; mais je n'en avais jamais aussi vivement senti la turpitude. Nous vivons dans un monde criminellement bête, notre société est antihumaine et notre civilisation n'est qu'un mensonge. Je le savais. J'étais convaincu que le code, cette cuirasse de papier des voleurs qu'on ne prend pas, n'était qu'une illusion sociale. Cependant... Ah ! j'ai compris combien il faut avoir l'honnêteté modeste !... J'ai vu défiler bien des scélérats devant moi, Monsieur ; j'ai entendu le récit de bien des crimes. Mais que d'autres bandits qui jouissent de la considération publique ! Combien de forfaits qui restent ignorés, éternellement inconnus, parce que les lois sont impuissantes, parce que les victimes ne peuvent pas se faire entendre. Hélas ! la Justice est ouverte à tous. Le restaurant Paillard aussi... Et puis, la Justice, les lois... Des mots, des mots !... Je me demande, aujourd'hui, comment il ose exister, l'Homme qui Juge ! Il faudrait que ce fût un saint, cet homme-là. Un grand saint et un grand savant. Il faudrait qu'il n'eût rien à faire avec les rancunes de caste et les préjugés d'époque, que son caractère ne sût pas se plier aux bassesses et son âme aux hypocrisies ; il faudrait qu'il comprît tout et qu'il eût les mains pures — et peut-être, alors, qu'il ne voudrait pas condamner...

J'écoute, sans aucune émotion. Des blagues, tout ça ! Verbiage pitoyable de vieux renard pris au piège. S'il n'avait pas peur de moi, il me ferait arrêter, en ce moment, au lieu de m'honorer de ses confidences. Quand on raisonne ainsi, d'abord, et qu'on n'est pas un pleutre, on quitte son siège et l'on rend sa simarre, en disant pourquoi.

— En venant ici, continue Barzot, j'avais pris une grande résolution. Je crois que tout peut se réparer ; l'expiation rachète la faute et fait obtenir le pardon. J'étais décidé à donner ma démission le plus tôt possible ; et à offrir à Mlle Canonnier telle somme qu'elle aurait pu souhaiter, ou bien, dans le cas — que j'avais prévu — où elle aurait refusé toute compensation pécuniaire... Vous venez de me dire, Monsieur, que Mlle Canonier désire se créer une position sociale, et qu'elle veut se marier. Eh ! bien, moi aussi j'avais pensé qu'un mariage était la seule réparation possible, et j'y suis prêt...

J'éclate de rire.

— Vous y êtes prêt ! Et vous espérez — non, mais, là, vraiment ? — vous croyez qu'elle voudrait de vous ?... Mais, sans parler d'autres choses, vous avez soixante ans, mon cher Monsieur, dont quarante de magistrature, qui plus est ; et elle en a dix-neuf. Et vous pensez qu'elle irait river sa jeunesse à votre sénilité, et enterrer sa beauté, dont vous auriez honte, dans le coin perdu de province où vous rêvez de la cloîtrer ?... C'est ça, votre sacrifice expiatoire ? Diable ! il n'est pas dur. A moins que vous n'ayez l'intention d'instituer légataire universelle votre nouvelle épouse, et de vous brûler la cervelle le soir même du mariage ?

— Si je le pouvais, dit Barzot, très pâle, je le ferais, Monsieur. Mais j'ai une fille, une fille qui a dix-huit ans, et dont je dois préparer l'avenir...

— Et vous n'hésiteriez pas, m'écrié-je, à donner à

votre enfant une belle-mère de son âge! Et vous prépareriez son avenir, comme vous dites, en vous alliant à la fille d'un malfaiteur! Mais c'est insensé!

Barzot baisse la tête. Le monde doit lui sembler bien mal fait, réellement.

— Qu'il vous est donc difficile, dis-je, de voir les choses telles qu'elles sont! Il faut toujours, même quand vous êtes sincères, que vos intérêts s'interposent entre elles et vous. Vous avez beau vouloir agir avec bonté, vous restez des égoïstes; vous avez beau vouloir faire preuve de pitié, vous demeurez des implacables. Et vous espérez trouver chez les autres ce qu'ils ne peuvent trouver chez vous. L'expiation!... Vous êtes-vous seulement demandé ce que cette jeune fille, que vous avez achetée, a souffert? Savez-vous ce qu'elle a éprouvé, hier soir, lorsqu'on est venu arrêter son père, sur vos ordres sans doute, — son père relégué au bagne en dépit de toute équité, et pour satisfaire les rancunes de malandrins politiques? — Vous doutez-vous de ce que devrait être votre expiation, pour n'être pas une pénitence dérisoire?... Et avez-vous pensé, aussi, que votre victime vous laisserait là, vous et votre complice, sans plus s'inquiéter de vous que si vous n'aviez jamais existé, si elle trouvait une sympathie assez grande pour lui emplir le cœur?... Non, ce sont là des choses que vous ne pouvez imaginer; elles sont trop simples... Rien ne se répare, Monsieur, et rien ne se pardonne. On peut endormir la douleur d'une blessure, mais la plaie se rouvrira demain, et la cicatrice reste. On peut oublier, par fatigue ou par dégoût, mais on ne pardonne pas. On ne pardonne jamais... Voyons, Monsieur. Mlle Canonnier désire se marier et elle vous demande, en échange du silence qu'elle gardera, de vouloir bien assurer ce mariage dans le plus bref délai; cela vous sera facile, car vous aurez à vous adresser à des gens qui ont autant d'intérêt que vous à éviter un scandale. C'est avec M. Armand de Bois-Créault que mad...

— Jamais! s'écrie Barzot qui se lève en frappant la table du poing. Jamais!... Qu'il arrive n'importe quoi, mais cela ne sera pas!... Vous entendez? Jamais!...

— Comme vous voudrez, dis-je très tranquillement — car je ne peux voir, dans l'emportement de ce premier président grotesque, autre chose que la fureur de la vanité blessée. — Comme vous voudrez. Mlle Canonnier fera son chemin tout de même. Elle est jeune, jolie et intelligente ; l'argent ne lui manquera pas ; et, ma foi... elle aura le plaisir, pour commencer, de se payer un de ces scandales... Il me semble déjà lire les journaux. Le viol, le détournement de mineure, le proxénétisme, etc., etc., sont prévus par le Code, je crois? Quelle figure ferez-vous au procès, Monsieur?

Barzot ne répond pas. Appuyé au mur, la face décolorée par l'angoisse, la sueur au front, il fixe sur moi ses yeux hagards, des yeux d'homme que la démence a saisi. S'il devenait fou, par hasard? Il faut voir.

— Voudriez-vous au moins, Monsieur, m'apprendre pour quelle raison vous vous refusez, contre tous vos intérêts, à tenter la démarche au succès certain que réclame de vous Mlle Canonnier?

— Je l'aime! crie Barzot. Je l'aime! Je l'aime de tout mon cœur, de toute ma force, comprenez-vous?... Ah! c'est de la folie et c'est infâme, mais vous ne pouvez pas savoir le vide, le néant, le rien, qu'a été toute mon existence! Non, vous ne pouvez pas savoir... Un forçat, courbé sur la rame qui laboure le flot stérile et enchaîné à son banc, loin des hublots, dans l'entrepont de la galère... On finit par douter du ciel... Je n'avais jamais aimé, jamais, quand j'ai connu cette enfant. Et, tout d'un coup, ç'a été comme si quelque chose ressuscitait en moi ; quelque chose qui avait si peu existé, si peu et il y avait si longtemps! Tous les sentiments étouffés, toutes les effusions étranglées, toutes les affections meurtries et tous les élans brisés — toutes les passions, toutes les grandes, les fortes passions... Ah ! tout cela n'était pas mort ! Mon cœur desséché, racorni, s'était remis à battre ; il me semblait que je commençais à vivre, à soixante ans... Oui, je l'ai aimée, bien que ç'ait été atroce et ignoble, malgré le mépris et le dégoût que j'avais pour moi-même, malgré les ignominies qu'il fallait subir pour la voir, malgré tous les chantages... Oui, je l'ai aimée, bien que je n'aie pu la délivrer de la servitude indigne qui pesait sur elle... Combien de fois ai-je voulu l'arracher de là !... Mais j'avais peur du déshonneur dont on me menaçait alors comme elle m'en menace aujourd'hui... cette crainte du déshonneur qui fait faire tant de choses honteuses !... Oui, je l'aime, et je ne peux pas... Oh ! c'est terrible !... Et je l'aime à lui sacrifier tout, tout ! Je l'aime à en mourir, à en crever, là, comme une bête...

Il se laisse tomber sur la chaise, cache sa tête dans ses mains, et des sanglots douloureux font frissonner ses épaules... Ah ! c'est lamentable, certes ; mais ce n'est plus ridicule. Non, pas ridicule du tout, en vérité. Il a presque cessé d'être abject, ce vieillard, ce maniaque de la justice à formules dont le cœur fut écrasé sous les squalides grimoires de la jurisprudence, qui s'aperçoit, lorsque ses mains tremblent, que ses cheveux sont blancs et que la mort le guette, qu'il y a autre chose dans la vie que les répugnantes sottises de la procédure, — ce pauvre être qui a vécu, soixante années, sans se douter qu'il était un homme...

Brusquement, il relève la tête.

— Monsieur, dit-il d'une voix qu'il s'efforce d'affermir, mais qui tremble, vous pourrez dire à Mlle Canonnier que je ferai selon son désir et que j'irai voir, dès ce soir, Mme de Bois-Créault. Vous ne voulez pas, sans doute, me donner l'adresse de Mlle Canonnier ? Non. Bien. C'est donc sous votre couvert que je lui ferai part du résultat de ma démarche. J'ai votre carte... Les lettres me seront-elles rendues si je réussis ? ajoute-t-il anxieusement.

— Mon Dieu ! Monsieur, dis-je en souriant, vous vous entendrez à ce sujet avec Mlle Canonnier quand elle sera Mme de Bois-Créault. Vous ne manquerez pas, j'imagine, d'aller lui présenter vos hommages. Et je ne vois point pourquoi elle ne vous remettrait pas ces lettres — au moins une par une.

— La vie est une comédie sinistre, dit Barzot.

C'est mon avis. Mais je me demande, en descendant l'escalier, si Barzot n'était pas très heureux, ces jours derniers encore, d'y jouer son rôle, dans cette comédie que ses grimaces n'égayaient guère. Allons, j'ai probablement baissé le rideau sur sa dernière culbute.

Et c'est Hélène qui va paraître sur la scène, à présent, en pleine lumière, saluée par les flons-flons de l'orchestre, aux applaudissements du parterre et des galeries.

Je l'ai mise au courant de ce qui s'était passé entre Barzot et moi. Elle m'a écouté avec le plus grand calme, sans manifester aucune émotion.

— Vous rappelez-vous ce que je vous ai dit hier soir, m'a-t-elle demandé quand j'ai eu fini mon récit ? Hier soir, dans la voiture qui m'a amenée ici ? Vous m'avez dit que nous causerions de tout cela aujourd'hui, et je vous ai répondu qu'il serait trop tard.

— Eh ! bien, s'il est trop tard, Hélène, n'en parlons pas.

— Non... Mais vous vous souviendrez peut-être, et moi aussi, de ce que je vous ai proposé.

— Je souhaite que vous soyez toujours assez heureuse pour ne jamais vous en souvenir. Et j'espère que vous ne m'en voudrez pas d'avoir manqué de confiance en moi-même.

— Pourquoi n'avez-vous pas confiance en vous ? Je crois le deviner. Lorsque vous avez résolu d'adopter votre genre actuel d'existence, vous vous étiez aperçu que, dans tous les conflits avec le monde, la sensibilité de la nature et la délicatesse du caractère entravent le malheureux qui en est béni ou affligé bien plus que ne pourrait faire l'accumulation en lui de tous les vices ; et vous vous êtes décidé à faire table rase de toute espèce de sentiments. Peut-être est-il nécessaire d'agir ainsi. Je ne sais pas, mais j'en ai peur. Oui, c'est ce qui me fait redouter cette existence d'aventurière que je vais commencer. S'il ne fallait que rester à l'affût des occasions ou les faire naître, demeurer perpétuellement sur la défensive devant les entreprises des autres, cela irait encore. Mais se méfier sans trêve de soi-même, se tenir en garde contre tous les entraînements de l'esprit et les élans du cœur... Quelle vie ! C'est agir comme les Barzot qui déplorent, quand ils sont vieux, la sécheresse de leur âme. Oui, dans un sens contraire, c'est agir comme eux... Enfin, ce qui est fait est fait. Amis tout de même, n'est-ce pas ?

Oh ! certainement. D'autant plus qu'elle n'a pas tort. Mais... mais...

Je l'ai revue tous les jours pendant cette semaine, la blonde. Ses cheveux d'or très ancien relevés sur la blancheur satinée de la nuque, sa carnation glorieuse qui crie la force du sang fier gonflant les veines, les molles ondulations et les inflexions longues de sa chair qui s'attend frémir, toute sa grâce de fleur printanière, la splendeur triomphante de sa jeunesse radieuse... Ah ! si elle avait dit un mot, encore ! Mais ses lèvres s'étaient scellées et ses beaux yeux sont restés muets.

— Qu'importe ! me disais-je quand je l'avais quittée. Elle est assez belle et assez adroite pour se créer rapidement une autre existence que celle que je pourrais lui faire. Et pour moi... Rien de plus ridicule que d'être le second amant d'une femme, d'abord ; quand on n'a pas été le premier, on ne peut succéder qu'au sixième...

Et des tas de bêtises pareilles. Quelle joie on éprouve à se martyriser...

Barzot a écrit. Les Bois-Créault se sont décidés au mariage. Parbleu ! Canonnier, de Mazas où il se trouve, a donné son consentement, et les bans sont publiés.

— Mon pauvre père ! a dit Hélène en pleurant ; croyez-vous que nous pourrons le faire évader ?

— Sans aucun doute ; mais pas maintenant, malheureusement ; il faut attendre qu'il ait quitté la France. Je serai renseigné et vous préviendrai, le moment venu.

Qu'a pu penser Canonnier du mariage de sa fille ? Je donnerais gros pour le savoir. En tous cas, il lui aura, sans s'en douter, constitué une dot. Roger-la-Honte, que j'avais envoyé à Londres afin de déposer les lettres à *Chancery Lane*, est revenu avec les cinq cents livres que j'ai prié Paternoster de lui remettre. Hélène n'a rien voulu accepter en dehors de cette somme.

Et même aujourd'hui, au moment où je lui fais mes adieux chez l'Anglaise, elle me remercie de mes offres.

— Non, dit-elle, j'ai assez d'argent. Je m'arrangerai pour vous faire donner de mes nouvelles par Mme Ida ; et si par hasard j'avais à me plaindre de quelque chose, elle serait informée ; et je compte sur vous. Mais je suis sûre qu'ils se conduiront bien. Ils sont si lâches !

Elle me tend la main, monte dans la voiture qui l'attend et qui part au grand trot. Elle va retrouver Mme de Bois-Créault qui est venue ce matin la chercher à Bruxelles, et qui l'a priée, par un billet que j'ai reçu il y a une heure, de venir la rejoindre à l'hôtel Mengelle. Elle sera ce soir à Paris... Quel avenir lui prépare la vie, et quelles surprises ?...

Et que me réserve-t-elle, à moi ? Il me semble qu'Hélène m'a apporté quelque chose, et m'a pris quelque chose aussi ; qu'elle a évoqué en moi des sentiments et des souvenirs que j'avais bannis de toute ma force ; et qu'elle a réduit à néant mon parti-pris d'indifférence. Où vais-je ?... Je me rappelle que j'avais fait un rêve, autrefois. J'avais rêvé de reprendre ma jeunesse, ma jeunesse qu'on m'avait mise en cage. Et elle vient de se présenter à moi, cette jeunesse, en celle de cette femme qui s'offrait et que je n'ai pas voulu prendre. Le sable coule grain à grain dans le sablier... Où vais-je ?

Ce soir, ce sera le cambriolage à Louvain, avec Roger-la-Honte, sur les indications du nommé Stéphanus, employé de banque. Et demain... Et après ?... Et ensuite ?...

Quand on descend dans une mine, après le soudain passage de la lumière aux ténèbres, après l'émotion que cause la chûte dans le puits, la certitude vous empoigne — la certitude absolue — que vous montez au lieu de descendre. Cette conviction s'attache à vous, s'y cramponne, bien que vous sachiez que vous descendez, et vous ne pouvez vous en défaire avant que la cage vous dépose au fond. Alors...

J'y suis, au fond.

XIX

ÉVÉNEMENTS COMPLÈTEMENT INATTENDUS

« ... Décidément, mon cher, on ne connaît sa puissance que lorsqu'on l'a essayée ; et vous aviez raison, à Bruxelles ; je suis très forte. Si vous aviez pu me voir aujourd'hui, vous auriez été fier de la justice de vos appréciations. Vous ne vous seriez pas ennuyé, non plus. Oh! la cérémonie n'a rien eu de grandiose ; on avait profité de la mort d'un cousin éloigné pour faire les choses très simplement, sous couleur de deuil de famille. Un vicaire et un adjoint ont suffi à confectionner le nœud nuptial, et c'est un nœud très bien fait, car ils sont gens d'expérience. Mais auriez-vous ri, vous qui êtes au courant de tout, de m'entendre prononcer le oui solennel, devant Dieu et devant les hommes, d'une voix qui trahissait toute l'émotion nécessaire, tandis que mes yeux baissés, indices de ma modestie, contrastaient avec la rougeur de mes joues, signe certain d'une félicité intense! Auriez-vous ri de la contenance de mon heureux époux, de l'expression de joie outrée épanouie sur le visage de ma belle-mère, de l'air ahuri de mon beau-père le brodeur qui semblait vraiment s'être échappé, effaré et surchargé de citations latines, du « Réquisitoire à travers les Ages ! » Auriez-vous ri des félicitations, et des vœux, et des compliments, et des demandes, et des réponses, et des mensonges — et des mensonges ! — Il en pleuvait. Pensez si je contribuais à l'averse !... Enfin, c'est fait. Je suis Madame de Bois-Créault. L'église le proclame et l'état-civil le constate. L'anneau conjugal brille à mon doigt. Ah ! elle a été dure à conquérir, cette bague ! Que de luttes, pendant ces quinze jours ! Que de comédies et de drames, dont vous ne vous doutez pas ! Heureusement, je ne suis plus la petite femme apeurée qui se pressait contre vous — vous souvenez-vous ? — et qui tremblait devant les gros yeux que lui faisait l'avenir. Je suis une vraie femme — la femme forte de l'Evangile, mon cher. — Et, tenez, pour vous le prouver, il faut que je vous fasse le récit de tout ce qui s'est passé, à présent que je suis retirée dans cette chambre nuptiale que j'habite seule, naturellement, et dont je viens de fermer la porte à clef. Il est minuit et je n'aurai pas fini avant trois heures, car c'est un roman que j'ai à vous écrire, un roman des plus curieux, des plus bizarres et des plus mouvementés, un roman romanesque. Je commence... Mais laissez-moi d'abord aller arracher à mon immaculée robe blanche une de ces fleurs d'oranger, symbole de pureté et d'innocence, image de mon cœur, que je veux mettre dans l'enveloppe, une fois mon roman terminé... »

Je relis la lettre par laquelle Hélène, il y a trois semaines, m'annonçait son mariage. J'en ai reçu une autre, d'elle aussi, tout à l'heure ; elle m'y apprend qu'elle vient de quitter irrévocablement l'hôtel de Bois-Créault et qu'elle va partir pour la Suisse. D'ailleurs, elle ne me donne aucun détail sur les circonstances qui ont servi de prétexte à son départ, ni sur ses intentions. « Ne soyez point inquiet de moi, me dit-elle ; je suis prête à engager la grande lutte de l'existence et les munitions ne me manquent pas, au moins pour commencer. »

Je jette les lettres dans un tiroir, et je ramasse la fleur d'oranger qui vient de tomber à terre et sur laquelle j'ai mis le pied... Ah ! si l'on pouvait les écraser ainsi, tous les souvenirs du passé ! Papier peint, carton, fil de fer, bouts de chiffons poissés de colle — saleté — on met ça sous globe, en France, sur un coussin de velours rouge orné d'une torsade d'or, comme si les caroncules myrtiformes ne suffisaient pas... Souvenirs ! Souvenirs !... Et tous les autres, les souvenirs, conservés dans la mémoire comme en un reliquaire, ces vestiges du passé pendus aux parois du cerveau ainsi que les défroques des noyés aux murailles de la Morgue, ces débris de choses vécues qui secouent leur odieuse poussière sur les choses qui naissent pour les ternir et les empêcher d'être, couronnes mortuaires, couronnes nuptiales, épithalames et épitaphes — Regrets éternels... Oui, éternels, les regrets et les aspirations. Et quant au Présent... Je lance la fleur dans le feu qu'Annie vient d'allumer car l'automne est arrivé, l'automne pluvieux et noirâtre de Londres.

Une lueur blafarde et lugubre tombe d'un ciel bas comme une voûte de cave, lueur de soupirail agonisant sans reflets dans la boue hostile et spongieuse. S'il faisait nuit, tout à fait nuit !... Voilà la tonalité de mon esprit, depuis un mois, depuis que nous sommes revenus de Belgique, Roger-la-Honte et moi, après avoir fourni la matière d'un beau fait-divers aux journalistes de Louvain. Triste ! Triste !... Non, Hélène n'est plus la petite femme qui se pressait contre moi ; elle ne sera plus jamais cette femme-là. Qu'elle triomphe ou qu'elle échoue, que la vie lui soit marâtre ou bonne mère, elle ne sera plus jamais cette femme-là — la femme que j'aurais voulu qu'elle fût toujours. — C'est drôle : on dirait que je lui garde rancune d'avoir agi comme je l'ai fait... d'avoir refusé l'existence qu'elle me proposait, existence possible après tout, avec la liberté assurée, et non sans douceur certainement. On rêve de la femme par laquelle l'univers se révèle — effigie qu'on traîne derrière soi, image qui s'estompe dans les lointains de l'avenir — ; et, toujours hantée par le spectre du souvenir et la préoccupation du futur, la pensée se prend de vertige devant Celle qui a la bravoure de s'offrir ; elle semble, Celle-là, la mystérieuse prêtresse d'une puissance redoutée. Le Présent effraye.

Je ne devrais pas en avoir peur, pourtant, moi qui ai voulu vivre droit devant moi, en dehors de toute règle et de toute formule, moi qui n'ai pas voulu végéter, comme d'autres, d'espoir toujours nouveau en désillusion toujours nouvelle, d'entreprise avortée en tentative irréalisable, jusqu'à ce que la pierre du tombeau se refermât, avec un grincement d'ironie, sur un dernier et ridicule effort... Vouloir ! La volonté : une lame qu'on n'emploie pas de peur de l'ébrécher, et qu'on laisse ronger par la rouille... Ah ! il y a d'autres liens que la corde du gibet, pour rattacher l'homme qui se révolte à la Société qu'il répudie ; des liens aussi cruels, aussi ignobles, aussi inexorables que la hart. Libre autant qu'il désirera l'être, si hardie que soit l'indépendance de ses actes, il restera l'esclave de l'image taillée dans le cauchemar héréditaire, de l'Idéal à la tête invisible, aux pieds putréfiés ; il ne pourra guérir son esprit de la démence du passé et du délire du futur ; il ne pourra faire vivre, comme ses actions, sa pensée dans le présent. Il faudra toujours qu'il se crée des fruits défendus, sur l'arbre qui tend vers lui ses branches, et qu'il croie voir flamboyer l'épée menteuse du séraphin à l'entrée des paradis qui s'ouvrent devant lui. Et son âme, fourbue d'inaction, ira se noyer lentement dans des marécages de dégoût... Des sanglots me roulent dans la gorge et éclatent en ricanements... Allons, il faut continuer, sans repos et sans but, faire face à la destinée imbécile jusqu'à la catastrophe inévitable — dont je retirerai une moralité quelconque;

inutile et bête, pour tuer le temps, et si j'ai le temps.

Cependant, il ne faut rien prendre au tragique. C'est pourquoi j'écarte les suggestions de Roger-la-Honte qui voudrait m'emmener à Venise. Qu'y ferais-je, à Venise ? Je m'y ennuierais autant qu'ici, d'un ennui incurable. Je me désespère dans l'attente de quelque chose qui ne vient pas, que je sais ne pas pouvoir venir, quelque chose qu'il me faut, dont je ne sais pas le nom, et que tout mon être réclame ; tel l'écrivain, sans doute, qui formule des paradoxes et qui se sent crispé par l'envie, chaque fois qu'il prend sa plume de sarcasme, de composer un sermon ; un sermon où il ne pourrait pas railler, où il faudrait qu'il dise ce qu'il pense, ce qu'il a besoin de dire — et qu'il ne pourrait pas dire, peut-être.

Non, je n'irai pas à Venise. Tant pis pour Roger-la-Honte ; il attendra. Je n'irais pas à Venise même si j'étais sûr d'y trouver encore un doge et de pouvoir le regarder jeter son anneau dans les flots de l'Adriatique. J'aime mieux passer mon anneau à moi, sans bouger de place, au doigt de la première belle fille venue. Qui est là ? Broussaille. Très bien. Affaire conclue.

Nous sommes mariés, collés. C'est fini, ça y est ; en voilà pour toute la vie. Si vous voulez savoir jusqu'où ça va, vous n'avez qu'à tourner la page.

Après elle, une autre ; et celle-ci après celle-là. Toutes très gentilles. Pourquoi pas ? Je ne les aime que modérément ; « l'amour est privé de son plus grand charme quand l'honnêteté l'abandonne », a dit Jean-Jacques, et c'est assez juste, de temps en temps. Pourtant, je leur donne, tout comme un autre Français, des noms d'animaux et de légumes, dans mes moments d'expansion : Ma poule, mon chat, mon chien, mon coco, mon chou. Je ne m'arrête même pas au chou rose, et je vais jusqu'au lapin vert — à la française. — De plus, je fais tous mes efforts pour leur plaire ; et j'ai, comme autrefois Hercule, des compagnons de mes travaux. Ma foi, oui. Oh! ce n'est pas que j'en aie besoin, mais je n'aime pas déranger les habitudes des gens; et, aussi, il vaut mieux « intéresser le jeu », ainsi que disent les vieux habitués du café de la Mairie, en province — rentiers à cervelas qui jouent une prise de tabac en cent-cinquante, au piquet, et qui savent vivre.

Ces dames ont elles-mêmes, d'ailleurs, leurs habitudes et leurs manies. Je tiens compte des unes et des autres. Je fréquente des cénacles de malfaiteurs, des clubs d'immoraux, dont elles aiment à respirer l'air vicié. Des maisons où la lumière du jour ne pénètre jamais, aux triples portes, aux fenêtres aveuglées par des planches clouées à l'intérieur; de mystérieuses boutiques éternellement à louer, aux volets toujours clos, où l'on se glisse en donnant un mot de passe; des caves aux voûtes enfumées dont les piliers n'oseraient dire, s'ils pouvaient parler, tout ce qu'ils ont entendu. Les hors-la-loi de tous les pays, les réprouvés de toutes les morales, grouillent dans ces repaires du Crime cosmopolite; tous les vices s'y rencontrent, et tous les forfaits s'y font face; on y complote dans tous les argots, on y blasphème dans toutes les langues; la prostitution dorée y tutoie la débauche en guenilles; le cynisme aux doigts crochus y heurte l'inconscience aux mains rouges. Ce sont les Grandes Assises de l'immoralité tenues dans les sous-sols de la tour de Babel.

Intéressant? Certainement. *Homo sum et...* et ce sont des hommes, après tout, ces gens-là. Pas plus vils que les voleurs légaux, ces outlaws. Je ne crois pas qu'on ait dit moins d'infamies dans les couloirs du Palais-Bourbon, cette après-midi, que je n'en ai entendues cette nuit dans le souterrain dont je vais sortir; et peut-être y a-t-on conclu des marchés aussi honteux. Pas plus ignobles, ces filles de joie, que les épouses légitimes de bien des défenseurs de la morale, bêtes comme Dandin et cocus comme Marc-Aurèle. Ignominie d'un côté; infamie de l'autre. Tout se tient et tout arrive à se confondre. Est-ce la cocotte qui a perverti l'honnête femme, ou l'honnête femme la cocotte ? Est-ce le voleur qui a dépravé l'honnête homme ou l'honnête homme qui a produit le voleur ?... Vie abjecte, qu'elle soit avouée ou clandestine ; plaisirs bas, qu'ils soient cachés ou manifestes... Quelle différence, entre une orgie bourgeoise et une ripaille d'escarpes ? Mais les bourgeois s'amusent avec *leur* argent ! Eh ! bien, nous aussi, nous nous amusons avec *leur* argent — leur argent à eux, à ceux qui se laissent arracher de la bouche, par la main des moralistes, le pain que nous allons reprendre dans la poche de Prudhomme... Hélas ! on devient fou, mais on naît résigné...

De moins en moins, pourtant. Mais c'est comme si le cri de la révolte, douloureux et rare, faisait place à un ricanement facile et général, à un simple haussement d'épaules.

Je les regarde, ces souteneurs. Mon Dieu ! ce ne sont pas du tout les énergumènes du vice, les fanatiques de la dépravation qu'on en a voulu faire. Ce sont des êtres placides, à peine narquois, qui paraissent se rendre compte qu'ils ont une fonction, et non sans importance, dans l'organisme social. Ils échangent, avec des hochements de tête mélancoliques, des histoires bien pitoyables ; histoires racontées à leurs femmes, histoires qu'aime à débiter le monsieur qui paye à la marchande d'amour. Il parle à cœur ouvert, ce monsieur-là. Secrets de famille et d'alcôve, habitudes et préférences de l'épouse trahie, et ses sentiments et ses sensations, et ses charmes particuliers et ses défauts physiques, il livre tout à la prostituée. Le marlou, confident naturel de ces confidences, semble penser que les rapports du monsieur qui paye avec la courtisane sont surtout anti-esthétiques ; et il caresse sa maîtresse pour lui faire oublier les révélations odieuses faites par les clients, révélations qui dégoûteraient de la vie, à la longue ; il la caresse même très gentiment. Ce n'est pas une raison, parce qu'on a le dos vert, pour qu'on n'ait pas l'âme bleue. Non, ces souteneurs n'ont pas l'air dépaysé dans la société actuelle. Ils se sont mis au diapason. Leurs femmes payent leur dot après, et par à-comptes ; voilà tout.

Ah ! ne mangez jamais, jamais de ce pain-là !...

Ils ne répondent pas ; ils ont la bouche pleine. Heureusement ! Ils auraient trop à dire.

Je les regarde, ces voleurs ; et je cherche parmi eux l'être au front bas, aux yeux sanglants, au visage asymétrique. Lombroso a dû le mettre dans son armoire, car je ne peux le découvrir. Ces voleurs sont des hommes comme les autres ; moins vilains, tout de même ; on ne voit pas, sur leurs faces, les traces de la lutte avec la morale qui balafrent tant de figures, aujourd'hui. De beaux types ; ou bien des visages qui semblent truqués, des physionomies habituelles sur la scène du Français, lorsqu'on joue le répertoire classique. Autrefois, paraît-il, les voleurs se distinguaient, dans les milieux qu'ils fréquentaient, par leur exubérance, leur surexcitation, leur âpreté de jouissance nerveuse. On sentait qu'ils volaient leur liberté. Ils se disaient d' « anciens honnêtes gens », ce qui laissait supposer qu'ils se souvenaient confusément, mais douloureusement, de leur honnêteté — à peu près comme des damnés se rappelleraient les choses de la terre. — A présent, rien ne les sépare plus, à l'œil nu, du commun des mortels. Ce sont des gens d'allures indifférentes, qui ignorent la fièvre et l'enthousiasme. On sent qu'ils prennent leur liberté. La vie qu'ils mènent est pour eux toute simple ; et, loin de la déplorer, ils ne songent même point à s'en faire gloire. Les condamnations ? Un danger à courir, une blessure à risquer — mais même pas une blessure d'amour-propre, ni un sujet de vanité. — Les sentences qu'on peut prononcer contre eux n'entraînent avec elles aucun effet moral. En-dehors de leur caractère afflictif, elles n'ont pas de signification pour eux. On me dira que les voleurs n'ont qu'à lire les journaux relatant les faits et gestes des hommes au pouvoir pour se sentir fiers de leur conscience. Soit. Mais entendons-nous bien...

Et puis, à quoi ça sert-il, qu'on s'entende ?

J'aime beaucoup mieux rentrer chez moi — tout seul, cette fois-ci. — Je viens de rompre avec une Allemande qui m'annexait depuis quinze jours, et je refuse de la remplacer par une Danoise. Je veux avoir le temps de pleurer mes veuves.

Pleurs de commande ! Larmes de crocodile ! — Pas du tout ! — Affliction candide ; deuil sincère... Hé ! quoi ! vous prenez bien la Vie de Bohême au sérieux, et vous mouillez vos mouchoirs quand Musette quitte Rodolphe, à tous les coins de page, pour aller cueillir la fraise chez des banquiers, lorsque Mimi lâche Marcel sous des prétextes qui n'en sont pas. Et vous refuseriez de croire à ma douleur profonde parceque mes petites amies ne me donnaient pas les raisons de leurs sorties, parce que je ne vous ai pas dit qu'elles étaient phtisiques, parce que je n'essaye point de faire croire que mes barbouillages sont des tableaux et mes rébus de mirlitons, des vers ? C'est bien curieux !

D'ailleurs, ça m'est égal. J'ai la larme à l'œil, et c'est un fait. Mais oui, il y a toujours eu de la vie, dans ces liaisons peu dangereuses, mais passagères ; c'est mort vite, mais ça a vécu. Et de la poésie aussi, si vous voulez le savoir ; car ils n'étaient pas plus vulgaires, ces mariages à la colle, que bien des mariage à l'eau bénite. Et j'ai des corbillards de souvenirs...

Ah ! voilà le chiendent, les souvenirs ! L'un ne chasse pas l'autre, au contraire... Il s'attachent à votre peau comme la tunique du Centaure.

— C'est bien fait, me dit Paternoster à qui je vais confier mes chagrins, avec le vague espoir qu'il me payera très cher, pour me consoler, un paquet de titres que je lui apporte. C'est bien fait. Ça vous apprendra à jouer à l'homme sensible, à aller chercher des fleurs bleues dans le ruisseau au lieu d'arracher des pommes d'or dans les jardins qui ont des grilles.

Paternoster commence à m'embêter. Je n'aime pas beaucoup ses sermons et les questions qu'il me pose, depuis quelque temps, me déplaisent infiniment. Il a lu mes articles dans la « Revue Pénitentiaire » et prétend que j'ai un beau talent d'écrivain. Ne serais-je pas heureux de l'utiliser ? Ne saurais-je point parler en public ? La politique ne m'attirerait-elle pas, si les moyens m'étaient donnés de jouer un rôle à sensation sur la scène parlementaire ? Ai-je oublié, par exemple, que Danton était un voleur ? Et un tas d'autres interrogations qui me rappellent, je ne sais pourquoi, les propositions voilées que m'a faites ce malheureux Canonnier. Mais je ne me fie pas à Paternoster. Je sais qu'il a pris des renseignements sur moi et je lui en veux, s'il a des intentions à mon endroit, de manquer de franchise. Du reste, il devient d'un pingre !... C'est un Turc. Bientôt, on ne pourra plus rien faire avec lui. L'autre jour, il a refusé quarante livres à un camarade qui en avait besoin pour faire un coup. Il finit peut-être par se croire honnête ; et il se mettrait au service de la police que je ne m'en étonnerais pas.

— Si vous aviez deux sous de bon sens, me dit-il, vous feriez comme moi et les femmes ne vous tourmenteraient guère. Savez-vous comment je m'y prends, moi ? J'ai fait la connaissance d'une Anglaise, une de ces malheureuses petites filles, esclaves de la machine à écrire, qui se flétrissent avant l'âge dans les bureaux de la Cité et se nourrissent de thé et de pâtisseries équivoques. Je l'ai installée dans un logement que je lui ai meublé près de Waterloo Road, où elle vit fort satisfaite. Je passe pour un bon papa, veuf et pas très riche, point exigeant non plus ; je vais la voir tous les soirs, à six heures, en sortant de l'office ; je dîne avec elle, je la quitte vers les onze heures et je rentre chez moi à pied. La promenade me fait du bien, et je vous garantis...

— Oui, dis-je ; et vous passez sur Waterloo Bridge, un pont qui ne s'appelle pas pour rien le Pont des Soupirs, avec votre éternel sac qui contient souvent une fortune. Un de ces soirs vous serez attaqué par quelque bandit qui vous enverra dans la Tamise, par-dessus le parapet, et le lendemain matin votre cadavre fera la planche à Gravesend.

Paternoster hausse les épaules.

Il a raison, en fin de compte. Ta destinée cherche après toi, dit le calife Omar ; c'est pourquoi ne la cherche pas. Tournez à gauche, tournez à droite, vous êtes toujours sûr, à l'heure marquée, de trouver la mort au bout du fossé — ou au bout d'une corde.

Roger-la-Honte ne pense pas autrement. Il me l'a déclaré au cours d'un petit voyage que nous venons de faire en Hollande, et que nous ne regrettons pas d'avoir entrepris. Il a pris ce matin le bateau pour l'Angleterre, avec le produit de nos honteux larcins ; et moi je suis venu à Anvers où, si j'en crois la rumeur publique, une jolie somme dort paisiblement dans la sacristie d'une certaine église.

Est-ce un conte ? Je vais m'en assurer. Car j'entends justement sonner minuit, l'heure des crimes, et je franchis lestement le petit mur qui protège le jardin sur lequel s'ouvre la porte de la susdite sacristie. A dire vrai, cette porte s'ouvre difficilement ; mais ma pince parvient à la décider à tourner sur ses gonds.

Me voici dans la place. Il y fait noir comme dans un four, mais... Ah ! diable ! Il me semble que j'entends remuer. Oui... Non. Pourtant... Si, quelqu'un est caché ici ; j'en mettrais ma main au feu. Curé, vicaire, suisse, bedeau ou sacristain, il y a un homme de Dieu en embuscade dans cette pièce... Après tout, je me fais peut-être des idées... Il faut voir ; je vais allumer ma lanterne. Homme de Dieu, y es-tu ?

Boum !...

C'est un coup de pistolet qui me répond, comme j'enflamme une allumette.

Je ne suis pas touché ; c'est le principal. D'un saut, je suis dans le jardin ; d'un bond, je passe par-dessus le mur ; et je cours dans la rue, de toute ma force.

Mais l'homme de Dieu est sur mes talons, criant, hurlant.

— Au voleur ! Au voleur ! Arrêtez-le !...

Des fenêtres s'ouvrent, des portes claquent. Des gens se joignent à l'homme de Dieu, galopent avec lui, crient avec lui. La meute est à cinquante pas derrière moi, pas plus. Ah ! que cette rue est longue ! Et pas un chemin transversal ; un quai seulement, tout au bout... Il me semble apercevoir la prison, la cagoule, tout le bataclan...

Je cours, je cours ! J'approche du quai. Il n'y a personne devant moi, heureusement... Si ! Un homme, un homme couvert d'un pardessus couleur muraille, vient d'apparaître au bout de la rue, s'est arrêté aux cris des gens qui me pourchassent, et va me barrer le passage. J'ai ma pince à la main ; je peux lui casser la figure avec... Ah ! non ! Pas jouer ce jeu-là ; ça coûte trop cher ! Un coup de poing ou un coup de tête, mais rien de plus. Je jette la pince... L'homme est à cinq pas de moi ; il s'arc-boute sur ses jambes, les yeux fixés sur ma figure qu'éclairent en plein les rayons d'un réverbère. Tant pis pour lui, s'il me touche... Mais, brusquement, il s'écarte.

Je suis sauvé ! Le quai, un lacis de petites ruelles, à droite, et une place où je pourrai trouver une voiture. Je suis sauvé...

Non ! L'homme au pardessus couleur muraille s'est mis à courir derrière moi. Je suis éreinté, à bout de souffle. Il m'atteint, il est sur moi. J'ai juste le temps de me retourner...

— N'ayez pas peur ! dit-il. Et venez vite, vite !

Il me prend par le bras, m'entraîne. Nous descendons la rue à toute vitesse.

— Ici !

Il a ouvert la porte d'une maison, me pousse dans le corridor obscur, referme la porte sans bruit.

— Au voleur ! Au voleur ! Arrêtez-le !... Par ici !... Par là !... Au voleur !...

La meute continue la poursuite, vient de s'engager dans la rue, passe devant la maison en hurlant ; les grosses bottes de la police, à présent, sonnent sur le pavé. Puis, le bruit diminue, s'éteint. Nous restons muets, sans bouger, dans les ténèbres, l'homme au pardessus couleur muraille et moi.

— Suivez-moi, dit-il en frottant une allumette ; tenez, voici l'escalier.

Nous montons. Un étage. Deux étages.

— Attendez-moi ici, me dit-il tout bas, sur le palier.

Il ouvre une porte et, tout aussitôt, j'entends la voix d'une femme.

— C'est toi ! Bonsoir. Qu'y avait-il donc, dans la rue ?

Puis, une conversation entre elle et lui, dont je ne parviens pas à saisir un mot. Ça ne fait rien ; cette voix de femme m'a donné confiance, je ne sais pourquoi ; je suis sûr, à présent, que je ne serai pas trahi. L'homme revient vers la porte qu'il a laissée entrebâillée.

— Entrez, dit-il.

J'entre. Une salle à manger très propre, mais pauvre. L'homme est debout, tête nue, sous la lumière crue de la lampe suspendue qu'il vient de remonter. Et, tout d'un coup, je le reconnais.

C'est Albert Dubourg, mon ami d'enfance, mon camarade de jeunesse, celui dont le père avait commis des détournements, autrefois, et qu'on m'avait défendu de fréquenter.

— Albert ! m'écrié-je. Albert !

— Oui, dit-il en souriant d'un sourire triste. C'est moi. Tu ne t'attendais pas à me rencontrer ce soir, n'est-ce pas ? Moi, non plus. Enfin, je suis heureux d'avoir été là...

— Figure-toi, dis-je en m'efforçant d'inventer une histoire, figure-toi...

— Ne me dis rien. J'aime mieux que tu ne me dises rien. A cause de ma femme, d'abord ; elle pourrait nous entendre, et c'est inutile. Je lui ai dit que tu étais traqué à cause de tes opinions, et tu peux compter sur elle comme sur moi... Qu'as-tu l'intention de faire ? Quitter Anvers le plus tôt possible, je pense ?

— Oui ; pour l'Angleterre.

— Alors tu prendras le bateau demain soir. D'ici là, reste chez moi ; c'est plus prudent. Nous ne sommes pas riches, mais nous pouvons toujours t'offrir un lit... Je vais chercher ma femme.

Il sort et reparaît avec elle une minute après. Une petite blonde, plutôt maigre, gentillette, l'air timide. Très aimable aussi, bien qu'elle paraisse un peu troublée devant un étranger — un étranger qu'on lui a présenté comme un conspirateur. — Il est entendu que je coucherai dans la chambre de sa sœur, une jeune personne qui demeure avec eux mais qui est absente pour le moment.

Albert m'y a conduit, dans cette chambre où je vais dormir, moi qui viens d'échapper au grabat de la cellule, dans un lit de jeune fille. Et nous avons causé longtemps. Il m'a raconté la triste histoire que je pressentais : le père, privé de ses droits à la retraite et presque ruiné par le remboursement des sommes détournées, se décidant à quitter la France et mourant bientôt de chagrin, en Belgique, sans avoir pu trouver d'emploi nulle part. La mère parvenant, par un travail de mercenaire, à élever son fils, à lui faire terminer ses études, tant bien que mal, et succombant à la tâche avant qu'il lui fût possible, à lui, de l'aider. Et personne pour tendre la main à ces malheureux, pour leur faire même bonne figure ; personne. Et Albert, après avoir accompli son temps de service militaire en France, car il a tenu à rester Français, revenant en Belgique et finissant, avec bien du mal, par trouver une place dans les bureaux d'une Compagnie de Navigation, qui lui permet de vivre, tout juste. Il n'a pas voulu me laisser m'expliquer sur ma situation, qu'il devine ; il n'a fait preuve d'aucune curiosité et ne s'est pas permis un mot de blâme. Non, elle n'a point été gaie, cette conversation entre l'honnête homme, fils du voleur, et le voleur, fils de l'honnête homme.

— J'ai éprouvé ma première joie, me dit-il en se retirant, lorsque j'ai connu la jeune fille qui est devenue ma femme. Elle était pauvre, mais bonne et courageuse; et, de nos deux pauvretés et de notre amour, nous essayons de faire du bonheur.

Ils y réussissent, je crois. J'ai passé la journée du lendemain avec eux, car Albert avait demandé à la maison qui l'emploie de lui donner congé pour un jour. Ils ont été charmants envers moi, mettant les petits plats dans les grands — de grands plats qui ne doivent pas servir souvent, hélas ! — Ils s'aiment, malgré tout, sont pleins d'attentions et de prévenances l'un pour l'autre ; et je me trouve très attendri devant le spectacle de cette existence humble et terne, mais qu'illumine pourtant, comme un rayon de soleil, le charme d'une affection sincère. C'est vrai, ça m'émeut tout plein...

>........Hé ! qui peut dire
> Que pour le métier de mouton
> Jamais aucun loup ne soupire ?

Et le soir, quand je les ai eu quittés devant le bateau où ils m'avaient conduit, pendant que le navire descendait l'Escaut, je me suis pris à me prôner à moi-même et à envier, presque, leur bonheur...

Leur bonheur ! Est-il réel, ce bonheur-là ? Est-il possible, seulement, avec une vie besogneuse, faite du souci du lendemain, des humiliations du jour et des privations de la veille ? N'est-ce pas une illusion, plutôt ? Leur amour n'est-il pas lui-même une chimère, le voile d'un rêve d'or devant les hideurs de la réalité, un mirage vers lequel ils tendent fiévreusement leurs yeux, effrayés de regarder autre part ?... Fantôme de bonheur ! Simulacre d'amour !...

Vie modeste, mais heureuse... Des blagues ! Elle a aussi, cette existence-là, ses ennuis qui la harassent, ses chagrins qui l'assaillent. Ennuis vulgaires, chagrins prosaïques, mais cruels, tout aussi douloureux que les plus grandes souffrances. — Amour... Pas vrai ! Vision décevante, dont ils ne sont qu'à moitié dupes, au fond. Leurs baisers dévorent sur leurs lèvres des paroles qu'ils ont peur de prononcer et leurs mains, étendues pour les caresses, ne peuvent obéir aux frissons de colère qui voudraient les crisper. Galériens par conviction, tous les deux, l'homme et la femme, qui ne veulent pas voir les murailles du bagne et qui traînent, les yeux fixés sur le spectre de la passion menteuse, le boulet de la bonne entente, la chaîne de la cordialité.... Pas de bonheur, dans la misère ; et pas d'amour. Jamais. Jamais.

Pauvre Albert !... Voilà que je le plains, à présent... Allons. De Londres, j'enverrai un cadeau à sa femme, et j'oublierai tout ça.

D'autres choses, que je voudrais oublier. J'y parviendrai peut-être, avec le temps. Enfin, mon cœur va aussi bien qu'on peut l'espérer ; et je ne publierai plus de bulletins.

— Tant mieux ! me dit Annie. Vous commenciez à maigrir.

Quel dommage ! Après tout, je ne ferais pas mal, peut-être, d'écouter Roger-la-Honte et de l'accompagner à Venise. Je l'attends justement ce soir, Roger. Il est parti en France, voici trois jours, pour une expédition que j'avais préparée ces temps derniers. Dix heures et demie. On dirait qu'on entend rouler un cab, dans la rue. Oui ; il s'arrête devant la maison — et l'on frappe à la porte. — Annie a été se coucher de bonne heure et le gaz est éteint dans l'escalier. Je prends une lampe et je descends ouvrir. Ce n'est pas Roger...

Une femme est sur le seuil, une femme vêtue de noir, qui tient un paquet dans ses bras. D'une main, elle relève un peu sa voilette.

— Tu ne me reconnais pas, Georges ? dit-elle.

J'approche la lampe. Ciel !... C'est Charlotte.

XX

OU L'ON VOIT QU'IL EST SOUVENT DIFFICILE DE TENIR SA PAROLE

Je suis assis auprès du feu, devant la chaise que vient de quitter Charlotte, confondu d'étonnement, accablé d'horreur. Ah ! le mensonge des conjectures, la fausseté des suppositions ! Toutes mes hypothèses sont renversées, toutes mes prévisions en déroute. La vie est donc plus atroce encore qu'on ne peut le présager, plus abjecte et plus cruelle !... Et je reste éperdu de stupeur devant l'inattendu — devant la réalité toujours implacable et toujours imprévue...

Non, Charlotte ne s'est pas mariée. Non, rien de ce que j'avais imaginé ne s'est accompli. Et ce qui est arrivé... oui, cela devait être, cela, et cela seulement. Pas autre chose n'était possible. Oh ! je n'y puis croire encore, pourtant... Charlotte chassée par son père, le jour même où eut lieu la scène affreuse qui nous a séparés ; son courage devant l'affliction, sa fermeté de cœur devant l'épreuve, sa foi en elle-même ; et la résolution fière qu'elle sut prendre de maîtriser sa douleur et de refouler ses angoisses, et d'affronter le malheur avec la dignité du silence... Ha! le dégoût de moi qui me saisit, d'avoir déserté cette vaillante! Toutes les choses qui auraient pu être semblent passer devant mes yeux ainsi qu'en une brume de rêve... Ç'a dû être horrible, le déchirement de cette âme, ce navrement de femme abandonnée par tous... Et la détresse, la noirceur de cette existence de mercenaire qui est la sienne depuis vingt mois, qu'elle accepta, cette fille riche la veille, et qui lui lui mesura le pain qu'il lui fallait, à elle et à son enfant — à notre enfant...

Notre enfant!... Elle est là, à côté, reposant sur un lit que sa mère, aidée par Annie, lui a préparé dans ma chambre. Une jolie petite fille, blonde, avec des yeux comme des pervenches, — et que j'ai à peine osé regarder, à peine, car j'ai été pris d'une honte indicible quand j'ai vu quel était le fardeau que Charlotte portait dans ses bras...

Elle s'est déjà levée trois fois depuis que l'enfant repose, pour aller surveiller son sommeil, interrompant le récit qu'elle me fait, d'une voix grave, mais où ne vibre pas la colère où ne grince pas la rancune. A-t-elle dû souffrir, cependant! La pauvreté et les chagrins n'ont pas encore mis leur marque sur son beau visage, mais ses yeux brillent de l'éclat étrange des yeux désespérés, l'éclat vif et glacial du givre. Et ses vêtements. le manteau de confection qu'elle a quitté, sa triste robe noire d'ouvrière... Ah! Dieu de Dieu!...

La voici. Elle rentre, tout doucement, reprendre sa place sur la chaise, au coin du feu.

— Elle dort; elle dort d'un sommeil de plomb. Mais elle ne se plaint pas en dormant et elle ne porte plus les mains à sa tête, comme elle faisait à Paris. J'ai eu si peur avant-hier, hier et ce matin encore!... J'étais affolée. Il faut que je te raconte... Quand j'ai vu qu'elle souffrait de maux de tête, que son front était brûlant, qu'elle avait perdu l'appétit... et surtout ces somnolences continuelles, tu sais... je me suis décidée à aller chercher un docteur. Un bon médecin, habitué à soigner les enfants. Il est venu avant-hier chez moi, a examiné attentivement la petite, n'a rien voulu prescrire, n'étant encore sûr de rien, mais m'a dit de le rappeler si des symptômes nouveaux se produisaient. « Je pense que ce ne sera pas sérieux, m'a-t-il dit ; mais si je craignais quelque chose, ce serait une méningite. » Tu penses si j'ai été effrayée ! Une méningite ! C'est tellement terrible, surtout à cet âge-là !.. J'ai passé la nuit dans les transes. Hier, elle n'allait pas mieux ; elle tournait et retournait sa tête sur l'oreiller, y posait désespérément ses petites mains. Je suis sortie, j'ai couru chez le docteur qui m'a promis de venir le soir. Je rentrais chez moi bien anxieuse lorsque, avenue de l'Opéra, j'ai rencontré Marguerite — Marguerite, tu te souviens ? l'ancienne femme de chambre de Mme Montareuil. — Elle ne savait rien de ce qui m'était arrivé, s'étonnait de me voir si modestement vêtue et la mine tellement désolée. Pendant qu'elle me parlait, une crainte affreuse m'a saisie, une crainte que je n'avais jamais éprouvée jusque-là, la crainte de la pauvreté. J'ai eu peur, tout d'un coup, une peur terrible, de n'avoir pas assez d'argent pour soigner mon enfant ; je l'ai vue arrachée de mes bras, emportée à l'hôpital... Oh ! je ne peux pas te dire ! Il m'a semblé que j'allais me trouver mal.... Je ne pouvais plus écouter Marguerite ; et je ne suis revenue à moi, pour ainsi dire, que lorsque je lui ai entendu prononcer ton nom. Elle disait qu'elle t'avait vu il y avait peu de temps, que tu étais riche... que sais-je ? Alors, j'ai pensé que tu voudrais bien m'aider à sauver l'enfant. J'ai demandé à Marguerite si elle avait ton adresse. Elle me l'a donnée... J'ai voulu t'écrire, en rentrant ; puis, j'ai hésité. La petite paraissait ne plus souffrir. Le docteur, lorsqu'il est venu, l'a trouvée plus calme et m'a dit de me tranquilliser. Mais, ce matin, elle a eu une crise : une crise qui n'a pas duré bien longtemps, c'est vrai ; mais j'ai perdu la tête... Je ne raisonnais plus. J'ai pris le train pour Londres...

— Il y a longtemps, dis-je sans peser mes paroles

qui suivent le cours des idées qui roulent en mon cerveau, il y a longtemps que tu aurais dû venir.

Charlotte me regarde avec étonnement.

— J'aurais dû !... Mais ne savais-tu pas, toi ?...

— Je savais, oui... mais comment aurais-je pu deviner tout ce qui s'est passé depuis ? Il m'aurait été facile de me renseigner ? Je n'ai pas osé... On m'en a dissuadé. J'ai pensé...

— Quoi ? demande Charlotte d'une voix nerveuse. Quoi ? continue-t-elle, car je ne réponds pas. Qu'as-tu pensé de moi ?

— Je ne veux pas te le dire, et je ne veux pas mentir. Je suis un malheureux, voilà tout.

— J'espère, répond-elle au bout d'un instant et en changeant de ton, que je me suis alarmée à tort et que la petite va aller mieux ; mais si, par malheur... tu feras tout pour la sauver, n'est-ce pas ?

— Tout ce que je possède est à elle, dis-je, et à toi aussi.

Et je me mets à tisonner les charbons parce que je crois sentir mes yeux se mouiller un peu.

— Ecoute, dit Charlotte ; ce n'est pas ta maîtresse qui est revenue à toi, mais la mère de ton enfant. Je ne te demande rien pour moi et je voudrais ne rien demander pour ma fille non plus ; mais... Voyons, Georges, regarde-moi. Pourquoi pleures-tu ?... Dis ?...

Elle se penche vers moi, m'attire à elle.

— Ah ! fou, fou ! Tu n'es pas méchant et tu es si dur pour ceux qui t'aiment... et que tu aimes aussi, peut-être... Embrasse-moi... N'est-ce pas, elle est jolie, ta fille ? As-tu vu comme elle te ressemble ? Dis-moi si tu l'aimeras.

— Non ; tu serais jalouse... Mais tu ne m'as pas seulement appris son nom...

— J'avais d'abord songé à lui donner le tien, répond Charlotte en rougissant, à l'appeler Georgette ; et puis, je n'ai plus voulu, je ne sais pourquoi... Elle se nomme Hélène.

Brusquement, je retire ma main que Charlotte tient dans les siennes; et un grand frisson me secoue.

— Qu'as-tu? demande-t-elle, attristée et se méprenant, naturellement, sur la cause de mon émotion. Qu'as-tu? Oui, j'aurais mieux fait de suivre ma première idée, et de l'appeler Georgette. Mais, Hélène, c'est un joli nom aussi. Tu ne trouves pas? Tu m'en veux?

— Non; pas du tout... Mais tu dois être très fatiguée, Charlotte. Il va être une heure du matin; tu ferais bien d'aller te coucher et d'essayer de dormir. Moi, je reste ici; si j'entends l'enfant se plaindre, j'irai te prévenir. Va, sois raisonnable. Je vais rouler un fauteuil devant le feu... il faut l'entretenir, car la nuit est froide.

— Demain matin, tu enverras chercher un médecin?

— Oui, certainement. Demain matin ou plutôt ce matin, car nous sommes à dimanche depuis cinquante minutes.

— Et c'est lundi Noël, dit Charlotte en soupirant. Mon Dieu! pourvu que mes craintes aient été folles! Bonsoir...

Elle se retire, ferme doucement la porte; et je reste seul, regardant mes pensées, à mesure qu'elles passent, se réfléchir en formes fugitives dans les charbons ardents du foyer... Ma fille s'appelle Hélène... Ah! qu'elle est amère, cette perpétuelle ironie des choses!...

Je descends à la salle à manger, au rez-de-chaussée. Je remonte avec une bouteille d'alcool et je me fais des grogs très forts, toute la nuit. Vers six heures, je m'endors...

C'est Charlotte qui m'a réveillé, à neuf heures. Et, tout aussitôt, j'ai envoyé Annie chercher un médecin qui lui a promis de venir sans tarder. Onze heures sonnent, et il n'est pas encore arrivé. Mais on frappe; ce doit être lui. Non, c'est un télégraphiste qui apporte une dépêche. Un télégramme envoyé par Roger-la-Honte qui m'apprend qu'il ne sera de retour que vers le milieu de la semaine... Mais quand viendra-t-il donc, ce médecin ?

Charlotte m'appelle auprès de la petite malade qui vient de sortir d'un de ces lourds sommeils si inquiétants pour sa mère. Comme elle est pâle ! Ses yeux me semblent avoir perdu l'éclat qu'ils avaient hier soir; ils sont ternis, éteints sous les larmes, lassés de douleur, s'ouvrant largement, pourtant, ainsi que pour une supplication pleine d'angoisses. La jolie petite bouche laisse passer des plaintes monotones et navrantes.

— Maman, bobo... Maman... bobo...

Charlotte la prend dans ses bras, essaye de la consoler, la caresse.

— Le plus terrible, me dit-elle, c'est qu'elle refuse toute nourriture, je ne peux presque rien lui faire prendre. Et si tu l'avais vue il y a quatre ou cinq jours seulement ! Elle était si gaie, si amusante !...

Mais l'enfant dégage ses mains d'un geste désespéré, appuie ses doigts crispés à son front et ses membres se convulsent et sa face blêmit affreusement; elle gémit d'une façon lamentable...

— Monsieur, vient dire Annie, le docteur est en bas.

— Qu'il monte, vite !

Il est monté, a assisté aux convulsions qui ont saisi l'enfant et l'a examinée avec soin dès que la prostration a succédé à la crise.

Il est dans le salon, maintenant, seul avec moi, rédigeant son ordonnance.

— Il faut couper les cheveux, appliquer un vésicatoire sur la nuque, poser de la glace sur le front...

— Est-ce la méningite ?

— Oui, certainement, c'est la méningite.

— Y a-t-il de l'espoir ?

— Très peu, répond le docteur en hochant la tête. Je ne veux pas vous donner de fausses espérances.

A l'âge qu'a votre enfant, cette maladie est presque toujours fatale ; la mort survient rapidement au milieu d'une convulsion. Oui, à moins d'un miracle...

— Dites-moi franchement, docteur : votre science est-elle capable d'effectuer ce miracle ?

— Non, en vérité. Au moins, personnellement, je dois vous répondre : non.. Mais j'ai des confrères, de grands confrères, dont l'expérience, ou la réputation si vous voulez, dépasse la mienne de cent coudées ; peut-être vous tiendraient-ils un langage autre que le mien. Essayez-en... Le docteur Scoundrel par exemple. C'est la plus haute autorité...

— Et, dis-je en hésitant — car une pensée fâcheuse se présente à moi comme je pose sur la table le prix de la visite — savez-vous quelle somme le docteur Scoundrel exigerait pour venir...

— Oh ! répond le médecin en souriant, il ne se dérange jamais à moins de cinquante livres payées comptant. C'est une célébrité, voyez-vous...

— Cinquante livres sterling ?

— Oui ; et aujourd'hui, dimanche, veille de Noël, il en demanderait peut-être soixante... quatre-vingts... cent.

Le docteur sort et Charlotte, immédiatement, entre dans le salon.

— Eh ! bien ? demande-t-elle d'une voix qui trahit son anxiété. Qu'a-t-il dit ? Est-ce la méningite ?

— Il ne sait pas ; n'est pas sûr... C'est très difficile de se faire une certitude. Il m'a conseillé de consulter un de ses confrères, un spécialiste renommé...

— Il faut l'envoyer chercher tout de suite, dit Charlotte.

— Oui, mais...

— Mais quoi ? Dis ! Quoi ?

— Ce spécialiste veut être payé d'avance... une grosse somme ; et je n'ai pas d'argent.

— Tu n'as pas d'argent ! s'écrie Charlotte.

— Non, je n'en ai pas ici. Tout ce que je possède est à la banque et je n'ai pas vingt livres à la maison.

Les banques sont fermées aujourd'hui, demain et après-demain. Il faut trouver un moyen... Tenez, dis-je à Annie qui entre, allez chercher ces médicaments et de la glace ; et, en même temps, tâchez de me faire escompter ces chèques par les commerçants dont les boutiques sont restées ouvertes.

Et je lui remets quatre chèques de vingt-cinq livres que j'ai signés à la hâte.

— C'est singulier, dit Charlotte, que tu n'aies pas d'argent chez toi.

— Je fais comme tout le monde ; c'est l'habitude, ici. On a très peur des voleurs, à Londres.

Charlotte sourit d'un sourire triste.

— Crois-tu qu'Annie réussira à avoir de l'argent ?
— Je l'espère.

J'ai tort. Elle rentre, une demi-heure après, sans avoir pu trouver personne disposé à escompter mes papiers. Les commerçants disent qu'ils ne peuvent pas, pour le moment ; ah ! si c'était après les fêtes, ils ne demanderaient pas mieux. Annie a les larmes aux yeux ; quant à Charlotte, elle se laisse tomber sur une chaise et éclate en sanglots.

— Mon Dieu ! dit-elle, c'est affreux ! Tout est contre moi... Ce médecin l'aurait peut-être sauvée !...

— Ne te désole pas, lui dis-je en prenant mon manteau et mon chapeau. Je vais sortir ; je sais où trouver l'argent nécessaire... Occupe-toi de faire ce qu'a ordonné le docteur. Peut-être ce vésicatoire suffira-t-il... Mais ne te tourmente pas, surtout. Il est une heure et demie ; je reviendrai le plus tôt possible et pas sans l'argent, je te promets. Ce ne sera pas difficile.

Ah ! si, c'est difficile. Très difficile. Les gens que je vais voir sont absents ; ou bien, pleins de bonne volonté, ils se trouvent dans le même cas que moi et ne peuvent m'offrir que des sommes dérisoires. Et voilà trois heures que je suis en route !... Qui pourra m'avancer la somme dont j'ai besoin ?... Broussaille. Je me fais conduire à Kensington. Pourvu qu'elle soit chez elle !

Elle y est. Rapidement, je la mets au courant des choses.

— Si ton frère était revenu hier soir ou ce matin comme je l'espérais, dis-je, je ne serais pas aussi embarrassé. Mais je ne sais où donner de la tête.

— Ah ! quel malheur ! s'écrie Broussaille. Si j'avais pu savoir !... Hier matin, j'ai porté soixante livres à la banque... Et tu as une enfant ! Je voudrais bien la voir. Elle doit être belle comme tout ; et dire qu'elle est si malade !... Tiens, voilà tout ce que j'ai ici : quatorze livres ; quatorze livres et cinq shillings. Prends les quatorze livres...

— Merci, dis-je ; mais cela ne peut me servir à rien.

— Eh ! bien, veux-tu m'attendre ? demande-t-elle. Je vais aller voir quelqu'un de qui j'aurai certainement cinquante livres, même cent. Cinq minutes pour m'habiller, je pars, et je reviendrai dans trois quarts d'heure. Je vais te faire donner à manger pendant ce temps-là, puisque tu n'as pas déjeuné.

Elle sort, et je l'attends, sans pouvoir presque toucher, tellement je suis énervé, aux plats que la servante m'apporte. Je l'attends pendant une heure...

Mais la voici. Elle entre, les yeux rouges d'avoir pleuré, son mouchoir à la main.

— Oh ! je suis désolée, désolée ! Mon ami venait de partir de chez lui quand j'y suis arrivée. Quelle déveine !... Mais si tu pouvais patienter jusqu'à ce soir ? Il va tous les jours à son club, à dix heures précises ; je l'y ferais demander et il me donnerait cent livres, sûrement. Veux-tu ?

— Non, je ne peux pas attendre ; et puis, il me vient une idée. Seulement, il faut que je me dépêche. Je te remercie tout de même, Broussaille. Au revoir.

Sitôt dans la rue, je prends un cab et je donne au cocher l'adresse du bureau de Paternoster. Je me suis souvenu, subitement, que cet honnête homme a l'habitude d'être présent à son office, tous les dimanches et jours de fête, de cinq heures à six ; ses clients, en effet, observent peu les chômages indiqués par les almanachs et il peut espérer conclure un bon marché aussi bien le jour de Pâques que celui de la Trinité. Il est six heures moins un quart et j'espère arriver à temps dans la Cité. Le cab roule rapidement... Six heures moins deux à Saint-Paul's... Mais, au coin de Queen Victoria Street et de la petite rue où trafique l'ancien notaire, le cheval glisse sur le pavé, s'abat. Pas une minute à perdre. Je descends du cab, je paye le cocher et je m'engage dans la petite rue. Trop tard ! Tout au bout, là-bas, j'aperçois Paternoster qui s'en va et je le vois disparaître au tournant de Cheapside. Je marche sur ses traces à grandes enjambées.

Plus si vite, à présent. On dirait que j'ai peur de l'aborder. Oui, j'en ai peur.

S'il me refusait ce que je veux lui demander, par hasard ? S'il ne voulait rien entendre ?... Il a bien refusé une poignée de pièces d'or, dernièrement, à un camarade qui lui en avait fait gagner des sacs... Il n'a pas de cœur, d'abord, ce vieux-là. N'a-t-il pas une fille, lui aussi ? qu'il a abandonnée, à ce qu'on m'a dit, pour conclure ce second mariage qui a abouti à un divorce... Il n'aime que l'argent. C'est une sale crapule... Et s'il ne voulait pas m'avancer la somme dont j'ai besoin .. Ah ! bon Dieu !... Mais, pourtant, si je ne l'obtiens pas de lui, cet argent, d'où l'obtiendrai-je ? Et il me le faut, il me le faut ! J'ai promis de le rapporter ; et la petite mourra, sans ça... Peut-être que le charlatan qui se fait payer si cher ne pourra rien contre le mal ; mais peut-être qu'il la sauvera, ma fille... Je ne veux pas qu'elle meure, cette enfant ! Pour Charlotte et pour moi, il faut qu'elle vive. Je sens que ce sera encore plus terrible, si elle meurt... Ah ! je ne pense pas à revenir au bien, comme ils disent. Le bien, le mal — qu'est-ce que c'est ? — Mais, mais... Voyons, Paternoster n'osera pas me refuser ; il sait que j'ai de l'argent à la banque ; il sait...

— Il se retourne et, un instant, je crois qu'il me reconnaît. Non, il ne m'a pas vu. Mais moi, j'ai aperçu sa figure, sa face dure et rusée d'impitoyable.

Sans savoir pourquoi, je ralentis le pas, je laisse augmenter la distance qui nous sépare... C'est curieux, ce n'est plus la même idée qui me meut, maintenant. Je ne pourrais dire ni ce que j'espère ni ce que je veux faire ; mais sûrement, je ne veux pas aborder Paternoster pour lui demander un service. Non, je ne le pourrais pas. C'est une force que je ne connais point, à présent, qui me pousse sur ses pas. Je le suis de loin, le guette comme le fauve doit épier sa proie, sans avoir l'air d'attacher d'importance à mon acte. Je m'intéresse à ce qui se passe autour de moi ; aux rues, pleines de foules joyeuses, se hâtant, car il fait froid, et se bombardant de « Merry Christmas » ; aux voitures de gui et de houx, aux vendeurs des numéros spéciaux de journaux illustrés ; aux enluminures des cartes symboliques ; aux festons de dindes, aux guirlandes d'oies, aux pyramides de puddings, aux montagnes d'oranges... Ludgate Hill, Fleet Street, Strand, « Merry Christmas »...

Je viens de traverser la Tamise et, sur les traces de Paternoster qui tient à la main son éternel sac, je descends Waterloo Road. Brusquement, il tourne à droite et disparaît derrière la porte d'une maison. J'ai à peine eu le temps de l'y voir entrer... Que faire, maintenant ? Oh ! c'est bien simple. Je vais me présenter dans cette maison tout à l'heure, demander à parler au vieux gentleman ; et, devant la jeune femme qui est sa maîtresse et qui le prend pour un brave homme, il n'osera pas refuser ; non, il ne pourra point faire autrement...

Il est onze heures ; et je suis toujours à la même place, au coin de la rue et de Waterloo Road, à l'endroit d'où j'ai vu Paternoster entrer dans la maison dont il sort justement à présent. Je m'en suis approché dix fois de cette maison, pendant ces longues heures d'attente fiévreuse et presque inconsciente, et je n'ai pu me résoudre à frapper à la porte. Ç'a été plus fort que moi ; je n'ai pas pu...

Je fais quelques pas en descendant, afin de n'être pas remarqué ; et, dès que Paternoster s'est engagé sur la route, dans la direction du pont, je me retourne et je le suis.

Il marche rapidement ; les passants sont rares ; le froid a augmenté tout d'un coup, un vent épouvantable s'est élevé, précurseur d'une tempête de neige... Que vais-je faire ? Oh ! je le sais, en ce moment ; mais je le sais seulement maintenant. L'idée nette de l'acte à accomplir se découvre à moi, se précise à l'instant même où le souvenir de résolutions prises autrefois se présente à mon esprit : ne pas tuer, ne jamais me livrer à des violences contre les personnes... Tuer ! Je ne veux pas tuer ; je n'ai pas d'arme, d'abord. Violence... oui. Il me le faut, le sac que porte Paternoster.

Les trois policemen préposés à la garde de Vaterloo Bridge se sont repliés à l'entrée de la route, derrière le petit mur, jugeant sans doute impossible de rester à leur poste. Le pont, noir, sinistre, chemin tragique qui semble se perdre dans les ténèbres compactes, est balayé par des rafales hurlantes qui font cligner et paraissent vouloir éteindre les lueurs pâles des becs de gaz. Je passe devant les policemen...

Je n'aperçois plus, à présent, que la silhouette de Paternoster, là-bas. Il se hâte, une main assurant son chapeau, l'autre serrant contre lui le petit sac. Le vent, qui me frappe la face, le bruit assourdissant des flots sous nos pieds, ne lui permettront pas de m'entendre... Je cours. Je l'atteins. D'un coup terrible, je l'envoie rouler sous l'un des bancs de pierre encastrés dans le parapet. Le sac lui échappe, tombe sur le trottoir. Je le ramasse et je m'élance en avant. Dieu ! qu'il est large, ce fleuve !

Attention ! Il ne faut plus courir... Quelqu'un qui vient... Un vagabond, écumeur du Pont des Soupirs, qui a vu mon sac et arrive sur moi, tête baissée. D'un coup de pied, je lui relève la figure. Tant pis pour lui ! Si les loups se mettent à se manger entre eux...

Devant Somerset House, je saute dans un cab.

— Enfin ! te voilà, s'écrie Charlotte. J'ai cru que tu ne reviendrais jamais. C'est affreux ! La petite a eu deux crises horribles... As-tu l'argent, au moins ?

— Je l'espère, dis-je.

Je pose le sac sur une table et je saisis le tisonnier. Je n'ai pas besoin de me gêner devant Annie, qui m'a suivi au premier étage ; et quant à Charlotte... Je fais sauter la serrure. Des rouleaux d'or, une liasse de bank-notes. Cinq cents livres, six cents peut-être.

— *Good job !* s'écrie Annie chez qui triomphent les magnifiques instincts de piraterie qui caractérisent sa race. Bonne affaire !

— Tenez, vieille femme, voici cinquante livres ; prenez un cab, allez chez le docteur Scoundrel, dans Harley Street, donnez-lui ça d'avance et ramenez-le coûte que coûte. Dites-lui qu'il aura cent livres, deux cents, cinq cents, tout ce qu'il voudra...

Annie a descendu l'escalier quatre à quatre, et j'entends déjà s'éloigner la voiture qui l'emmène. Je mets les billets de banque dans ma poche et je vais déposer les rouleaux d'or au fond d'un tiroir. En me retournant, je vois Charlotte, très pâle, appuyée à un meuble, qui fixe sur moi des yeux égarés.

— Qu'as-tu fait, Georges ? me demande-t-elle d'une voix qui semble avoir peur d'elle-même.

Je hausse les épaules.

— Il fallait de l'argent, n'est-ce pas ?

Je m'assieds devant la cheminée et je jette au feu, un à un, quelques papiers et des carnets qui sont restés au fond du sac ; rien d'intéressant ; et autant ne point garder des objets qui pourraient me compromettre... quoique... Ah ! il est bien certain que Paternoster est sur ses jambes depuis longtemps... chez lui, sans doute, en train de se faire frictionner les côtes. Il aura eu plus de peur que de mal, le vieux scélérat... Je regarde les flammes mordre les papiers et les consumer lentement.

Mais Charlotte vient me jeter ses bras autour du cou.

— Pardonne-moi, me dit-elle pendant que de grosses larmes roulent sur ses joues. Comment puis-je te faire des reproches, à toi qui viens de risquer ta liberté, peut-être plus, pour sauver ton enfant... Mais je suis tellement tourmentée, tellement énervée, vois-tu!... Je n'ai plus la tête à moi. J'ai des pressentiments si noirs!...

— Tu as tort, dis-je en l'embrassant. J'espère que le médecin qui va venir pourra te rassurer.

— Elle est si mal, si mal! Elle est assoupie, pour le moment; mais si tu avais vu ces crises... Viens la voir.

Ah! c'est effrayant... Mais ce n'est plus là l'enfant que j'ai vue hier soir, que j'ai vue ce matin encore! On dirait qu'on a mis un masque, un masque de vieillard, sur cette petite figure; il y a des rides, sur cette face de bébé dont on a coupé les boucles blondes, fines comme des flocons de soie; et un cercle noir cave les yeux.

— Est-elle changée! murmure Charlotte en sanglotant. Crois-tu?... Et elle ne pouvait presque plus parler... Comme elle a grandi! Regarde. On croirait qu'elle a trois ans...

Annie entre dans la chambre.

— Monsieur, dit-elle, le docteur vient tout de suite; il veut avoir cent livres.

Il les aura. Puisse-t-il faire quelque chose, mon Dieu!... Minuit. Les cloches, de tous les côtés, se mettent à sonner joyeusement.

— Noël! dit Charlotte en se laissant tomber sur une chaise. Seigneur! Seigneur! que je souffre! Oh! c'est affreux...

Oui, Noël, sainte journée. Jour de paix et de bonne volonté...

Le docteur monte l'escalier. Je vais lui ouvrir la porte du salon. Une face blafarde, chauve, glabre ; une tête de veau au blanc d'Espagne.

— Monsieur, me dit-il, j'ai prévenu votre servante, qui est venue me chercher, que je demandais cent livres. Aujourd'hui, Noël, vous comprenez... Elle m'a remis cinquante livres ; et, avant toute autre chose...

— En voici cinquante autres.

— Merci, Monsieur, dit le docteur Scoundrel avec un sourire livide, et en plaçant les billets dans un portefeuille qu'il glisse dans une poche de sa redingote. Par ici, n'est-ce pas ?

La petite fille se réveille, comme il entre. Et j'ai une vision de cellule de condamné à mort, au moment où y pénètre le fonctionnaire qui vient annoncer le rejet du recours en grâce...

Je viens de suivre le docteur dans le salon.

— Il n'y a plus d'espoir, me dit-il. Cette enfant est épuisée, à bout de forces. Il y a déjà paralysie de la langue et d'un œil. A la première convulsion, elle vous quittera. Je vous souhaite de pouvoir trouver, en ce saint jour qui commence, au souvenir de ce que Dieu...

Je l'interromps.

— Si je vous avais fait appeler hier, avant-hier, auriez-vous pu sauver ma fille ?

— Pas plus qu'aujourd'hui. A un âge aussi tendre... Au moment de la conception, les parents devaient avoir de vives contrariétés, de grands chagrins... Non, dès le début, tout était vain.

— Vraiment ?

— Sur l'honneur, Monsieur ! dit-il en frappant de la main la poche qui contient le portefeuille où il a serré mes bank-notes.

Je le reconduis jusqu'à la porte. Et quand je rentre dans la chambre, je vois qu'il est inutile de parler.

Des convulsions terribles ont saisi la petite martyre ;

les membres se crispent, veulent se retourner, on dirait, par des efforts désespérés ; et la peau bleuit comme si les extrémités, déjà, commençaient à se glacer. Elle essaye de se lever, de se frapper la tête contre quelque chose, sa tête blême dont un œil seul, vitreux, est grand ouvert, et dont la bouche devenue muette ne laisse plus échapper que des plaintes inarticulées, des râles qu'arrache une douleur sans nom... Ha ! Horrible, cette agonie d'enfant...

Mais les plaintes s'affaiblissent, s'éteignent. Le petit corps gît lourdement, semble peser de plus en plus sur le lit — et c'est comme si quelque chose s'en allait peu à peu, voguait, toujours plus loin, vers des océans cruels, sur de grandes vagues de solitude...

Charlotte, agenouillée devant le lit, se relève tout à coup, les yeux hagards, et recule jusqu'au mur.

— Elle est morte ! crie-t-elle.

Et debout, après ce grand cri, elle contemple sans un mot, sans une larme, cette enfant que son étreinte ne réchauffera plus... Elle reprend :

— Tu vois ! Tu vois !... Elle est morte !

Puis, elle se précipite vers le petit cadavre, essaye de lui rendre, dans un embrassement suprême, le souffle envolé pour jamais.

Et un grand silence, troublé seulement par les sanglots d'Annie agenouillée dans un coin, règne dans cette chambre où vient de s'accomplir l'irréparable.

XXI

ON N'ÉCHAPPE PAS A SON DESTIN

— Oui, je suis à Londres depuis une douzaine de jours. J'ai quitté Paris au reçu de la dépêche qui m'annonçait le malheureux événement et vous comprenez que je n'aie pu trouver, depuis, une minute pour vous venir voir. Il a été enterré hier.

C'est l'abbé Lamargelle qui parle ; et je l'écoute en m'efforçant de dissimuler, derrière l'expression mimée de ma stupéfaction, les sentiments qui m'agitent.

— Il a été enterré hier !

— Hier ; les formalités à remplir, l'enquête du *coroner*... Mais vous ne lisez donc pas les journaux ?

— Très rarement.

— C'est dommage. Vous y auriez vu comment on l'a trouvé sur Waterloo Bridge, la nuit de Noël, ce pauvre Har... Mais vous ne le connaissiez que sous le nom de Paternoster ?

— Seulement.

— Moi, j'étais lié avec lui depuis des années.. Oui, la police l'a découvert sur le pont, un peu après onze heures. Il avait été attaqué par un bandit qui n'avait pas eu le temps, sans doute, de le jeter dans cette Tamise qui charrie tant de cadavres. Il était évanoui, avec une large blessure au front ; l'assassin avait dû lui frapper la tête sur la pierre du parapet. On l'a transporté chez lui, où il a repris connaissance et m'a fait envoyer un télégramme. Je l'ai trouvé bien bas lorsque je suis arrivé, le lendemain ; il a eu la force, pourtant, de faire son testament et de me communiquer ses dernières volontés ; il a aussi refusé de reconnaître comme son agresseur un voyou que la police lui a présenté et qu'on avait arrêté sur le pont, la figure en sang. C'était le coupable, certainement ; mais je suis heureux que la corde lui ait été épargnée… Puis, le délire a saisi Paternoster et son agonie a duré près de trois jours. L'enquête n'a rien révélé, naturellement, et le jury a rendu un verdict ouvert…

— Avait-il de l'argent sur lui ? demandé-je pour dire quelque chose ; a-t-il été volé ?

— Bien entendu, dit l'abbé, il a été volé ; de cinq cents livres, environ. Cette somme vaut-elle la vie d'un homme ? Je ne sais pas. Il faudrait demander ça aux pasteurs des peuples, qui s'y connaissent… Ah ! quelles canailles que les canailles ! Mais qui les fait ? Et puis, canailles… Est-ce que la bourgeoisie, pour arriver au pouvoir et s'y maintenir, a mis en œuvre d'autres procédés que ceux qu'emploient les malfaiteurs ? Et l'Eglise ? Assassinat et vol, vol et assassinat. L'homme qui a tué Paternoster…

— Il ne cherchait peut-être pas à le tuer dis-je.

— C'est bien possible, répond l'abbé ; en tous cas, il ne prêchait certainement point ce respect de la vie humaine que les exploiteurs d'existences prennent pour texte de leurs sermons. Un peu plus de brutalité, un peu moins d'hypocrisie, il vaut ses contemporains, et ils le valent. Nous sommes tous bons à mettre dans le même panier, aujourd'hui, — le panier qu'on capitonne avec de la sciure de bois. — Quel monde ! Ah ! les enfants qui meurent au berceau sont bien heureux…

— Non ! dis-je, ils ne sont pas heureux. Ils sont nés pour vivre ; et pourquoi meurent-ils ! Parce que la misère a tari le lait dans les mamelles de leurs mères, parce que les tourments moraux de leurs pères ont pénétré leur chair d'un germe meurtrier. Heureux ! Mais ils souffrent autant, pour quitter la vie, que les hommes dont ils n'ont point la force, que les gens qui succombent à la veille du succès, au moment où leurs rêves vont se réaliser. Ce sont les seuls êtres à plaindre, les enfants qui meurent au berceau, car ce sont les seules victimes humaines qui ne puissent pas se défendre, lutter contre le bourreau qui les torture. Heureux ? De ne pas connaître les affreuses conditions d'existence que nous sommes assez vils pour accepter ? Est-ce cela ? Il faut croire, alors, que nous en sommes bien honteux, de la vie que nous menons ; et que nous sommes bien lâches, pour ne pas nous en faire une autre ! Mais quel est l'animal, quelle est la bête farouche qui se réjouira de la mort de son petit sous prétexte que les proies sont rares et que la chasse est pénible ? Et elle ne serait ni difficile ni longue, pourtant, la battue à opérer dans cette forêt de Bondy où font ripaille les hyènes du capital ! Et il y aurait du pain et du bonheur pour tous, si l'on voulait !...

— Oui, dit l'abbé ; vous avez raison. Si l'on voulait ! Mais... Ah ! quelle servilité ! Qui donc écrira l'« Histoire de l'esclavage depuis sa suppression » ?... Je crois qu'on a dit quelque part que l'homme avait été tiré du limon ; il n'a point oublié son origine...

— Si, il l'a oubliée, pour son malheur, du jour où il s'est cru une âme et a désappris qu'il avait des instincts.

— *Consensus omnium*, ricane l'abbé. Cet acquiescement général ne devait-il point être le prélude de la concorde universelle ?... « Paix sur la terre, bonne volonté parmi les hommes. » Je pensais à cela, aussi, ce matin de Noël où je me suis mis en route à l'appel de Paternoster.

— Le sort de Paternoster ne m'émeut pas énormément, dis-je — car cette conversation m'énerve et j'enverrais volontiers l'abbé à tous les diables. — S'il mérite d'être mis au rang des saints et des martyrs, demandez sa canonisation.

— Je m'en garderai bien, dit l'abbé ; il aurait ses fidèles avant huit jours, car vous savez qu'on demande à croire, aujourd'hui, et que c'est d'un grand besoin de foi que souffre notre époque... Mais si ce n'était pas un saint, c'était un homme, ce qui est encore plus rare. Vous vous en seriez aperçu avant peu, car il avait des desseins sur vous ; vous lui inspiriez une grande sympathie...

— Cela m'est complètement indifférent.

— Ce qui n'empêche pas le fait d'avoir existé... Il avait des projets qui n'étaient pas sans grandeur, et son assassin...

— Son assassin a bien fait ! Oui, même s'il a tué de parti-pris, même s'il a prémédité son crime. Pourquoi aurait-il pris souci de l'existence de ses semblables, qui n'ont jamais mis d'autre trait d'union entre eux et lui que le sabre du gendarme ? Dans un monde de serfs et de brutes hypocrites, il a agi en franc sauvage. Le coup de couteau du meurtrier répond aux déclamations des Tartufes de la fraternité qui mènent l'humanité à l'abattoir à coups de discipline.

— Il vaudrait mieux que la réplique fût plus générale et moins sanguinaire, dit l'abbé. Mais puisque l'argent est le seul lien qui attache les hommes les uns aux autres ; puisque c'est chacun pour soi et Dieu pour tous... Naturellement, Dieu pour tous ! Sans Dieu, ce ne serait pas chacun pour soi... La bassesse est obligatoire, et le malheur aussi. En haut et en bas, partout. Certes, comme je le disais tout à l'heure, nous nous valons tous ; et notre misère est égale. Et nous, même, nous qui faisons état de mépriser toute règle et de cracher au nez de l'imbécile Société qui nous refuse le bonheur, nous sommes aussi malheureux, au fond, que les forçats courbés sous son joug...

Oui, autant. C'est à se demander si nous n'avons pas, tous, perdu le sentiment du temps où nous vivons. On agit en dehors de soi, sans la compréhension des actes qu'on accomplit, sans la conception de leurs résultats ; le fait n'a plus aucun lien avec l'idée ; on gesticule machinalement sous l'impulsion de la névrose. On semble exister hors de la vie réelle, hors du rêve même — dans le cauchemar. — Je songe à cet homme que j'ai assailli, sur le pont ; à cette enfant qui est morte, avec une telle douleur, dans la chambre, là, à côté ; je songe à la longue semaine que je viens de passer avec cette femme désespérée, qui ne veut pas qu'on la console, qui m'aime, et que je ne peux pas aimer. Oh ! je voudrais l'aimer, pourtant ! L'aimer assez pour ne plus voir qu'elle, ne plus rêver qu'elle, pour oublier toutes les choses dont je ne veux pas me souvenir, toutes les images qui me harcèlent — l'aimer assez pour que je puisse être heureux de son bonheur et qu'elle puisse être heureuse du mien...

Et, longtemps après que l'abbé m'a quitté, je reste seul avec les pensées désolées et confuses qui tremblotent devant mes yeux lassés.

Mais Charlotte, qui est entrée sans que j'aie pu l'entendre, vient poser sa main sur mon épaule.

— Qu'as-tu ? demande-t-elle. Que t'a dit ce prêtre ?
— Rien.
— Comme tu me réponds !... Il y a si longtemps que tu es seul ici, tu as l'air tellement absorbé !...
— Non, il ne m'a rien dit d'intéressant. D'ailleurs, tu le connais et tu sais qu'à part ses anecdoctes et ses plaisanteries de pince-sans-rire...
— Il m'a toujours semblé extraordinaire. C'est un être étrange ; il n'est pas antipathique, mais il fait peur ; et il y a en lui, sûrement, autre chose que ce qu'il laisse paraître. Que fais-tu avec lui ?
— Pas grand'chose. Des cambriolages, de temps en temps.

— Mon Dieu ! s'écrie Charlotte. Est-ce possible !
— Tout est possible. Il est singulier que tu ne t'en sois pas encore aperçue. Les épreuves par lesquelles tu as passé auraient dû t'ouvrir les yeux ; mais tu raisonnes toujours, hélas ! ainsi que tu le faisais autrefois.

Je lève la tête pour regarder Charlotte, en terminant ma phrase, et je rencontre ses yeux fixés sur moi, ses yeux brillant d'un feu intense, éclatant d'une expression d'énergie ardente que je ne leur connais pas. Elle est très pâle et ses lèvres frémissent, comme épouvantées des paroles qu'elles ont à laisser passer.

— Tu te trompes, Georges, je raisonne autrement aujourd'hui. Ou, plutôt, je n'ai jamais eu les pensées que tu m'as supposées. Tu ne m'as pas comprise. Certes, j'ai été et je suis encore effrayée et révoltée du genre d'existence que tu t'es décidé à choisir ; mais la vie qu'on mène ailleurs ne me répugne pas moins et, au fond, m'épouvante autant. Je n'ai jamais fait de différence entre les infamies que la loi autorise et celles qu'elle interdit ; le crime, pour être légal ne cesse point d'être le crime, et je savais que si l'on n'est pas un criminel, aujourd'hui, on est un esclave. Et, depuis que je vis seule, pendant ces mois où j'ai subsisté à la sueur de mon front, j'ai vu à quelle guerre intestine, sournoise et sans quartier, se livrent ces esclaves ; j'ai vu dans quelle horrible confusion, intellectuelle et morale, ils dévorent le morceau de pain qu'ils s'arrachent. Non, la vie ne vaut pas la peine d'être vécue, ni en bas ni en haut, s'il n'existe rien qui puisse en dissimuler les horreurs, en adoucir l'amertume. Voilà ce que je pensais, l'autre jour, après l'enterrement de notre enfant, lorsque j'ai voulu partir et que tu m'as retenue ; voilà ce que je pensais lorsque mon père m'a chassée de chez lui ; ce que je pensais aussi, le même jour, une heure avant, lorsque tu me demandais de te suivre...

Elle s'arrête, vaincue par l'émotion. Mais comme j'ouvre la bouche pour parler, elle me fait signe de me taire et reprend d'une voix véhémente :

— Sais-tu pourquoi j'ai refusé de partir avec toi, ce jour-là? Te l'es-tu jamais demandé, seulement? J'avais peur, c'est vrai; mais je ne suis pas une lâche, et je t'aurais suivi — je t'aurais suivi si tu m'avais aimée..... Non, ne dis rien! Je savais que tu ne m'aimais pas, que tu ne m'aimais pas comme je l'aurais voulu, toujours! Tu ne croyais même pas à mon amour.... Tu m'as dit.... — Oh! tu m'as dit et je m'en souviens comme si tes paroles vibraient encore dans l'air, et c'est navrant, navrant.... — tu m'as dit que je m'étais donnée à toi par pitié! Mais dans quels romans as-tu donc appris la vie, toi qui prétends la connaître? Comment as-tu pu croire qu'une femme saine, intelligente, et qui n'est pas vénale, puisse se livrer à un homme qu'elle n'aime pas?... Vous lui faites jouer un bien grand rôle, à la pitié, vous qui n'en avez pour personne!... Je m'étais donnée à toi parce que je t'aimais, voilà tout.... Ah! je ne le sais pas, pourquoi je t'aimais.... et je t'aurais suivi parce que je t'aimais, sans songer à discuter tes projets et sans rien exiger de toi, si j'avais senti chez toi, pour moi, la moitié de l'amour dont mon cœur était plein. Tu aurais deviné ce que j'éprouvais, ce jour-là, si tu m'avais aimée; ce que je n'osais pas te dire... Mais j'ose, à présent. Oui, je veux être aimée; charnellement, bestialement, si ton amour n'est que l'amour d'une bête, mais complètement; oui, j'ai besoin d'être aimée; oui, j'en ai soif, j'en meurs d'envie. Et je préfère mourir tout à fait et tout de suite, tu m'entends? que de mener une existence dont la seule joie, la seule, ne m'est pas accordée. Oui, je préfère ça....

Elle s'interrompt un instant et continue.

— Pourquoi m'as-tu dit de rester, la semaine dernière, quand je voulais m'en aller? Pourquoi, puisque tu ne m'aimes pas? Penses-tu que je n'aie point eu assez de souffrances, déjà, et veux-tu m'en infliger d'autres? Ne sais-tu pas que c'est intolérable, ce que j'endure? que c'est affreux et insultant, cette affection

dérisoire que tu te fais violence pour me témoigner?...
Et pourquoi ne m'aimes-tu pas, d'abord? s'écrie-t-elle.
Ne suis-je pas belle? Mais tu connais toutes les
femmes qu'on appelle des beautés, à Paris; et je les ai
vues aussi; je n'ai rien à leur envier. Est-ce parce que
je suis pauvre? Mais pour qui le suis-je devenue?
Et tu n'aspires pas, je pense, à la main d'une héri-
tière. Est-ce parceque je suis honnête? Mais je cesse-
rai de l'être, si tu veux; il n'y a pas de crainte que je
ne sois prête à vaincre, je surmonterai tous les dégoûts.
Oui, s'il faut être une prostituée pour être aimée d'un
voleur....

— Tais-toi, tais-toi! lui dis-je en lui fermant la
bouche. Non, je ne t'ai pas aimée comme je l'aurais dû,
Charlotte, mais je n'ai jamais aimé que toi; et je t'aimerai tant, maintenant, que tu me pardonneras tout
le mal que je t'ai fait.

— Ah! dit-elle, si tu m'aimes, est-ce que je me
rappellerai que j'ai souffert?

Nous sommes partis, le soir même, pour le midi
de la France. Nous y avons passé trois mois; trois
mois de bonheur que je ne décrirai pas, certes, en ce
récit où frémit la douleur d'être, où fredonne la bêtise
de l'existence. Ils furent comme une oasis dans un désert labouré par le simoun; et je souhaite, lorsque je
serai couché pour mourir, que ce soit leur souvenir
seul qui passe devant mes yeux avant que l'ange des
ténèbres abaisse leurs paupières d'un coup d'aile.

Nous avons vécu isolés, l'un à l'autre, sans nous
mêler aux fêtes bruyantes, sans jamais entrer dans ces
temples de la joie où l'anxiété humaine cherche à
tromper sa misère. Un jour, pourtant, j'ai voulu conduire Charlotte à Monte-Carlo, qu'elle n'avait jamais
vu. Moi, je le connais, le Casino célèbre. Je lui ai
rendu visite plusieurs fois, au hasard de mes courses;
et, malgré le proverbe qui affirme que ce qui vient de
la flûte retourne au tambour, je dois dire que mon
argent n'a jamais beaucoup vu ses caisses. L'or qui

roule sur ces tables, et que je volerais avec plaisir, je serais presque honteux de le gagner, de le devoir au caprice de la chance.

Je n'éprouve pas du tout, en entrant dans ce château-fort du Jeu, l'impression que ressentit Aladin en pénétrant dans le souterrain fameux. Oh ! non ; ils me font plutôt l'effet, ces salons, d'appartements d'une habitation royale transformés en tripot, pendant l'absence du souverain, par des ministres prévaricateurs. Sous les riches plafonds, entre la splendeur des décorations et des tentures, on dirait des transactions hâtives et inavouables, des affaires louches brassées à la hâte, dans la crainte du retour inopiné du maître. C'est risible et pitoyable. Et c'est toujours le même aspect général, l'inquiétude planant sur les toilettes fraîches, les défroques, les chairs nues et les pierreries, les crânes chauves et les oripeaux — la perplexité maladive tourmentant ces honnêtes gens et ces filous, ces grandes dames et ces putains, ces oiseaux de proie et ces oiseaux de paradis. — Toujours les mêmes physionomies, aussi. Faces pâles, défaites, de jeunes femmes aux yeux dilatés, aux lèvres amincies par l'angoisse ; visages de vieilles aux petits yeux vrillonnants, aux hachures de couperose ; attitudes sévères de personnages convaincus, amis des martingales, dévots de systèmes aussi compliqués que les théories socialistes et qui regardent, d'un œil où continue à briller l'éclair de la foi, leur argent s'écouler suivant la loi d'airain des moyennes. Et puis, chose très comique, les rages violentes et les désespoirs mornes, les figures congestionnées ou couleur de cendre, les cheveux dressés sur les fronts et les bouches entr'ouvertes pour des jurons grotesques, les cravates de travers, les plastrons de chemises cassés par les doigts nerveux. Ah ! les imbéciles !... Allez, allez, vous pouvez jouer. Vous finirez par gagner tous soit avec le noir, soit avec le rouge. Beaucoup de noir et beaucoup de rouge, c'est moi qui vous le dis. Et vos têtes iront rouler — ainsi que la bille qui s'élance maintenant, saute, bondit avec un énervant clic-clac

— sur le zéro fatidique, le zéro que vous laissez de si bon cœur aux autres, ailleurs qu'ici, et qui vous réserve de vilaines surprises, ailleurs qu'ici...

— Je vais risquer quelques sous pour m'amuser, dis-je à Charlotte. Ne veux-tu pas jouer un peu, toi aussi?

— Non, non, répond-elle avec une petite moue de mépris.

Je m'approche d'une table et je place quatre ou cinq louis au hasard... Mon numéro gagne. Je ramasse mon or; mais j'ai à peine eu le temps de prendre la dernière pièce que Charlotte me saisit le bras.

— Viens, viens, me dit-elle d'une voix sourde; allons-nous-en...

Je la regarde et je reste stupéfait. Elle est affreusement blême et ses yeux, agrandis par l'effroi, se fixent désespérément sur les miens, comme pour s'interdire de se porter vers quelque chose qu'ils viennent de voir.

— Q'est-ce que tu as? Te trouves-tu mal?

— Un peu... Viens, je t'en prie...

Elle s'appuie à mon bras pour sortir; et je la sens frissonner, lutter encore contre l'émotion subite qui l'a envahie et dont je ne m'explique pas la cause.

— J'espère que tu te sens mieux à présent, dis-je en traversant les jardins. Veux-tu te reposer ici un instant?

— Non, merci; je suis tout à fait remise, répond-elle en s'efforçant de sourire. Je ne sais ce que j'ai éprouvé, tout d'un coup... J'ai eu comme un éblouissement.

— La chaleur, peut-être...

— Oui, sans doute... et puis, voici déjà trois mois que nous sommes à Nice. J'ai entendu dire que lorsque l'hiver finissait... Si tu voulais, nous partirions... Nous partirions demain.

— Demain? Et où irions-nous? A Londres?

— Oui, à Londres; où il te plaira... Je voudrais aller loin d'ici, très loin...

— Quelle drôle d'idée! Enfin, si tu y tiens...

— Tu ne m'en veux pas? demande-t-elle en se serrant contre moi. Tu aurais peut-être désiré rester encore ici quelque temps, et je suis bien égoïste et bien capricieuse...

— Mais non, petite femme, je ne t'en veux pas; je n'étais content d'être ici que parce que tu y semblais heureuse; et puisque tu as cessé de t'y plaire, il faut nous en aller; voilà tout.

C'est égal, je serais bien aise de savoir ce qui a pu se passer... Oh! rien du tout, probablement. Charlotte est la franchise même et du moment qu'elle ne parle pas... Fantaisie de femme, tout simplement... lubie...

Il y a presque trois mois que nous sommes revenus à Londres, et je n'ai guère passé plus de six semaines avec Charlotte. J'ai été obligé de la quitter à plusieurs reprises. Les affaires!... Elles ne vont pas mal, en ce moment. Nous avons fait trois ou quatre petits coups, Roger-la-Honte et moi, qui n'étaient vraiment pas à dédaigner, et nous en avons encore deux autres, assez jolis, sur la planche. Le premier est pour après-demain, à Orléans, et il faut nous mettre en route ce soir. Eh bien, j'ai peur de partir....

J'ai peur parce que je sens les craintes terribles de Charlotte me gagner et s'emparer de moi irrésistiblement. Son effroi devant l'inconnu finit par me glacer et son épouvante m'énerve. Chaque fois, lorsque j'ai été sur le point d'entreprendre une expédition, une frayeur intense, qu'elle a fait de vains efforts pour maîtriser, l'a saisie et comme affolée. Des convulsions de terreur la bouleversent et les tentatives auxquelles je me livre pour la calmer et la rassurer me fatiguent les nerfs et m'irritent. Et, quand je reviens, ce sont des transports de joie, des emportements de bonheur, dont la violence me révèle toutes les angoisses par lesquelles a passé, pendant mon absence, cette femme qui m'aime et qui tremble de me perdre. Oui, son effarement se communique à moi, me trouble; et aujourd'hui, je sens m'éteindre invinciblement les appréhensions qu'elle éprouve, je sens la peur qui la secoue palpiter en moi et pétrifier ma volonté, peser sur mon esprit d'un poids insupportable. Ah! si elle parlait, au moins! Si elle me disait de rester là, de ne pas partir; si elle prononçait une parole.... Mais elle est muette et ses larmes seules, qu'elle essaye vainement de me cacher, m'apprennent quelles inquiétudes la tenaillent. Tout à l'heure, au moment où je partais, elle a été sur le point de s'évanouir et je n'ai pu réprimer un mouvement de dépit.

— Tu veux donc me faire prendre! me suis-je écrié. Tu le voudrais, en vérité, que tu n'agirais pas autrement. Elles sont contagieuses, tes terreurs folles, et je finis par avoir aussi, ma parole, le pressentiment d'une castastrophe! A force de prévoir le malheur on le fait venir, tu sais. Et si je suis pris tu pourras te dire... Tiens, tu me mettrais en colère, tellement tes frayeurs me crispent et me découragent, tes frayeurs sans raisons et qui me font honte, si tu veux que je te le dise...

Et je suis sorti de la maison, furieux, sans vouloir permettre à Charlotte de m'accompagner à la gare, sans même l'embrasser.

C'est très bête, tout ça. C'est stupide. Je me le répète sur le pont du bateau que j'ai pris à Saint-Malo, tout seul, Roger-la-Honte étant parti pour Bordeaux une fois le coup fait à Orléans. Oui, c'est insensé. Charlotte doit être dévorée d'angoisses depuis ces trois jours que je l'ai quittée en lui reprochant, ainsi qu'une brute, des pressentiments qu'elle n'aurait point si elle ne m'aimait pas. C'est tout naturel que le hors-la-loi, l'homme habitué à voler son existence, ainsi que le cheval dressé à sauter les obstacles, ne ressente aucun émoi devant les actes les plus dangereux; c'est un mithridaté, un halluciné qui ne songe même plus à la possibilité d'un accident funeste. Mais la femme, la femme qui aime, confidente alarmée de projets qui lui semblent monstrueux, a l'intuition du malheur probable, plus empoignante et plus cruelle que la certitude même ; elle est torturée de prévisions terribles. Elle souffre atrocement, tous les sens douloureusement exaspérés, halète devant le spectre des dénouements tragiques.

— Madame se meurt de peur quand vous n'êtes pas là, m'a dit Annie.

Ah ! je me demande pourquoi je lui inflige un supplice pareil, puisqu'elle m'aime, puisque je l'aime aussi, maintenant. L'amour ne court pas les rues, pourtant, et je sacrifierais tout avec joie pour que rien ne puisse me séparer de Charlotte. Et qu'aurais-je à sacrifier, d'abord ? Qu'est-ce donc qui me pousse à fouler continuellement aux pieds toutes les affections, tous les sentiments humains ? On dirait vraiment que je rêve d'assurer le triomphe d'une idée fixe ! Et je n'en ai pas, d'idée. Je n'ai pas même un but. L'argent ? J'en possède assez pour vivre ; et que je l'aie grinchi avec la pince du voleur au lieu de le gagner avec le faux poids du commerce, je suis seul à le savoir. Alors ?... J'ai peut-être vu quelque chose, autrefois ; mais aujourd'hui... Aujourd'hui, je m'aperçois que j'ai à employer d'autres moyens que ceux dont je me sers pour affirmer mon idéal, si j'arrive à l'arracher de la gueule des chimères. D'autres moyens ; et je n'aurai besoin ni de Canonnier ni de Paternoster pour m'aider, quand cela me plaira. J'ai vendu mon droit d'aînesse pour un plat de lentilles ; mais je le reprendrai, à présent que j'ai vidé le plat. Il existe, le droit d'aînesse. Et je me laisse voler, voleur que je suis, et voler par une idée creuse....

Dans deux heures je serai à Southampton, et ce soir à Londres. C'est bon. Je parlerai à Charlotte ; elle ne pleurera pas en m'écoutant, pour sûr. Et nous partirons, et nous irons vivre heureux dans un coin, quelque part, où elle voudra ; et je pourrai peut-être faire quelque chose de beau — oui, oui, de beau — une fois dans ma vie. Pourquoi pas ? Il y a bien des bourgeois qui finissent par le suicide.

Je descends du cab que j'ai pris à Waterloo Station, et je fais résonner de toute ma force le marteau qui pend à ma porte. Annie vient m'ouvrir.

— Bonsoir, Annie. Madame est là-haut ?

— Monsieur... je... Monsieur...

Sa figure s'effare ; elle bégaye.

— Qu'y a-t-il ? crié-je en montant rapidement l'escalier. Charlotte ! Charlotte !

Personne ne répond. J'arrive au premier, j'ouvre violemment les portes. Les pièces sont vides... Annie, qui m'a suivi, me regarde toute tremblante.

— Qu'y a-t-il, vieille folle ? Allez-vous parler, à la fin, nom de Dieu ? Où est Madame ?

— Elle est partie hier, répond Annie en sanglotant... Je lui disais... Je lui disais... Elle a laissé une lettre... cette lettre...

Je déchire l'enveloppe.

« .... Notre vie à tous deux serait un martyre, si je restais. Tu me l'as dit et je le crois, je te deviendrais funeste. Il ne faut pas m'en vouloir, vois-tu ; je ne suis pas assez forte ; je ne puis arriver à dompter mes nerfs, et ma détresse est tellement grande, lorsque je te sens en péril, que je ne puis pas la cacher. Oh ! c'est navrant ! Il est écrit que quelque chose doit toujours nous séparer... J'ai le cœur serré dans la griffe d'une destinée implacable, et c'est un tel déchirement de te quitter pour jamais !... Mais il vaut mieux que je parte. Je te porterais malheur... Tu m'oublieras... Ah ! pourquoi ai-je voulu revenir à Londres ? Pourquoi ont-ils passé si vite, ces trois mois où nous avons connu le bonheur d'être, où tu m'as aimée, ces mois qui furent une grande journée de joie dont le souvenir me supplicie en écrivant ces lignes, dans les affres de mon agonie.... »

XXII

« BONJOUR, MON NEVEU »

— Qu'est-ce que tu me donneras si je t'apporte une nouvelle ? me demande Broussaille qu'Annie vient d'introduire dans la salle à manger, au moment où je vais me mettre à table.
— Tout ce que tu voudras, surtout si ta nouvelle est bonne ; je n'y suis plus habitué, aux bonnes nouvelles... Mais d'abord assieds-toi là ; tu me raconteras ce que tu as à me dire en déjeunant. J'aime beaucoup t'entendre parler la bouche pleine.
— Une passion ? Tu sais, rien ne me surprend plus... Donne-moi à boire ; je meurs de soif. Merci... Eh ! bien, mon petit, j'ai vu ton père !
— Mon père ! Mais il est mort depuis bientôt quinze ans !
— Ah ! dit Broussaille très tranquillement. C'est que je me suis trompée, vois-tu. Ça arrive à tout le monde. Enfin, laisse-moi te raconter... Je viens de passer huit jours à Vichy. J'y serais même restée plus longtemps si ma sœur Eulalie n'avait pas été là ; mais avec ses sermons, ses efforts pour me ramener

au bien, comme elle dit... j'ai mieux aimé m'en aller. Je suis revenue hier soir.... Tu sais que mes parents tiennent un hôtel à Vichy ?

— Oui, ton frère me l'a appris il y a longtemps.

— Ils n'avaient qu'une maison de second ordre, d'abord ; mais leurs affaires ont prospéré, Roger et moi nous les avons aidés un peu, et cette année ils ont pris un établissement superbe, un des plus beaux de Vichy, l'hôtel *Jeanne d'Arc*.

— Ah ! oui, je vois ça ; sur le parc, n'est-ce pas ?

— Justement. Parmi les personnes qui séjournaient chez eux se trouvait un vieux monsieur, d'une soixantaine d'années, environ ; il était arrivé avec une grande cocotte de Paris, Melle... Melle... je ne me souviens plus du nom — qui lui faisait dépenser l'argent à pleines mains. — Comme il s'appelle M. Randal, j'avais pensé....

— Urbain Randal ?

— Oui, c'est ça ; Urbain Randal.

— C'est mon oncle, dis-je ; ah ! il est à Vichy...

— Oui, avec la cocotte en question ; je te prie de croire qu'elle le mène tambour battant et qu'elle s'entend à faire danser ses écus. C'est dommage que je ne me rappelle pas... Mais qu'est-ce que tu as ? Tu fais une mine ! On dirait qu'aux nouvelles que j'apporte tes beaux yeux vont pleurer... Ah ! je sais ! Tu penses à l'héritage. Dame ! mon vieux, tu peux te préparer à le trouver écorné ; elle a de belles dents, la cocotte....

Non, ce n'est pas à l'héritage que je pense. C'est une autre idée qui m'est venue, et qui se cramponne à moi, de plus en plus fortement, depuis que Broussaille m'a quitté. Voilà trois heures qu'elle a commencé à m'assaillir, cette idée, et elle a fini par triompher. Mon parti est pris. Je vais me mettre en route pour Vichy ce soir, empoigner mon oncle demain, et lui tordre le cou... Et il y a longtemps, à vrai dire, que cette pensée de vengeance, qui se formule seulement à présent d'une façon précise, a germé en moi, erre dans mon cerveau, s'éloigne pour reparaître et ne s'obscurcit que pour rayonner d'un éclat plus vif, ainsi qu'un phare couleur de sang.

Depuis trois semaines, au moins, je songe à des représailles, sans oser me l'avouer ; depuis le jour où j'ai trouvé ma maison vide en y rentrant... Ah ! je ne pourrai pas dire quels ont été mon désespoir et ma rage quand j'ai eu la certitude du départ de Charlotte ; et ensuite, après toutes les démarches vaines, toutes les recherches infructueuses, toutes les tentatives sans résultat que j'ai faites pour retrouver sa trace, maintenant qu'il faut perdre toute espérance de la revoir jamais et qu'il faut me résoudre à ignorer son sort, si affreux qu'il ait été — je ne puis pas dire, non plus, quelles amertumes et quelles rancœurs que je croyais mortes ont ressuscité en moi, m'ont envahi et me hantent. — Toutes les angoisses et toutes les colères de ma jeunesse se sont mises à gronder ensemble, comme en révolte contre mon indécision et ma lâcheté. Pourquoi n'ai-je pas levé la main, le jour où j'aurais dû frapper, où je m'étais promis de frapper ? Pourquoi ai-je voulu prendre ma revanche ailleurs, quand elle s'offrait à moi, là ? Si j'avais traité le voleur qui me dépouillait comme je m'étais juré de le faire, si je lui avais donné à choisir, séance tenante, entre sa vie et mon argent, rien de ce qui est arrivé n'aurait existé — et peut-être serait-il plus heureux lui-même, l'odieux coquin, car il aurait restitué, ayant peur, et n'aurait point à traîner sa vieillesse solitaire dans la fange où disparaît son or.

Oui, si j'avais agi, ce jour-là, que de misère eût été évitée, et d'horreurs et d'abjections !... Trop tard ! — le mot des révolutions, faites à moitié, toujours. — Oh ! je m'en souviens, je m'en souviens... je me croyais très fort, de résister à ma fureur, d'écouter les mensonges sans rien dire et de mettre tranquillement ma signature au bas d'un sale papier au lieu d'appliquer ma main sur le visage du misérable... Je regardais s'en aller mon énergie, joyeusement, ainsi qu'on regarde l'eau couler… Il me semble que je me réveille d'une hallucination. Mon cœur se gonfle à éclater, comme autrefois, et les larmes de plomb que j'ai versées, je les verse encore. Projets, rêves, plans ébauchés, abandonnés, repris et rejetés… J'ai fait autre chose que ce que je voulais faire ; j'ai fait beaucoup plus et beaucoup moins. Pourquoi ? Mélange de violence et d'irrésolution, de mélancolie et de brutalité… un homme.

N'importe. Si je n'ai pas eu le courage d'agir autrefois, je l'aurai aujourd'hui ; et bien qu'on dise qu'il y a une destinée qui pèse sur nous et contrôle nos actes, je ne m'inquiète guère de savoir si c'est écrit, ce qui va arriver. Ah ! le vieux gredin ! la brute hypocrite et lâche ! Je vais lui faire voir qu'il existe d'autres lois que celles qui sont inscrites dans son code ; je vais… Non, je n'ai rien à lui faire voir, ni à montrer à d'autres. Les représailles n'ont pas besoin d'explications et il est puéril de rouler ma colère, encore une fois, dans le coton des arguties sociologiques. Aux simagrées des Tartufes de la civilisation, aux contorsions béates des garde-chiourmes du bagne qui s'appelle la Société, un geste d'animal peut seul répondre. Un geste de fauve, terrible et muet, le bond du tigre, pareil à l'essor d'un oiseau tragique, qui semble planer en s'allongeant et s'abat silencieusement sur la proie, les griffes entrant d'un coup dans la vie saignante, le rugissement s'enfonçant avec les crocs en la chair qui pantèle — et qui seule entend le cri de triomphe qui la pénètre et vient ricaner dans son râle. — A crime d'eunuque bavard, vengeance de mâle taciturne. Plus rien à dire, à présent… Je partirai ce soir.

Il est onze heures du matin, environ, quand j'arrive à Vichy. Un train quitte la gare au moment où celui qui m'amène y entre. Je descends rapidement du wagon et je traverse le quai.

— Bonjour, mon neveu !

C'est une femme… — Margot ! c'est Margot ! —

qui m'accueille avec une grande révérence et un gracieux sourire.

— Dis-moi donc bonjour ! Comme tu as l'air étonné de me voir !... Pourtant, mon cher, il n'y a pas deux minutes que tu aurais pu m'appeler « ma tante. »

— Ah ! c'est toi, dis-je comme dans un rêve, c'est toi... Et où est-il, lui ?

— Ton oncle ? Il vient de partir, de me quitter, de m'abandonner ; et je suis comme Calypso. Tu vois que j'ai fait des progrès, hein ?... Oui, il est dans ce train qui s'en va là-bas, l'infidèle. C'est une rupture complète, un divorce. Entre nous, tu sais, je n'en suis pas fâchée. Quel rasoir !... Mais tu as l'air tout désappointé... Ah ! je devine : tu venais lui emprunter de l'argent. N'est-ce pas, que c'est ça ? Embêtant ! Si tu étais arrivé hier, seulement... Enfin, si c'est pressant, et que tu veuilles de moi pour banquier... Entendu, pas ? Tu me diras ce qu'il te faut. Où vas-tu, maintenant ?

— Je ne sais pas, dis-je, encore tout déconcerté de ce départ qui met en désarroi mes projets ; je ne sais pas... Et il est parti subitement ?

— Tout d'un coup ; l'idée lui en est venue hier soir. Du reste, je ne suis pas la première avec qui il ait agi de cette façon ; généralement, au bout d'un mois, quinze jours quelquefois, il a assez d'une femme et la laisse en plan sans rime ni raison. Moi, il m'a gardée depuis février ; cinq mois ! Toutes mes amies en étaient étonnées...

— Et tu ne sais pas où il est allé ?

— Pas du tout. Il m'a dit qu'il partait pour la Suisse, mais ce n'est certainement pas vrai ; il a trop peur que je coure après lui ; en quoi il a grand tort. Beaucoup d'argent, oui, mais ce qu'il est cramponnant !... Non, vois-tu, il est bien difficile de savoir vers quels rivages il a porté ses plumes, ce pigeon voyageur. Toujours par voies et par chemins. Nous l'appelons le Juif-Errant. Il ne se plaît nulle part. Il y a des jours où je me demandais s'il n'était pas fou... Mais toi aussi, mon pauvre ami, tu as l'air toqué, ajoute-t-elle en me regardant. Si tu pouvais voir quelle figure tu fais ! Ça tient peut-être de famille ? Il faudra que je te soigne. Voyons, fais risette... Puisque je t'ai dit de ne pas te tourmenter... Et puis, ne restons pas à nous promener devant la gare ; on nous prendrait pour deux conspirateurs. J'ai ma voiture là. Viens. Je t'enlève.

Je me laisse faire et nous roulons vers la ville.

— Ecoute, dit Margot en frappant des mains. Je devine la vérité. Ton oncle est parti parce que tu l'avais averti de ta visite.

— Ah ! non, par exemple, dis-je en riant ; je ne l'avais pas prévenu.

— C'est qu'il te déteste tant ! reprend Margot. Il faut dire, aussi, que tu lui as joué de vilains tours. Séduire sa fille...

— Comment sais-tu ?... Il t'a dit ?...

— Oh ! rien du tout ; mais ce n'était pas nécessaire. J'ai de bons yeux.

— Je ne te comprends pas.

— C'est vrai, tu ne t'es aperçu de rien, ce soir-là ; mais je pensais que Mlle Charlotte t'avais mis au courant... En tous cas, tu te souviens d'être venu avec elle à Monte-Carlo, vers la fin de l'hiver dernier ?

— Oui. Eh ! bien ?

— Eh ! bien, j'y étais aussi, moi, avec ton oncle ; et si tu ne l'as pas vu, toi, je t'assure que Mlle Charlotte a bien reconnu son père. Elle est devenue pâle comme une morte et n'a pas mis longtemps à t'emmener... Tu ne t'étais jamais douté de la rencontre ? C'est curieux. Moi, je soupçonnais bien quelque chose entre vous car quelque temps auparavant, à Paris, j'avais rencontré...

Je n'écoute plus. Je me rappelle cet épisode de notre existence, à Charlotte et à moi, cet incident auquel j'attachai si peu d'importance alors, et qui a eu une telle influence sur notre vie à tous deux. Je me rappelle mon étonnement lorsque je la trouvai, en me retournant, toute blême et frissonnante, son émotion profonde, son insistance à quitter les salons du Casino. C'était son père qu'elle avait vu !... Son père, qui l'avait chassée bien moins par colère que pour garder l'argent mis en réserve pour sa dot, et qu'elle retrouvait là, honte et dégoût indicibles ! jetant l'or à pleines mains sur le tapis vert, au bras de cette femme de chambre devenue horizontale... Ah ! l'être horrible ! Il faut que je le retrouve, quand le diable y serait !

— Tu sais, continue Margot, il ne s'est livré à aucun commentaire malveillant. Il est resté très calme. Il a joué toute la soirée et a gagné beaucoup. Quand nous sommes partis, seulement, il m'a dit : « Ils m'ont porté chance tous les deux ; c'est la première fois. »

Chance ! Il appelle ça la chance, le misérable ! Et c'est pour ça qu'il m'a volé et qu'il a renié son enfant. Pour ça ! Pour courir les villes d'eaux avec des cocottes, pour placer des billets de banque sous les râteaux des croupiers, sur les tables de nuit des putains ! Pour ça ! Quelle chance ! Quelles joies ! Quels bonheurs ! Cette bourgeoisie... L'exploitation sans merci de toutes les douleurs, de toutes les faiblesses, de toutes les confiances et de toutes les bontés — pour ça... Des fils qui jettent l'argent à l'égout, des filles qui le portent à des gredins titrés et ruinés, des vieillards qui ont menti, triché, pillé toute leur vie pour devenir, à soixante ans, les peltastes du vice...

— Je t'ai fait de la peine en te racontant ça ? demande Margot. Pardonne-moi ; je ne me doutais pas... Tu sais que je ne suis pas méchante...

— Non, dis-je en lui prenant la main, tu n'es pas méchante, Marguerite ; malheureusement, beaucoup de gens ne te ressemblent pas.

— Eh ! bien, ceux-là, il faut les laisser de côté, voilà tout. Moi, je n'agis jamais autrement. Ce ne serait pas la peine d'être au monde s'il fallait toujours se casser la tête à méditer sur les dires de Pierre ou les actions de Paul... Tâche de te remettre au beau fixe d'ici ce soir, n'est-ce pas ? Sans ça, je me fâcherai. Je voudrais bien rester à déjeuner avec toi, mais je ne peux pas. Je suis attendue à Cusset ; je suis très demandée en ce moment... Je reviendrai vers dix ou onze heures. Tiens, voici l'hôtel *Jeanne d'Arc*, où j'habite ; prends-y une chambre ; les propriétaires sont charmants...

— Je le crois. J'ai justement une commission à leur faire. Leurs enfants demeurent à Londres.

— C'est vrai, dit Margot, la fille était ici avant-hier encore, ou il y a trois jours ; une petite blonde très jolie. Elle est modiste, paraît-il. Moi, je crois qu'elle est modiste comme moi ; enfin, c'est son affaire. Et tu la connais, scélérat ?

— Un peu. Son frère est mon associé.

— C'est bien drôle, tout ça ! dit Margot comme la voiture s'arrête devant l'hôtel. Il faudra que j'aille faire un tour à Londres, pour voir. Je crois que tu me trompes indignement, et j'exige que tu me donnes des explications ce soir.

— C'est entendu, dis-je en descendant, tandis qu'un garçon de l'hôtel se précipite vers ma valise. A dix heures moins un quart, je commencerai à préparer un roman à ton intention.

Margot me fait un signe menaçant avec son ombrelle, et la voiture repart au grand trot.

Ils sont réellement charmants, ces propriétaires de l'hôtel *Jeanne d'Arc*. Ils ont été enchantés d'apprendre que je leur apportais des nouvelles de leurs enfants, surtout de Roger qu'ils n'ont pas vu depuis plusieurs mois. Ils m'ont prié d'accepter à déjeuner avec eux, en regrettant vivement que leur fille aînée, Eulalie, eût été invitée chez M. le curé.

— Si elle avait pu prévoir votre arrivée, elle se serait excusée, certainement, dit Mme Voisin ; elle aurait été si heureuse de vous entendre parler de son frère et de sa sœur ! Elle les aime tant !

Peut-être bien. Mais, moi, je ne suis pas fâché de n'avoir point à affronter les sermons de la demoiselle. Après tout, elle aurait pu me convertir ; qui sait ? Pour ce que le Diable me paye ma peau, je ferais aussi bien de la vendre à Dieu.

Pas avant déjeuner, pourtant ! L'abstinence serait peut-être de rigueur, et je meurs de faim. Heureusement, Mᵐᵉ Voisin vient nous arracher, son mari et moi, à un certain vermouth qui creuse énormément l'estomac. A table ! Nous voici à table ! Je dévore ; et les parents de Roger-la-Honte ont le bon esprit de ne point engager sérieusement la conversation avant que mon appétit commence à se calmer ; il semble s'apaiser à l'arrivée de la volaille et la salade le pacifie tout à fait. Quels braves gens, ces époux Voisin ! Et quelle bonne cuisine ils font !

Le père, avec sa face réjouie, encadrée de favoris poivre et sel, à l'air d'un bien digne homme, sans un brin de méchanceté ni d'hypocrisie ; très paternel, surtout. La mère, qui a dû être fort jolie, grasse et ronde, les cheveux tout blancs et le teint rosé, a l'air d'une bien digne femme, affable et franche ; très maternelle, surtout. Je voudrais bien qu'ils fussent mes parents, tous les deux. Oui, je voudrais bien... Ils s'inquiètent de l'existence que nous menons à Londres. Ils s'en inquiètent avec intelligence.

— Mangez-vous bien ? Buvez-vous bien ? Dormez-vous bien ? demande Mᵐᵉ Voisin.

— Oui, Madame ; très bien.

— Avez-vous des distractions suffisantes ? Les divertissements sont tellement nécessaires ! Vous amusez-vous ? demande M. Voisin.

— Oui, Monsieur, beaucoup.

— Allons, tant mieux ! répondent-ils ensemble. Encore un verre de ce vin-là !

Voilà de bons parents !

— Et les affaires marchent-elles à peu près ? demande M. Voisin.

— Oui, Monsieur, pas mal.

— Et vous prenez toujours bien vos précautions ? demande Mᵐᵉ Voisin.

— Oui, Madame, toujours.

— Allons, tant mieux ! répondent-ils ensemble. Encore un verre de ce vin-là !

Voilà de bons parents ! Ils veulent qu'on mange, qu'on boive, qu'on dorme, qu'on s'amuse et qu'on suive librement sa vocation. Si tous les parents leur ressemblaient, la famille ne serait pas ce qu'elle est, pour sûr.

— Voyez-vous, Monsieur, me dit Mme Voisin comme un garçon vient chercher son mari, un instant après qu'on a servi le café, voyez-vous, nous sommes plus heureux que nous ne pourrions dire, depuis... depuis que nous nous sommes résolus à ne plus nous laisser guider par des préceptes qui nous condamnaient à la misère perpétuelle. Tout nous a réussi. Nous ne nous permettons pas, bien entendu, de rire au nez des personnes qui pensent autrement que nous, mais nous continuons notre petit bonhomme de chemin sans attacher aucune importance à ce qui se passe autour de nous. Je ne veux point dire que nous sommes des égoïstes ; non ; mais nous ne prenons pas parti. L'un nous dit blanc ; c'est blanc. L'autre nous dit noir ; c'est noir. Que voulez-vous que ça nous fasse ? Et, tenez, sans aller si loin : Broussaille me raconte comment elle a plumé un pigeon ; je ris avec elle. Eulalie vient me parler des peines et des récompenses d'une vie à venir ; je m'émeus avec elle. Roger m'apprend ce que lui a rapporté sa dernière expédition ; je me réjouis avec lui... Ces chers enfants ! Ils nous donnent tant de satisfactions ! Même Eulalie ; elle prie pour nous. Ça peut servir ; on ne sait jamais... Quant à Broussaille et à Roger, je ne vous cache pas que j'étais dans les transes, les premiers temps. Je lisais le journal, tous les matins, avec une anxiété ! Mais, peu à peu, je m'y suis faite. Chaque métier a ses périls ; et la seule chose importante est de choisir celui qui vous convient le mieux. L'esprit d'aventure existe encore, quoi qu'on en dise ; et tous les hommes ne peuvent pas être chartreux ni toutes les femmes religieuses. Du reste, voyez la nature : certains animaux se nourrissent de chair, d'autres mangent de l'herbe, et d'autres... autre chose. Mon avis est qu'il faut laisser aux aptitudes toute liberté de se développer. Je sais bien qu'il y a des lois. Mais, Monsieur, pourquoi n'y en aurait-il pas ? Le tonnerre existe bien, et les inondations, et les maladies, et toutes sortes de fléaux. Ce sont des maux peut-être nécessaires ; propres, en tous cas, à mettre en relief l'industrie et la variété des ressources de chaque individu. Il faut se faire une raison, et prendre le monde tel qu'il est — pas trop au sérieux. — La seule chose qui m'inquiète, à propos de Broussaille et de Roger, c'est leur santé. Ce qui me fait peur, chez Broussaille, c'est la vivacité de son tempérament. Elle était si impétueuse, si animée, si primesautière étant enfant ! Et je sais par expérience que les natures de femmes existent en germe dans les dispositions de petites filles. Ça use si vite, l'exaltation, dans ces choses-là !... De la verve, du brio, je ne dis pas non ; mais la frénésie... Après tout, je me fais peut-être des idées... Dites-moi la vérité. Je suis sûre que vous savez... Non ? Vous voulez être discret ? Enfin... c'est que ces Anglais sont si brutes, et c'est tellement délicat, une femme ! Mais Broussaille est une petite risque-tout. Jolie, hein ? Dans cinq ou six ans, nous la marierons ; mais pas avant. Ça ne vaut jamais rien, de se marier trop tôt... Quant à Roger, je ne me lasse pas de lui recommander de mettre des gants fourrés en hiver ; il est très sujet aux engelures. Et puis, dans votre profession, on est exposé à se voir poursuivi, à être obligé de courir ; dites-lui, de ma part, de porter toujours de la flanelle ; une fluxion de poitrine est si vite attrapée... A propos, c'est votre parent, ce M. Randal qui est si riche et qui est parti ce matin ? Il m'a semblé vous entendre dire à mon mari que c'est votre oncle ?

— Oui, dis-je. Et c'est un voleur.

— Ah! répond Mme Voisin fort tranquillement; je n'aurais pas cru. Il a plutôt l'allure inquiète des honnêtes gens. Un voleur à l'américaine, peut-être? Il y a tant de genres de vol!... Dites donc, c'est cette dame qu'il a amenée ici, Mlle de Vaucouleurs, qui va regretter son départ! Si vous saviez l'argent qu'elle lui faisait dépenser! Elle doit être désolée...

— Je la consolerai ce soir.

— Vous faites bien de m'avertir, dit Mme Voisin sans s'émouvoir; je vais vous faire changer de chambre et vous en donner une dont la porte ouvre dans le salon de Mlle de Vaucouleurs; ce sera plus commode pour vous deux. Je l'aime beaucoup, cette petite dame; elle est charmante; et puis, je serais bien contente qu'on fût complaisant pour Broussaille, quand elle voyage... Un petit verre de chartreuse? De la verte, n'est-ce-pas?... Je crois, Monsieur, que rien ne peut vous rendre philosophe comme de tenir un hôtel. On entend tout, on voit tout, on apprend tout. On arrive à ne plus faire aucune distinction entre les choses les plus opposées, et l'on devient indifférent au bien comme au mal, au mensonge comme à la vérité, à la vertu comme au vice. Si cette maison pouvait parler! Combien de gens honnêtes qui s'y sont conduits en forbans, combien de filous qui ont été des modèles de droiture! Que de cocottes qui s'y sont comportées en femmes d'honneur, et que de femmes mariées qui ont mis leur vénalité aux enchères! Et que de filous qui ont été des coquins, que d'honnêtes gens qui sont restés intègres, que de cocottes qui furent des courtisanes et que d'épouses qui restèrent pures! C'est encore plus étonnant... Décidément, le monde est semblable aux braises du foyer: on y voit tout ce qu'on rêve. Et le mieux est de rêver le moins possible, car on finit par croire à ses rêves, et ils n'en valent jamais la peine. La vie, voyez-vous, c'est comme une baraque de la foire, devant laquelle se trémoussent des parades burlesques, tandis qu'on joue des drames sanglants à l'intérieur. A quoi bon entrer, pour assister aux souffrances de l'orpheline et souhaiter la mort du traître, quand vous pouvez vous distraire gratis aux bagatelles de la porte ? La tragédie, c'est pour les cerveaux faibles... Bon... voilà que je fais des phrases... Un petit verre de chartreuse ?

Non. Mᵐᵉ Voisin s'échauffe un peu, et je préfère lui laisser le temps de se calmer. Je déclare que je désire faire un tour au parc ; et M. Voisin, que je rencontre dans le vestibule, me souhaite beaucoup de plaisir.

Du plaisir !... Dame ! Pourquoi pas ?... C'est plein de bon sens, ce que vient de me dire cette brave femme. C'est plein de bon sens... Les braises du foyer et la sottise des rêves, la parade de la foire et la tragédie pour les cerveaux mal trempés... Très vrai ! Très vrai !... Je crois que si je rencontrais mon oncle, dans cette allée où je me promène, je ne lui donnerais guère que deux ou trois coups de pied quelque part. Non, je n'irais pas plus loin...

Bien mesquin, ce parc, avec ses pelouses galeuses, ses allées au gravier déplaisant, ses arbres sans majesté. Le Casino là-bas, tout au bout ; le Kiosque à musique, à côté, où grince un discordant orchestre, cerclé de plusieurs rangées d'honnêtes femmes qui semblent empalées sur leurs chaises, tandis que des bataillons de cocottes multicolores tournent derrière leur dos, dans le sentier circulaire, talonnées par les hommes, avec des airs de génisses qui regardent passer des trains...

C'est pas tout ça. Je ne suis pas venu dans ce parc pour faire des descriptions vives — des hypotyposes, s'il vous plaît — mais pour réfléchir. Réfléchissons... Je réfléchis ; et je ne sais pas jusqu'où iraient mes réflexions si je ne me trouvais, tout d'un coup, devant l'abbé Lamargelle. Rencontre bizarre, inattendue, presque providentielle ! Sera-ce la dernière ? Peut-être que non. Mais n'anticipons pas...

L'étonnement et la joie que nous éprouvons l'un

et l'autre étant exprimés d'une façon suffisante, nous nous installons paisiblement à l'ombre, pour causer de nos petites affaires. Nous voyez-vous bien, tous les deux ? Nous sommes là, à gauche de l'allée centrale, assis sur des chaises de fer, au pied d'un gros arbre. C'est moi qui porte ce costume de voyage dont l'élégance et la coupe anglaise indiquent une honnête aisance et des goûts cosmopolites, et qui suis coiffé de ce léger chapeau de feutre, signe incontestable de tendances artistiques et d'exquise insouciance. Je parais avoir vingt-cinq ans, pas plus; je suis rose, blond, vigoureux, gentil à croquer... Oui, je sais : j'ai l'air de me nommer Gaston; mais c'est moi tout de même. Tenez, je suis justement occupé à chasser les cailloux avec ma canne, dans des directions diverses, tout en parlant à l'abbé. Quant à l'abbé, vous l'apercevez aussi, j'espère ; et maintenant que vous l'avez vu, vous n'oublierez jamais sa physionomie. Il est donc bien inutile que je vous fasse son portrait. Vous avez été frappés, j'en suis sûre, par l'expression d'énergie froide empreinte sur son masque bronzé, dans ses profonds yeux noirs, dans ses longs doigts nerveux, sans cesse en mouvement, dont les ongles s'enfoncent dans le bréviaire qu'il tient à la main. Remarquez comme ses narines palpitent, pendant qu'il m'écoute ; on dirait qu'il aspire mes paroles avec son grand nez... Et maintenant, franchement, dites-moi si l'on nous prendrait pour des voleurs. Non, n'est-ce pas ? Je donne l'impression d'un bon jeune homme, un peu trop gâté par sa famille et coupable de fredaines assez vénielles, qui vient de demander à son ancien précepteur de l'ouïr en confession; l'abbé, lui, fait l'effet d'un prêtre autoritaire à la surface, mais libéral au fond, d'un bourru bienfaisant. Et pourtant !... Dieu sait ce que diraient nos consciences, si elles pouvaient parler !

Mais elles auraient tort d'essayer. Leurs voix se perdraient dans le fracas occasionné par l'infernal orchestre, là-bas, qui termine avec rage une effroyable symphonie à la gloire de la Discorde. Il m'avait semblé tout d'abord que le tambour, gravement insulté par un couac de la clarinette, appelait à son aide le cornet à piston ; mais je m'aperçois maintenant que c'est le tambour lui-même qui avait tort et que la flûte, le violon, le trombone, la contrebasse et le cor anglais, après de vains efforts pour rétablir l'harmonie, prennent le parti d'étouffer, sous l'explosion combinée de leurs colères individuelles, les protestations des antagonistes.

— Un peuple qui admet qu'on lui joue de pareille musique est tombé bien bas, dit l'abbé du ton peu convaincu d'une personne qui parle pour parler, tout en songeant à autre chose qu'à ses paroles... Quant à ce que vous venez de m'apprendre, ajoute-t-il, je ne puis vous dire qu'une chose : c'est qu'il est fort heureux que les circonstances vous aient servi comme elles l'ont fait. Comprenez-moi bien : vous auriez trouvé votre oncle ce matin, et vous l'auriez tué comme un chien, que j'aurais approuvé votre acte, tout en le regrettant, pour vous. Mais puisque le sort a voulu qu'il quittât Vichy juste au moment où vous y arriviez, je pense que ce serait de la folie pure que de vous mettre à sa recherche. Oh ! je conçois la vengeance, certes ! Elle est à la base de tous les grands sentiments, sans excepter l'amour. Mais je n'admets son exercice que sous l'impulsion d'une colère qui frappe de cécité morale ; ou bien, de sang-froid, lorsqu'on est assuré de l'impunité. Ce n'est pas un raisonnement de lâche que je vous tiens là ; c'est un raisonnement d'homme. Du moment que vous avez cessé d'être aveuglé par la passion, l'idée abstraite du meurtre pour le meurtre vous abandonne et vous avez devant vous, au lieu d'une entité vague, un être dont vous êtes obligé de juger la vilenie, dont vous savez la bassesse ; et vous êtes forcé de vous rendre compte que la vie de cet être-là ne vaut point la vôtre. Si vous vous obstinez dans votre dessein de représailles à tout prix, c'est une espèce de fausse hont vis-à-vis de vous-même, un entêtement fanatique, seuls, qui vous poussent. Vous vous êtes juré à vous-même de commettre une certaine action, et vous voulez vous tenir parole. Eh! bien, je crois qu'il ne faut se laisser lier par rien, surtout par les serments qu'on se fait à soi-même. Ils coûtent toujours trop cher... Vous me direz qu'il y a une grande faiblesse à reculer devant les conséquences d'un acte qu'on désire accomplir. C'est vrai. Mais, au moins lorsque ces conséquences doivent causer plus de peine que l'acte ne doit produire de joie, je trouve cette faiblesse-là très humaine, très intelligente et même très courageuse. Elle procède de la conscience nette des choses et de la répudiation de l'idéal menteur. Les stoïciens prétendaient que la souffrance n'est point un mal. Les stoïciens étaient de grotesques imbéciles. La souffrance est toujours un mal. Ne pas reculer devant la douleur, soit — et encore! — Mais la rechercher, c'est être fou, si elle ne vous donne pas, pour le moins, son équivalent de plaisir. Ne disaient-ils pas aussi, ces stoïciens, que la force ne peut rien contre le droit? La force ne peut rien contre le droit, sinon l'écraser — sans trêve. — Le droit! Qu'est-il, sans la force? Et qu'est-il, sinon la force — la vraie force? — Vieilleries, tout ça; bêtises... Voyez-vous, l'âge est passé où l'on croyait des témoins « qui se font égorger. » Des témoins qui veulent vivre, ça vaut mieux. Ils finiront peut-être par apprendre aux autres à vouloir vivre, aussi. Et ça suffira.... Vengez-vous pendant que la fureur vous barre le cerveau; ou bien, cherchez l'ombre; ou bien — attendez. — Votre oncle est un scélérat, oui. Il y a longtemps que je lui ai donné mon opinion sur lui; mais.... Je l'ai aperçu ces jours-ci, continue l'abbé en portant un doigt à son front. Paralysie générale ou suicide, avant peu. Attendez.... Pour le moment, ne pensez plus à tout cela, et n'en parlons plus.... Avez-vous l'intention de rester ici quelque temps?

— Je ne sais pas; c'est possible.

— Moi, je suis arrivé il y a une quinzaine de jours, dit l'abbé en saluant coup sur coup trois ou quatre des nombreux ecclésiastiques qui se promènent dans le parc. Je n'ai pas perdu mon temps. Mais il n'y a plus grand'chose à faire et je commence à m'ennuyer. Où êtes-vous descendu ?

— A l'hôtel *Jeanne d'Arc*..

— Excellente idée que vous avez eue là. Vous me fournissez un prétexte plausible pour y transporter mes pénates. Jusqu'ici je logeais à l'hôtel *Saint-Vincent de Paule*, avec la majorité de ces hommes noirs. Question d'affaires, vous comprenez.

— Quelles affaires ?

— Le jeu. Depuis quinze jours, je tiens les cartes quinze heures sur vingt-quatre, en moyenne. Et je vous assure que ce n'est pas une petite occupation, et qu'il faut ouvrir l'œil, avec ces messieurs.

— Ils trichent ?

— Comme le roi de Grèce. Je suis d'une adresse à rendre des points à Robert-Houdin et mon doigté est simplement merveilleux ; eh ! bien, mon cher, c'est avec la plus grande difficulté que j'arrive à gagner. J'y parviens, cependant ; et j'ai fait une assez belle récolte. Au bout de la première semaine on envoyait déjà des télégrammes suppliants aux bonnes dévotes et aux chères pénitentes qui ne se faisaient point prier pour mettre leurs offrandes à la poste. Mais, à présent, elles n'expédient plus que des pots de confitures.

— Vous me donnez là, dis-je, une singulière idée des mœurs du clergé.

— Je vous en donnerais bien d'autres !... Il est difficile, en général, d'imaginer des drôles plus fangeux que ces hommes d'église. Ils sont les dignes pasteurs des âmes contemporaines. Leurs mœurs ! Comment voulez-vous qu'ils en aient ? La morale pétrifiée dont ils sont les gardiens et les docteurs ne saurait faire d'eux que des saints ou des fripons. La moralité peut seulement exister avec la liberté ; elle doit sortir de cette liberté, et s'y greffer, non pas immuable, mais variable, en concordance avec l'état général de culture de l'humanité. Il y a des saints, dans le clergé ; très peu, mais il y en a. Ce sont des monstres, à mon avis. Quant au reste...

— Je serais bien aise de savoir quels sont les sentiments de vos confrères à votre égard ?

— Ils me haïssent ; ils ne me connaissent pas, mais ils me devinent ; ils me sentent, pour mieux dire. Pas un de ceux dont j'ai vidé l'escarcelle, ces jours derniers, qui n'ait rêvé de représailles atroces. Mais ils n'osent pas agir ; ils dévorent leur jalousie et leur rage. Se plaindre ! A qui ? A l'archevêque ? L'archevêque me doit son siège ; et c'est moi qui lui ai rédigé, il y a trois mois, ce fameux mandement qui va lui valoir le chapeau de cardinal. Ah ! ils savent que j'ai l'oreille de monseigneur ! Du reste, ils peuvent aller à Rome, si le cœur leur en dit.

— Vous êtes bien mystérieux, l'abbé.

— Je le serais moins si mes révélations pouvaient vous être utiles ; mais à quoi vous serviraient-elles ? Si pourtant vous êtes curieux de détails biographiques, venez déjeuner avec moi demain matin à l'hôtel *Saint-Vincent de Paul*. Je vous présenterai, de vous à moi, quelques types assez intéressants. C'est entendu ? Le menu ne vous effrayera pas : consommé au rosaire, soles à l'immaculée, tournedos à la vierge, timbale de nouilles saint Joseph, crème terre-sainte et Château-Céleste... Je déménagerai après le café. Réflexion faite, je passerai encore une semaine à Vichy. Après quoi, mon retour à Paris s'impose.

— Une bonne œuvre ?

— Justement. Je m'occupe de la fondation d'un asile pour les filles-mères aux abois. Entreprise patriotique autant que charitable, car vous savez que la France se dépeuple effroyablement et que la seule population qui augmente sans cesse en ce beau pays, c'est celle des prisons. Mes circulaires et mes démarches ont produit le meilleur effet, et l'établissement ouvrira ses portes avant peu, j'espère. La directrice sera Mme Boileau. Vous connaissez, je crois?

— Mme Boileau? Non; pas du tout.

— Mme Ida Boileau, rue Saint-Honoré?

— Quoi! Comment!...

— Mon Dieu! ricane l'abbé, ne faites donc pas l'enfant. Les choses les plus simples vous plongent dans la stupéfaction.

— Vous exagérez. J'ai appris à ne plus guère m'étonner. Ma surprise vient plutôt de vous voir en relations avec...

— Votre entourage?... C'est le hasard qui le veut, apparemment. Tenez, regardez là-bas, dans cette allée, ces deux messieurs et cette dame... Vous les connaissez certainement.

— En effet, dis-je après avoir tourné la tête dans la direction que m'indique l'abbé. Le personnage qui se trouve à droite se nomme Mouratet; c'est un de mes amis, et la dame est sa femme; quant au troisième promeneur, je ne me rappelle pas...

— C'est M. Armand de Bois-Créault, dit l'abbé; il est l'amant de Mme Mouratet et le mari d'une femme charmante qui fut obligée de se séparer de lui.

— La connaissez-vous? demandé-je anxieusement, car j'ai cessé de correspondre avec Hélène depuis plusieurs mois et je ne sais rien d'elle.

— Pas personnellement, répond l'abbé. Elle habite la Belgique et je n'ai jamais eu l'honneur de la voir, bien que j'aille souvent à Bruxelles. Mais j'en ai entendu parler par un banquier belge, un trafiqueur, si vous voulez, qui se nomme Delpich et avec lequel elle fait des affaires. Elle est fort intelligente et très ambitieuse, paraît-il... Au fait, autant vous l'avouer; je connais toute son histoire et je n'ignore pas, non plus, celle de la famille de Bois-Créault.

— Elle est édifiante.

— Mme de Bois-Créault aimait son fils, dit l'abbé en secouant la tête; il est en train de la ruiner et elle l'aime encore. Elle l'aime à mourir pour lui ou à tuer pour lui... Ecoutez: nous sommes tous malades, aujourd'hui ; et quelles que soient les formes qu'affecte cette maladie, la cause en est toujours identique. Nous sommes condamnés par une morale surannée à passer de l'état naturel, directement, à l'état d'imbécillité passive, fonctionnante, et d'humiliation abjecte. Les sentiments instinctifs, naïfs, larges et braves, sont enchaînés par les interdictions légales et les anathèmes religieux. Et ces instincts, refoulés, impuissants à se faire jour normalement, mais qui ne veulent pas mourir dans l'*in-pace* où les claquemure la bêtise, reparaissent, défigurés jusqu'au crime ou déformés jusqu'à l'enfantillage. On parle de l'infamie actuelle ; elle est forcée, cette infamie ; forcée, douloureuse, immense — immense comme la sottise dont elle émane. — D'ailleurs, la folie augmente partout dans des proportions énormes... Vous me direz que le cas de Mme de Bois-Créault est un cas exceptionnel. Je vous répondrai que beaucoup de mères font plus encore, pour leurs fils, que Mme de Bois-Créault. Combien de femmes, surtout dans les campagnes, qui tuent lentement leurs maris afin de faire exempter leurs fils du service militaire ! Que de crimes ignorés a produits ce militarisme à outrance ! La confession nous apprend... Mais vous me comprenez, vous ; et pour ceux qui ne me comprendraient pas, je parlerai, un jour, plus clairement. Je voudrais pourtant dire ceci : quand un accident déplorable met en deuil toute une ville, si un prêtre se permet de déclarer en chaire que la catastrophe est un châtiment du ciel, on ne trouve pas d'invectives assez amères pour l'en accabler. On ne se demande même pas s'il connaissait la vie réelle des victimes, si la confession ne lui avait point révélé ce qu'ignore la foule, et s'il n'avait pas le droit, le droit absolu, de parler de vengeance divine. Remarquez que je n'emploie les mots : châtiment du ciel et vengeance divine que comme une figure...

L'abbé s'interrompt. A vingt pas, sous les arbres, s'avance une jeune femme blonde, très jolie, vêtue de noir. Je ne sais pourquoi, elle me rappelle Broussaille, une Broussaille pleine de dignité. Elle va passer devant nous. L'abbé se lève et salue d'un grand coup de chapeau, fort éloquent. La jeune femme répond d'une inclinaison gracieuse.

— Cette dame est réellement très bien, dis-je.

— Oui, certainement. C'est Mlle Eulalie Voisin, la fille...

— Oh! je sais; mais je n'avais pas l'honneur de la connaître.

— Elle va à la Grande Grille, dit l'abbé comme la sœur de Roger-la-Honte disparaît, au bout du parc, entre le kiosque à musique et le Casino. J'ai fort envie d'y aller aussi; j'ai deux mots...

— Vous lui faites la cour, je parie?

— Je ne vous le dirai pas, répond l'abbé en se levant. D'abord, j'ose à peine me l'avouer à moi-même; puis, les sentiments de l'amour, comme ceux de la religion, perdent leur sincérité dès qu'ils sont exprimés. Au revoir; à demain matin.

Il s'éloigne — juste au moment où s'approchent Mouratet et les deux adultères qui l'accompagnent. — L'adultère femelle pousse un grand cri en m'apercevant, se précipite au-devant de moi, m'accable d'exclamations et d'interrogations; et ce n'est qu'au bout de trois minutes au moins que Mouratet parvient à me serrer la main et à me présenter à l'adultère mâle. Un bellâtre, insignifiant, prétentieux et insipide; un homme dont les moustaches sont partout et le reste nulle part.

Nous avons été dîner à la *Restauration*. Dîner médiocre, mais fort gai. Mouratet est la belle humeur en personne; il est satisfait de tout, trouve l'univers admirable et ses habitants délicieux. La vie n'a que des sourires pour lui. Il n'est pas encore député, c'est vrai; mais simplement en raison de la difficulté qu'éprouve le gouvernement à dénicher l'oiseau rare capable de prendre sa place à la Direction des Douzièmes Provisoires. Les Douzièmes Provisoires demandent à être habilement dirigés ; c'est incontestable. Donc, Mouratet a consenti, par pur patriotisme, à conserver sa situation, quelque temps encore ; jusqu'au printemps prochain. A cette époque, il posera sa candidature dans la Bièvre. Candidature progressiste qui sera soutenue comme il convient par les pouvoirs établis.

— Mon élection est assurée d'avance, dit-il. Et après... Il ne faudra pas t'étonner de voir, d'ici un an ou deux, le portefeuille des Finances sous mon bras.

Je ne m'en étonnerai pas. Oh ! pas du tout. Armand de Bois-Créault aussi affirme que le fait ne le surprendra point ; Mouratet, dit-il, est capable de tout.

C'est fort possible. Il est même capable, je crois, d'être parfaitement au courant de la conduite de sa femme et d'avoir jugé plus intelligent de ne rien dire. J'en mettrais ma main au feu, qu'il sait tout, et qu'il a pris le parti de fermer les yeux. Comment serait-il admissible, sans cela, qu'il fût seul à ne pas voir ce qui est évident pour tout le monde ? Il est vrai qu'il y a des grâces d'état ; mais... Je demanderai des explications à Renée, si l'occasion s'en présente.

Elle se présente immédiatement. Armand de Bois-Créault nous propose, à Mouratet et à moi, une partie de billard. Mouratet accepte, mais je refuse. Je ne joue jamais au billard ; c'est un jeu trop 1830 pour moi. Renée m'approuve et me prie de la mener faire un tour de parc ; ces messieurs viendront nous retrouver quand la chance se sera déclarée définitivement en faveur de l'un deux.

— Eh ! bien, dis-je à Renée une fois que nous avons traversé la sextuple rangée de cocottes attablées devant l'établissement et qui se sont mises à chuchoter à notre passage, eh ! bien, je suis heureux de pouvoir vous féliciter de votre aplomb.

— Les compliments sont toujours bons à prendre, répond-elle ; mais mon aplomb n'a rien de particulier. Ne pas se cacher, c'est le meilleur moyen de ne pas éveiller les soupçons de son mari. Toutes les femmes qui ont un peu d'expérience en savent autant que moi là-dessus.

— Voulez-vous me faire croire que Mouratet ne se doute de rien ?

— Lui ? De rien du tout. Absolument de rien, je vous assure. Vous vous apercevez de ce qui se passe, tout le monde s'en aperçoit, et lui seul continue à ne rien voir.

— Mais s'il ne continuait pas ?

— C'est impossible, répond Renée avec la plus grande assurance. Lorsqu'un homme a confiance dans une femme, ça va loin. Et il a une confiance en moi ! Tenez, le mois dernier, à Paris, il a reçu deux ou trois lettres anonymes ; il me les a montrées en riant et les a déchirées en haussant les épaules... Qui avait écrit ces lettres, je l'ignore.

— Un soupirant évincé.

— Évincé ! Vous voulez rire.

— Mécontent, alors.

— Vous voulez me faire pleurer.

— Une femme jalouse.

— Oh ! s'écrie Renée, comment aurait-elle pu savoir ? D'ailleurs, je n'ai pas connu plus de trois hommes mariés depuis le commencement de l'année. Voyons, ajoute-t-elle en comptant sur ses doigts ; un, deux, trois... quatre... cinq. Non, pas plus de cinq. Ainsi... Armand non compris, bien entendu.

— Il est marié, pourtant.

— Si peu ! Séparé de sa femme au bout d'un mois de mariage. Elle est encore demoiselle, vous savez. D'une pudibonderie à décourager un satyre. Elle a mieux aimé abandonner son mari que de lui accorder la clef des générations, comme disait... Molière. Comprenez-vous des choses pareilles ? Une vestale fin de siècle ! J'ai bien ri quand Armand m'a raconté ça.

— Il y a de quoi. Il vous fait rire beaucoup, Armand ?

— Très peu. A dire vrai, il me met la mort dans

l'âme. Il est si bête ! Encore plus que mon mari. Seulement, qu'est-ce que vous voulez ? — elle allonge son pouce sur son index — ça, ça, toujours ça. Ah ! l'argent !... Il faudra que je vous fasse faire des affaires, cet hiver, pour me remonter une bonne fois. Figurez-vous que je n'ai plus un sou. Armand va recevoir une forte somme de sa mère, dans trois jours ; elle vend deux ou trois fermes qu'ils ont en Normandie ; mais, d'ici là, je suis à sec. Et il faut toujours une chose ou une autre. J'ai le même chapeau sur la tête depuis le commencement de la semaine ; les horizontales se moquent de moi. C'est tout naturel ; vous ne pouvez pas inspirer le respect si vous portez huit jours le même chapeau... Avez-vous deux ou trois cents francs sur vous ?

— Cinq cents seulement, dis-je en consultant mon portefeuille. Voici.

— Bon, dit-elle en glissant le billet de banque dans son corsage ; je vous rendrai ça mardi. Ou, plutôt... donnez-moi votre adresse. J'irai vous dire merci demain matin.

— Je ne peux pas vous donner mon adresse, dis-je en riant. Je demeure chez une personne qui m'a offert l'hospitalité...

— Ecossaise. Oui ; j'aperçois la jupe. Que vous êtes méchant ! On dirait que vous vous plaisez à me faire jouer le rôle de Mme Putiphar... Tant pis pour vous ! Je ne vous rendrai pas votre billet, et vous serez le premier qui n'en aura pas eu pour son argent.

— Il faut un commencement à tout. Dites-moi, petite Renée, elle vous amuse, l'existence que vous menez ?

— Enormément ! je suis faite pour ça, voyez-vous. C'est tellement drôle, de raconter des blagues d'un bout de l'année à l'autre, de n'être jamais ce qu'on paraît, et de se moquer de tout le monde sans avoir l'air de rien ! C'est comme si l'on ne sortait pas du théâtre. On se regarde jouer sa comédie, vous savez, et c'est délicieusement énervant. Des tas de sensations, mon cher ! Je vous expliquerai ça quand vous voudrez ; mais je vous préviens que je ne suis éloquente qu'en chemise. C'est ma robe de professeur. Il faudra vous décider, si vous voulez vous instruire. Vous déciderez-vous ?

— Sans aucun doute.

— Vous aurez raison. En attendant, soyez convaincu que j'éprouve une joie intense à les tromper tous, mon mari avec Armand, Armand avec d'autres — j'ai deux rendez-vous pour demain ; comment faire ? — et à leur tirer des carottes — passez-moi le mot — des carottes à la Vichy.

Mais elle aperçoit son mari et Armand de Bois-Créault qui se dirigent de notre côté, et change subitement de sujet de conversation. Ils nous rejoignent. C'est Mouratet qui a gagné la partie de billard ; le proverbe a encore une fois raison.

— Je reprochais vivement à M. Randal de n'être pas venu à Paris l'hiver dernier, dit Renée. Il m'a promis d'y faire un long séjour au commencement de l'année prochaine. Maintenant, il faut qu'il répète sa promesse devant témoins.

Je promets ; et, comme il est dix heures et demie, je déclare que je suis obligé de me retirer. Je ne veux pas manquer de parole à Marguerite de Vaucouleurs.

XXIII

BARBE-BLEUE ET LE DOMINO NOIR

L'hiver venu, j'ai tenu la solennelle promesse que j'avais faite aux époux Mouratet, à Vichy. J'ai quitté Londres pour Paris avec l'intention de passer quelque temps dans cette capitale du monde civilisé. Ce n'est pas que je sois fou de Paris ; non ; j'y suis né et j'aimerais autant mourir ailleurs. Je n'ai aucun engouement de provincial pour cette ville si vantée et dont le seul monument vraiment beau se trouve à Versailles. Mais le séjour de Londres m'était devenu insupportable, vers la fin de décembre. La saison d'automne avait été morne et, à part deux ou trois expéditions peu fructueuses, je l'avais passée les bras croisés. L'inaction n'est pas mon fait. Elle me pèse. Elle me semblait plus lourde encore avec la hantise de souvenirs qui venaient croasser comme des corbeaux sinistres, à cet anniversaire d'événements dont je voudrais avoir perdu la mémoire.

En vérité, je commence à boire pour oublier, moi qui, jusqu'à présent, n'ai jamais bu que pour boire. Je glisse insensiblement sur la pente de l'inconduite.

J'en suis tout étonné moi-même, car je n'aurais certainement pas cru.... Mais sait-on ce que l'avenir nous réserve ?

Qui aurait pu prévoir, par exemple, que Mouratet deviendrait jaloux ? Personne. Eh ! bien, Mouratet est jaloux, férocement, comme un tigre. Renée, que j'ai été voir à plusieurs reprises, m'avait déjà averti du fait, mais j'avais refusé d'ajouter foi à ses assertions, tellement elles me paraissaient invraisemblables. Elle avait eu beau me dire que son mari la faisait surveiller, rentrait à des heures auxquelles on ne l'attendait pas, venait troubler de son apparition intempestive ses plus innocents *five o'clock*, et exigeait qu'elle lui rendît compte de son moindre mouvement, j'étais resté sceptique. Mouratet jaloux, c'est trop drôle.

Pourtant, rien n'est plus vrai. Mouratet lui-même me l'a avoué la semaine dernière, un matin où je l'avais rencontré par hasard et l'avais emmené déjeuner avec moi. « Tu ne sais pas ce que c'est que la jalousie, m'a-t-il dit d'une voix à fendre l'âme. C'est un tourment indicible et je l'endure depuis deux mois. — Deux mois ! me suis-je écrié. Veux-tu me dire qu'il y a deux mois que tu doutes de la vertu de ta femme ? — Hélas ! oui. Je n'ai pas de preuves, il est vrai.... — Eh ! bien, mon ami, si tu n'as pas de preuves à l'heure qu'il est, tu as complètement tort de te mettre martel en tête. Une femme coupable ne demande pas trois semaines pour se trahir ; l'impunité accroît son audace et... — C'est ce que je me dis tous les jours ; mais.... — Ta, ta, ta ; tu as toujours été défiant. Au collège même, je me rappelle.... — Tu crois ? a demandé Mouratet avec un éclair de joie dans les yeux. — Comment, si je crois ! Tu es la défiance même ! Tu ne t'en aperçois pas, et je ne te l'aurais jamais dit si les circonstances ne m'avaient pas forcé à ouvrir la bouche ; mais vraiment.... — Tu pourrais bien avoir raison. Quand j'y réfléchis, en effet.... Pourtant, j'ai reçu tant de lettres flétrissant la conduite de Renée.... — Des lettres écrites par des femmes jalouses de sa beauté. — Peut-être. Malgré tout, il y a une chose que je ne m'explique pas. Ses dépenses de toilette sont exagérées, certainement ; et je me demande d'où vient l'argent... — Ah ! c'est l'éternelle question ! D'où vient l'argent ! Mais, des économies que sait faire ta femme, mon cher. Elle économise, ta femme. Elle met de côté cent sous par ici et vingt francs par là. Les petits ruisseaux font les grandes rivières ; et lorsqu'elle a besoin d'une certaine somme pour sa modiste ou sa couturière, elle n'a pas à te la demander. Voilà. Moi, je trouve beaucoup de tact et de délicatesse dans cette façon d'agir ; elle épargne ces discussions d'intérêt toujours si mal venues dans un ménage ; elle épargne... Enfin, veux-tu mon avis ? Ta femme est une femme supérieure à tous les points de vue et tu as le plus grand tort de douter d'elle... — Ah ! a soupiré Mouratet, je suis dans une position si délicate, vois-tu ! Je serai député avant deux mois, songes-y. Cela impose des devoirs, de grands devoirs. Un représentant du peuple est là pour donner l'exemple. Il faut que sa maison soit de verre. La femme de César ne doit pas être soupçonnée. — Naturellement, ai-je repris en faisant des efforts désespérés pour étouffer mon rire. Mais encore faut-il que les soupçons soient basés sur quelque chose. N'as-tu pas que des présomptions ? Te méfies-tu de quelqu'un ? — Oui et non. J'avais pensé tout d'abord qu'Armand... Il était sans cesse à la maison ; on l'avait vu avec Renée... Mais je lui ai fait comprendre que ses assiduités étaient poussées trop loin et il est devenu la correction en personne. Depuis deux mois, il n'a vu Renée que devant moi, j'en suis sûr ; quant à elle, elle ne sort presque plus... — Eh ! bien, eh ! bien, tu vois !... Des apparences ! Avais-je raison de te parler de ton caractère ombrageux ? Hein ? Tu n'es pas brouillé avec Armand de Bois-Créault, au moins ? — Pas du tout. Nous sommes les meilleurs amis du monde. Il est même entendu que nous irons ensemble, la semaine prochaine, au bal de l'Opéra. Tu y viendras aussi, j'espère ? Tu sais, nous nous travestissons tous de pied en cap. Que veux-tu ? Ce sont des choses que je n'aime pas beaucoup, mais elles me seront bientôt interdites ; car, lorsqu'on porte l'écharpe de député... Oui. Armand sera en seigneur Louis XIII, Renée en pierrette... elle a refusé de se faire faire un costume plus dispendieux... — Ah ! me suis-je écrié, tu devrais être honteux ! C'est un reproche muet qu'elle t'adresse là, mais il est éloquent. — C'est vrai, a répondu Mouratet, la larme à l'œil ; et j'ai commis une autre sottise... Figure-toi... Non, c'est trop bête ! Figure-toi que, moi, je serai déguisé en Barbe-Bleue. » Cette fois, j'ai ri sans me gêner, et de bon cœur. Mouratet en Barbe-Bleue ? Oh ! c'est à se rouler... « Je vois bien que c'est ridicule, a-t-il continué d'une voix piteuse ; mais le costume est commandé, en cours d'exécution... Alors, c'est entendu. Nous comptons sur toi ; viens nous prendre mardi soir. » Et il m'a quitté, l'air joyeux et penaud en même temps, joyeux des excellentes consolations que je lui ai données, penaud de m'avoir fait la confidence de sa jalousie sans motifs. Ah ! triste et stupide idiot...

— Monsieur et Madame ne sont pas encore prêts, me dit le domestique qui m'introduit, le mardi, vers onze heures du soir, dans le salon du boulevard Malesherbes.

C'est bon. Je prends un journal sur une table ; mais j'ai à peine eu le temps de le déplier qu'une porte s'entr'ouvre, s'ouvre tout à fait, et que Renée, en costume de pierrette moins le chapeau blanc, s'élance vers moi.

— Vite ! Vite ! dit-elle, écoutez-moi. Voulez-vous me rendre deux grands services ?

— Cent, mille, tant que vous voudrez.

— Merci. Eh ! bien, d'abord, il faut vous arranger, ce soir, à éloigner de moi mon mari pendant une demi-heure. Vous voyez ça ? Qu'il n'ait pas envie d'aller regarder où je suis. Je vais vous le dire où je serai. Je serai dans une loge — vous savez ? au fond — avec Armand. Oui, depuis deux mois, c'est à peine s'il a pu me dire qu'il m'aime plus de cinq ou six fois ; et ce soir, c'est sérieux, il a un joli cadeau à me faire. Il a été fort gêné, ces temps-ci, mais sa mère vient d'hypothéquer son hôtel... Je vous raconte tout ça afin de vous faire voir comme c'est grave. Voilà. Il faut que vous écartiez mon mari pendant une demi-heure. Pourrez-vous ?

— Certainement. Comptez sur moi. Mais ça, c'est le premier service. Et le second ?

— Le second... Il faut que vous m'enleviez demain.

— Hein ?

— Oui. L'existence que je mène n'est pas tenable. Si vous croyez que je n'en ai pas assez, d'une vie pareille ! Questionnée, tourmentée, espionnée, pas une minute de liberté ! Et tout ça, je vous demande pourquoi ! Parce que Monsieur a reçu des lettres anonymes. On n'en envoie qu'aux imbéciles, des lettres anonymes ! Je le lui dirai ce soir, pour sûr... Alors, vous voulez bien ?

— Mais, dis-je en me laissant tomber sur une chaise, je ne sais vraiment pas. En principe, l'enlèvement me sourit assez ; mais je dois avouer qu'en pratique...

En pratique, non, il ne me sourit pas du tout. Ce ne sont pas les scrupules qui me gênent, bien entendu. Les scrupules et moi, ça fait deux. Mais, si légère qu'elle soit, cette petite femme, elle pèsera d'un rude poids sur mes épaules. Qu'en ferai-je, mon Dieu ! D'autant plus qu'avec une écervelée pareille, on est à la merci d'une étourderie ; et il faut le jouer serré, le jeu que je joue... Renée me regarde d'un air consterné.

— Vous ne voulez pas ? Ce n'est pourtant pas bien difficile, ce que je vous demande. Arracher une femme au foyer conjugal, en voilà une belle affaire ! Ça se fait tous les jours et cent fois par jour, rien qu'à Paris. Vrai, je n'aurais pas cru...

Elle saute sur mes genoux, me passe un bras autour du cou.

— Voyons, gros bête ! Puisque je vous dis que ça ne peut pas durer comme ça et qu'il faut que je m'en aille demain car j'aurai de l'argent ce soir. Si je pouvais partir toute seule... Mais je ne connais rien aux trains, aux bateaux, à tout ça... Je me perdrais. Et puis... Ah ! mais, j'y suis, à présent ! Ce n'est pas du tout un collage que je vous propose, vous savez. C'est ça que vous craigniez, pas ? N'ayez pas peur. J'en ai assez, des liens sacrés, et profanes, et de tous les liens. Non. Vous ferez de moi tout ce que vous voudrez ; vous me garderez un jour, ou un mois, ou pas du tout, comme il vous plaira. Une fois que vous m'aurez sortie d'ici, je saurai bien me tirer d'affaires.

Pas très sûr. Ce n'est point un métier commode, le métier d'aventurière. Mais on verra. En tous cas, la situation change.

— Je croyais, dis-je, que vous ne parliez pas sérieusement ; mais puisqu'il en est autrement, disposez de moi. Deux mots seulement. Vous voulez emporter vos toilettes ?

— Pas toutes. Sept ou huit malles, tout au plus.

— Faites-les envoyer demain à Londres, à mon adresse. Et quant à vous, soyez chez moi vers quatre heures, et ne vous inquiétez de rien.

— A la bonne heure, dit Renée. Vous êtes gentil comme tout. Tiens ! embrasse-moi ; il y a longtemps que j'en ai envie...

Mais elle se redresse, tend l'oreille ; une porte vient de s'ouvrir, au fond de l'appartement.

— Voilà Barbe-Bleue, dit-elle. Anne, ma sœur Anne...

Elle saute sur ses pieds, pirouette, fait un geste de voyou, et s'en va à grandes enjambées, les bras en l'air.

Mouratet, une seconde après, entre dans le salon ; et je ne puis retenir un cri à son aspect. Il est ignoble. Ah ! cette défroque de criminel — et de quel criminel — portée par ce bourgeois ! Ce n'est pas ridicule, non ; mais c'est tellement horrible que c'est inexprimable. Aucune description d'artiste, aucune enluminure d'Epinal, si grandiose que l'ait faite la plume, si atroce que l'ait plaquée la machine, ne pourraient donner l'idée du Barbe-Bleue que j'ai devant moi. C'est quelque chose d'inouï. C'est la bassesse entière de toute une espèce vile sous la dépouille terrible de toute une race cruelle. On a un peu l'impression d'une peau de tigre, comme peinte et fardée pour l'orgie sauvage, jetée sur la croupe fuyante d'une hyène s'évadant d'un charnier ; mais on a surtout la sensation d'instincts affreux, impénétrables d'ordinaire et transparaissant tout à coup, par dépit, sous ce déguisement qu'ils dédaignent et dont ils crèvent la cruauté incomplète de l'absolu de leur barbarie. C'est Barbe-Bleue ; mais ce n'est Barbe-Bleue que parce que c'est Mouratet.

— Eh ! eh ! s'écrie le directeur des Douzièmes Provisoires, ravi de l'effet que produit sur moi son travestissement, on dirait que tu me trouves réussi.

— Tout à fait, dis-je. Réellement, tu es effroyable.

— Le fait est que ce n'est pas mal, dit-il en se regardant dans une glace. Pas mal du tout... Je t'ai fait attendre...

— J'en ai profité pour lire un article qui traite du projet de loi sur les retraites ouvrières, que la Chambre va discuter.

— Elle ne le votera pas, dit Mouratet. Des retraites aux ouvriers ! Qu'on en accorde aux militaires, aux fonctionnaires, c'est tout naturel ; ils font la grandeur de la France. Mais aux ouvriers !... Où irait-on ?

C'est vrai. Où irait-on ?... Ah ! animal ! Je ne regretterai pas le tour que j'aiderai demain ta femme...

Elle entre justement, coiffée de son chapeau pointu, vive et jolie au possible.

— Comment me trouves-tu ? demande Mouratet.

— De face, ça va bien ; voyons de dos.

Mouratet se tourne et Renée lui fait un grand pied de nez.

— C'est encore mieux.

Armand de Bois-Créault arrive. D'un Louis XIII irréprochable. Nous partons.

Canaille, ce bal. Triste aussi, malgré toutes les exubérances, la musique, les serpentins et les confetti. Des femmes en dominos — blanc partout en toutes les nuances — ; des hommes en habit, comme moi ; s'embêtant, comme moi ; et venus là sans savoir pourquoi, comme moi. Les travestis ; glacés du satin, clinquant des paillettes, mensonges des dentelles, Malines, pierreries et cailloux du Rhin, bijoux de prix et costumes somptueux ; on ne sait pas bien. Pourquoi ces gens-là se déguisent-ils ? Par nécessité ? Pas tous. Le besoin de prendre une attitude vis-à-vis des autres et surtout vis-à-vis de soi, de se paraître naturel à soi-même. Ils n'ont point de personnalité et cherchent à s'en faire une, pour un soir. Et celle qu'ils arrivent à se créer, c'est la leur propre qu'ils retrouvent, si l'on sait voir. Pour mon compte, je n'ai jamais éprouvé de surprise à voir un être se démasquer. C'est toujours le visage que je m'attendais à trouver sous le masque qui m'est apparu. Du reste, tel masque, posé sur telle figure, n'a pas du tout le même aspect que s'il en recouvre une autre. Le masque ne dissimule pas, il trahit. Une chose étonnante, c'est la tendance aristocratique des travestissements ; princes, princesses, seigneurs et marquises. On ne se croirait guère en pays démocratique ; ou plutôt... Cette dernière remarque était bonne à faire — d'autant plus que ce n'est que l'avant-dernière. — Voici la constatation finale : dans cette foule de courtisans, pages, écuyers, barons et chambellans, pas un roi, pas un personnage portant le diadème, tenant le sceptre à la main. Personne ne veut régner. Tout le monde veut être de la cour. On voit ça ailleurs qu'ici.

Mouratet fait sensation. Dans un couloir, une

bande sympathique l'entoure, lui demande des nouvelles de ses femmes. Il répond malaisément. Renée, qui s'est éloignée insensiblement, me fait un signe et disparaît. Je donne à la bande sympathique les réponses que ne trouve pas Mouratet et je m'arrange de telle façon qu'elle nous barre le passage pendant cinq minutes.

— Viens par ici, dis-je à Mouratet quand nous parvenons à nous dégager. Il faut que je te fasse faire la connaissance d'une petite femme extraordinaire. Tu ne regretteras pas ton temps ; tu vas voir.

Et nous nous mettons à la recherche de la femme extraordinaire, qui n'existe que dans mon imagination, naturellement.

— C'est curieux, dis-je ; elle était là il n'y a qu'un instant ; elle a dû tourner à gauche... Non ; alors, c'est à droite... Ah! la voici.

C'est une femme. Mais est-ce une femme extraordinaire ? J'engage la conversation, pour voir. Non, c'est une dinde.

— Si vous voulez faire une bonne affaire, lui dis-je à l'oreille, dites à mon ami qu'il vous a fait peur. Répétez-le lui sans trêve.

— Ah! monsieur Barbe-Bleue, s'écrie la Dinde, que vous m'avez fait peur!

Mouratet est enchanté. Ils sont tout de suite très camarades, la Dinde et lui. J'ai eu la main heureuse. Si j'étais tombé sur une femme extraordinaire... Il y a près d'un quart d'heure que Renée s'est éclipsée ; allons, ça va bien. La Dinde se déclare altérée. Admirable! Nous la conduisons au buffet et je la désaltère de mon mieux. Le champagne lui délie la langue ; Mouratet s'intéresse beaucoup à sa conversation.

— Ah! monsieur Barbe-Bleue, s'écrie-t-elle, que vous m'avez fait peur! Quand je vous ai vu...

La Dinde laisse tomber son éventail. Je me baisse pour le ramasser. Lorsque je relève la tête, je m'aperçois qu'une femme en domino noir s'est approchée de Mouratet, lui parle à l'oreille. Le domino noir s'en va. Mouratet, l'air ahuri, la bouche ouverte, s'est renversé sur le dossier de sa chaise, les bras ballants.

— Es-tu malade ? demandé-je. Que t'a dit cette femme ?

— Rien, rien, répond-il en se levant. Attends-moi une minute ; je reviens.

Il s'éloigne, suivant le chemin que vient de prendre le domino noir.

— Ah ! dit la Dinde, ce n'est pas grand'chose, allez ; une farce, sans doute ; un bateau qu'on lui monte. On raconte tant de blagues, ici !...

C'est certain ; mais... je voudrais bien savoir ce que fait Mouratet, tout de même. Je prends le parti d'abandonner la Dinde à ses réflexions et de sortir. J'ai à peine fait trois pas dans le couloir que le bruit étouffé d'une double détonation parvient à mes oreilles. Je me précipite.

Mais des gardes municipaux, plus prompts que moi, se sont élancés, ont ouvert la porte d'une loge, ont empoigné Mouratet. Par la porte entr'ouverte, j'ai le temps d'apercevoir deux corps étendus, un corps d'homme, un corps de femme vêtue de blanc, avec une tache rouge sur la poitrine. Deux gardes entraînent Mouratet qui chancelle, l'enlèvent en toute hâte, à bout de bras. Un autre se met en faction devant la porte de la loge qu'il vient de refermer.

— Circulez, Messieurs, nous dit-il à moi et à quelques autres curieux ; n'attirez pas la foule.

Deux messieurs arrivent, le commissaire et le médecin de service. Ils pénètrent dans la loge, et en sortent trois minutes après.

— Ce n'est absolument rien, dit le commissaire aux badauds ; un imbécile s'est amusé à faire partir des pétards et deux dames se sont trouvées mal.

Je m'approche du docteur et l'interrroge en lui donnant les raisons de ma curiosité.

— Ils sont morts tous les deux, dit-il tout bas ; l'homme vient de rendre le dernier soupir et la femme a été tuée sur le coup ; atteinte en plein cœur. Vengeance de mari trompé, n'est-ce pas ? Ah ! les cocus assassins, Monsieur !... Tenez, on enlève les cadavres, ajoute-t-il en me montrant des employés du théâtre qui emportent prestement les corps, enveloppés de toiles, par un escalier dérobé. Voyez, c'est fait. Le public ne s'est pour ainsi dire aperçu de rien. Regardez ces gens qui rient et qui plaisantent, là, à côté de nous. C'est la vie. La comédie laisse à peine au drame le temps de se dénouer. Voulez-vous venir avec moi ? Vous pourrez voir les cadavres et parler au prisonnier.

— Je vous remercie, docteur ; j'irai dans un instant.

Réflexion faite, je n'irai pas du tout. A quoi bon, maintenant que le crime est accompli ? maintenant qu'elle gît sur la table des policiers en attendant la dalle de l'amphithéâtre, cette petite Renée, folle et dépravée comme son époque, mais d'une si vivante inconscience. Oh ! pauvre petit oiseau !... Et cet âne, cet imbécile qui l'a tuée, qui s'est arrogé le droit d'infliger la peine de mort pour un délit que le code lui-même ne punit, au maximum, que de six mois de prison ! Ce misérable qui devait tout à cette femme, sa situation et son bien-être, et les satisfactions de sa vanité grotesque, et même la considération dont il jouissait. Et il ne voulait pas payer, pour tout cela ; il ne voulait pas être cocu. Oh ! oh ! oh ! Il ne voulait pas être cocu ! Et les jurés qui l'acquitteront ne veulent pas, non plus, être cocus ; ni les répugnants spectateurs de la Cour d'assises qui applaudiront au verdict et attendront l'assassin pour le porter en triomphe. Ils tiennent à avoir la propriété de leurs femmes, ces gens-là, avec droit de vie et de mort sur elles ; et ils déclarent, à la barbe des législateurs, qu'il n'y a encore que les coups de pistolet pour maintenir l'institution du mariage... Ils ont raison, les chourineurs !

Je me dirige vers le grand escalier ; mais, comme je passe auprès d'un groupe d'habits noirs, quelques paroles attirent mon attention. J'écoute, sans en avoir l'air.

— Oui, dit un jeune homme, c'est Armand de Bois-Créault qui vient d'être tué.

— C'est ce qui pouvait lui arriver de mieux, répond un autre. Il avait fait des faux... Mais, certainement : des faux ; il y a deux mois environ, au moment où sa famille ne lui fournissait pas les fonds qu'il lui fallait. Vous ne saviez pas ? Alors, il n'y a que vous... Il aurait été poursuivi, malgré le remboursement qu'il offrait, et déshonoré avant la fin de la semaine.

Je descends l'escalier. Déshonoré ! Il aurait été déshonoré... Tout d'un coup, la confusion de faits inexplicables se débrouille, je trouve la clef de choses que je ne pénétrais pas. Ce domino noir — ce domino noir qui est venu chercher Mouratet et lui a mis le revolver à la main — ce domino noir, c'est Hélène... Oui, j'en suis sûr ! C'est Hélène !... Hélène qui redoutait la flétrissure dont un scandale fangeux allait marquer ce nom de Bois-Créault qu'elle a conquis et veut garder sans tache visible, Hélène qui a pu du même coup satisfaire sa vengeance et saisir sa liberté entière — et qui défend l'Honneur du Nom...

Ah ! misère !... Stupidité tragique !...

Je suis sorti du théâtre et je vais en descendre les marches. La nuit est froide. Le ciel, pur et très haut, semble une voûte d'acier sombre, où sont enchâssées des pierreries... Je me souviens de la conversation que nous avons eue, Roger-la-Honte et moi, au sujet des étoiles, la nuit où nous avons volé l'industriel, en Belgique. Oui, si d'autres astres sont habités, les êtres qui y vivent voient rayonner notre planète, notre planète si infâme, si hideuse et si noire — ils la voient rayonner de l'éclat des diamants purs.

XXIV

ON DIRA POURQUOI...

J'aime autant l'avouer : je n'ai pas été à l'enterrement de Renée et je n'ai point visité Mouratet dans sa prison. Je n'ai pas été à l'enterrement de Renée parce que cela n'aurait servi à rien, et je n'ai pas visité Mouratet parce que Mouratet me dégoûte et que son infortune actuelle ne me touche en aucune façon. Je ne suis pas sentimental. C'est un défaut ; mais qui n'en a pas ?

Cependant, je ne me dissimule point que de grands ennuis m'attendent. On sait que je fréquentais les époux Mouratet, que je les ai accompagnés au bal de l'Opéra, que je me trouvais avec le mari tandis que la femme s'oubliait, dans une loge, en une conversation criminelle. Je vais être appelé incessamment, en qualité de témoin, devant le juge d'instruction. Perspective désagréable. Je n'ai pas de préjugés contre les juges d'instruction, ou presque pas, mais je ne tiens nullement à entrer en relations avec eux. Ce sont des gens curieux par métier et soupçonneux par habitude, qui posent des questions parfois embarrassantes et ne se contentent pas toujours des réponses qu'on veut leur faire. Je préférerais, si c'était possible, ne point donner à la Justice l'occasion de contempler mon visage et, peut-être, de mettre le nez dans mes affaires. Quitter Paris sans rien dire ? C'est dangereux, car ça paraîtrait peu naturel. Alors ?...

Je trouve un moyen. Je m'en vais d'un pas léger chez Marguerite de Vaucouleurs, car je sais que Margot a repris pied dans la politique et que Courbassol, rappelé la semaine dernière au ministère, n'a de nouveau rien à lui refuser. J'explique les choses à Margot ; je lui fais sentir quel noir chagrin j'éprouverais à me voir obligé de parler, en Cour d'assises, soit contre une femme que j'ai respectée jusqu'au dernier moment, soit contre un homme que je continue à estimer. Mon langage est pathétique, car, si je ne suis pas sentimental, je sais faire du sentiment quand il le faut, et même très bien. Margot m'écoute en pleurant ; et, lorsque je lui ai expliqué ce que j'attends d'elle, elle me promet de s'occuper de mon affaire dès la nuit prochaine. Là-dessus, je rentre chez moi tout guilleret.

Le lendemain, je reçois un billet de Margot qui m'annonce que les choses vont pour le mieux. Le surlendemain, un garde à cheval m'apporte une lettre qui me demande au ministère. Je pénètre dans ce monument à l'heure indiquée, j'ai une conversation de vingt minutes avec un monsieur qui me complimente fort sur mes articles à la « Revue » de Montareuil, et m'annonce que je suis chargé d'une mission par le gouvernement. On a passé, en ma faveur, sur certaines formalités. Je dois aller inspecter et étudier les établissements pénitentiaires de la Dalmatie, faire un rapport ; et je reçois pour ma peine une somme de dix mille francs. Ce n'est pas énorme ; mais ça vaut mieux que rien.

Le gouvernement m'ayant confié une mission aussi importante, je suis obligé de partir immédiatement. J'envoie donc au juge d'instruction, dont je trouve chez moi une lettre de convocation à son cabinet, ma déposition écrite ; cette déposition se borne à affirmer que je ne sais rien et que je n'ai rien vu. Après quoi, je prends le train, non pas pour la Dalmatie, mais pour Bruxelles.

Beaucoup de gens, à ma place, resteraient à Paris et fabriqueraient leur rapport, ainsi que cela se fait de temps immémorial, à la Bibliothèque. Mais, moi, je suis consciencieux ; je me trouve dans une position spéciale ; tout le monde l'ignore, mais je ne me le dissimule pas. C'est pourquoi je me mets en route pour la capitale du Brabant.

A Bruxelles, je parcours les établissements que hantent les criminels honteux, les déserteurs ; voleurs occasionnels, escrocs de hasard, caissiers déloyaux, pauvres gens qui vivent dans des transes perpétuelles, qui souffrent tellement que c'est un soulagement pour eux que d'être arrêtés, et qui sont parfaitement convaincus, une fois pris, que leurs angoisses ont déjà expié leurs crimes. Peut-être n'ont-ils pas tort... Je finis par trouver, parmi eux, l'homme qu'il me faut. C'est un insoumis. Il a quitté la France pour échapper au service militaire, effrayé par cette discipline terrible qui est la force principale de l'armée, dont il n'ignore point les excès (1), et qu'il n'aurait pu supporter, à son avis. Car il se croit une très mauvaise tête. En réalité, c'est un mouton. Il m'avoue qu'il est bachelier et qu'il vit assez misérablement.

— Vous auriez mieux fait d'aller au régiment, lui dis-je. La vie de caserne devient de jour en jour plus attrayante ; et quant à la guerre future... Avez-vous entendu parler des fours crématoires roulants, qu'on allumera pendant que les armées se rangeront en bataille et qui seront prêts à fonctionner aux premiers coups de canon ? Quel progrès !... Enfin, chacun son idée. Si vous ne voulez pas être soldat, je n'y puis rien... Maintenant, voici ce que j'ai à vous proposer...

---

(1) Voir BIRIBI, *Armée d'Afrique*.

L'insoumis m'a écouté attentivement, et accepte mes offres avec joie. Il me fera un beau rapport sur les prisons de Dalmatie, un beau rapport dont il copiera les différentes parties à droite et à gauche, dans des livres. Les livres ne manquent pas. Il écrira cinq cents grandes pages, c'est entendu, quitte à répéter dix ou douze fois les mêmes choses. Ça ne fait rien du tout. Je reviendrai chercher le rapport dans quatre mois, si je suis encore de ce monde, et j'enverrai mensuellement trois cents francs à l'insoumis. Je fais encore un joli bénéfice. Mais l'argent des contribuables français, c'est bon à garder.

Me voici donc tranquille et je puis partir pour Londres. — Déjà ? Certainement. Il m'est venu une idée, idée extraordinaire, bizarre si vous voulez, mais que je veux mettre à exécution tout de suite. Je me suis mis en tête d'écrire mes mémoires.

Les raisons qui me poussent sont pures. Je sais que le commerce, dans ses grandes lignes, tend à reprendre sa forme première : l'échange. Tous les économistes sont d'accord là-dessus. Donc, si après avoir fait pleurer mes contemporains je parviens à les amuser, j'aurai agi en commerçant opérant sur de grandes lignes, et je ne leur devrai plus rien. D'autre part, je ne serai pas fâché de montrer, une bonne fois, ce que c'est qu'un voleur. On se fait généralement une fausse idée du criminel. Les écrivains l'ont idéalisé afin, je crois, de décourager les honnêtes gens. Mais le temps des légendes est passé. Ce qu'il faut aujourd'hui, c'est la vérité sans voiles.

Je n'éprouve aucune honte, ni aucune fierté, à raconter ce que j'ai fait. Je suis un voleur, c'est vrai. Mais j'ai assez de philosophie pour me rendre compte de la signification des mots et pour ne leur attribuer que l'importance qu'ils méritent. Dans l'état naturel, le voleur, c'est celui qui a du superflu, le riche. « Dans l'état social actuel, le voleur c'est celui qui rançonne le riche. Quel bouleversement d'idées ! » ainsi qu'on l'a dit avant moi. Mais qu'importe ? L'erreur n'a qu'un temps...

Au fond, je mets simplement en jeu, moi, fils et neveu de bourgeois, par des actes franchement caractérisés, des aptitudes que j'ai reçues de mes parents et qu'ils développaient sournoisement, dans leur genre d'existence timide, par des actes fort rapprochés des miens. Quelles étaient ces aptitudes, innées, chez eux et chez moi, avant qu'elles eussent été modifiées, transformées, faussées, sous l'influence du milieu présent? Mystère. Mais c'étaient peut-être de belles aptitudes. Quels actes, si le monde n'était pas ce qu'il est de par la puissance de la routine lâche, auraient produits ces aptitudes? Mystère. Mais peut-être des actes très nobles. J'ai répété, avec quelques variantes, les actes de mes parents parce que les conditions de milieu dans lesquelles nous avons eu à vivre, eux et moi, ont été à peu près les mêmes. Hypocrites ou brutales, légales ou illicites, bienfaisantes ou nuisibles, les actions humaines, permises par les aptitudes, sont déterminées par les milieux. Le ruisseau qui s'échappe, limpide, de la source, et se teinte sur son chemin de la couleur des terres dans lesquelles se creuse son lit, de la nuance des plantes et des herbes qui en tapissent les bords, de celle du sable fin ou de la vase immonde sur lesquels il roule ses flots... Il existe, je le sais, un certain pédantisme de classe qui aime à protester contre cette manière de voir. Qu'il proteste.

Une chose certaine, c'est que les matériaux ne me manqueront point. Ai-je déjà vu de choses, mon Dieu! — même de choses que je ne dirai pas!... J'ai passé partout, ou à peu près; je connais toutes les misères des gens, tous leurs dessous, toutes leurs saletés, leurs secrets infâmes et leurs combinaisons viles, les correspondances adultères de leurs femmes, leurs plans de banqueroutiers et leurs projets d'assassins. Je pourrais en faire, des romans, si je voulais!... Mais les seuls documents que je veuille employer ici sont ceux qui me concernent. Et je me demande si je parviendrai à les mettre en œuvre.

Sûrement, j'y parviendrai. Je ne pense pas que ce soit

si difficile que ça, d'écrire un livre ; et je crois que n'importe qui réussirait à en faire un bon — n'importe quel gendarme, n'importe quel voleur. — Certaines qualités me feront défaut ? C'est fort possible. La sentimentalité, par exemple. Non, je ne suis pas sentimental. (Voir plus haut). Tant pis pour elles.

Et tant mieux pour tout le monde, peut-être. Une petite larme de temps en temps ne fait pas de mal, c'est évident. Mais l'émotion littéraire est tout de même trop pleurnicharde. Infirmes incurables, poitrinaires plaintifs, mères sans cœur, pères sans conscience, jeunes filles chlorotiques, lits conjugaux solitaires, couches mortuaires désertées, enfants martyrs, prostituées par force, proxénètes par persuasion, voleurs malgré eux, pécheresses repentantes et forçats innocents. Ouf !... Vraiment, il a assez longtemps qu'on s'écarte des énergies pour se tourner vers les émotions. Il est temps que ça finisse. S'il faut une loi, qu'on la fasse !... En attendant, je vais écrire l'histoire d'un homme qui a les doigts crochus et qui ne se lamente pas trop — peut-être parce qu'il n'a pas à se plaindre, après tout. — Cette histoire-là, le lecteur superficiel croira que c'est simplement une autobiographie factice, un passe-temps de littérateur cynique. Mais ceux qui savent voir, qui savent sentir, ne s'y tromperont pas ; ils comprendront que c'est vrai, que c'est vécu, comme on dit : que la main qui fait crier la plume sur le papier a fait craquer sous une pince le chambranle des portes et les serrures des coffres-forts.

J'écris, j'écris. J'empile page sur page, j'use des plumes, je vide mon encrier. On dirait que je suis à la tâche. Depuis un mois, je ne me suis arrêté que deux fois.

La première, pour lire un journal. Cette feuille publique m'a appris, d'abord, que Mme de Bois-Créault mère s'est donné la mort quelques jours après l'enterrement de son fils ; puis, que Mme veuve Hélène de Bois-Créault s'est portée partie civile au procès et demande au meurtrier de son mari d'énormes dommages-intérêts. Elle en aura une bonne partie, dit la gazette. Ce suicide pitoyable sur le corps de ce malheureux être, cette exploitation de son cadavre... Ah ! la vie !... Quelle farce ! — jouée dans quel abattoir !...

La seconde fois que j'ai interrompu mon travail, ç'a été pour faire une invention. Il ne faut pas laisser oublier que je suis ingénieur et ma découverte, lorsque j'en publierai prochainement les détails dans une Revue spéciale, me fera certainement beaucoup d'honneur. J'ai inventé l'*Ecluse à renversement*. Ce n'est, à vrai dire, qu'un perfectionnement ; fort ingénieux, toutefois. Rien n'était plus simple, je l'accorde, que d'en concevoir l'idée ; mais encore fallait-il l'avoir. Mon intention n'est pas de faire ici le compte rendu technique de ma découverte ; je tiens cependant à en donner un léger aperçu. Voici la chose en deux mots : Supposons l'écluse fermée...

— Supposons-la fermée et ne la rouvrons pas ! s'écrie Roger-la-Honte qui entre sans s'être fait annoncer, au moment même où j'écris la phrase en la prononçant tout haut. Ah ! ça, qu'est-ce que tu fais là ? Tu écris encore tes mémoires ?

— Tout juste.

— Eh ! bien, je vais te raconter une petite histoire que tu pourras sans doute utiliser ; elle est assez cocasse. Figure-toi que le nommé Stéphanus — tu sais bien ? cet employé d'une banque belge qui nous donne des tuyaux — est venu me voir hier. Son patron, qui s'appelle Delpich, veut se faire dévaliser. Un vol simulé, tu comprends, pour couvrir les détournements qu'il a l'intention d'opérer. On me propose cinq mille francs pour aller, dans trois jours, éventrer un coffre-fort où il n'y aura plus rien et forcer des tiroirs mis à sec.

— Je vois ça, dis-je. Mais ce coffre-fort, qui sera

vide dans trois jours, doit être bien garni aujourd'hui...

— Oh! je te devine. Mais c'est impossible, mon vieux. Jusqu'à avant-hier soir, Stéphanus couchait dans les bureaux. Depuis qu'il a quitté Bruxelles — on l'a mis à la porte ostensiblement, tu comprends, pour mieux dissimuler la manigance — c'est le patron qui a pris sa place. Il sera absent, naturellement, dans trois jours ; mais d'ici là, il monte la garde. Comment lui faire abandonner son poste ? Je ne connais même pas son adresse... Stéphanus ne me la donnera qu'après-demain...

— C'est regrettable. Quand les honnêtes gens font des affaires avec les canailles, ce qui leur arrive souvent, ils comptent toujours sur l'honnêteté des canailles. Et leur désappointement est tellement comique, lorsqu'ils s'aperçoivent qu'ils ont eu tort d'avoir confiance !... Oui, ç'aurait été amusant, de désillusionner ce banquier belge...

— Que veux-tu ? Ce qui est impossible est impossible. Il faudra que je me contente de mes cinq mille francs... Tu ne sors pas un peu ?

— Non, dis-je ; j'ai quelques lettres à écrire.

— A ton aise, répond Roger. Alors, à quand tu voudras.

Et il descend l'escalier en chantant :

> Belle enfant de Venise
> Au sourire moqueur,
> Il faut que je te dise...

Delpich !... Où diable ai-je entendu prononcer ce nom-là ?... Ah ! à Vichy, par l'abbé Lamargelle. Oui ; mais avant ça, il me semble... il me semble... Oh ! je me souviens !

Je vais prendre une liasse de papiers dans un tiroir et je me mets à les feuilleter avec attention. Voici la lettre que je cherche — la lettre commencée par l'industriel, dans laquelle j'étais si joliment traité d'imbécile, que j'ai prise sur son bureau la nuit où nous l'avons volé, et qui porte l'adresse de Delpich. — C'est parfait...

Quelle heure est-il ? Sept heures. Bon. Je m'assieds devant ma table, j'écris quelques mots et je sonne Annie.

— Annie, lui dis-je, servez-moi à dîner tout de suite ; après quoi vous préparerez ma valise. Je pars ce soir à neuf heures. Pendant mon absence, pas un mot à qui que ce soit, bien entendu. Maintenant, écoutez : voici un télégramme que vous irez porter au Post-office de Charing-Cross, demain, à sept heures du soir. Sept heures précises, n'est-ce pas ?

Et je lui tends une feuille de papier sur laquelle j'ai tracé les mots suivants :

« Delpich, 84, rue d'Arlon, Bruxelles. — Venez Londres immédiatement. Absolument urgent. *(Signé)* STEPHANUS. »

XXV

LE CHRIST A DIT : « PITIÉ POUR QUI SUCCOMBE !... »

Tout le monde sait qu'en face du n° 84 de la rue d'Arlon, à Bruxelles, se trouve un café fréquenté par des rentiers paisibles et des commerçants contents d'eux-mêmes. C'est dans ce café que je me suis assis, tout à l'heure, à une table séparée de la rue par une simple glace ; à-travers cette glace je guette, tout en faisant semblant de lire un journal, l'arrivée du messager qui va apporter au sieur Delpich la dépêche dont j'ai remis hier le texte à Annie et qu'elle a dû envoyer aujourd'hui à sept heures. J'attends, tranquille comme un rentier, satisfait de moi comme un commerçant. Huit heures... Ah ! j'aperçois le télégraphiste ; il pénètre dans la maison. Un grand bâtiment à quatre étages ; au rez-de-chaussée, de belles boutiques vivement éclairées ; au premier les bureaux de Delpich — les bureaux seulement, car j'ai appris que l'appartement du personnage se trouve dans un autre quartier de la ville ; — au second étage, c'est un tailleur, honoré de la confiance de la cour de Belgique, qui a élu domicile.

Mais voici le télégraphiste qui s'en va... Je quitte le café et je vais examiner les étalages des magasins, en face. Et j'examine aussi, par la même occasion, un monsieur qui sort bientôt de la maison en toute hâte et fait signe à un fiacre. C'est Delpich, assurément. Teint blafard, taille rentassée, traits irréguliers, physionomie qui s'évade, il a l'air d'un témoin à décharge dans une affaire d'attentat aux mœurs.

Je le laisse s'éloigner dans son véhicule de louage et je m'en vais, en flânant, à la gare du Nord. Il s'agit de voir, maintenant, s'il prendra le train qui part pour Ostende à 8 heures 40.

J'arrive à la gare à 8 heures 35 et, deux minutes après, je suis témoin de la précipitation avec laquelle Delpich s'introduit dans la salle d'attente et se rue vers le guichet. En deux bonds, il est sur le quai ; d'un saut, il s'élance dans un wagon. Le train part. Bon voyage !...

Je reviens au n° 84 de la rue d'Arlon dans le fiacre même que vient de quitter Delpich. La porte est encore ouverte ; tant mieux. Je monte l'escalier en m'arrêtant deux fois, bien que je ne sois pas asthmatique. D'abord, sur le palier du premier étage, afin de prendre l'empreinte des deux serrures d'une porte sur laquelle brille une plaque de cuivre portant ces mots : *Cabinet du Directeur*. La seconde fois, deux ou trois marches plus haut, pour enfoncer dans la semelle d'une de mes bottines un clou de tapissier qui se trouve dans ma poche, pas du tout par hasard. En six enjambées j'arrive au deuxième étage et je fais résonner vigoureusement la sonnette du tailleur.

Ce commerçant vient m'ouvrir en personne, ses employés étant déjà partis. Je m'excuse de venir le déranger à une heure indue, mais il me répond que j'exagère et qu'il est toujours à la disposition de ses clients, savez-vous. Je déclare que j'ai besoin d'un costume de voyage et d'un pardessus. On me fait choisir des étoffes, on me prend mesure. Je tiens à déposer des arrhes malgré les protestations du tailleur.

— Si, si, dis-je ; c'est la moindre des choses, puisque vous ne me connaissez pas. Maintenant, il faut que je vous demande un service. J'ai une pointe dans la semelle d'une de mes chaussures... Tenez, regardez...

— Ah ! s'écrie le tailleur, cela doit bien vous gêner, pour une fois ! Des imbéciles s'amusent à semer des clous dans les rues... Si vous permettez, je vais vous l'arracher...

— Non, non, dis-je ; je ne souffrirai jamais... Donnez-moi seulement quelque chose...

— Des ciseaux ?

— Non, je craindrais de me couper. Une clef, plutôt, une bonne clef.

— Voici le passe-partout de la maison ; j'espère qu'il vous suffira.

— Très bien ; c'est mon affaire.

Je m'assieds, je croise les jambes et je m'évertue... Enfin, le clou est arraché — et j'ai pris une empreinte satisfaisante du passe-partout sur un morceau de cire que je tenais dans la main gauche. — Je remercie beaucoup le tailleur qui me reconduit jusqu'au bas de l'escalier ; et dix minutes plus tard je suis de retour à l'hôtel du *Roi Salomon*.

Je descends, avec l'hôtelier, dans une pièce du sous-sol qui a beaucoup l'aspect d'un atelier de serrurerie ; un établi, des étaux, une petite forge, des outils de toutes sortes accrochés aux murs, démontrent péremptoirement que la maison est une maison bien tenue, confortable, désireuse de placer à la disposition des voyageurs spéciaux qui forment sa clientèle toutes les commodités qu'ils chercheraient en vain ailleurs.

— Voyons vos empreintes, dit l'hôtelier. Ça, c'est le passe-partout ; je ne l'ai pas. Il faudra le faire. Mais pour ces deux serrures-là, je crois bien que j'ai les clefs. Attendez un peu.

Il fouille dans des tas de ferrailles, finit par trouver ce qu'il cherche.

J'en étais sûr. Ce sont des serrures à secret, savez-vous : et les serrures à secret, c'est toujours la même balançoire. Ça ne vaut rien du tout. Il n'y a pas de danger que j'en mette à mes portes... quoique je sache bien qu'avec ces messieurs je n'ai rien à craindre, pour une fois... Du moment qu'on a la dimension de la serrure, on a la clef. Regardez comme ces deux-là s'adaptent à vos empreintes ! Mettez-les dans votre poche ; vous m'en direz des nouvelles. Quant au passe-partout, voici quelque chose qui pourra faire l'affaire, avec des rectifications. Voulez-vous que je vous donne un coup de main ?

— Merci. J'en ai pour cinq minutes.

— Ah ! monsieur Randal, s'écrie l'hôtelier, je sais bien que vous m'en remontreriez ! Il n'y a qu'à vous voir pour deviner que vous êtes un fameux lapin, sauf votre respect. Vous maniez la lime que c'est un plaisir de vous regarder. On dirait que vous n'avez jamais fait autre chose. Vous me faites penser à Louis XVI. Ça ne lui a pas porté bonheur, à ce pauvre roi, son amour de la serrurerie ; car, enfin, sans cette armoire de fer, savez-vous... Ma foi, je crois que vous avez fini votre clef. Voyons un peu ; essayons sur la cire. Mais, oui, ça y est... Allons, vous êtes sûr de pouvoir entrer dans la maison en propriétaire ; et quant au reste... Il me semble que je vous vois déjà revenir avec votre butin. Ma petite fille fait sa première communion dimanche, pour une fois ; ça va vous porter bonheur, vous verrez.

— Je n'en doute pas, dis-je en sortant de l'atelier. Eh ! bien, pendant que je vais me laver les mains, faites donc monter une ou deux bouteilles de champagne pour célébrer à l'avance cet heureux événement.

— Ah ! s'écrie l'hôtelier, comme vous avez raison d'avoir des sentiments religieux, monsieur Randal. C'est tellement nécessaire, dans l'existence !... Nous disons trois bouteilles, n'est-ce pas ?

Nous aurions aussi bien pu dire une douzaine.

C'est à peu près le nombre de bouchons que nous avons fait sauter lorsque je sors, vers minuit et demie, mon sac à la main, pour me rendre rue d'Arlon. Il est vrai que tous les locataires de l'hôtel étaient venus nous tenir compagnie, à l'hôtelier et à moi : trois Allemands qui ont un coup à faire la nuit prochaine, avenue Louise ; un Hollandais dont j'ignore les intentions ; deux Françaises aux projets indécis et une Anglaise qui m'a expliqué en détail comment elle va, d'ici trois jours, frapper la ville de Malines d'une contribution de cent mille francs, payable en dentelles. J'ai quitté ces honnêtes gens au moment où un baccarat international allait resserrer les liens professionnels qui les unissent les uns aux autres, et avant d'avoir la tête lourde, heureusement.

Aussi, c'est sans trembler le moins du monde que j'introduis mon passe-partout dans la serrure du numéro 84. Il est vraiment très bien fait, ce passe-partout. La porte s'ouvre, j'entre, je la referme derrière moi, et j'allume ma lanterne dans le corridor. Je monte rapidement l'escalier.

Mais, sur le palier du premier étage, une idée se présente brusquement à moi et j'hésite un instant. S'il y avait quelqu'un dans ce bureau ? Si Delpich avait eu le temps, avant de partir, de placer une sentinelle devant son coffre-fort ?... J'aurais dû mieux prendre mes mesures, surveiller la maison... Ah ! sacredié !... Mais comment aurais-je pu m'assurer de son départ, si je n'avais pas été à la gare du Nord ?... Non, le vrai, c'est que j'ai eu tort de ne point faire part de mon projet à Roger-la-Honte, de ne point l'emmener avec moi... D'un autre côté, si je l'avais fait, Stéphanus se serait douté de quelque chose, aurait prévenu son patron... Pas moyen d'en sortir. Quel dilemme ! Et quelles cornes il a !... Après tout, pas besoin de me tourmenter. Delpich, méfiant comme il doit l'être et pris à l'improviste, n'aura pu trouver personne à qui confier la garde de ses trésors, aura préféré courir le risque de les abandonner à eux-mêmes. Et puis, le télégramme a dû le surprendre, l'étonner, lui faire redouter des tas de choses, le troubler profondément ; d'abord, s'il avait pris le temps de réfléchir, il ne serait pas parti...

J'essaye les deux clefs que m'a données l'hôtelier. On jurerait qu'elles ont été faites pour les serrures. J'ouvre la porte, je passe, je la referme soigneusement, je pousse une double porte capitonnée de cuir vert et je me trouve dans une grande pièce... Eh ! bien... j'avais deviné juste avant d'entrer. Quelqu'un est caché ici...

Où ?... En un instant, j'ai fouillé des yeux la salle entière. Derrière les cartonniers ou le grand coffre-fort ? Je fais un pas à gauche, deux pas à droite, ma lanterne au bout du bras. Non, pas là. Derrière les rideaux de la fenêtre, complètement tirés ? Je m'avance vivement, je les écarte. Rien. Derrière le secrétaire ? Je me penche. Personne. Si je m'étais trompé ?... Mais l'idée me vient de toucher le brûloir d'un des becs de gaz. Il est encore chaud.

Ah ! diable ! Non, je ne me suis pas trompé. Non, je ne suis pas seul ici — bien que je sois seul dans ce cabinet. C'est dans une autre pièce dont j'aperçois la petite porte, là bas, à côté de la cheminée, la porte au bouton de cristal, que s'est réfugié le gardien que Delpich a préposé à la défense de son bien mal acquis. Oui ; sûrement, il s'est tapi là quand il m'a entendu venir, et il doit trembler de peur dans sa cachette... Ça n'empêche pas que si je m'aventure à le relancer dans sa retraite, il va m'accueillir d'un coup de revolver qui me manquera probablement, mais qui réveillera la maison. Une nouvelle édition de mon histoire d'Anvers ! C'est assez ennuyeux — d'autant plus que je voudrais bien ne point sortir d'ici les mains vides si... Tiens ! Qu'est-ce que c'est que ça ?... Les rayons de ma lanterne viennent de faire briller un objet singulier déposé sur le bureau... un ciseau de menuisier, un ciseau tout neuf, ma foi. Que fait-il là, ce ciseau ?

J'examine le secrétaire. Ah ! par exemple !... Un tiroir est forcé, les autres portent des traces de maladroites tentatives d'effraction, le bois du meuble est éraflé en dix endroits. Alors, c'est un confrère, qui est ici ? Elle est bonne, celle-là ! Au lieu de mon aventure d'Anvers, c'est celle de la ville de province où j'ai rencontré ce malheureux Canonnier qui va recommencer. Seulement, ce n'est pas un Canonnier que je vais trouver; non, ces marques hésitantes qui balafrent le secrétaire ne témoignent pas de l'habileté de l'ouvrier; un débutant, sans doute, quelque conscrit du cambriolage qui n'a pas encore la main faite. Il faut voir sa figure, au camarade.

A pas de loup, je me dirige vers la petite porte, je mets tout doucement la main sur son bouton, et je l'ouvre toute grande, vivement. Je m'attends à du bruit, à un cri... Rien. J'avance un peu, ma lanterne à la main. Une petite pièce meublée d'un lit, d'une table, de deux chaises : le repaire nocturne du Stéphanus, évidemment, lorsqu'il était de service ici; mais... Ah ! oui, il y a quelqu'un dans cette chambre. Là-bas! derrière l'étroit rideau de la fenêtre. Je distingue une forme et... oui, oui, je ne me trompe pas — des cheveux de femme, un chignon blond qui dépasse l'étoffe. Une femme !...

Et, tout d'un coup, je comprends. Je me rappelle ce que m'a dit l'abbé Lamargelle, à Vichy, au sujet des relations d'affaires de Mme Hélène de Bois-Créault avec le trafiqueur Delpich. En un clin d'œil, toute une série de possibilités, de certitudes, se déroule en mon cerveau. J'en suis sûr ! c'est la fille de Canonnier qui est là ; je sais comment elle y est venue, pourquoi elle y est... je devine tout, je sais tout.

— C'est vous, Hélène ? dis-je à voix basse. N'ayez pas peur ; c'est moi, Randal... Randal, je vous dis... Hélène ? C'est vous ?...

— Silence. — Il n'est pas possible que j'aie fait erreur, cependant ! Je fais deux pas en avant... Alors, une femme écarte le rideau, s'élance, se jette à mes genoux en criant :

— Grâce ! Grâce ! Par pitié, ne me tuez pas !...

Du drame !... Mais je ne la connais pas, cette

femme-là, autant que j'en puis juger dans la demi-obscurité ; je ne l'ai jamais vue. Qui est-ce ? Une faucheuse ?... Elle reste prosternée à mes pieds, gémissant à fendre l'âme. Dangereux, le bruit de ces sanglots ; il faut prendre une décision.

— Madame, dis-je d'une voix rude, votre vie est entre vos mains. Cessez de pleurer, s'il vous plaît, si vous voulez que je vous épargne. Relevez-vous et donnez-vous la peine de vous asseoir, pour changer. Tenez, voici une chaise... Maintenant, veuillez me dire qui vous êtes et ce que vous faites ici à pareille heure.

— Je suis madame Delpich, murmure cette femme en émoi, tout en s'essuyant les yeux ; et mon mari m'a chargée de garder son bureau pendant son absence.

Bizarre ! Et cette tentative d'effraction, à côté ?

— Madame, dis-je sévèrement, je crois que vous ne m'avouez pas tout ; je vous préviens que vous courez de grands risques en me cachant quelque chose. Comment expliquez-vous, si vous êtes réellement madame Delpich, que le secrétaire se trouve dans un état...

— Ah ! interrompt-elle en cachant sa figure dans ses mains, c'est moi qui ai essayé de le forcer. Mais si vous saviez... si je vous disais...

— Dites-moi. Mais, d'abord, laissez-moi allumer le gaz ; on ne voit presque rien avec cette lanterne... Voilà qui est fait. Allez, Madame. Racontez-moi pourquoi vous voulez forcer les meubles de votre mari.

— Pour y prendre des lettres, monsieur, dit-elle, des lettres de ma mère. Ma mère... c'est un secret de famille que je vous révèle, mais je vois bien qu'il faut vous dire toute la vérité... ma mère a eu un amant. Oui, Monsieur, un amant. Ah ! la pauvre femme ! Elle a assez regretté un instant de folie... Elle m'écrivait tous les jours combien elle déplorait sa faute, combien elle était désolée d'avoir contracté une liaison qu'elle ne pouvait réussir à rompre. Mon mari, qui est un misérable, je dois le dire, a pu s'emparer de ces lettres et, en me menaçant de tout révéler à mon père, cherche à obtenir de moi la complète disposition de ma fortune. Je veux vous apprendre en détail...

Oh ! ces détails ! C'est à faire dresser les cheveux sur la tête. Quel affreux drôle, ce Delpich ! Non, il n'est pas possible que l'infamie aille aussi loin. A-t-elle dû souffrir, la malheureuse femme ! Elle est de ces natures, heureusement pour elle, sur lesquelles les peines et les chagrins de la vie laissent difficilement leur empreinte. Vingt-cinq ans, environ, grasse, blonde, ronde. Un Rubens, presque. Torse en fleur, hanches de bacchante, carnation glorieuse, blanche avec la transparence du sang, lèvres rouges, charnues et gloutonnes, et des yeux bleus sans grande profondeur, mais où l'on croit voir étinceler quelque chose, de temps en temps — comme le reflet d'une arme courte, la pointe aiguë d'un stylet. — Une belle femme, un peu massive, un peu moutonne, qui pourrait faire des affaires avec Shylock ; une livre de chair en moins ne la gênerait pas. En vérité, on ne dirait jamais qu'elle a enduré un pareil martyre. Pourtant, le fait est réel. Elle l'affirme.

— Oui, Monsieur, je suis au supplice depuis un an. Ah ! si j'avais eu ces lettres, seulement... Ce soir, je m'étais résolue à les enlever. Mon mari m'avait confié la garde de son cabinet et j'avais été acheter un outil, avant de venir. Mais je sais si mal m'y prendre !... Oh ! j'ai eu tellement peur, quand vous êtes entré ! Mais, à présent, je vois bien que c'est la Providence qui vous envoyait... Oui, la Providence qui veut, malgré tous les péchés que vous avez pu commettre, vous faire faire une bonne action en m'aidant...

Elle fond en larmes. Je suis touché, très touché. Je la console de mon mieux.

— Voyons, Madame, calmez-vous. Vous avez raison, c'est la Providence qui m'envoie. Je vais vous donner ces lettres si elles sont ici. Venez avec moi.

Nous entrons dans le cabinet. J'allume le gaz, j'ouvre mon sac et j'en sors une pince.

— Je vais forcer tous les tiroirs du secrétaire, puisque vous dites que les lettres que vous désirez s'y trouvent. Vous les chercherez à loisir. Pendant quoi, vous me laisserez travailler pour mon compte, n'est-ce pas ?

— Ah ! dit elle, prenez tout ce que vous voudrez. Mon mari ne se sert de son argent que pour me rendre malheureuse. Et que m'importe le reste, pourvu que j'aie ces preuves de la faiblesse de ma pauvre mère !

Les tiroirs sont ouverts, Mme Delpich fouille dans les papiers, et moi je m'occupe du coffre-fort. Je suis en train de l'éventrer. Oh ! pas avec une scie et une tarière. Non ; ce sont là des procédés surannés, bons pour les criminels conservateurs. J'ai inventé quelque chose de mieux. Une sorte de moule à base de glycérine, en forme d'assiette à soupe, qui s'applique sur la paroi ; par un trou pratiqué à la partie supérieure, j'introduis dans la cavité un certain mélange corrosif qui, rapidement, ronge le métal. En très peu de temps une ouverture est faite, et l'on a ainsi raison du coffre-fort le plus solide, sans fatigue et sans ennui. Le progrès ! L'homme est l'animal qui a su se faire des outils, a dit Franklin.

Je suis à peine au travail depuis dix minutes que l'ouverture est pratiquée ; je plonge mon bras à l'intérieur de l'*incrochetable*, et j'explore. Des liasses de billets de banque, très peu de valeurs — Delpich, sa fuite étant préméditée, a dû réaliser — et des papiers, sans doute des papiers d'affaires, ficelés et cachetés. Je les emporterai aussi, car les banknotes tiennent peu de place. Allez ! dans mon sac. C'est une affaire faite.

Mme Delpich, qui a fini de remuer les paperasses et a dû trouver ce qu'elle cherchait, s'est approchée de moi et me regarde avec admiration.

— C'est un bien vilain métier que vous faites là, Monsieur, me dit-elle. Mais comme c'est intéressant !

— Quelquefois, dis-je d'un petit air détaché, et en faisant un pas vers la porte, mon sac à la main.

— Comment ! s'écrie Mᵐᵉ Delpich, vous partez déjà ! Déjà ! Et vous m'abandonnez ? Vous me quittez sans même me dire ce que je dois faire à présent... à présent que vous m'avez compromise...

— Compromise ! dis-je, légèrement interloqué et en commençant à me demander s'il me sera aussi facile de sortir de la place qu'il m'a été aisé d'y entrer. Compromise !

— J'exagère peut-être un peu, reprend-elle en minaudant. Mais, vraiment, je ne sais que faire. Quand mon mari reviendra, il me tuera, c'est certain. Avez-vous pensé à cela, Monsieur ?

— Pas du tout, je l'avoue. D'autant moins, Madame, que vous n'aviez point attendu mon arrivée pour...

— Ah ! soupire-t-elle, vous me reprochez cruellement ma conduite, sans tenir compte du motif de mes actes. C'est ainsi que juge le monde ; il est impitoyable. Que diront les autres, si vous me jetez la pierre, vous, d'une pareille façon ? Quelle sera mon existence, mon Dieu !... Je le vois bien, il va falloir quitter Bruxelles, m'exiler, partir au loin, sans parents, sans amis, sans argent... sans argent...

Je comprends. Je commence même à douter un peu de l'existence des lettres de la mère coupable, et je me demande si Mᵐᵉ Delpich, pressentant les projets de son mari, n'avait pas entrepris d'exécuter l'opération que je viens de mener à bonne fin. C'est peut-être aller un peu loin. Pourtant... En tous cas, il est clair que je suis mis à contribution. Le plus sage est de m'incliner.

— Madame, dis-je en ouvrant mon sac, peut-être serez-vous en effet obligée de vous expatrier. Voici un paquet de billets de banque qui ne vous seront peut-être pas inutiles...

— Ah ! s'écrie-t-elle, comment pourrai-je vous remercier ? Vous êtes si généreux ! Vous m'avez rendu tant de services, ce soir ! Et vous venez de m'indiquer si clairement ce que je dois faire ! Oui, m'en aller, n'est-ce pas ? Quitter ce mari qui me torture, chercher le bonheur ailleurs... ailleurs, avec un homme qui saura me comprendre. Nous sommes si rarement comprises, nous, pauvres femmes ! Oh ! je vous ai bien deviné, allez ! Je vais sortir d'ici cinq minutes après vous, n'est-ce pas ? Et si l'on m'interroge demain, je dirai que j'ai eu peur toute seule, que je suis partie vers minuit et que, si les voleurs sont venus, ç'a été après mon départ. Quelle bonne, quelle excellente idée vous m'avez donnée ! Vous êtes mon sauveur ! mon sauveur !

Elle se rapproche de moi, me frôle de la pointe de ses seins. Qu'est-ce qu'elle a ? On dirait qu'elle fait ses yeux en lune de miel...

— Oui, vous êtes mon sauveur ! Ça m'est égal, que vous soyez un voleur, Monsieur, du moment que vous savez lire dans l'âme d'une femme et deviner son cœur. Mais dites-le moi franchement, auriez-vous fait pour tout le monde ce que vous avez fait pour moi ? Dites-moi donc. Vous voyez bien que je veux savoir ! Supposez qu'une autre femme... Une brune, tenez, car je sens que vous avez un faible pour les blondes... Une brune ? Eh ! bien... peut-être l'auriez-vous tuée ? Dites, l'auriez-vous tuée ? Comme vous avez l'air terrible, quand vous voulez ! Mon mari a toujours l'air si bête !... Vous rappelez-vous, quand je me suis jetée à vos genoux, tout à l'heure ?... Ici, là, continue-t-elle en m'entraînant dans la petite chambre. Vous m'aviez fait si peur ! Vous le regrettez ? Dites que vous le regrettez. Faites-moi plaisir. Oui ? Je vois que vous rougissez...

C'est vrai. L'émotion, je crois. Et puis, la chaleur du travail... Mais Michelet assure que la femme rafraîchit. Faut voir...

— Écoute, me dit Geneviève, une demi-heure après — elle se nomme Geneviève ; j'ai appris ça en me rafraîchissant — écoute, tu devrais me donner encore dix mille francs. J'ai peur de ne pas avoir assez... Bon ; merci. Ton adresse, aussi ; je veux te revoir, tu sais.

Je lui donne une adresse — une fausse adresse : Durand, Oxford Street, Londres.

— Durand ? demande-t-elle en souriant.

— Oui, dis-je avec le plus grand sérieux. Durand. Ça t'étonne ?

— Oh ! non, dit-elle ; seulement, c'était mon nom de demoiselle... Embrasse-moi et va-t-en. Je sortirai dans cinq minutes.

... Je suis dans la rue, portant mon sac — allégé d'une quarantaine de mille francs, cinquante peut-être. — Elle n'y va pas de main morte, Mme Delpich ; et moi, pour la première fois qu'il m'arrive de laisser à une femme un souvenir négociable chez les changeurs... Mais il faut un commencement à tout...

Il est six heures du matin à peine et je dors du sommeil du juste, à l'hôtel du *Roi Salomon,* lorsque des coups violents frappés à ma porte me réveillent en sursaut.

— Qui est là ?

C'est Roger-la-Honte, qui arrive de Londres qu'il a quitté hier soir, à peu près à l'heure où Delpich partait de Bruxelles. Je suis très content de le voir, ce brave Roger. Je le mets rapidement au courant des choses et Dieu sait s'il s'amuse ; je crains, un instant, de le voir mourir de rire. Il est entendu qu'il va repartir pour Londres immédiatement, en emportant mon sac. Réglementairement, je ne devrais lui donner que 33 pour cent sur ma prise ; mais je tiens à ce que nous partagions en frères. Nous établissons le compte exact ; et le total nous fait loucher. Une belle affaire, décidément. Mais cette bonne fortune inespérée, après avoir réjoui le cœur de Roger-la-Honte, semble lui assombrir l'esprit. Il parle des dangers du métier, du plaisir que nous éprouverions à vivre enfin honnêtement, à aller à Venise, par exemple, etc. Une phrase qu'il prononce d'un ton convaincu, surtout, me démontre qu'il est en proie à cette mélancolie sentimentale qui suit souvent les grandes joies.

— Mon vieux complice, me dit-il, ne trouves-tu pas qu'il serait temps de changer de vie ?

Non, je ne le trouve pas du tout. Je remonte le moral de Roger. Et il prend le train de Calais à 8 heures 52. Il doit démontrer à Stéphanus la nécessité de marcher contre son patron, en cas de besoin ; il n'a plus rien à en attendre, en effet ; et il est convenu que nous lui graisserons la patte.

Quant à moi, je reste à Bruxelles pour quelques jours. D'abord, je veux voir comment tourneront les choses. Puis, je tiens à avoir les vêtements que j'ai commandés. J'ai donné des arrhes au tailleur et il ne faut pas que je me laisse voler. Ce serait ridicule.

Le soir même, j'apprends que Delpich a été arrêté à la gare du Nord, en revenant d'Angleterre. Trois jours après, les journaux m'apprennent que sa culpabilité ne fait pas de doute ; tout l'accuse ; les histoires qu'il raconte pour sa défense ne sauraient être prises au sérieux. Naturellement. Il passera devant le tribunal à bref délai et sera condamné sûrement à plusieurs années de prison. C'est bien fait. J'en veux à Delpich. Sa femme m'a mordu la langue.

Vers la fin de la semaine, l'*Indépendance* annonce que Mme Delpich, désolée du scandale qui lui rend la vie impossible à Bruxelles, vient de quitter cette ville pour une destination inconnue. Tant mieux pour elle. Je lui envoie mes meilleurs souhaits, et j'espère bien ne la revoir jamais. Elle est charmante, ce Rubens, mais je ne m'y fierais pas.

Le lendemain, je pars pour Londres.

XXVI

GENEVIÈVE DE BRABANT

Cela ne m'a pas servi à grand'chose, de m'appeler Durand pendant trois minutes, à Bruxelles. Le surlendemain de mon retour à Londres, Geneviève a fait irruption chez moi. Elle m'a accablé de reproches — et d'amabilités.

— Enfin ! te voilà ! En ai-je eu du mal, à te trouver ! M'en a-t-il fallu employer, des ruses d'Apache ! Heureusement que tu m'avais appris ton nom... Oh ! pas quand tu m'as quittée. Avant. Te rappelles-tu, lorsque j'étais cachée derrière le rideau ? Hein ? Te rappelles-tu ? « N'ayez pas peur. C'est moi, Randal. » Et dire que tu as eu l'audace de m'assurer, ensuite, que tu te nommais Durand ! Comme c'est gentil ! Après m'avoir entraînée, moi qui n'avais jamais failli... C'était presque un viol, tu sais. Tiens, tu es un monstre ! Si j'étais raisonnable, je ne t'embrasserais même pas. Mais je préfère ne pas être raisonnable... Tu ne l'aimes donc pas, ta petite femme ? ta petite femme qui t'aime tant ? Tu as donc oublié ce que tu me disais pour triompher de mes dernières résistances ? Pourquoi me le disais-tu, alors, méchant ? Et, pas plus tôt sur tes pieds, tu me donnes une fausse adresse... Que c'est vilain, de mentir !...

C'est ce que je me dis tous les jours, depuis ces trois semaines que Geneviève est venue me surprendre. C'est très vilain, de mentir — et elle ne fait autre chose du matin au soir. — Le mensonge est chez elle un besoin, une habitude puissante dont elle ne peut triompher qu'à certains moments, psychologiques si l'on y tient. L'histoire des lettres de sa mère ? Simple invention. Les mauvais traitements que lui faisait endurer son mari ? Fausseté. Elle était orpheline à douze ans, et Delpich n'a jamais maltraité sa femme... Tiens, à propos de Delpich, nous avons appris hier qu'il vient d'être condamné à trois ans de prison. J'en ai reçu la nouvelle sans aucune joie et Geneviève sans la moindre tristesse. Son mari ne compte plus pour elle.

Et pourquoi compterait-il, au bout du compte, si elle ne l'aime plus ? On dira que Geneviève n'a pas de cœur. Je répondrai qu'on ne peut pas vendre ce qu'on ne possède pas, cœur ou autre chose ; et que Geneviève a l'intention de mettre le sien aux enchères. Que l'idée lui en soit venue tout d'un coup, je ne le garantis pas. L'idée de réaliser ses rêves, bien entendu. Quant aux rêves eux-mêmes ils sont nés avec elle, ont grandi avec elle, tantôt perdus dans la brume des désirs vagues, tantôt s'affirmant dans les crispations de la révolte ou dans les spasmes de la passion. Tendances perverses ou sentiments naturels ? Comme on voudra. Qu'importe, pourvu que les psychologues analysent des effets dont ils ignorent les causes et qu'ils distinguent à peine, en leur style de sous-officiers d'académie ?

Moi je n'analyse pas, je constate. Je constate qu'il me va falloir faire les frais d'une installation à Paris. C'est là que Geneviève tient à se lancer dans la circulation. Je ne veux pas la contrarier ; qu'elle se lance et qu'elle circule. Il est entendu que nous partagerons nos bénéfices réciproques ; je ne crois pas nécessaire de dissimuler un pareil arrangement, en ce temps de sociétés coopératives. Geneviève se dit sûre du succès. C'est un grand point. En attendant, comme elle a déposé ce qu'elle possède dans une banque sérieuse, et qu'elle ne veut point déplacer, c'est moi qui dois faire les avances nécessaires. Je ne recule pas.

Nous voilà donc à Paris, Geneviève dans un petit hôtel de la rue Berlioz, et moi autre part. Très contents tous les deux. J'avais cru, je ne le cache pas, que les affaires seraient assez calmes, au moins pour commencer ; que l'argent que j'ai soustrait à Delpich reviendrait peu à peu dans la poche de sa femme. J'avais eu tort. C'est ma poche à moi qui s'emplit. Geneviève a pris tout de suite. Geneviève de Brabant. C'est comme ça qu'on l'appelle, à présent. Je dois dire, en conscience, qu'elle y a mis du sien. Ce qui distingue d'ordinaire, dans tous les genres, les efforts des femmes, c'est le caractère fantaisiste, capricieux, qu'elles leur impriment. Il est bien rare qu'elles aient foi en leurs entreprises, qu'elles agissent, d'emblée, comme si elles n'avaient fait autre chose, ne devaient faire autre chose que ce qu'elles essayent de faire. Elles ont des façons d'amateur, sont portées à tout traiter, comme on dit, par-dessous la jambe. Je n'assure pas que Geneviève est incapable d'un écart ; non. Mais, généralement, elle est sérieuse, posée. Elle jouit d'un esprit pondéré de locataire consciencieuse.

Elle n'a qu'un défaut : elle ne sait pas marcher. Elle marche très mal. Aussi lui ai-je conseillé, avec raison, de ne jamais sortir qu'en voiture. Place aux honnêtes femmes qui vont à pied ! Je l'ai aperçue deux ou trois fois, au Bois. Elle est très bien, vraiment. Beaucoup de chic. Un grand confrère, un spécialiste, qui se trouvait avec moi un jour, m'en a fait des compliments.

— Une assurance remarquable ! Un aplomb merveilleux ! Elle a été mariée, n'est-ce pas ?... Oui ; je m'en doutais. Le mariage est une bonne école ; c'est encore la meilleure préparation à la vie irrégulière. Une femme qui n'a pas connu l'existence du ménage ne vaudra jamais grand'chose, comme cocotte...

Je crois qu'il y a beaucoup de vrai là-dedans.

Mais voici l'été venu. Belle saison ; plages et villes d'eaux. Nous avons été à droite et à gauche, Geneviève et moi. Tantôt ensemble, tantôt séparés. Je puis l'abandonner à elle-même sans aucune crainte ; je sais que ce ne sera pas en pure perte.

Pour le moment, par exemple, elle est à Aix-les-Bains. Moi, je suis à Royan. Je ne pourrais dire exactement ce que fait Geneviève ; mais moi, je flâne sur la Grand'Conge. J'observe quelques familles bourgeoises qui regardent la marée descendre. C'est assez amusant. Ces bons personnages examinent avec une joie béate le continuel mouvement des flots. On dirait qu'ils le surveillent. Ce qui les intéresse, dans la mer, c'est son activité perpétuelle, son incessante agitation. Ce qu'ils aiment en elle, c'est son éternel travail. Ils la contemplent, bouche entr'ouverte, yeux mi-clos, avec de petits hochements de tête qui semblent dire :

— Bien, bien, Océan ! Très bien. Travaille ! Donne-toi du mal. Continue ! Nous te regardons...

Oui ils se plaisent au spectacle de l'effort, de la peine, ces braves gens ; à la vue du labeur sans trêve. L'habitude. Ils préfèrent la mer aux montagnes. C'est pour ça.

Un domestique de l'hôtel m'arrache à mes méditations en m'apportant un télégramme. C'est Geneviève qui me prie de venir la rejoindre à Aix sans retard. Que se passe-t-il ? Je prendrai le premier train...

Que se passe-t-il ? J'ai le temps de me le demander pendant le voyage, qui n'en finit pas. J'arrive enfin à Aix, dans l'après-midi du lendemain, très inquiet, me figurant ceci, cela, que Geneviève est malade, par exemple. J'aime donc Geneviève ? Certainement. Qu'est-ce que c'est que l'amour, alors ? C'est le désir ; ou quelque chose dans ce genre-là. D'ailleurs, nous nous entendons parfaitement, elle et moi. On a eu bien raison de dire que c'est la similitude des goûts, plus que la conformité des tempéraments, qui fait la félicité des unions. Nous avons le même goût, tous les deux, pour l'argent d'autrui. Voilà un lien.

Je suis à vingt pas de la villa qu'habite Geneviève lorsque je vois un monsieur en franchir la grille, s'éloigner. Un homme de quarante ans, environ, grand, maigre, aux longues moustaches blondes. Une minute après, je suis dans la maison et, tout de suite, en présence de ma petite femme. J'ai eu bien tort de m'inquiéter. Elle ne s'est jamais mieux portée. Elle m'a fait venir, simplement, pour me demander conseil. Il paraît qu'un Autrichien très riche, à qui elle tient la dragée haute, lui promet des ponts d'or si elle consent à l'accompagner à Vienne.

— Tu l'as peut-être vu sortir de la maison ? Il me quittait comme tu es entré. Un grand, maigre...

— Oui, je l'ai aperçu, en effet ; eh ! bien ?

— Eh ! bien, voici : j'accepterais certainement, sous bénéfice d'inventaire, si une proposition analogue ne m'était pas faite d'un autre côté. Un vieillard, très riche aussi, me propose de le suivre à Paris, où il rentre demain. Il est fort généreux, je le sais. Et, ce qu'il y a de plus drôle, c'est qu'il porte le même nom que toi. Il s'appelle Urbain Randal. Ne serait-il pas ton parent ?

— Si, dis-je ; c'est mon oncle.

— Ah ! dit Geneviève un peu troublée... Ça ne te fait rien ?

— Ça me fait plaisir. C'est une canaille. Saigne-le à blanc, ma fille. C'est lui qu'il faut suivre.

— C'était mon avis. Je retrouverai toujours l'Autrichien. Mais, quant à ton oncle, comme il est usé au dernier des points... Tu sais, il ne va pas bien du tout... La paralysie... Il a déjà eu des attaques...

— Tant pis.
— Et je crois qu'il n'en a pas pour longtemps.
— Tant mieux.
— Tu as l'air de lui en vouloir. Tu me raconteras pourquoi, pas? En attendant, je vais lui écrire de venir me prendre demain matin ; et je vais aussi envoyer un mot à l'Autrichien pour l'avertir de mon départ.
— Ecris-lui avec des larmes dans la voix.
— Tu penses bien, dit Geneviève en trempant sa plume dans l'encrier. Après quoi, je fais fermer ma porte jusqu'à demain ; et à nous deux, mon petit voleur chéri...

Est-elle gentille, hein?

Le lendemain, d'un coin de la gare où je me dissimule habilement, je vois arriver la voiture qui conduit au train de Paris Geneviève et mon oncle. Ah! cette figure de vieux viveur fourbu, ce front où s'amoncellent des ombres lugubres, ce regard qui jette à la vie des interrogations désolées et ardentes! La voiture s'arrête. Il en descend, non sans aide, passe à côté de moi, soutenu, porté presque dans un wagon où Geneviève monte derrière lui. Il ne m'a pas vu, le malheureux ; mais j'ai pu le dévisager ; menton tremblant, joues labourées de sillons profonds, moins encore par le temps que par la noce imbécile, échine voûtée, face anxieuse invinciblement penchée vers la terre, comme dans l'horreur d'y voir la fosse creusée. Ruine d'humanité ; pas belle, à peine mélancolique, bête et sale — comme toutes les ruines...

Je vais m'éloigner lorsqu'un monsieur, escorté de deux laquais, entre dans la gare, se dirige vers le train qui va partir. C'est l'Autrichien. Il suit, pareil au requin qui file le navire, attendant qu'on jette le cadavre à la mer — ou la chair fraîche qui cache l'hameçon.

XXVII

LE REPENTIR FAIT OUBLIER L'ERREUR

Je n'ai passé que vingt-quatre heures à Aix-les-Bains, et je suis parti pour Londres. Cette rencontre inopinée de mon oncle, si vieilli, si cassé, si près de la tombe, a remué quelque chose en moi. Je ne pourrais analyser ces sentiments ; mais je me suis rappelé avec une certaine émotion l'époque où nos rapports étaient moins tendus, où nous échangions une correspondance amicale, et j'ai voulu revoir ces lettres que j'ai pieusement conservées. Je les ai lues et relues à Londres, pendant les trois jours que j'y suis resté, et je me suis même livré à un petit travail d'écriture qui m'a rappelé le temps heureux où j'apprenais à écrire et m'évertuais à imiter, mal d'abord, puis un peu mieux, puis bien, les pleins et les déliés du modèle. Après quoi, je me suis mis en route pour Paris.

Geneviève, que j'ai prévenue de mon arrivée, est venue me voir sans retard. Elle m'a appris que mon oncle est au plus bas, qu'un dénouement fatal est probable à bref délai, et qu'il l'a suppliée de ne pas l'abandonner. Elle ne le quitte donc pas une minute, pour ainsi dire ; et c'est sous les yeux de cette courtisane que ce malheureux, qui est millionnaire, qui a une famille, doit mourir s'il ne veut pas crever seul, comme un chien.

— A-t-il peur de la mort ? demandé-je.

— Une peur terrible. C'en est effrayant et presque dégoûtant. Heureusement, il a eu une crise hier soir et, depuis, il ne peut plus parler ; il comprend encore ce qu'on lui dit. Hier matin, il a pu écrire une lettre à son homme d'affaires.

Je prends note de la date. Hier, c'était le 12. C'est ce chiffre qu'il faudra placer au bas du document que j'ai confectionné à Londres avec un si grand soin. Je recommande à Geneviève de me faire avertir dès que la fin sera proche, et elle part reprendre son rôle de sœur de charité.

— Ce n'est pas amusant, tu sais ; mais je comprends bien que ma présence ne sera pas inutile à tes intérêts — à nos intérêts car, à présent, nous ne faisons plus qu'un. C'est beau, de s'entendre, tout de même ; c'est comme si on était mariés... Compte sur moi et tiens-toi prêt.

Je suis toujours prêt. Et lorsque le domestique de mon oncle, ce matin, vient me chercher « de la part de son maître », c'est avec une rapidité foudroyante que je me précipite dans la rue, que je saute dans un fiacre, et que je me fais conduire rue du Bac, chez l'abbé Lamargelle. Une demi-heure après, nous montons, cet ecclésiastique et moi, l'escalier de la maison du boulevard Haussmann qu'habite mon oncle. Geneviève nous accueille dans le salon qui précède la chambre à coucher dont la porte, restée entr'ouverte, laisse passer les râles du moribond ; elle nous quitte après que je lui ai recommandé de ne nous laisser déranger sous aucun prétexte. Je prends place dans un fauteuil et l'abbé en fait autant.

— Quelle est cette dame ? me demande-t-il.

— C'est ma maîtresse, dis-je; de plus, mon oncle a dû s'efforcer d'en faire la sienne; et enfin, c'est la femme d'un certain Delpich...

— Ah! diable! s'écrie l'abbé. C'est Mme Delpich! Tiens! tiens!... Mais je devine : ce cambriolage qui fit tant de bruit à Bruxelles... Racontez-moi donc l'histoire.

Je raconte; et mon récit, coupé par les exclamations joyeuses de l'abbé, est scandé, aussi, par les râles de plus en plus faibles du misérable qui agonise derrière le mur.

— C'est vraiment bien curieux, dit l'abbé quand j'ai fini. Ce pauvre Delpich! Enfin... *Fortuna vitrea*. Sa mésaventure ne m'a causé aucun préjudice mais a dérangé certains de mes plans. Il faudra même que j'aille en Belgique d'ici quatre ou cinq jours... Vous avez dû faire une bonne affaire, ce soir-là; je ne parle pas de la femme, qui est charmante, mais... A propos d'argent, vous doutez-vous de ce que sera le testament de votre oncle ?

— Tout à fait. C'est moi qui l'ai rédigé, de sa plus belle écriture.

— J'en étais sûr, dit l'abbé. Je le voyais dans votre poche, à travers l'étoffe de votre redingote. Avez-vous pensé à tout ? La part à réserver à Mlle Charlotte, par exemple, si l'on vient à retrouver ses traces?

— Hélas! dis-je, on ne les retrouvera jamais, ses traces. J'ai fait faire toutes les recherches possibles, et sans résultat. Ma conviction est qu'elle est morte, voyez-vous. Mais si, par bonheur, je me trompais...

— Ne m'en dites pas davantage. Je sais bien que vous lui rendriez toute la fortune de son père; et je crois aussi que vous la garderiez, elle, n'est-ce pas? C'était une femme.

— Oui. Une vraie femme. Ah! si vous saviez ce que j'ai souffert, quand j'ai vu que je l'avais perdue! Et dire que la vieille canaille qui crève là...

— Bah! dit l'abbé, le diable est en train de lui tirer les pieds, à votre oncle. Laissez-le faire sa besogne...

En somme, le papier que vous avez préparé n'a d'autre raison d'être que de supprimer tout testament intérieur et d'aplanir toute difficulté. En attendant, vous aurez à payer les frais des obsèques...

— Ils ne seront pas fort élevés. Mon oncle demande à être conduit au champ du repos dans le corbillard des pauvres.

— Bel exemple d'humilité ! dit l'abbé en riant. Sa résolution sera fort commentée, n'en doutez pas, et vous épargnera quelques billets de banque. Et, pour amuser la paroisse, le service sera de dernière classe, n'est-ce pas ?

— La paroisse ? Vous plaisantez. Un enterrement civil, s'il vous plaît.

— Ah ! ah ! ah ! s'écrie l'abbé en se tordant de rire. Un enterrement civil ! C'est délicieux ! J'avoue que je n'aurais pas pensé à cela. Quelle trouvaille !... Mais, continue-t-il en étendant le bras vers la porte de la chambre, on n'entend plus rien, là-bas. Non, plus rien. Si vous alliez voir ?

J'y vais. Dans le grand lit placé en travers de la pièce une forme rigide est étendue ; la tête, qui creuse profondément l'oreiller, est émaciée, couleur de cire ; et les narines sont pincées, et la bouche sans souffle entr'ouverte et les yeux retournés dans leurs orbites. Je relève le drap ; rien ne bat plus à la place du cœur ; la main est froide comme celle d'un... J'appelle l'abbé.

— Eh ! bien ? demande-t-il en entrant. C'est fini ? Je m'en doutais, continue-t-il en se dirigeant vers le cadavre dont il abaisse les paupières d'un coup de pouce. Y a-t-il un être suprême, oui ou non ? Grave question que votre oncle peut maintenant débattre avec Robespierre. Bizarre jusqu'à la fin, votre oncle. Quand on vient le voir mourir, on le trouve trépassé.

— Oui, dis-je, pas de mélodrame possible. Comme ç'aurait été beau et presque neuf, pourtant, l'apparition, à l'heure dernière, du spolié devant le spoliateur !

— Ne rions pas trop fort, dit l'abbé ; c'est incohvenant ; et, ainsi qu'on l'a dit, la mort n'est pas une excuse. Au fond, cette mort-là, voyez-vous bien, qu'elle eût déplu à certains Grecs, est presque un symbole. J'ai dans l'idée que la Société crèvera de la même façon. Cette bourgeoisie, qui est venue de bien bas, ne tombera pas de bien haut, allez ! Que de choses qui font semblant d'être, qu'on croit encore exister, et qui sont mortes !... Mais songez-vous à votre manuscrit ?

Oui, j'y songe. Je vais le placer dans le tiroir d'un petit meuble que je ferme soigneusement et dont je mets la clé dans ma poche. Puis, je sonne les domestiques. Nous sommes à genoux devant le lit, l'abbé et moi, quand ils entrent. Ils éclatent en sanglots. Un si bon maître ! Mais l'abbé, qui se relève un instant après moi, essuie leurs larmes d'une seule phrase.

— Il ne faut pleurer que sur la cendre des méchants, dit-il, car ils ont fait le mal et ne peuvent plus le réparer !... Comment trouvez-vous la sentence ? me demande-t-il tout bas. Elle n'est pas de moi, mais elle est si bête ! Rien de tel comme consolation...

Maintenant, il faut s'occuper des formalités. Les scellés, les déclarations, les lettres de faire part ; un mort n'est pas complètement décédé sans toutes ces choses-là.

Le notaire de mon oncle, Mᵉ Tabel-Lion, arrive le lendemain dans l'après-midi. Le testament semble l'étonner un peu, mais lui faire plaisir.

— Je suis heureux de voir, Monsieur, me dit-il, que votre oncle est revenu avant de mourir à de meilleurs sentiments. J'avais en mon étude un testament par lequel il vous déshéritait complètement et léguait toute sa fortune à l'Institut Pasteur ; il se trouve annulé de plein droit par ce document olographe. Une seule chose me chagrine dans les dernières volontés de votre oncle : cet enterrement civil. Mais enfin, il faut respecter toutes les convictions.

J'apprends que la fortune de mon oncle est encore considérable. M⁰ Tabel-Lion parle à demi-voix. Sa bouche s'ouvre du nord-nord-ouest au sud-sud-est. Beaucoup d'officiers ministériels ont de ces bouches en diagonale. J'ignore pourquoi.

L'enterrement. Le corbillard des pauvres se dirige mélancoliquement vers le Père Lachaise. Quelques voitures seulement, derrière. Je suis dans la première avec l'abbé Lamargelle qui a endossé des habits civils pour la circonstance ; ils ne lui vont pas mal du tout. Les autres voitures contiennent une dizaine de vieux amis de mon oncle, vieux voleurs probablement, et deux ou trois dames parmi lesquelles Geneviève, en grand deuil. Je n'ai pu la dissuader de venir. Même, ce matin, elle m'a fait une scène.

— C'est honteux ! m'a-t-elle dit. Tu hérites de plus d'un million et tu fais faire à ton oncle des funérailles civiles ! Oui, je sais bien que c'est toi qui as fabriqué le testament. Tout ça, c'est pour faire des économies. Ah ! si ce prêtre qui est ton ami, l'abbé Lamargelle, savait ce que tu es ! S'il savait !...

Je l'ai laissée dire. Il y a encore de bons sentiments, chez cette femme-là.

— L'immortalité de l'âme ! me dit l'abbé. Les pauvres, même, qui voudraient que l'agonie de l'existence ne finît pas au tombeau ! qui portent dignement leur misère — dignement ! ça se porte dignement, la misère ! — dans l'espoir d'une vie à venir ! L'exploitation leur brocante le royaume des cieux et ils se laissent faire... Mais du moment qu'ils ne peuvent pas comprendre... vous savez que les imbéciles n'admettent que les choses très compliquées... Savez-vous quelle est la base de la propriété, la vraie base ? C'est la croyance à l'immortalité de l'âme. Méditez ça, quand vous aurez le temps.

Nous arrivons au cimetière. Le caveau de famille est ouvert, laissant apercevoir ses cases, les unes pleines, les autres vides. J'ai mon tiroir là. Il faudra que je le mette en vente. C'est d'un bon débit, paraît-il.

Les vieux amis me serrent la main à la porte du cimetière et s'éloignent. Je reviens boulevard Haussmann avec l'abbé et Geneviève, qui continue à bouder. Le déjeuner nous attend. Nous nous mettons à table ; mais je suis dérangé deux ou trois fois par des fournisseurs qui m'obligent à quitter la salle à manger. Sitôt le café pris, Geneviève, qui se prétend très lasse et très émue, déclare qu'elle veut se retirer, rentrer chez elle. Elle me prie de ne pas l'accompagner, promet de venir déjeuner avec moi demain.

— Elle a un drôle d'air, dis-je dès qu'elle est partie.

— Oui, répond l'abbé. Et si vous voulez connaître sa chanson, venez donc chez moi demain matin, à neuf heures et demie. Pendant une de vos absences, tout à l'heure, elle m'a appris qu'elle avait des révélations à me faire et je lui ai dit que je l'attendrais demain à dix heures. Vous écouterez. Ne vous mettez pas martel en tête d'avance, sapristi !... Voyons, que joue-t-on aux Variétés, ce soir ?

Il va être dix heures et, depuis cinq minutes, j'attends, posté dans le cabinet de l'abbé, derrière la porte laissée entr'ouverte qui donne dans le salon où il va recevoir Geneviève, l'arrivée de ma petite femme. Je voudrais bien, histoire de tuer le temps, jeter un coup d'œil sur les nombreux papiers qui couvrent le bureau ; malheureusement, c'est impossible ; je ne saurai pas encore cette fois-ci quelles sont les occupations exactes de cet excellent abbé Lamargelle. Mais j'entends résonner le timbre. Voici Geneviève ; elle entre dans le salon. Je ne puis rien voir, naturellement, mais je perçois distinctement les paroles. Quelques phrases de politesse s'échangent d'abord ; puis, l'abbé demande d'une voix blanche :

— N'êtes-vous pas mariée, Madame ?

— Si, répond Geneviève ; je suis mariée ; et si vous

le voulez bien, monsieur l'abbé, je vais vous exposer d'un seul mot ma situation actuelle : que celui qui est sans péché me jette la première pierre !

L'abbé tousse légèrement.

— Si j'ai failli après tant d'années d'une vie sans tache, reprend Geneviève, c'est que les circonstances ont été inexorables. L'auteur de ma perte est M. Georges Randal. Il se dit votre ami, monsieur l'abbé, et vous le croyez un honnête homme. Eh ! bien, c'est un voleur.

— Ciel ! s'écrie l'abbé. Que m'apprenez-vous là, Madame ! Un voleur !

— Oui, un voleur. Un voleur de la pire espèce. Un vrai brigand ! Je vais vous apprendre comment j'ai eu le malheur de tomber entre ses mains...

Et elle raconte notre aventure de Bruxelles, à sa façon, bien entendu. C'est à mourir de rire.

— Je ne pouvais ni me défendre ni crier à l'aide, dit-elle en terminant. Il me tenait au bout de son pistolet et m'aurait tuée au moindre signe. Ah ! certes, j'aurais bravé la mort si j'avais été en état de grâce ; mais je ne m'étais pas confessée depuis deux mois... Il a forcé le coffre-fort, le secrétaire ; il a pris tout l'argent et, hélas ! les lettres de ma mère... Ici, monsieur l'abbé, il faut que je vous révèle un secret de famille. Ma mère a eu un amant. Elle m'écrivait souvent, la malheureuse femme, pour me dire combien elle regrettait sa faute ; et mon mari, qui était dans la douloureuse confidence, gardait les lettres dans un tiroir de son bureau. M. Randal les a découvertes, et, aussitôt, il a vu tout le parti qu'il en pouvait tirer. Sous la menace de tout apprendre à mon père, il a exigé que je me livrasse à lui, que je prisse l'engagement de ne rien dire et de venir le retrouver à Londres dans les huit jours. Que vous dire de plus ? La piété filiale, toujours si forte dans le cœur d'une femme, l'a emporté en moi sur toute autre considération. Mon mari, que j'adorais, a été condamné malgré son innocence et je n'ose pas vous dire quelle existence

M. Randal m'a fait mener depuis. C'est la honte des hontes, murmure-t-elle à travers des sanglots.

— C'est effrayant ! s'écrie l'abbé. C'est absolument effrayant ! M. Randal est un misérable et s'est joué de moi d'une manière indigne. Mais l'heure du châtiment a sonné. Je vais le faire arrêter tout de suite.

Il se lève, fait deux pas et, tout d'un coup, pousse un cri.

— Impossible ! C'est impossible ! Nous ne pouvons pas le faire arrêter. Ces lettres de votre mère, qu'il possède, il ne les a pas avec lui, sûrement. Un scélérat aussi endurci prend des précautions minutieuses. Ces lettres, il les a mises en lieu sûr, les a confiées à un de ses associés ; et, sitôt son arrestation opérée, votre père sera mis au courant de ce que vous tenez tant à lui cacher ; un scandale terrible éclatera...

— C'est vrai, dit Geneviève de la voix rêche d'une femme prise au piège. C'est vrai...

— Que faire ? demande anxieusement l'abbé. Que faire ? Mon Dieu, éclairez-nous... Voici ce qu'il faut faire, reprend-il au bout d'un instant. Je vais m'employer à livrer M. Randal à la justice après lui avoir enlevé les moyens de vous nuire, à vous et aux vôtres. Mais cela demandera du temps. Dans l'intervalle, que ferez-vous, Madame ? Voulez-vous me permettre de vous donner un conseil ? Vous le suivrez si, comme je le crois, vous avez conservé au milieu de vos erreurs passagères ces sentiments religieux...

— Oh ! certainement, interrompt Geneviève avec feu ; je suis une croyante, monsieur l'abbé.

— Eh ! bien, vous n'ignorez point qu'il ne suffit pas au pécheur de détester ses péchés, mais qu'un peu de pénitence est nécessaire. Que penseriez-vous d'aller passer quelques jours dans une maison de retraite où je vous conduirais, où vous seriez très bien, où vous pourriez reprendre possession de vous-même et vous préparer à une nouvelle existence ?

— Oh ! s'écrie Geneviève, quelle joie ce serait pour moi !... Venez me prendre demain à onze heures, je vous en prie, et menez-moi dans cette maison. Voici mon adresse. Vous êtes mon sauveur, monsieur l'abbé, vous êtes mon sauveur !...

Elle se confond en remerciements et l'abbé se lève pour la reconduire.

— J'ai promis à M. Randal d'aller le voir aujourd'hui, dit-elle ; devrai-je le faire ?

— Certainement, répond l'abbé. Un manque de parole de votre part lui donnerait l'éveil. Mettez-le au courant de vos bonnes intentions ; cela excitera peut-être en lui un repentir tardif. Et puis, arrêtez-vous sur votre chemin à Saint-Thomas d'Aquin, et entendez la messe. Ce sera une bonne préparation...

Je n'entends plus rien. Ah ! Geneviève de Brabant ! Moi qui étais le petit voleur chéri, l'autre jour, me voilà transformé en infâme Golo !... L'abbé revient.

— J'ai tout entendu, dis-je. C'est extraordinaire, vraiment.

— Oui, répond l'abbé, mais c'est naturel, dans l'état actuel des choses. Tous les instincts ont été tellement refoulés qu'ils ne peuvent revenir à leur plan normal que par des écarts insensés. Cette femme, qui a l'âme d'une prostituée, est aussi de l'étoffe dont on fait les saintes. Elle est, présentement, vierge et martyre comme les canonisées ; elle est hallucinée comme elles ; elle a leur méchanceté aveugle, leur fureur de remords et d'expiation, pour elles-mêmes et pour leurs semblables, leur amour des larmes... Que voulez-vous ? C'est, aujourd'hui, en général, la guerre sournoise, lâche et bête de tous contre tous, de troupes de fuyards contre des armées de déserteurs. Et, quand on sort de là, tout est en excès et en contrastes ; la folie sous toutes ses formes... Enfin, je la conduirai demain dans une maison où on la gardera quinze jours, un mois, le temps qu'il faudra pour que vous terminiez vos affaires ici, ou pour qu'elle change d'idée. Qui sait ? Peut-être l'y gardera-t-on toujours. Les couvents de femmes voient quotidiennement leur population s'accroître et la majorité des malheureuses qui s'y enferment n'a pas, pour s'y cloîtrer, de meilleures raisons que votre maîtresse... Je l'ai envoyée à la messe afin de vous laisser le temps d'arriver chez vous avant elle. Partez. Hâtez-vous. J'irai vous donner des nouvelles demain...

Je suis chez moi depuis un quart d'heure lorsque Geneviève arrive. Elle ne boude plus ; au contraire, elle est absolument charmante.

— Mon chéri, me dit-elle après déjeuner, il faut que je te fasse un aveu. Tu ne me gronderas pas ; ce serait inutile. Ma résolution est bien prise. La mort de ton oncle m'a profondément troublée, m'a convaincue de l'indignité de la vie que je mène et m'a fait mesurer l'étendue des fautes que je commets chaque jour. Je me suis résolue à abandonner le monde. Sais-tu comment j'ai passé la matinée ? En prières, à l'église Saint-Etienne du Mont, où repose ma bienheureuse patronne. C'est là que Dieu m'a parlé. Il m'a dit : « Ma fille, abaisse-toi et tu seras relevée. » Tu vois que je suis franche avec toi. Tu m'as entraînée au mal, c'est vrai ; mais je te pardonne. Jamais un mot contre toi ne s'échappera de mes lèvres. Je prierai pour toi, pour ta conversion. Oui, je renonce à Satan, à ses pompes...

Je m'y oppose formellement, au moins pour le quart d'heure. Geneviève est très alléchante dans ses vêtements de veuve et... et je pense que Samson ne devait pas s'embêter avec Dalila, chaque fois qu'elle avait tenté sans succès de le trahir.

Geneviève ne m'a quitté que vers minuit ; et je me suis endormi peu après en pensant à cette mort inattendue de mon oncle — cet homme que je haïssais tant — qui ne m'a causé aucune émotion, ni de tristesse ni de joie, qui ne m'affecte pas plus que l'événement le plus banal de mon existence ; à cette trahison ridicule de Geneviève, qui pouvait m'être si funeste et qui me laisse absolument froid. Je crois que l'homme est comme insensibilisé, à certains moments, et sans aucune raison. Et je songe aussi, tout en cédant au sommeil, à l'abbé qui doit venir m'apprendre comment les choses se sont passées, demain, vers deux heures.

Mais il est à peine midi lorsqu'il arrive.

— Eh! bien, dit-il, l'oiseau était envolé. Je n'ai trouvé que deux lettres ; l'une d'excuses, pour moi ; et l'autre qu'on me charge de vous remettre.

Je déchire l'enveloppe. Geneviève m'apprend qu'elle quitte Paris avec l'Autrichien. C'est un homme qui a des sentiments religieux très prononcés et elle est certaine de faire son salut avec lui. Si jamais nous nous revoyons, nous serons bons amis. Du moins, elle l'espère.

— Ma foi, dit l'abbé après avoir lu la lettre que je lui ai passée, ce qui arrive ne me surprend qu'à moitié. Je m'attendais à quelque chose d'illogique. Cette pauvre femme, voyez-vous, n'a pas beaucoup la tête à elle. Elle vous enverrait à l'échafaud ou se jetterait dans le feu pour vous avec la même facilité. La liberté dont elle jouit maintenant, et qui l'affole, lutte en elle avec les vieilles habitudes du servilisme. Son cas n'est pas rare. Toutes ses faussetés, ce sont des désirs d'actes, des prurits d'action, qui se résolvent en impostures. L'impuissance ou l'hésitation à agir créent le mensonge ; voilà pourquoi il est aussi commun aujourd'hui. Au fond, que désirait-elle, votre amie, sans même en avoir conscience ? Se débarrasser de vous, simplement, afin d'avoir son entière indépendance. Et voyez quels détours elle a été prendre, lorsqu'il lui était si facile — et elle le savait — de s'entendre avec vous ; voyez quelles combinaisons baroques son esprit a été chercher ! Il y a là-dessous quelque chose de terrible : la crainte, la honte de l'action directe.

— Terrible, certes, mais si fréquent ! Le joug vermoulu de la morale imbécile est encore tellement lourd !

— Oui, dit l'abbé, l'esprit des hommes est peuplé de terreurs. La loi divine, pour faire obéir à la loi humaine, et la loi humaine, pour faire obéir à la loi divine, sèment l'épouvante dans notre cœur. La voix de ce qu'on appelle la conscience, qui ne trouve pas d'écho dans les cerveaux pleins, résonne si fort dans les cerveaux vides ! Et la conscience — interprétée, ainsi qu'elle l'est d'ordinaire, comme un privilège strictement humain — la conscience, c'est la Peur... Enfin, vous voici veuf. Profitez du temps qui vous est laissé, car votre amie pourrait avoir des remords. Elle en aura même certainement. Tâchez d'être loin quand la crise se produira et qu'elle viendra implorer votre pardon. *Nolite confidere hominibus,* ni aux femmes repentantes... Combien de temps pensez-vous rester à Paris ?

— Quinze jours, environ. Après quoi, j'irai régler mes affaires à Londres et partirai je ne sais où.

— Excellente idée. En vous mettant en route pour ce pays-là, passez donc par Bruxelles. Vous m'y trouverez. J'y vais après-demain et j'y resterai un mois.

— Bon. Il faudra que je vous charge d'une commission auprès d'un insoumis qui doit avoir fini un petit travail pour moi ; vous lui direz de me l'envoyer. Et puis, moi, en quittant Londres, je vous apporterai des papiers que j'ai volés à droite et à gauche, que j'ai conservés sans même en prendre connaissance, le plus souvent, et qui pourront vous être utiles.

— C'est fort possible, dit l'abbé. Merci. Et merci encore, d'avance, pour le déjeuner que vous allez m'offrir quelque part ; un déjeuner d'héritier, hein ?

XXXVIII

DANS LEQUEL ON APPREND QUE L'ARGENT NE FAIT PAS LE BONHEUR

C'est très long à régler, ces affaires d'héritage. Les formalités, le fisc, l'enregistrement, les officiers ministériels ; ça n'en finit pas. Enfin, Mᵉ Tabel-Lion vient de m'annoncer qu'il peut maintenant se passer de ma présence. Il conserve, d'après les termes du testament, la part qui revient à Charlotte, au cas où l'on retrouverait ses traces dans les délais légaux ; et j'ai laissé des fonds suffisants pour défrayer toutes les recherches possibles ; sans grand espoir, malheureusement. D'après les comptes approximatifs du notaire, qui a encore des immeubles à mettre en vente, entre autres la villa de Maisons-Laffitte, la fortune de mon oncle monte à un joli total. En chiffres ronds, je possède à l'heure qu'il est deux bons petits millions ; dont les deux tiers, ou peu s'en faut, dûs aux filouteries avunculaires et le reste à mes propres larcins. « Bien mal acquis ne profite jamais. » On verra ça. Que vais-je faire de mon argent? Je suis en train de me le demander.

L'abbé m'a fait envoyer par l'insoumis mon rapport sur les établissements pénitentiaires de Dalmatie. C'était un gros cahier de 500 pages couvertes d'une écriture presque illisible; pourtant, par ci par là, j'ai cru reconnaître des phrases de *Télémaque*. Saine littérature. J'ai expédié le rapport à qui de droit et, en signe de satisfaction complète, 499 francs 75 centimes à l'insoumis. J'ai retenu le timbre, en ma qualité de capitaliste. Le rapport m'a fait songer à Montareuil, que j'ai été voir. Il m'a reproché de ne lui plus rien donner pour sa « Revue », qui se vend très bien, mais marcherait encore mieux avec ma collaboration. Ses reproches n'ont pas été longs, par bonheur, car il était obligé d'aller se faire inoculer contre quelque chose. Je ne sais pas quoi. Le farcin.

J'ai été aussi faire deux ou trois visites à Margot, qui est toujours au mieux avec son ministre auquel, m'a-t-elle assuré, elle a souvent parlé de moi comme d'un homme d'avenir. On n'est pas plus charmante. Je n'ai pas oublié Ida, dont les affaires prospèrent. Sa clientèle s'accroît tous les jours. Voilà ce que c'est que d'avoir abandonné le vieux système des opérations à terme. Cependant, je suis las de m'entendre féliciter sur ma bonne fortune et j'aurais déjà quitté Paris si je n'avais reçu, avant-hier, une lettre de Courbassol qui m'invite à venir lui parler au ministère.

Dans dix minutes, ce sera une affaire faite. J'attends en effet, dans l'antichambre du cabinet ministériel, en compagnie de solliciteurs de différents âges et de différents sexes. Ces quémandeurs, aux figures basses, ont l'air très content d'avoir été admis ici, d'avoir été autorisés à venir tendre leur sébile, mendier une faveur ou une aumône; oui, ils paraissent satisfaits et glorieux. Vauvenargues avait raison : la servitude abaisse les hommes jusqu'à s'en faire aimer. Une jeune femme assise en face de moi, une grande jeune fille plutôt, paraît seule ne point partager les sentiments de ses voisins. Son beau visage, très sérieux, très fier, porte l'empreinte d'une tristesse qui veut rester muette; on dirait...

Mais la porte s'ouvre. Un vieillard sort du cabinet, un vieillard cassé, chancelant, à la face hâve et hagarde; un spectre, un fantôme. Il ne me voit pas; il ne voit rien; ses yeux, comme lavés par les larmes, perdent leurs regards dans le vague. Mais, moi, je le reconnais. C'est Barzot... Un journal m'a appris, hier soir, qu'il allait donner sa démission. La grande jeune fille s'est levée, s'approche de lui, le soutient, l'aide à traverser l'antichambre. Sa fille, sans doute; celle à laquelle il rêvait de donner Hélène pour belle-mère. Ah! pitié!...

C'est mon tour. L'huissier m'introduit en s'inclinant à 90 degrés, et je me trouve devant Courbassol. Le Courbassol que j'ai vu à Malenvers; le même regard fuyant, la même physionomie vulgaire, la même lèvre immonde. La même voix, aussi, pendant qu'il me dit combien il est heureux de faire ma connaissance, combien mon rapport sur les prisons de Dalmatie était remarquable.

— Un travail de tout premier ordre, Monsieur! Vous avez rendu, en l'écrivant, un véritable service à l'administration. Je sais beaucoup de gré à Mlle de Vaucouleurs, dont la famille était, paraît-il, fort liée avec la vôtre, de vous avoir désigné à l'attention du gouvernement. Mais croyez bien que son intervention n'a fait que précipiter les choses, car votre mérite est de ceux qui ne peuvent passer inaperçus. Gouverner, c'est choisir. Et nous, qui sommes placés au pouvoir par la démocratie triomphante, ne saurions l'oublier. Vos articles dans la « Revue Pénitentiaire » ont été fort remarqués en haut lieu; et nous n'ignorons point que c'est à votre beau talent d'ingénieur que le monde doit la construction, à l'étranger il est vrai, de ce magnifique ouvrage d'art... cet aqueduc... ce viaduc,.. à... à... Mlle de Vaucouleurs me citait hier encore le nom de la localité...

— A Nothingabout, dis-je avec aplomb. C'est un

viaduc; mais, comme il supporte une conduite d'eau, c'est par le fait un aqueduc.

— Voilà ce que je voulais dire, affirme Courbassol. Eh! bien, Monsieur, j'ai pensé qu'il ne vous déplairait peut-être pas de consacrer au bien public votre intelligence et votre énergie. Plusieurs sièges sont actuellement vacants à la Chambre; et si vous vous décidiez à poser votre candidature dans tel ou tel arrondissement, candidature vraiment démocratique, c'est-à-dire progressiste autant que modérée, l'appui du gouvernement ne vous ferait pas défaut. Vous réfléchirez, si vous voulez bien; et vous vous convaincrez que votre place est parmi nous.

Il y a beaucoup de vrai là-dedans. Pourtant, je déclare que je ne me sens pas mûr pour la vie politique. Quelque chose me manque encore. Je ne saurais dire quoi.

— Vous vous réservez, dit Courbassol en souriant. Soit. Nous vous forcerons la main. Je m'arrangerai de façon à ce que vous puissiez, pour le 1er janvier, placer quelque chose à votre boutonnière.

Je me récrie; mais le ministre me ferme la bouche.

— J'y tiens, dit-il; après les douloureux incidents de ces temps derniers, le ruban rouge a besoin d'être réhabilité. Mais, au fait: peut-être auriez-vous préféré les palmes académiques? L'un n'empêche pas l'autre. Un mot de moi à mon collègue de l'Instruction Publique...

Non, non; Mazas, si l'on y tient, mais pas ça. Le ministre, heureusement, n'insiste pas. Il me fait promettre de ne point oublier ses réceptions. Mme Courbassol, assure-t-il, sera charmée de faire ma connaissance...

Je ne puis m'empêcher de penser, en quittant le ministère, que je rencontrais tous les jours, parmi les criminels, des hommes dont l'intelligence, le savoir et la pénétration auraient fait honte à ces législateurs, à ces prébendés du suffrage universel. Et quant à la probité, à la dignité personnelle... Cependant, ce sont ces gens-là qui garantissent la sécurité... Alors, pourquoi existe-t-il des Compagnies d'assurance contre le vol ? Qui distribuent la justice... Alors, pourquoi ne suis-je pas en prison, et d'autres avec moi ?... Qui maintiennent l'ordre, cet ordre si beau, si généreux, si grand, établi pour l'éternité... Et ta sœur ?

— Ma sœur, elle est heureuse, me dit Roger-la-Honte que j'ai été voir en arrivant à Londres. Oui, Broussaille est très heureuse. Dans un voyage à Paris, elle a rencontré un vieux qui s'ennuyait, un ancien magistrat ; il s'appelle... ah ! M. de Bois-Créault. Tu sais bien ? Il y a eu un procès, un tas d'histoires ; son fils a été tué, sa femme s'est donné la mort. Enfin, il s'embêtait, ce vieux ; il était presque ruiné, mais il avait encore quelques sous et une propriété en Normandie. C'est dans l'une que Broussaille est en train de s'approprier les autres ; d'ici un mois la propriété sera vendue et ma sœur rentrera ici avec le produit de la vente. Quant à moi, je suis revenu au bien, pendant ton absence.

— Pas possible ! Retourne donc tes poches, pour voir.

— Si tu veux. Tiens, des prospectus, des imprimés de tous les formats. Tu vois les en-tête ? *Agence internationale de renseignements commerciaux.* C'est à moi, cette agence-là. Les bureaux sont dans la Cité ; mon employé de confiance, c'est Stéphanus. Quelque chose de sérieux, tu sais. D'ailleurs, regarde : *Maison fondée en 1837.* Nous renseignons les commerçants continentaux sur la solvabilité des gens qui, d'ici, leur proposent des affaires...

— Et vous renseignez les gens qui proposent les dites affaires sur le degré d'ingénuité desdits commerçants. Oserai-je croire que vous faites quelquefois, en-dessous, des propositions vous-mêmes ?

— Tu peux tout oser, répond Roger-la-Honte. Le principal, c'est que l'affaire marche déjà ; et elle marchera mieux encore avant peu. Aussi, je vais pouvoir bientôt partir pour Venise. Mon associé s'occupera de la maison durant mon absence. A propos, sais-tu qui c'est, mon associé ? Devine... Tu ne pourrais jamais ; j'aime mieux te le dire. C'est Issacar.

— Issacar ! Comment ? Cette crapule d'Issacar ?

Mais le voici justement qui entre, qui s'avance vers moi, la main tendue.

— Si vous ne voulez pas que je crache dedans, lui dis-je, vous allez m'apprendre tout de suite quel rôle vous avez joué, à l'époque où vous étiez mouchard à Paris, dans l'arrestation de Canonnier.

— Un rôle très avouable, répond Issacar d'une voix ferme. J'ai fait tout mon possible, une fois que j'ai vu qu'il était votre ami, pour lui permettre d'échapper. Croyez-vous que j'aie été votre dupe, lorsque vous m'avez rencontré rue Saint-Honoré et avez tant insisté pour m'emmener déjeuner ? Pas un instant. Si je vous ai quitté si lestement rue Lafayette, c'est parce que j'avais reconnu votre ami dans sa voiture et que j'avais reconnu, aussi, un de mes collègues à ses trousses. Un collègue qui me surveillait moi-même, entre parenthèses. Je l'ai empêché d'opérer l'arrestation de Canonnier à la gare du Nord et je l'ai encore empêché de télégraphier à la frontière. Pourquoi êtes-vous restés à Bruxelles ?... Si vous aviez eu confiance en moi, cher monsieur Randal, rien de ce qui s'est produit ne serait arrivé. Cette affaire ne m'a pas porté chance, à moi non plus. On m'avait promis de me nommer préfet et je n'ai pu obtenir qu'une place de sous-préfet.

— Où vous vous êtes fort bien conduit, du reste. Vous êtes certainement l'auteur principal de cet épouvantable crime qui a indigné le monde entier, et qui a dû vous paraître tellement odieux à vous-même que vous avez abandonné l'administration.

— Je ne veux rien discuter, répond Issacar nerveusement. Vous ignorez les causes, permettez-moi de vous le dire, et vous êtes mal placé pour juger les effets. Mais, pour revenir à Canonnier, avez-vous de ses nouvelles ?

— Oui, j'en ai eu à Paris.

— Alors, vous savez qu'il est encore au dépôt de l'île de Ré ; on retarde autant que possible son départ pour Cayenne, car on craint une évasion. Il n'y a rien à tenter en sa faveur, quant à présent. Une fois qu'il sera là-bas, ce sera autre chose. Je serai informé et vous tiendrai au courant. Je vous serai même utile, si vous le désirez... Pensez de moi ce que vous voudrez, mais soyez convaincu de ceci : lorsque j'ai dit à un homme qu'il peut avoir confiance en moi, je ne le trahis pas.

C'est bien possible, après tout. Qu'est-ce qui n'est pas possible, aujourd'hui ?... Ainsi, cette vieille toquée d'Annie pleure comme une Madeleine parceque je viens de lui annoncer mon départ définitif. Je lui laisse la maison et tout ce qu'elle contient, cependant ; et de l'argent. Et son fils, qui sera libéré bientôt, va revenir auprès d'elle. Malgré tout, elle pleure à chaudes larmes. Ça n'a pas le sens commun.

— Tu devrais venir avec moi à Venise, me dit Roger-la-Honte qui m'accompagne à la gare le matin où je quitte Londres.

Je devrais peut-être, mais je ne peux pas. Il faut que j'aille à Bruxelles ; pour porter à l'abbé Lamargelle les papiers que je lui ai promis. Mais aussi pour autre chose.

Il me serait difficile d'exprimer ce que j'éprouve, depuis quelques jours. Une sensation de lassitude énorme, d'ennui sans fin. La fatigue qui fond sur vous et vous brise, tout d'un coup, quand vous arrivez à l'étape après une marche forcée. Il me semble que de l'ombre s'épaissit, autour de moi ; et, dans cette brume, les lueurs moribondes des souvenirs se ravivent étrangement. Hélène !... Je pense à elle, malgré moi, sans trêve. Il faut que je lui parle, il le faut ; pour lui dire... ah ! je ne sais pas pour quoi lui dire... Je sens seulement qu'elle doit éprouver un peu ce que j'éprouve ; qu'elle a les travers de mon esprit et les maladies de mon cœur ; qu'elle fut, comme moi, sans enfance et sans jeunesse ; et que peut-être... Toujours peut-être !...

XXIX

SI LES FEMMES SAVAIENT S'Y PRENDRE...

J'aurais mieux fait, certainement, de ne pas aller voir Hélène. J'y ai été, poussé par une force qu'une autre force semblait désavouer en moi, machinalement, lourdement incertain du résultat d'une tentative que je risquais presque malgré moi, avec une sorte de conviction désespérée de l'inutilité de l'effort. Je ne me rappelle plus ce que j'ai dit, ni comment j'ai parlé. J'ai raconté des choses vagues sur ma nouvelle situation, mon désir de mener une existence calme... et je sentais le regard narquois d'Hélène peser sur moi, je voyais le pli de l'ironie se creuser à ses lèvres, et j'avais soif que son rire éclatât, que ses sarcasmes vinssent m'arracher à moi-même, me délivrassent de la torpeur morale qui engourdissait ma volonté.

Mais elle a laissé tomber une à une mes paroles sans couleur et, quand j'ai eu fini, m'a répondu sur le même ton. Elle m'a parlé de ses affaires qui n'allaient pas trop mal, sans aller tout à fait bien ; de ses projets sur lesquels il était inutile de s'étendre, car il faudrait sans doute les modifier plusieurs fois ; de ses espoirs qu'elle considérait comme chimériques, par prudence. Elle m'a parlé de son père, en faveur duquel elle savait qu'il n'y a rien encore à tenter ; elle m'a rappelé notre aventure, le jour où je l'ai vue pour la première fois ; notre course folle, la nuit, dans la petite voiture.

— Vous souvenez-vous ? Avais-je peur ! Peur de cette existence qui n'a rien de terrible, sinon sa platitude. J'avais bien tort, je l'avoue, et comme vous avez eu raison de traiter ainsi qu'elles le méritaient mes appréhensions de petite fille ! J'étais faite pour la lutte, cette belle lutte qui vous ennoblirait si elle ne vous ravalait pas autant. Elle est intéressante, je ne dis pas. Dès le premier jour, on s'aperçoit que les positions extra-légales qu'on rêve de conquérir sont occupées par les honnêtes gens. Peu après, on découvre qu'il n'y a pas plus d'élégance dans le vice que d'originalité dans le crime. On conclut enfin que tout est bien vulgaire, à droite ou à gauche, en haut ou en bas. Pas de types. Pas de victimes naïves, de scélérats parfaits. Des réductions de filous et des diminutifs de dupes, des demi-fripons et des quarts d'honnêtes gens. Hypnotisés de la spéculation, convulsionnaires de l'agiotage, possédés du Jeu, qui ne seraient pas trop méchants, au fond, s'il n'y avait pas l'argent. Mais le Maître est là. Tout ça va, vient, se presse, se bouscule, s'assomme pour lui plaire. Il faut bien assommer aussi un peu, n'est-ce pas ?... On dirait que vous frissonnez ? Quoi que nous ayons fait, mon cher, nous aurions tort de nous en vouloir à nous-mêmes. J'espère que vous n'avez pas de remords, hein ?

Et je pensais, en écoutant cette jeune femme belle, intelligente et gracieuse, dont la voix riche et captivante sonnait comme l'harmonieuse essence du luxe dans lequel elle vit, je pensais à ce vieux Paternoster, que j'ai tué, à cette petite Renée, qu'elle a tuée... Pourquoi ?...

— Vous avez l'air tout drôle, a-t-elle repris. Votre nouvelle fortune, sans doute ! Que voulez-vous ? Nous, les aventuriers, nous sortons de la Société pour arriver à y rentrer. C'est un peu dérisoire, mais qu'y faire ?...

Oui, vous semblez bien préoccupé. Ne seriez-vous pas amoureux, par hasard ?... Une idée ! Vous m'aimez peut-être ?

— Je n'en sais rien, ai-je répondu, prononçant les mots comme en rêve.

— Vous n'en savez rien ! C'est gentil. Vous me laissez de l'espoir, au moins !... Voyons, voulez-vous que je vous aide à parler ? Voulez-vous que je vous apprenne ce que vous vous êtes dit ce matin, ou hier... mettons avant-hier ? Vous vous êtes dit : « Je vais aller voir Hélène, lui raconter... n'importe quoi... Elle comprendra ; elle voudra bien. Nous partirons ensemble ; nous ferons notre nid quelque part, nous vivrons comme deux tourtereaux... » Et vous en êtes resté là. Moi, je vais vous dire la suite. Les tourtereaux ont eu trop d'aventures pour pouvoir s'aimer d'amour tendre. Leur amour ne sera pas la douce affection qu'il devrait être, mais une halte dans une oasis trop verdoyante et aux senteurs trop fortes, entre deux courses effrénées dans le désert où les ossements blanchissent au-dessous du vol noir des vautours. Bientôt, ils se regarderont avec colère ; ils se donneront des coups de bec et s'arracheront les plumes ; ils renverseront le nid et s'envoleront à tire d'aile, chacun de son côté, blessés et meurtris pour jamais, avec le cœur ulcéré par la haine. Oui, voilà ce qui arrivera... Allons, a-t-elle repris en se rapprochant de moi, soyez raisonnable et regardez les réalités en face. La solitude vous pèse ; soit. Mais la femme qu'il vous faut n'est pas une femme dont l'esprit soit alourdi et obscurci par l'amertume des souvenirs, dont le visage, ombré par les soucis et les angoisses du passé, évoquerait en vous le spectre des jours troublés. C'est une femme qui n'aurait connu que les naïvetés du bonheur, dans les yeux de laquelle l'espoir seul rayonnerait, et non pas la lueur ardente des souvenances que vous voulez chasser.

— Des mots ! Des mots ! me suis-je écrié, profondément ému par ces paroles qui traduisaient, nettement, les sentiments confus qui m'avaient fait hésiter à parler, qui, en ce moment encore, entravaient ma volonté.

— Non, a repris Hélène, pas des mots. Des faits. La femme qu'il vous faut, vous la trouverez puisque vous êtes riche; mais elle ne saurait être moi. Oh! je comprends votre état d'esprit; j'ai passé par là, moi aussi. Tenez, je vais vous le dire : j'ai fait ce que vous faites aujourd'hui. Un jour, il y a longtemps déjà, j'étais à Londres, dans une grande détresse morale. J'ai pensé à vous. J'ai pensé... ce que vous pensez à présent. J'ai voulu aller vous voir, vous dire les choses mêmes que vous désiriez me dire ce matin. Mais vous étiez absent; pour plusieurs mois, m'a-t-on assuré. D'abord, j'ai été désespérée. Puis, peu à peu, je suis arrivée à comprendre qu'il était mieux, pour vous et pour moi, que je n'eusse pas pu vous parler. Oui, cela valait mieux...

Sa voix s'est altérée, brisée par une émotion dont elle n'était plus maîtresse. Elle s'est levée.

— Quittez-moi, m'a-t-elle dit; je vous en prie. Tout est gâté, souillé, il y a de l'amertume sur tout. Il faut nous taire, puisque nous le savons. Pourtant, ne croyez pas... Écoutez; si vous avez jamais besoin de moi, appelez-moi. Je vous jure que je viendrai...

Oui, j'aurais mieux fait de ne point aller voir Hélène.

Tout semble s'être subitement desséché et endurci en moi. J'éprouve un resserrement intérieur de plus en plus étroit, torturant. Je l'aime, cette femme, et plus que je ne le croyais, sans doute... Et j'aurais pu la prendre, après tout, la voler — et le bonheur avec elle. — Il en eût valu la peine, ce dernier vol! J'aurais pu.. si j'avais pu...

Si les femmes savaient
Si les femmes savaient s'y prendre...

comme dit la chanson. Et les hommes, donc! — même ceux qui sont des hommes...

Et si tout le monde savait s'y prendre!...

XXX

CONCLUSION PROVISOIRE — COMME TOUTES LES CONCLUSIONS

— Ma foi, dit l'abbé Lamargelle comme nous achevons de déjeuner à l'hôtel du *Roi Salomon*, on ne mange pas mal, ici ; pas mal du tout. Maison louche, mais cuisine parfaite. J'avoue que je suis gourmand et qu'un bon repas me fait plaisir. Lacordaire a parlé des « mâles voluptés de l'abstinence. » Mâles voluptés ! Comme c'est mâle et voluptueux, de se priver de quelque chose ! Vous ne trouvez pas ?... Ce café est excellent... Voyons, ne faites donc pas cette mine-là. Prenez un air réjoui, que diable ! Puisque vous êtes millionnaire, laissez-le voir. Ce n'est qu'à-moitié déshonorant. Lorsque j'aurai trouvé dans ces paperasses les éléments d'une fortune égale à la vôtre, continue-t-il en désignant un gros paquet de papiers déposé sur une petite table, vous verrez quelle allure je saurai me donner...

— Ce sera différent, dis-je ; vous avez sans doute un but dans l'existence, une idée... Moi rien.

— Je voudrais bien être à votre place, dit l'abbé. Vous n'avez pas de but dans l'existence ? Continuez. Contentez-vous de vivre pour vivre. La maladie, assurent les hygiénistes, est une tentative du système pour s'accommoder aux mauvaises conditions du milieu dans lequel il se trouve. Le vol n'aura été pour vous qu'un essai d'acclimatation à la Société.

— Votre gaîté est plutôt grave.

— Je l'admets. Eh ! bien, si vous tenez absolument à vous charger d'un idéal, vous en avez un tout trouvé : continuez encore. Volez, volez. Idéal pour idéal, du moment que nous le cherchons en-dehors de nous, le crime en vaut un autre. Et quelle lumière il projette sur le présent, et même sur l'avenir, et même sur le passé ! Tenez, j'ai appris hier qu'un de mes anciens élèves, un marquis authentique, grand nom, grande noblesse, vient d'être arrêté à Paris en flagrant délit de cambriolage. Comprenez-vous la signification du fait ? Découvrez-vous, autrement que les gazetiers à la solde de Prudhomme, le sens de cet incident ? Il me semble voir, moi, dans l'acte courageux de ce descendant des croisés, la seule protestation vraiment grande et vraiment digne qu'ait jamais fait entendre la noblesse dévalisée contre les spoliations des pillards de 89. Acte énorme, oui, quelles que soient les proportions auxquelles on le réduise pour le moment, qui porte un verdict sur le passé de la bourgeoisie et manifeste son futur. D'ailleurs, il est inutile de jouer sur les mots. Dans un monde où l'Abdication n'est pas seulement une Doctrine, mais une Vie, la marche de l'humanité, en avant ou en arrière, n'a pu et ne peut être déterminée que par des actes que les lois qualifient de crimes ou de délits de droit commun. Malheureusement, il ne suffit pas d'être un criminel, même un grand criminel, pour être un caractère. L'individu, à présent, est non seulement hors la loi ; il est presque hors du possible. L'humanité possède l'unité et le moi commun dont parlait Jean-Jacques. Elle n'a plus qu'une face. Et sur cette face, pâle d'épouvante, s'est collé le masque menteur du scepticisme. La raison d'être contemporaine ? « J'ai peur de moi ; donc, j'existe. » Époque de cannibalisme silencieux et craintif. L'homme ne vit plus pour se manger, comme autrefois ; il se mange pour vivre. Je ne crois pas qu'en aucun siècle le genre humain ait autant souffert qu'aujourd'hui...

— C'est mon avis dis-je. Mais, vous savez, on prétend que notre époque est une époque de transition.

— Mensonge ! s'écrie l'abbé. Notre époque est une époque d'accomplissement. L'humanité le comprend vaguement ; et c'est pour cela qu'elle a si peur, qu'elle est si lâche... Notre système social mourra bientôt, dans l'état exact où il se trouve actuellement, et il périra tout entier. Aucun changement ne s'accomplira qui puisse établir un lien moral entre ce qui est encore pour un temps et ce qui sera bientôt. Notre civilisation ? On peut la définir d'un mot ; c'est la civilisation chrétienne. L'influence du christianisme ? Elle n'existe point par elle-même. Sa mission a été de diviniser les anciens crimes sociaux. Son action n'a été que celle de la corruption des sociétés antiques, de plus en plus atroce et galvanisée par des signes de croix. L'idée chrétienne ? Une nouvelle serrure à l'ergastule ; cent marches de plus aux Gémonies. Le génie du christianisme ? Une camisole de force. « Jésus, dit saint Augustin, a perfectionné l'esclave. » Oh ! cette religion dont les dogmes pompent la force et l'intelligence de l'homme comme des suçoirs de vampire ! qui ne veut de lui que son cadavre ! qui chante la béatitude des serfs, la joie des torturés, la grandeur des vaincus, la gloire des assommés ! Cette sanctification de l'imbécillité, de l'ignorance et de la peur !... Et cette figure du Christ, si veule, si cauteleuse, si balbutiante — et si féroce ! — Ce thaumaturge ridicule ! Je dis ridicule, remarquez-le, parce que je crois à ses miracles. Ils sont si puérils, à côté de ceux qu'on a faits depuis, en son nom ! Nourrir quatre mille hommes avec sept pains, quelle plaisanterie ! Le capitalisme chrétien n'en est plus là. Avez-vous vu, par exemple, ces budgets d'ouvrières, établis par des personnes compétentes, et qui accordent à ces favorisées du ciel 65 centimes par jour pour vivre ? Et l'on suppose, ne l'oubliez, pas, qu'elles trouvent de l'ouvrage comme elle veulent. Et il paraît qu'elles sont rassasiées. Voilà un miracle !... Avez-vous pensé quelquefois, aussi, à ce Simon le Cyrénéen, qui revenait des champs, et auquel on fit porter la croix du personnage ? Il revenait des champs ! Vous entendez ? Eh ! bien, ils en ont encore l'épaule meurtrie, de cette croix, ceux qui travaillent !... Notre monde occidental les traîne comme un boulet, les traditions chrétiennes. Mais des races s'éveillent là-bas, à l'Orient, libres de ces entraves et destinées, sans doute, à nous délivrer de nos liens, de nos rêveries de ligottés au pied d'un gibet, de notre spiritualisme abject et peut-être de nos turpitudes morales. L'avenir, ça... Pour le présent, nous sommes condamnés au désolant spectacle de l'harmonie du désordre et de la symétrie de l'incohérence. Rappelez-vous les événements auxquels vous avez été mêlé, les êtres dont l'existence a coudoyé la vôtre. Des hallucinés ou des imbéciles. Tous ! Tous ceux que vous avez pu voir ! Et partout, démence, insanité, aberration, folie !... « La maladie est l'état naturel du chrétien », a dit Pascal. Hélas !...

— Si vous pensez ce que vous dites, m'écrié-je malgré moi, pourquoi portez-vous votre robe ?

— Pour m'en servir ! répond l'abbé en se levant avec un grand geste. Afin de m'en servir pour moi-même, pour mes intérêts, pour mes idées — des idées que j'ai et que je crois grandes, quelquefois ! — Dites donc ! pourquoi portent-ils des couronnes, vos rois ? des armes, vos soldats ? des toges, vos professeurs ? des simarres, vos juges ? Moi qui suis une force, qui veux être un homme et faire des hommes, il me serait impossible d'exister si je ne portais pas cette défroque. J'aurais l'air d'exister par moi-même ! Comprenez vous ?...

Il reprend — et sa face s'illumine d'un éclat étrange, et son geste s'élargit et sa voix tonne.

— Mes idées ! La seule idée : l'idée de liberté. Ah ! je n'ignore pas les efforts tentés par des Hommes, au milieu de l'indifférence terrifiée des foules, pour faire jaillir la grandeur de l'avenir de l'atrocité bête du présent. Tentatives généreuses qui furent et resteront sans résultats, parce qu'on ne peut évoquer les réalités du milieu des impostures — parce qu'il faut écraser définitivement le mensonge pour qu'apparaisse la vérité. — Ames labourées par la douleur, cerveaux déchirés par l'angoisse, vous demeurerez infertiles; rien ne germera dans le sillon qu'a creusé en vous le soc du désespoir et qui sera comme l'ornière veuve de grain où roule la meule de torture. Il y a si longtemps que la Parole a cessé d'être un Fait ! que le Verbe n'est plus qu'une arme faussée dans la main gauche des charlatans !... Pourtant, j'espère. Notre époque est tellement abjecte, elle a pris si lâchement le deuil de sa volonté, notre vie est tellement lamentable, cette vie sans ardeur, sans générosité, sans haine, sans amour et sans idées, que peut-être écouterait-on un apôtre — un apôtre qui aurait la volonté, la volonté tenace de se faire entendre. — Un apôtre serait un Individu, d'abord — l'Individu qui a disparu. — Le jour où il renaîtra, quel qu'il puisse être et d'où qu'il vienne, qu'il soit l'Amour ou qu'il soit la Haine, qu'il étende les bras ou que sa main tienne un sabre, l'univers actuel sera balayé comme une aire au souffle de sa voix et un monde nouveau s'épanouira sous ses pas. C'en sera fini, de cet immense couvent de la Sottise meurtrière dont les murs, étayés par la peur, étouffent mal les sanglots de la vanité qui s'égorge et les hurlements de la misère qui se dévore; de ce monastère de la Renonciation Perpétuelle où l'humanité, le bandeau de l'orgueil sur les yeux, s'est laissée pousser par la main crochue du mauvais prêtre et verrouiller par les doigts rouges du soldat ; de ce cloître où les Foules, le carcan de leur souveraineté au cou et les poignets saignant sous les menottes de leur puissance absolue, pantèlent, prosternées devant leur idole — leur Idole qui est leur Image — en attendant que leur Providence, qui est l'État, entrebâille le guichet par lequel, de temps en temps, elle laisse apercevoir la manne, à moins qu'elle ne préfère ouvrir à deux battants la grande porte — celle qui conduit à l'abattoir. — Oui, le jour où l'Individu reparaîtra, reniant les pactes et déchirant les contrats qui lient les masses sur la dalle où sont gravés leurs Droits ; le jour où l'Individu, laissant les rois dire : « Nous voulons », osera dire : « Je veux » ; où, méconnaissant l'honneur d'être potentat en participation, il voudra simplement être lui-même, et entièrement ; le jour où il ne réclamera pas de droits, mais proclamera sa Force ; ce jour-là sera ton dernier jour, ergastule des Foules Souveraines où l'on prêche que l'Homme n'est rien et l'Humanité, tout ; où la Personnalité meurt, car il lui est interdit d'avoir des espoirs en-dehors d'elle-même ; ton dernier jour, bagne des Peuples-Rois où les hommes ne sont même plus des êtres, mais presque des choses — des esprits désespérés et malsains d'enfants captifs, ravagés de songes de désert, de rêves dépeuplés et mornes —; ton dernier jour, civilisation du despotisme anonyme, irresponsable, inconscient et implacable — émanation d'une puissance néfaste et anti-humaine, et que tu ne soupçonnes même pas !...

L'abbé s'arrête. Sa figure, qui rayonnait de l'enthousiasme du visionnaire, s'assombrit tout à coup. Il ricane.

— La folie partout, n'est-ce pas ? Chez moi aussi. Les idées ! Je combats leur hallucination, mais elles m'aveuglent. Que vous dire ? Quel conseil vous donner ?... Que faire ? C'est terrible, ce dégoût des autres, de tout, et de soi-même ! Vous l'éprouvez et je l'éprouve, et combien d'autres avec nous !... Le monde actuel est l'abjection même. Je m'offrirais en holocauste de bon cœur pour le transformer — et des milliers d'êtres feraient comme moi — si je ne connaissais pas l'inanité du sacrifice. Malgré tout, l'idéal est en nous. C'est nous. Vous êtes un hypnotisé et un voleur ; cela ne fait pas un homme. Tâchez d'être un homme... Pour moi... Pour moi, j'emporte ces papiers, que vous avez volés et qui me permettront sans doute de commettre de nouveaux vols... Misère...

L'abbé m'a quitté. Je suis seul dans ma chambre et, pour échapper à l'obsession des pensées qui me harcèlent, j'écris, en attendant l'heure du départ. Je trace les lignes qui termineront ce manuscrit où je raconte, à l'exemple de tant de grands hommes, les aventures de ma vie. J'avoue que je voudrais bien placer une phrase à effet, un mot, un rien, quelque chose de gentil, en avant du point final. Mais cette phrase typique qui donnerait, par le saisissant symbole d'une figure de rhétorique, la conclusion de ce récit, je ne puis pas la trouver. Ce sera pour une autre fois.. Mon œuvre demeurera donc sans conclusion. Ainsi que tout le reste, après tout. Péroraisons de tribune, dénouements de théâtre, épilogues de fictions, on aime ça, je le sais bien. On veut savoir *comment ça finit*. C'est même une demande qui termine la vie ; et les yeux, quand la bouche du moribond ne peut plus parler, ont encore la force de s'entr'ouvrir pour une dernière interrogation. On veut savoir comment ça finit. Hélas ! ça ne finit jamais ; ça continue...

— Conclusion ? Je ne serai plus un voleur, c'est certain. Et encore ! Pour répondre de l'avenir, il faudrait qu'il ne me fût pas possible d'interroger le passé... J'ai voulu vivre à ma guise, et je n'y ai pas réussi souvent. J'ai fait beaucoup de mal à mes semblables, comme les autres ; et même un peu de bien, comme les autres ; le tout sans grande raison et parfois malgré moi, comme les autres. L'existence est aussi bête voyez-vous, aussi vide et aussi illogique pour ceux qui la volent que pour ceux qui la gagnent. Que faire de son cœur ? que faire de son énergie ? que faire de sa force ? — et que faire de ce manuscrit ?

En vérité, je n'en sais rien. Je ne veux pas l'emporter et je n'ai point le courage de le détruire. Je vais le laisser ici, dans ce sac où sont mes outils, ces ferrailles de cambrioleur qui ne me serviront plus. Oui, je vais le mettre là. On l'utilisera pour allumer le feu. Ou bien — qui sait ? — peut-être qu'un honnête homme d'écrivain, fourvoyé ici par mégarde, le trouvera, l'emportera, le publiera et se fera une réputation avec. Dire qu'on est toujours volé par quelqu'un... Ah ! chienne de vie !...

FIN

Saint-Amand (Cher). — Imprimerie BUSSIÈRE frères.

28 novembre 84

www.ingramcontent.com/pod-product-compliance
Lightning Source LLC
Chambersburg PA
CBHW051826230426
43671CB00008B/857